William Johnson

Zauber der Manege?

Der grausame Alltag
der Tiere in Zirkus, Tierschau
und Delphinarium

aus dem Englischen
von Britta Wisser-Schönfeldt
und Range Cloyd

Rasch und Röhring Verlag

CIP-Titelaufnahme der Deutschen Bibliothek

Johnson, William:
Zauber der Manege? : der grausame Alltag der Tiere in Zirkus, Tierschau
und Delphinarium / William Johnson.
Dt. von Britta Wisser-Schönfeldt. – Hamburg: Rasch und Röhring, 1992
Einheitssacht.: The rose-tinted menagerie (dt.)
ISBN 3-89136-442-3

Titel der Originalausgabe: The rose-tinted menagerie
Copyright © 1990 by William M. Johnson
Heretic Books Ltd, London
Copyright © 1992 by Rasch und Röhring Verlag, Hamburg
Schutzumschlaggestaltung: Peter Albers
Satzherstellung: Utesch Satztechnik GmbH, Hamburg
Druck- und Bindearbeiten: Ebner Ulm
Printed in Germany

Inhalt

Einführung

Asiatische Elefanten und Tiger, denen ich später einen großen Teil meines Berufslebens als Zoologe widmete, lernte ich bereits als Sechzehnjähriger im Schweizer Nationalzirkus der Gebrüder Knie kennen. Lange bevor ich wildlebende Tiere in Indien, Europa oder Afrika studierte, analysierte ich hier das Verhalten von Großkatzen in den Nummern der legendären Dompteure Vojtech Trubka und Gilbert Houck. Knies Elefantenlehrer Joseph Hack blieb mir bis heute Vorbild. Er trug seinerzeit wesentlich dazu bei, daß Knie die als notorisch gefährlich geltenden Bullen halten konnte, daß sich die Tierriesen paarten und Junge aufzogen. Meine erste wissenschaftliche Publikation war dem Schlaf der Elefanten im Zirkus Knie gewidmet. Sie machte erste Forschungsreisen nach Äthiopien und Sri Lanka möglich. Knies fahrende Zirkusstadt war mir für viele Jahre zur zweiten Heimat geworden, wenn ich für wenige Tage oder Wochen von Indien, Sumatra oder Sri Lanka in die Schweiz heimkehrte. Unter Knies Chapiteau, so heißt das große Zelt, arbeiten heute noch einige meiner besten Freunde.

Ich weiß, sie mögen den Gesinnungswandel nicht, den ich in den letzten zwanzig Jahren vollzogen habe. Er stört den ohnehin hektischen Alltag. Für sie wurde ich wider Erwarten vom Paulus zum Saulus; denn vieles Positive, was ich einst leichtfertig im Fernsehen oder Radio über die Haltung von Wildtieren im Zirkus erzählt oder in Zeitschriften und Büchern geschrieben habe, sehe ich heute nicht nur ganz anders, ich sage und schreibe es auch. So bin ich wohl zum Nestbeschmutzer geworden. Das hat mehrere Gründe:

Zum einen lernte ich andere Unternehmen als den Zirkus Knie kennen, von dem Freddy Quinn unlängst sagte, er sei der Rolls Royce unter den Zirkussen. Zum anderen: Wer wildlebende Asiatische Elefanten und ihre zahmen Artgenossen in Holzfällerlagern während vieler Jahre aufs Intimste kennengelernt hat, stellt wohl mit Recht die monotone Kettenhaft und die Elefantennummern im Zirkus in Frage, bei denen die Tierriesen das zu zeigen haben, was sie, gemessen am immensen Körpergewicht, nicht haben, nämlich Kraft. Elefanten sind so gesehen Schwächlinge, die nicht einmal galoppieren können, weil sie zu schwer sind. Denn Muskelkraft wächst nicht proportional zum Körpergewicht; deshalb springen Flöhe vergleichsweise höher als Menschen oder Pferde. Auf den Hinterbeinen aufrecht gehen oder ein einarmiger Handstand bedeuten für einen Elefanten eine viel größere Leistung als für einen Menschen. Kein einziger der vielen Arbeitselefanten, die ich seit mehr als 25 Jahren kenne, steht auf Kommando auf dem Kopf. Kein Mahut ist übrigens so blöd, so etwas Unsinniges von seinem Kumpanen zu verlangen.

Wer jahrelang versucht, die letzten Orang-Utans oder Tiger in ihrer natürlichen Umwelt zu erhalten, ohne die es kein Überleben für den Menschen in den Tropen gibt, reagiert mit Recht erbost, wenn er gewilderte Orang-Utans im Zirkus wiederfindet, die mit geschminkten Gesichtern Menschen nachzuäffen haben. Genauso ärgerlich sind so dumme Texte wie etwa die von Krone, in denen steht, der Zirkus kümmere sich um eine selten gewordene Tigerform und damit diese Inzucht-Weißlinge meint, die zur Zeit im Lichterglanz der Manege Furore machen. In den letzten drei Jahrzehnten starben wirklich drei Tigerunterarten nicht zuletzt deshalb aus, weil Platz in Zoo und Zirkus fehlte: nämlich der Bali-, der Java- und der Kaspitiger.

So gesehen verzerrt die fahrende Zirkuswunderwelt Tatsachen. Und Journalisten, die immer auf ihre Meinungsfreiheit pochen, fressen an der wohlbestückten Bar im Pressewagen den Direktoren und Dompteuren ungefähr jede Lüge aus der Hand. Da ist William Johnson die löbliche Ausnahme. Sein Buch ist ein Höhepunkt in der Kontroverse über die Haltung von Wildtieren in Zirkus, Menagerie und Delphinarium. Erstmals argumentiert ein Autor unerbittlich aus der Sicht jener Geschöpfe, die entweder wie Elefanten,

Robben oder Delphine heute fast ausnahmslos eingefangen werden müssen, oder die wie Raubkatzen, Bären und Schimpansen sich erst seit wenigen Generationen in Gefangenschaft fortpflanzen. Im Showbusineß müssen sie unter engsten Raumbedingungen leben und dabei Tricks zum Ergötzen des werten Publikums zeigen.

Doch Elefant und Tiger, Bär und Seelöwe, Schimpanse oder Leopard sind keine Haustiere, die wie Pferd, Esel, Rind oder Schaf durch Zuchtwahl über Abertausende von Generationen dem Menschen und seiner Umwelt angepaßt wurden. Sie alle haben Verhaltensmerkmale, die einer anderen Umwelt angepaßt sind als der von Zirkus, fahrendem Zoo oder Delphinarium. Kritischen Stimmen begegnen Zirkusmenschen meist mit Ausreden, Verallgemeinerungen oder gar plumpen Lügen. In der fahrenden Wunderwelt leben Wildtiere jedoch kaum unter artgemäßen Bedingungen. Da helfen auch die Beteuerungen von Dompteuren, Zirkusarbeit ersetze verlorenes Freileben, nichts.

Daß Arbeit nicht frei macht, wissen auch die fünf Experten, Haustierärzte und Beamte, die im Auftrag des Bundesamtes für Landwirtschaft und Forsten »Leitlinien für die Haltung, Ausbildung und Nutzung von Tieren in Zirkusbetrieben oder ähnlichen Einrichtungen« ausgearbeitet haben. In ihrem Dokument vom 15. Oktober 1990 steht: »Wird mit den Tieren häufig und regelmäßig gearbeitet (täglich in der Regel ein bis zwei Vorführungen in der Manege und zusätzlich Ausbildung und einschließlich Probe), müssen die Tiergehege den Mindestanforderungen des Gutachtens nicht in vollem Umfang entsprechen.« – Die halten sie ohnehin klein.

Wie absurd die Rechnereien der Sachverständigen sind, läßt sich bereits an den Richtlinien für »1–2 Riesenschlangen« zeigen: »Ein Raumvolumen (Länge × Breite × Höhe) = ½ Körperlänge × ¼ Körperlänge × ¼ Körperlänge; jedes weitere Tier zusätzlich die Hälfte des genannten Raumvolumens.« Im Klartext heißt das: Zwei zweimetrige Pythons oder Boas dürfen in eine Kiste von einem Meter Länge und je einem halben Meter Höhe und Breite gestopft werden. Das entspricht einem Volumen von etwa acht Bierkästen. Und da müssen dann noch »Klettergelegenheiten, großes Badebecken, in dem die Tiere bequem Platz finden« rein.

»Arbeitet« ein Python, wenn er sich Halt suchend um Schulter,

Brust und Bauch der Tänzerin windet? Wohl kaum. Zeigte er nämlich den amtlichen Leitlinien gehorchend »Bewegungsabläufe, die denen des Wildlebens entsprechen«, dann hätte das exotische Getue ein tragisches Ende – was vor ein paar Jahren auch tatsächlich geschah. Ein Python erwürgte kurzerhand die Tänzerin. Derartigen Show-Einlagen kommt in der Regel rechtzeitig ein Bad im Eiswasser zuvor. Das macht die wechselwarme Riesenschlange zum apathischen Requisit.

Nicht mehr als gequälte Requisiten sind auch die Tauben und Kaninchen, die der Zauberer aus Ärmeln und Zylinder reißt. Ebenso sind die meisten Tiere der Raubtiernummern nur Staffage. Sie werden von den Käfigwagen durch den Gittergang in den Zentralkäfig getrieben, setzen sich auf ein Podest am Gitterrand und verlassen es bald wieder, um zurückzukehren. Die eigentliche Arbeit machen wenige meist besonders unterwürfige, junge oder schwache Tiere. Und das rechtfertigt dann engstes Raumangebot: Ein bis zwei Löwen oder Tiger haben sich im Zirkus mit fünf Quadratmetern zu begnügen. Ein Zoo, der seine Tiergehege außerdem naturgemäß gestalten kann, hat für ein bis zwei Großkatzen mindestens einen sechsmal größeren Raum bereitzustellen.

Im Zirkus herrscht auch für andere Wildtiere beklemmende Enge: Für ein bis zwei Giraffen oder ein bis zwei Nashörner soll ein Auslauf von 100, für ein bis zwei Flußpferde einer von 40 Quadratmetern reichen. Besonders eng wird's bei den Elefanten: »Podestbreite = Widerristhöhe + 50 cm, Podesttiefe mindestens 4 m« rechnen amtliche Leitlinien vor. Für anderthalbmetrige Elefantenkinder sollen also acht Quadratmeter, für ein ausgewachsenes Weibchen im besten Fall zwölf genügen. Diese Fläche können sie zudem nicht mal voll ausnützen, sind sie doch im Zirkus an je einem Hinter- und Vorderfuß gefesselt. Und dies 22 Stunden lang. Tierfreunde und Elefantenkenner nennen das Tierquälerei.

Im Zirkus sieht man das ganz anders. »Würde es den Elefanten an den Ketten nicht passen, so könnten sie die Ketten sofort aus den Verankerungen reißen. Das haben sie bis jetzt nie getan«, lautet die zynische Erklärung. Sie werden das auch nie tun, denn die Kette würde bei einem derartigen Kraftakt durch Haut und Muskeln bis auf die Knochen schneiden.

»Zirkustieren gefällt es ohnehin in ihren Wagen«, wissen die

Dompteure und verweisen dabei auf die seltenen Fälle, in denen es einer Eisbärengruppe oder einem schwarzen Panther wegen der Unvorsichtigkeit eines Pflegers gelungen ist, aus ihren Käfigwagen zu entkommen. Sie kehrten meist von sich aus zurück. Aber nicht etwa, weil ihnen die Monotonie und Enge auf geschrubbtem Holz oder Blech gefallen hätte. Die Umkehr hat einen anderen Grund. Die neue Umgebung erscheint ihnen vorerst zu fremd und zu bedrohlich. Auch verfrachtete Zootiere verlassen nur ungern ihre Transportkisten, so eng und schmutzig die auch sein mögen, weil ihnen die neue Umgebung zunächst unbekannt und unheimlich erscheint.

Zirkusmenschen sind Meister im Vereinfachen. Nicht nur bei der Gestaltung von Unterkünften für Wildtiere, auch bei der Interpretation der Tricks, die ihre Schützlinge zu vollbringen haben. Dabei beziehen sie sich auf Studien des Freiburger Haustierverhaltensforschers Klaus Zeeb an Zirkuspferden. Er wies nach, daß »Spanischer Tritt«, »Courbetten«, »Levaden« und andere Tricks der Hohen Schule auch im Kampfverhalten von Hengsten auftreten. Horst Stern hat seinerzeit den Sachverhalt in einem hervorragenden Fernsehfilm über die Pferdedressur von Fredy Knie sen. dargestellt. Bald war »vergessen«, daß Pferde Haus- und nicht Wildtiere sind, Fredy Knie ein außergewöhnlich einfühlsamer Tierlehrer und der Schweizer Nationalzirkus, was Tierhaltung anbelangt, eine positive Ausnahme ist. Fortan hieß es aus dem Kreis der Zirkusfreunde, alle Tricks in den Tiernummern ließen sich auf natürliches Verhalten zurückführen, von kopfstehenden Elefanten bis zu schlittschuhlaufenden Eisbären.

Wer Wildtiere im Zirkus aufmerksam beobachtet, merkt, daß ihre Verhaltensweisen diese Zirkusleute Lügen strafen. Elefanten stehen beispielsweise Körper wiegend und Köpfe schaukelnd im Stallzelt. Sie »weben«, wie es im Zirkusjargon heißt. Auch das rhythmische »Herumtigern« der Großkatzen und Bären ist eine sichtbare Verhaltensstörung. Bewegungsstereotypien nennen Verhaltensforscher das Weben und Herumtigern. Es sind Verhaltensweisen, die schwerste psychische Störungen der Tiere anzeigen. Sie sind im Zirkus deshalb so häufig, weil die enge Welt im fahrenden Zoo eben nicht den verlorenen Lebensraum, die »Arbeit« in der Manege eben nicht den natürlichen Alltag und die verlangten

Tricks eben nicht dem artgemäßen Verhalten entsprechen, was Zirkusmenschen immer wieder behaupten.

Sie rechtfertigen die Wildtierhaltung auch mit Hinweisen auf besondere Langlebigkeit und regelmäßigen Nachwuchs. Dies alles wäre schließlich ein wesentlicher Beitrag zur Erhaltung von Arten, die in freier Wildbahn schwer bedroht seien. Wie kurz die Beine derartiger Lügen sind, weist William Johnson in seinem Buch eindrücklich nach.

Zirkusdirektoren vergessen auch nie, auf uralte Traditionen von Wildtierhaltung und -dressur in der fahrenden Wunderwelt hinzuweisen. In Wirklichkeit sind Elefanten-, Großkatzen-, Bären-, Schimpansen- oder Seelöwennummern aber erstaunlich junge Bestandteile des Spektakels. Erstmals gab es solche Vorführungen in der Manege vor hundert bis hundertfünfzig Jahren. Es gilt sich »vor Augen zu halten, daß zwischen ihnen und dem Zirkus ursprünglich keineswegs jener enge Kontakt bestand, wie etwa mit dem Reiter und dem Pferdedresseur«, analysierte der Zirkushistoriker Joseph Halperson bereits 1926; »denn der Dompteur wurzelt eigentlich in der Tierbude, der Menagerie, dort hat er sein erstes Heim«.

Wie lange wird und kann ihm der moderne Zirkus noch Gastrecht gewähren? Asiatische Elefanten, einst Statussymbol der Krones, Sarasanis oder Althoffs, dürfen nicht mehr importiert werden; die Wildbestände sind längst zu gering geworden. Die 40 noch in elf Zirkussen der Bundesrepublik stehenden asiatischen Tierriesen sind verhältnismäßig alt und werden in den kommenden zwei Jahrzehnten sterben, ohne Nachwuchs zu hinterlassen. Ähnliches gilt auch für andere Wildtiere, ganz besonders für Eisbären.

Mehr noch: Fundierte Berichte machen Zirkusdirektoren vorsichtiger. »Für den Zirkus Knie scheint das Kapitel Menschenaffen endgültig abgeschlossen zu sein«, war im Mai 1991 im *Zürcher Tagesanzeiger* zu lesen. »Laut Franco Knie, Mitglied der Unternehmungsleitung, soll in Zukunft das Engagieren von Schimpansen-Nummern unterbleiben. Darbietungen, bei denen die Tiere vermenschlicht werden und Kostüme zu tragen haben, würden vom Schweizer Publikum ohnehin nicht mehr goutiert.«

Auch nicht mehr vom Tierschutz, der sich auf fundierte Studien bezieht wie die von Jane Goodall. Als die weltberühmte Schimpansenforscherin und ihre Helfer begannen, Schimpansen von Schaustellern und Trainern zu konfiszieren, die ihre Tiere mit gummierten Bleiknüppeln zur Folgsamkeit prügeln und mit brennenden Zigaretten quälen, stellten sie bald fest,»wie manche der beschlagnahmten Jungtiere manchmal über Wochen all die entsetzlichen Symptome des Drogenentzugs durchmachen«. Das war im Juli 1991 in GEO zu lesen. Am 17. Mai 1991 beschuldigte Direktor Franz Althoff im Bayerischen Fernsehen alle deutschen Zirkusbetriebe – von wenigen Ausnahmen abgesehen – der Tierquälerei. Sein Unternehmen, so sagte er, halte seine fünf Elefanten schon lange nicht mehr in permanenter Kettenhaft.

Doch Knie und Althoff gehören zu den seltenen Ausnahmen. Immer noch tingeln Dutzende von Zirkussen und Menagerien durch die Lande mit Wildtieren, die ein Leben unter miserabelsten Bedingungen fristen müssen, um jeweils während weniger Minuten im Scheinwerferlicht zu zeigen, was sich primitive Massenunterhaltung von ihnen verspricht. Aus dem Schimpansen, unserem nächsten Verwandten im Tierreich, wird so ein Dummer August in Lederhosen, Dirndl oder Indianerkostüm. Die Großkatze wird aus Angst zur reißenden Bestie, der Elefant zum vermeintlichen Kraftprotz.

Wo Einsicht der Zirkusdirektoren fehlt, hilft wahrscheinlich das Verhalten eines aufgeklärten Publikums; denn »Eure Gunst sei unser Streben« schrieb schon Carl Krone in sein Zirkuswappen. Es ist zu hoffen, daß William Johnsons Buch das eine oder andere in diesem Gunstgewerbe ändern wird.

Aichach, 13. Januar 1992
Fred Kurt

Vorwort

> Die Ausstellung dressierter Tiere verabscheue ich. Welch ein Maß an Leiden und brutaler Behandlung müssen die armen Kreaturen erdulden, um dem gefühl- und gedankenlosen Menschen einige Augenblicke der Freude zu bereiten.
> *Albert Schweizer*

Das Bild von Löwen und Elefanten, die in einer fast ursprünglichen Wildnis frei umherstreifen – eine bunte Fassade, die oft den Eingang zur Tierschau eines Zirkus ziert. Paradoxerweise verdeckt diese Fassade auch die Sicht auf die engen und vergitterten Käfigwagen. Vielleicht ist es genau hier, an diesem Tor mit der naiven und exotischen Szenerie, wo man die Quintessenz des Zirkus und seiner herkömmlichen Begleiterscheinung, dem der Tierschau, spüren kann.

Die Faszination des Zirkus ist im Grunde Teil einer jahrhundertealten Tradition von Sensationen, aufregenden Darbietungen und vor allem Illusion. Da ist das große Zelt mit flatternden Fahnen, die Manege, wo Löwenbändiger, Zauberkünstler, Akrobaten, Clowns und Jongleure vor einem verzauberten und oft hingerissenen Publikum ihre Fähigkeiten unter Beweis stellen. Und da ist die Tierschau, wo Besucher einigen der exotischsten und gefährdetsten Tieren der Welt ins Auge blicken können; vom Schneeleoparden zum Elefanten, vom Nashorn zum Schimpansen und Orang-Utan.

Wenn man bedenkt, daß viele dieser Tiere ihren Käfig niemals verlassen dürfen – außer vielleicht, um in die Manege gebracht zu werden –, stellt dann der buntbemalte Eingang nicht eine Potemkinsche Fassade dar? Oder ist es nur ein harmloses Herumjonglieren mit Realität und Illusion zum Entzücken des Publikums? Sind die Tiere in ihrer Gefangenschaft so glücklich, wie uns der Zirkus glauben machen will? Oder handelt es sich hierbei ebenfalls nur um

14

einen Zaubertrick des Zirkus als großen Meisters der Illusionen? Was ist hinter dieser strahlenden Fassade, die eine Verbindung mit dem Tierreich, die von menschlichem Einfühlungsvermögen und Freundschaft geprägt ist, vermitteln will?

Ein Besuch im Zoo, so sagt man, könne uns mehr über uns selbst sagen als über die Tiere, denen wir dort – eingesperrt in Käfigen – begegnen. Vielleicht stehen dabei die Käfiggitter als Symbol für die große Unterscheidung in Menschheit und Natur: ein zweiseitiger Spiegel, der die beiderseitige Gefangenschaft widerspiegelt. Schlendert man einmal durch die typische Zirkustierschau, kann man die vielen verschiedenen Weisen, mit denen Menschen auf Tiere hinter Gittern reagieren, beobachten. Da gibt es Väter, die, mit Videoausrüstung und schweißgebadet, ihren Familienausflug für die Nachkommen festhalten möchten und ihre Kinder ermuntern, vor einem Käfig mit flaumigen und niedlichen Tigerjungen zu posieren, oder eine Gruppe junger Mädchen, die einen Elefantenritt machen und vor Aufregung quietschen, während der freundliche Riese schwerfällig um das von Zirkuswagen umgebene Gehege wankt. Ein Kleinkind, das mit vor Aufregung leuchtenden Augen in seiner Karre steht, vor einem Käfig mit Rhesusaffen einen Plüschaffen hin und her schlenkert und so versucht, bei den gereizten, aber sonst gleichgültigen Tieren irgendeine Reaktion hevorzurufen. Ganz in der Nähe treibt eine Horde Schuljungen durch die Gitterstäbe hindurch ihre Späße mit den Tieren, indem sie Fratzen schneiden und Urwaldgeräusche nachahmen. Aber am anderen Ende der Tierschau, unter der brennenden Mittagssonne, schauen zwei kleine Kinder nachdenklich in einen Käfig mit erschöpften Leoparden, die auf dem Aluminiumboden ihrer vergitterten Wagen liegen und vor Durst und Hitze hecheln. »Aber sie haben ja überhaupt keinen Platz zum Leben!« Solche völlig gegensätzlichen Reaktionen sind typisch für die Debatte, die eine der ältesten Traditionen des Zirkus – die fahrende Tierschau – massiv in Frage stellt. Allein aus diesem Grund ist die Illusion für den Zirkus eine noch wertvollere Ware als je zuvor; die aufkommende öffentliche Kritik am Mißbrauch von Tieren in der Tierschau soll damit abgeschwächt und abgelenkt werden.

Die Zirkushistorikerin Marian Murray schreibt: »Der Geist des Zirkus ist die Übertreibung, und manche Zirkusleute versuchen anscheinend, sich in ihrer Verlogenheit noch zu übertrumpfen.« Vom allseits bekannten Delphinhändler, der angibt, bei ihm seien »am wenigsten Delphine im ganzen Land eingegangen«, bis zum italienischen Zirkus, dessen Manege »den größten und wildesten Gorilla der Welt« präsentiert, von »Der größten Show auf Erden« bis zum »modernsten Delphinarium in Europa«. Und gerade an dieser Vorliebe für Rhetorik, Übertreibungen und Superlative kann man ablesen, daß hier alles noch finsterer und gekünstelter ist als in der normalen Unterhaltungswelt. Nicht nur, daß die Stahlgitter der Käfige die Trennung zwischen Mensch und Tier betonen und sogar verstärken oder daß der peitscheschwingende Dompteur den Mythos von der Überlegenheit des Menschen über die Tiere aufrechtzuerhalten versucht. Hinter all dem Flitter steckt der systematische Versuch, Quälerei und Entbehrungen zu verschleiern, unter denen Raubtiere im Zirkus und Delphine in Gefangenschaft leiden müssen. Die Illusion des Zirkus und des Delphinariums ist heute nirgends sichtbarer als in dem Anspruch, eine wichtige erzieherische Funktion zu übernehmen. Schlittschuhlaufende Eisbären, Delphine, die eine quietschende Version von »Happy Birthday« zum besten geben, ein Schneeleopard, der in Bettelpositur erstarrt, während er unter farbigem Scheinwerferlicht auf einer sich drehenden Disco-Kugel balanciert. Wenn man die Ignoranz bedenkt, die Teil der Zirkustradition ist, dann ist es eigentlich kein Wunder, daß solche entwürdigenden Darbietungen noch heute als »natürliches Verhalten« dargestellt werden. So gesehen gibt es wohl kaum ein besseres Motto für einen Zirkus-Impresario als eine Zeile aus Lewis Carrol's »Alice hinter den Spiegeln«. »Es ist lebensgroß und doppelt so natürlich!« Die angebliche pädagogische Rechtfertigung für das Weiterbestehen der Zirkusmanege macht aus einem faszinierten und leichtgläubigen Publikum Tölpel.

Doch auch einige angesehene Wissenschaftler meinen, daß es »ein gewisses Etwas hat«, wilde Tiere mit eigenen Augen zu sehen, ein Gefühl, das angeblich nur auf diese Weise erzeugt werden kann. Eine eher vage und unwissenschaftliche Aussage, die von Dr. Margaret Klinowska geprägt wurde, um die fortgesetzte Ausbeutung von Delphinen in Gefangenschaft zu rechtfertigen. Sie findet sich in ihrem Bericht über diesen Industriezweig, den sie 1985 im Auftrag der britischen Regierung erstellt hat.

Pädagogisch wertvoll zu sein, war allerdings wohl noch nicht genug, nun ist die Zirkustierschau auch noch auf den Zug der Arterhaltung aufgesprungen und behauptet, daß ihre Zuchtbemühungen helfen werden, gefährdete Tierarten vor der Ausrottung zu bewahren. Aber wie alle Zirkusillusionen ist auch diese widersprüchlich und hält einer genauen Überprüfung nicht stand. Statt dessen sind Zirkusbesitzer und Tiertrainer, welche argwöhnisch das mögliche öffentliche Interesse an der Wiedereingliederung ihrer Tiere in die Wildnis beobachten, die ersten, die zugeben, daß eine Wiedereingliederung in die Natur in der Praxis meist schwierig und auch nicht bei jeder Tierart durchführbar ist.

Ihre Gitterwagen beherbergen einige der bedrohtesten Tierarten der Welt – angeblich um sie für eine weit entfernte Zukunft zu erhalten. Im großen und ganzen werden diese Tiere wohl im wörtlichsten Sinne erhalten, wie vakuumverpacktes Fleisch im Supermarkt oder ähnlich den wie Gurken eingelegten Organen in einem Labor. Ihres natürlichen Verhaltens und ihres Lebensraumes beraubt, die – zusammen mit einer Fülle von äußeren Einflüssen – ihre besonderen Eigenschaften und ihr Dasein sowohl als einmalige Art als auch als einmaliges Individuum geformt haben, sind sie dazu bestimmt, nichts weiter als eine bizarre Parodie dessen zu werden, was sie einmal gewesen sind – geistig tot, gebändigt, gebrochen.

Asiatische Elefanten, Bengaltiger, Flachland-Gorillas, Himalaya-Kragenbären, Zwergflußpferde – dieses sind nur einige der Geschöpfe, die eine lebenslange Gefangenschaft in Ketten oder hinter Gittern, in einer Umgebung, die von Entbehrungen und Leere gekennzeichnet ist, erdulden müssen. So ist es kaum verwunderlich, daß viele Tiere in dieser »Arche Noah« des Zirkus in den Wahnsinn getrieben werden. Obwohl Zirkusdirektoren und Impresarios sie lieber »Botschafter des Tierreiches« nennen, sind sie leider oft nicht mehr als kränkelnde, widerwillige Abgesandte einer sterbenden Welt. Peitschen, Maulkörbe, Ketten, elektrische Viehtreiber und andere Werkzeuge, die im Zirkus benutzt werden, machen immer wieder deutlich, daß diese Tiere dazu gezwungen werden, etwas vor ihrem menschlichen Publikum darzubieten. Und so gesehen, ist das Zirkustier in der Manege nicht nur von der Gnade seines peitscheschwingenden Dompteurs abhängig, sondern auch von der Gnade des Publikums, das, abgelenkt durch die glitzernde Show, diese Misere entweder übersieht oder ignoriert.

Obwohl sämtliche Unterarten des Tigers auf der Liste der bedrohten Tiere stehen, sind sie im Zirkus, wo sie exzessiv gezüchtet werden, tot oft mehr wert als lebendig. Diese knuddeligen und ausgelassenen Jungen – Hauptattraktion der Tierschau – wachsen viel zu schnell heran und werden dann eine Belastung, die man irgendwie loswerden muß – vielleicht bei einem verrufenen Tierhändler, einer heruntergekommenen fahrenden Tierschau, bei einem Forschungsinstitut oder sogar in Restaurants oder bei Nahrungsmittelgroßhändlern, die sich auf exotische Fleischsorten spezialisiert haben.

Anderen Arten ergeht es oft kaum besser: Die Elefanten der Chipperfield Zirkusdynastie zum Beispiel waren 1986 mehrere Monate in einem pechschwarzen Container im Laderaum eines Schiffes angekettet, während sie eine 40 000 Kilometer lange hindernisreiche Reise um die Welt machten. Oder die russischen Zirkusbären, die den größten Teil ihres Lebens in einem Käfig verbringen, der nicht größer als einen Quadratmeter ist, und deren Aggressionen durch die regelmäßige Verabreichung von Drogen gemildert wurden. Dieses sind die bitteren Wahrheiten über die heutigen Tierghettos; und obwohl einige Kinder immer noch davon träumen, fortzulaufen und zum Zirkus zu gehen, träumen wohl viele der Tiere davon, vor dem großen Zelt davonzulaufen. Doch mit all diesem Elend sind große Gewinne verbunden, nicht nur am Eingangs-Drehkreuz der Zirkusse und Delphinarien, sondern auch beim Handel mit den Tieren. Händler wie der allseits bekannte Walter Sensen aus der Bundesrepublik zum Beispiel verdienen nicht schlecht am Handel mit gefährdeten Tierarten, wie zum Beispiel Asiatischen Elefanten, Gorillas, Schimpansen und Commerson-Delphinen.

Ungeachtet des von der Zirkusindustrie geschaffenen Vorwands von Erziehung und Arterhaltung zeichnet sich die Ausbeutung der Tiere in der Menagerie und im Delphinarium durch eine grundlegende menschliche Ignoranz gegenüber Wildnis und Ökologie aus. Es ist dieselbe Art von Ignoranz, welche einen grünen Planeten unerbittlich in eine Wüste verwandelt – dieser Glaube, als Art überlegen zu sein, und diese Überzeugung, jedes Geschöpf müsse

18

ausschließlich uns zur Verfügung stehen. »Was hat der Elefant getan, welches Verbrechen hat der Elefant begangen, daß er in Ketten gehalten werden sollte?« fragte der Elefantenspezialist Dr. Fred Kurt. Leider wagen nur wenige Wissenschaftler, solche Fragen zu stellen. Und weil die Gesetzgebung den Menschen so stark in den Mittelpunkt rückt, hat sie dem systematischen Mißbrauch des dressierten Tieres nur wenig entgegenzusetzen. Entsprechend der Zirkusideologie, daß ökonomischer Pragmatismus mit »ethischen Überlegungen« unter einen Hut zu bringen wäre, hat sie indirekt dazu beigetragen, daß der Mythos vom glücklichen und zufriedenen gefangenen Tier weiter überliefert wird. Die Folge ist, daß unter dem herrschenden Gesetzessystem diejenigen, die damit betraut sind, den Schutz der Tiere in der Manege zu gewährleisten, das Prinzip »im Zweifel für den Angeklagten« eher auf die Zirkusdirektoren anwenden als auf die Tiere. Darüber hinaus reduziert uns ein Gesetz, das kaum mehr tut, als Verbrechen zu legitimieren, auf eine Diskussion über Gehege- und Bassingrößen und einen authentischen pädagogischen Wert im Zirkuszelt oder die richtige Art der Tierhaltung im Zirkuswagen, wo wir uns in Wirklichkeit doch auf grundlegende Rechte für das Tierreich einigen sollten.

Ein tropisches Paradies, unverdorbene Strände mit weißem Korallensand, Palmen, kristallklares Wasser, ein blauer, endloser Horizont und eine Schule springender und spielender Delphine. Verlockende und schillernde Szenen wie diese schmücken die betonierten, nach Chlor stinkenden Delphin-Bassins. Es wurde viel über das Verhältnis zwischen den beiden sehr hoch entwickelten Lebensformen dieses Planeten, von denen eines an Land lebt und das andere im Wasser, gesagt, geschrieben und gesungen. Doch heute, wo nichts mehr heilig ist, wird auch der Delphin in vielen Ozeanarien auf der ganzen Welt zu einem ständig lächelnden Clown degradiert, gezwungen, ein ödes Repertoire an Kunststücken zu zeigen, um das Publikum zu erfreuen. Für den Leiter eines Ozeanariums ist das eingefrorene Lächeln eines Delphins in Gefangenschaft eine glückliche Fügung. Mehr als alle Kunststücke in dem langweiligen Repertoire voller Täuschungen ist es dieses unwiderstehliche, gewinnende Lächeln der Delphine, das auf so bequeme Weise hilft, das Elend und die erbarmungslose Ausbeutung der Tiere zu vertuschen. Es vertuscht die Tatsache, daß – einmal in Menschenhände geraten – sogar aus dem vor Lebensfreude überschäumenden Delphin ein hoffnungsloses, tieftrauriges Wesen werden kann. Es hilft zu kaschieren, daß wegen des brutalen Fangvorgangs für ein einzelnes Tier, das dann im »künstlichen Meerwasser« des Ozeanariums leben muß, oft viele andere zugrunde gehen; Mütter mit Kälbern, die noch gestillt werden, eingeschlossen. Und schließlich beschwichtigt dieses »Lächeln« leicht den Verdacht, das Delphin-Bassin sei in Wirklichkeit nicht mehr als ein bloßes Gefängnis aus Beton. Die rauhe Disziplin und die schonungslose zeitliche Routine, der die gefangenen Tiere ausgesetzt sind, hat eine augenfällige Ähnlichkeit zu Verhältnissen in Gefangenenlagern, wo Insassen bestraft und erniedrigt werden, um ihren Willen zu beugen. So führt der ehemalige Wal- und Delphintrainer Doug Cartlidge aus: »Nahrungsentzug und Einzelgefangenschaft auf beschränktem Raum sind Mittel, die immer noch zur Disziplinierung und bei der Dressur von Walen und Delphinen angewandt werden.« Doch ›Flipper Inc.‹ ist ein Milliarden-Dollar-Unternehmen. Ungeachtet des gewachsenen öffentlichen Bewußtseins für die Rechte der Tiere, wurden dahinsiechende dressierte Delphine in Hotel-Pools entdeckt, in primitiven fahrenden Zirkussen und sogar in Nachtclubs, um einer Striptease-Show – wie soll man es ausdrücken? – etwas Exotisches zu verleihen.

Im Laufe meiner 1985 aufgenommenen Nachforschungen über den internationalen Delphin-Handel fand ich die belastendsten und düstersten Beweise bei ehemaligen Delphin-Trainern, die einst solche Unternehmen wie Conny Gasser's Travelling Flipper Show, Don Robinson's Flamingo Land in Yorkshire, den Windsor Safari Park, der vom Zirkusbaron Billy Smart gegründet wurde, und, die verrufenste von allen, Bruno Lienhardts in Liechtenstein registrierte Briefkasten-Firma, die ›International Dolphin Show‹, repräsentierten. In einem Zeitraum von nur sechzehn Jahren wußten diese wenigen Trainer aus erster Hand von 62 Delphinen, die in Gefangenschaft gestorben waren.

Eine bestimmte Episode zeigt, wie die »rosarote Brille« solche Todesfälle und solches Elend vor den Zuschauern verbirgt: 1972 war Debbie Steele, die sich jetzt um geistig Behinderte in London kümmert, Assistenztrainerin im Jeanne Tiebor's Porthcawl Delphinarium in Südwales. An dem fraglichen Tag schwammen in dem

20

2,74 Meter tiefen Bassin drei Delphine – zwei große weibliche Tiere und ein jüngeres kleineres Tier namens Baby Tara. Das Haus war vollbesetzt, und Kameras der Harlech Television nahmen die Show auf. Die Erhaltung des guten Rufs hatte also absolute Priorität; nicht einmal ein geschlagener, tödlich verwundeter Delphin durfte diese glückliche Illusion zerstören. »Es waren ungefähr 500 Menschen im Publikum, und dann waren da noch die Fernsehkameras«, erinnert sich Debbie Steele. »Während der Vorstellung bemerkten wir plötzlich, daß die zwei Weibchen aufgehört hatten, ihre Kunststücke zu zeigen, und wir sahen, wie sie ganz schnell im Bassin herumschwammen und beide das Baby anstießen. Das Baby legte sich auf eine Seite. Es war ganz unsicher und hatte offensichtlich große Schmerzen. Ich eilte zum Bassin, um hineinzuspringen und es herauszuholen, aber der Chef hielt mich fest und sagte: ›Nein, es muß so aussehen, als wäre es ein Teil der Vorstellung.‹ Also stieg ich ganz schnell in meinen Taucheranzug, ging auf die andere Seite des Bassins, stellte mich dem Publikum vor, sprang hinein und hielt das Baby an die Wasseroberfläche, damit es atmen konnte. Da war es noch am Leben, wand sich ein bißchen, zuckte ein wenig und atmete schnell. Dann brachte ich es in das Ruhebecken, wo es starb, während die Vorstellung weiterging. Während der nächsten 20 Minuten habe ich Wassertreten gemacht, das Baby hochgehalten und so getan, als sei es immer noch am Leben. Als der letzte Zuschauer gegangen war und die Fernsehmannschaft ihre Ausrüstung abgebaut hatte, fischten sie mich endlich heraus und dann den Körper von Baby Tara, den sie am Beckenrand ablegten. Niemand im Publikum hatte etwas bemerkt, und ich kochte vor Wut über diesen Betrug und über die Rolle, die ich dabei gespielt hatte. Ich habe auf der Stelle gekündigt.«

Zweifellos wird heute ein Impresario des Delphinhandels sagen, solche Vorkommnisse gehörten der Vergangenheit an. Doch die Öffentlichkeit wird mit solchem routinemäßigen Geplapper schon seit dem Tag abgespeist, als man dem Zirkus, der Tierschau und dem Delphinarium zum ersten Mal Tierquälerei vorgeworfen hat. Tatsächlich ist das »... gehört der Vergangenheit an« vielleicht die beständigste aller Zirkusillusionen.

Die blutrote Tierschau

Das große Zelt und der Gitterwagen

Nach dem Untergang des Römischen Reiches 476 nach Christus machten sich umherziehende Tiertrainer und Schauleute die Nostalgie für den ruinierten Römischen Zirkus zunutze und reisten mit Bären, Affen, Löwen und anderen exotischen Tieren sowie Pferden und Hunden von Stadt zu Stadt. Es gab keine organisierten Zirkusse, doch Jongleure, Akrobaten, Tänzer, Schwertschlukker, Feuerschlucker, Stelzenläufer, Wahrsager und Tierbändiger sowie Taschendiebe und andere Trickdiebe wanderten entweder allein oder in kleinen Gruppen durch Europa, Asien und Afrika. Kleine Gruppen von Zigeunern durchstreiften mit einem oder zwei dressierten Bären das Land, wie sie es auch heute noch in Jugoslawien, Rumänien oder der Türkei tun. Bei den schlechten Straßen, eng und gefährlich – bevölkert mit Leibeigenen, Vagabunden und Dieben, Quacksalbern, vagabundierenden Mönchen und Hausierern, die ihre Waren auf der Straße verkauften – wagten sich die meisten Europäer nicht sehr weit von ihrer Heimat weg. Deshalb wurde das fahrende Volk, wenn es in einer Stadt oder einem Dorf ankam, mit Furcht und Bewunderung empfangen. Sie führten gegen Essen und manchmal für Unterkunft etwas vor, ihr Leben war – wie auch teilweise heute noch, trotz des romantischen Images – von chronischer Armut und Unsicherheit gekennzeichnet. Eine jämmerliche Existenz, die die Tiere nur teilen konnten. Sie spielten, wo immer sich große Gruppen von Menschen versammelten – in den Hallen der Adelshäuser und auf Marktplätzen. Man sagt, daß König Alfred der Große (849–899) von einer Tierschau mit

*1 Gottfried Minds Bild »Bärenführer« zeigt das Schicksal der Tanzbären,
wie sie noch im letzten Jahrhundert auf unseren Jahrmärkten vorgeführt
wurden. In Osteuropa und Südasien werden auch heute noch solche Tanzbären gehalten.*

wilden Tieren unterhalten wurde und daß Wilhelm der Eroberer
ganze Gruppen von Verrenkungskünstlern, Seiltänzern und Akrobaten aus Frankreich nach England mitbrachte. Die Reichen dieser
Zeit, Aristokraten, Bischöfe und Päbste, hielten sich exotische Tiere
in privaten Tierschauen: die Vorläufer der heutigen Zoos. Die
gefangenen Tiere dienten Prestige, Macht und Eitelkeit. Etwas
Besonderes war es, der erste zu sein, der ein bestimmtes, ungewöhnlich exotisches Tier ausstellte; so wie Henry III., der 1251
einen Eisbären und einen Elefanten zur Schau stellte, die ersten
ihrer Art, die in London zu sehen waren.

Viele der Tiere starben einfach in ihrem eigenen Dreck, an
Hunger, Krankheit oder sie brachten sich selber um. Einige der
europäischen Aristokraten versuchten sogar, die römischen »Jag-

den« wiederzubeleben, wo die Tiere in ihren Einfriedungen gefangen wurden. Ein bevorzugter Zeitvertreib von Charles IX. von Frankreich war z. B., auf der Bühne mit den Tieren seiner Tierschau zu kämpfen. Es wird berichtet, daß er in einer Nacht nach einem solchen Wettbewerb – es war der 11. Oktober 1572 – träumte, daß seine wilden Tiere sich gegen ihn auflehnten. Wohl in dem Glauben, daß sein Alptraum prophetischen Charakter hatte, tötete er am nächsten Morgen jedes einzelne Tier seiner Tierschau. Aber es waren die Jahrmärkte Europas, die dem Zirkus Leben einhauchten. Seit dem 17. Jahrhundert bekamen diese Ansammlungen von Händlern durch die Kirche Rückendeckung, und so spielten sie sehr bald eine wichtige Rolle in der Entwicklung des internationalen Handels. Das Zirkusvolk ergriff schnell die Gelegenheit. So wie Landarbeiter vom Mittelmeerraum in die Alpen wanderten und der Ernte folgten, so wanderten Gaukler und Schausteller von Jahrmarkt zu Jahrmarkt und brachten dem Zirkus so internationalen Charakter. Und die Jahrmärkte blieben populär, auch als die Händler sie im späten Mittelalter verließen, weil sich Regeln für die Handelsbeziehung zwischen den einzelnen Ländern entwickelt hatten. Die Jahrmärkte waren nun fast ausschließlich von Unterhaltung bestimmt. Seiltänzer, Tierbändiger, Zauberer und Jongleure, diese exotischen und farbigen Vorstellungen ähnelten langsam aber sicher immer mehr dem Zirkus, wie wir ihn heute kennen. Selbstverständlich wurden auch wieder Tierkuriositäten aus fernen Ländern zur Schau gestellt, und fast jeder Jahrmarkt zeigte in Nebenschauen auch menschliche Sonderlinge. St. Bartholomeus in England bot ein typisches Sortiment der bekannten »Monster«, wie man sie nannte: einen Mann mit einem Kopf und zwei Körpern, ein »Kind mit einem lebendigen Bären, der auf seinem Rücken wuchs«, eine Frau mit drei Brüsten... Ihre Besitzer waren darauf vorbereitet, »in jedem Herrenhaus, wenn gewünscht«, Privatvorstellungen zu geben. Diese Sonderlinge der Natur wurden als nicht-menschlich angesehen und Tieren gleichgestellt. Und so wurden sie auch als solche behandelt und ausgebeutet. Ein Handzettel, der 1784 in London zirkulierte, vereinte die Sonderlinge und die exotischen Tiere in einer meisterhaften Art der Werbung, die ein Markenzeichen für den modernen Zirkus wurde.»Die Verbindung zwischen der rationalen und der triebhaften Kreatur«, das »erstaunlichste Geschöpf, genannt der Orientalische Waldgott oder der echte Wilde aus den Wäldern« war in Wirklichkeit ein Orang-Utan.

Erst im 18. Jahrhundert entwickelte sich die bekannte Ringschau, wie ihre frühen römischen Vorläufer in erster Linie eine Präsentation von Pferdedressuren. Noch heute wird das Kunstreiten oft von Artisten gezeigt, die in Wagenlenkerkostümen auftreten, mit federbestückten Helmen, Tunikas und Brustpanzern. In amerikanischen Shows wie der des riesigen Barnum & Bailey Zirkus wurde das traditionelle große Finale oftmals als das große römische Hippodrom-Rennen angekündigt, in dem die »alten Künste des Wagenrennens und römischen Standreitens« wieder auflebten. Ähnlich auch die exotische und grelle Zirkusparade, die ein wichtiger Bestandteil des amerikanischen Zirkus war und der alten römischen Prozession nachempfunden war, in der römische Wagenlenker vergoldete Wagen fuhren und fremde und unbekannte Tiere präsentierten, die in Gitterwagen der glotzenden Masse vorgeführt wurden.

Als »Vater des modernen Zirkus« wird der Engländer Philip Astley (1742–1814) gefeiert, Sohn eines Möbeltischlers und ehemaliger Hauptfeldwebel des 5. Dragoner Regiments aus Newcastle-under-Lyme mit Begabung fürs Kunstreiten. Er soll der erste gewesen sein, der gewagte reiterische und akrobatische Darbietungen in einem offenen Ring zeigte, auch wenn dies am Anfang nur Werbung für seine neugegründete Reitschule in London, das Amphitheatre Riding House, war. Diese improvisierten Vorführungen wurden so populär, daß Astley bald überzeugt war, auf seine wahre Berufung gestoßen zu sein. Ekstatische öffentliche Reaktionen auf seine Show-Premieren gaben ihm recht, und bald kamen Seiltänzer, Turner und eine Truppe tanzender Hunde dazu. Die meisten Zirkushistoriker meinen, daß hier die Grundelemente des modernen Zirkus zum ersten Mal vereinigt auftraten. Auffällig ist, daß die Ausstellung exotischer, wilder Tiere immer noch fehlte. All diese Shows zeigten fast ausschließlich Reitkunst, Akrobatik und Jonglieren. Es dauerte bis 1828, das war 14 Jahre nach Astleys Tod, bis der erste Elefant in der Zirkusarena zu sehen war.

Einer von Astleys Reitern, Charles Hughes, prägte 1782 zum ersten Mal den Begriff Zirkus, um diese neue und spektakuläre Art der Unterhaltung zu beschreiben. Nach Astleys erstaunlichem Erfolg eröffnete er ganz in der Nähe seine eigene Reitschule in der Blackfriar's Road. Hughes nannte die Show »The Royal Circus«. Der Wettbewerb zwischen Astley und Hughes legte den Grundstein für eine weitere Tradition des Zirkus: Rivalität und Fehde, die in der schillerndsten Periode der Zirkusgeschichte mit brutaler Vergeltung ausgetragen wurden. Astley, so sagt man, ritt in der Stadt herum und verkündete, daß Hughes ein Betrüger und Hochstapler sei, während Hughes sich dafür rächte, indem er Plakate vorbereitete, die die reiterischen Fähigkeiten seines ehemaligen Chefs in Frage stellten. Werbung und Promotion mit all ihren Tricks und Übertreibungen wurden für den Zirkus, besonders als man anfing, von Stadt zu Stadt zu ziehen, überlebensnotwendig. Werbeleute, die zum jeweils nächsten Vorstellungsort reisten, überschwemmten die Straßen mit Postern, Handzetteln und gedruckten Ankündigungen. Mit den Jahren wurden die Zirkus-Presseleute auch Meister darin, die Medien zu beeinflussen oder sogar zu manipulieren. Das ist bis heute so.

Als der Zirkus als Institution größer wurde, war es ebenfalls ganz normal, sogenannte »Rattenblätter« zu produzieren und großzügig zu verteilen, in denen die Qualität von konkurrierenden Zirkussen herabgesetzt wurde! Oftmals brachen auch erbarmungslose Kämpfe aus, in denen Tiere vergiftet oder Zirkuswagen und -zelte niedergebrannt wurden. Und wieder muß man sagen: Selbst dies ist nicht völlig aus der heutigen Zirkuswelt verschwunden.

Der Rückgang der Jahrmärkte, die Gefahr auf den Straßen und die schlechten Transportmöglichkeiten, die die Menschen vom Reisen abhielten – alle diese Faktoren zusammen schufen ein fruchtbares Klima für die Entwicklung des fahrenden Zirkus. Mit dem Exotischen, dem Grellen, dem Phänomenalen, dem Romantischen brachte der Zirkus willkommene Abwechslung in das ereignislose Leben der verschlafenen Städte und isolierten Gemeinden. Vielleicht war ganz einfach dies der Grund für die schnell wachsende Popularität. In den ersten Jahren wurden zum bestehenden Zirkuskonzept neuen Kunststücke und Disziplinen hinzugefügt, die sich aber immer noch auf reiterische Vorführungen beschränkten. Doch dann begann der Zirkus sein Potential zu entfalten. Zuerst waren da die Seiltänzer, Akrobaten und Jongleure, die wegen der rückläufigen Einnahmen auf den Jahrmärkten nach Alternativen suchten. Der Zirkus mit seiner runden Arena war für sie ideal. Hier konnten sie ihre Geschicklichkeit einem Publikum präsentieren, das so zum ersten Mal sehen konnte, daß die Kunststücke kein Schwindel waren.

Dann folgte 1815 die Einführung der Tierschau und 1820 die erste »Dschungel Nummer« mit der Dressur wilder Tiere. Kurz danach führten die Amerikaner Aaron Turner und Seth B. Howes das erste »große Zirkuszelt« ein. Solche Leinwandzelte wurden im Laufe der Zeit so groß und beeindruckend, daß sie »Leinwandkolosseen« genannt wurden. 1859 wurde das fliegende Trapez von dem französischen Akrobaten Jules Leotard erfunden. Diesem wichtigen Beitrag zur Zirkuskultur folgte der unnachahmliche Clown, der Meister von Parodie und Pantomime, der dem Publikum willkommene komische Erleichterung von den Anspannungen während der Akrobatik und der Löwendressur brachte. Den Clowns folgten die Live-Orchester, und 1871 kamen die exotischen Abnormitätenkabinette, die sogenannten »side shows«.

Philip Astley und einige seiner Zeitgenossen hatten all dieses in Gang gesetzt. Als 1772 der englische Stunt-Reiter nach Frankreich reiste, um dort seine »gewagten Meisterstücke der Reitkunst« vor dem König und dem französischen Hof zu zeigen, erlebte er auch dort Begeisterung für das neue Zirkuskonzept – besonders bei den entmutigten Artisten, die bereit waren, die Jahrmärkte aufzugeben. So wie er bei der Gründung des französischen Zirkus eine entscheidende Rolle spielte, so brachte er mit Besuchen in Belgrad, Brüssel und Wien den Zirkus nach Europa und später auch nach Amerika und in die ganze Welt. Astley eröffnete mindestens 19 fest installierte Zirkusse in seinem eigenen Land ebenso wie im Ausland. Ein Jahrzehnt nach seinem Besuch in Paris und der Einladung Marie Antoinettes eröffnete Astley sein eigenes Amphitheater. Als während der Französischen Revolution die ersten Feindseligkeiten zwischen Großbritannien und Frankreich zu spüren waren, vermietete er es an Antonio Franconi (1738–1836), einen heißblütigen Aristokraten, der Kunstreiter wurde und angab, sich als Folge eines fatalen Duells in seiner Heimatstadt Venedig im Exil zu befinden. Ohne einen Pfennig in Lyon angekommen, so die Geschichte, wurde ihm ein Job bei der Löwendressur angeboten.

2 1820 hatte die Stadtgarde von Genf Befehl, einen Elefantenbullen der Menagerie Garnier zu erschießen. Das Tier war, wie vor und nach ihm viele andere Elefanten auch, »böse« geworden und hatte Menschen angegriffen.

Doch dort wurde er schnell übel zugerichtet. Mit dem wenigen Geld, das er verdient hatte, kaufte er sich einen Käfig mit Kanarienvögeln und brachte sie irgendwie dazu, auf dem Kopf zu stehen, Mini-Kutschen und Spielzeugkanonen zu ziehen, und prompt ging er mit ihnen durch Frankreich und Spanien auf Tournee. Offensichtlich von dem blutrünstigen Spektakel der spanischen Matadoren beeindruckt, die ihre Opfer in der Kampfarena quälten, machte er sich nun daran, Stierkämpfe in Frankreich zu fördern. Schließlich wurde Franconi als Vater des heutigen französischen Zirkus bejubelt.

Astleys Erzrivalen Charles Hughes wird die Einführung des Zirkus in Rußland zugeschrieben, wo er nicht nur private Zirkusvorstellungen für den königlichen Hof im St. Petersburg Palast gab, sondern auch die persönliche Gunst von Katharina der Großen genossen haben soll. Auf jeden Fall wurde der Zirkus dort bald eine der beliebtesten Arten der Unterhaltung. Bald gab es in Rußland mehr als einhundert umherziehende wie auch fest installierte Zirkusschauen. Bis heute schauen sich ungefähr 22 Millionen Menschen jedes Jahr die Kunststücke der Akrobaten, Pferdereiter, Tiertrainer und Clowns an, die in der staatlichen Zirkusschule Rußlands ausgebildet werden.

Der erste Zirkus, der in der Neuen Welt zu sehen war, war eine Show, die John Bill Ricketts, ein gefeierter englischer Reiter und ehemaliger Schüler von Charles Hughes, 1792 in Philadelphia und New York City präsentierte. George Washington – ein leidenschaftlicher und begeisterter Reiter – soll nicht nur Ricketts Show besucht haben, sondern auch hin und wieder mit dem Vater des amerikanischen Zirkus ausgeritten sein. 1799 fiel Ricketts schließlich jenem Desaster zum Opfer, das damals viele Zirkusunternehmen ruinierte: Sein Amphitheater in New York brannte bis auf die Grundmauern nieder – ein Unfall, der einem betrunkenen Bühnenarbeiter zugeschrieben wurde, der eine Kerze fallen gelassen haben sollte. Doch es gab auch Gerüchte, daß die Erprobung besonderer Effekte, die die Manege in ein »Flammenmeer« verwandeln sollten, auf verhängnisvolle Weise außer Kontrolle geraten war. Das war noch nicht das Ende seiner Unglücksserie. Das Schiff, das ihn in sein Heimatland England zurückbringen sollte, nachdem er Amerika praktisch ohne einen Pfennig verlassen hatte, sank, alle Passagiere ertranken.

Zur Jahrhundertwende hatte der Zirkus bereits seinen Weg in jeden Winkel Europas gemacht und sich auch in Amerika fest etabliert. Doch trotz seines Erfolgs bei den Massen war das Leben im Zirkus rauh und oft erbarmungslos. Die Schausteller waren arm und beständig in Gefahr, verletzt, auch tödlich verletzt zu werden. Es war ein Leben nach der Devise »der Beste überlebt«, und trotz der manchmal gespielten und manchmal auch echten Kameradschaft war es von einem hohen Maß an Skrupellosigkeit gekennzeichnet.

Feuer war eine allgegenwärtige Bedrohung, die so manchen Zirkuszaren ruinierte und vielen in Panik geratenen Tieren den Tod brachte. Die Gebäude, in denen die Shows am Anfang aufgeführt wurden, waren die reinsten Todesfallen. Sie waren traditionell aus Holz gemacht, die Manege mit Hunderten von Kerzen erleuchtet, die Zirkuskanonen spien Flammen und Funken, und der Boden war mit Sägemehl bedeckt. Alleine Astley und Ricketts verloren fünf ihrer Zirkusse an das Feuer. Das waren Katastrophen, bei denen nicht nur die Tiere getötet wurden und die Ausrüstung völlig zerstört wurde, sondern die den finanziellen Ruin bedeuteten. Kein Wunder, daß Zirkusleute oft berechnende, abgebrühte Männer waren, die für ihre Mitmenschen nur wenig Mitgefühl zeigten, ganz zu schweigen von ihren Tieren.

In Amerika, der Heimat der Tapferen und dem Land des Pioniergeistes war die Not, mit der der Zirkus zu kämpfen hatte, wohl am größten. Hier erforderte das Zirkusleben ein noch größeres Maß an Schlauheit und Kraft, denn man hatte gegen religiöse Vorurteile, die Naturkräfte, Geldmangel, Flut, Dürre, Feuer und andere »Gottesstrafen« zu kämpfen.

Erst im frühen 19. Jahrhundert wurde der fahrende Zirkus geboren. Die Idee, Vorstellungen unter einem Zirkuszelt zu geben und für Amerikas überwiegend ländliche Bevölkerung zu spielen, wurde von einer Gruppe von Zirkuspionieren aus Neuengland angeregt. Obwohl es immer noch eine wenig perfekte und ärmliche Vorstellung war, die man auch als »Schlammschau« bezeichnete, weil die Zirkuswiesen während des Regenwetters oft zu Sümpfen wurden, kamen die Menschen doch in Scharen, weil es wenigstens eine Abwechslung in ihrem stupiden, monotonen Leben war.

Für viele weitere Jahre wurde der Zirkus für die meisten Amerikaner tatsächlich die wichtigste Art der Unterhaltung. Drei aus der bahnbrechenden Neuengland-Gruppe, Lewis B. Titus, Caleb Sutton Angevine und John J. June waren die ersten, die wilde Tiere ausdrücklich zur Ausstellung in fahrenden Tierschauen importierten. Normalerweise erwarben sie diese armen Kreaturen von Kapitänen, die die Tiere auf ihren weiten Reisen gesammelt hatten. Zuerst mußten sie die Tiere in den mageren und kalten Wintern in Viehställen und Kellern unterbringen. Aber dies war in vielerlei Hinsicht unbefriedigend. Vor allem, weil die Gewinne dadurch drastisch schrumpften. Dann kamen sie auf die Idee, ihr Hauptquartier auf dem Bowery in New York aufzuschlagen, wo sie ihre Tiere nicht nur unterbringen, sondern auch ausstellen konnten. Wenn es Frühling wurde, verliehen sie die Tiere an andere Unternehmer – normalerweise an den meistbietenden.

So war die Idee einer Gesellschaft fahrender Tierschauen geboren. Im Januar 1835 hatte das Tierhändler-Trio mehr als 125 Tierschauaussteller zur Gründung einer »gemeinsamen Aktiengesellschaft zur Ausstellung wilder Tiere zum Zwecke der Gewinnerzielung, die den Aktionären gemeinsam oder in Co-Partnerschaft gehören« überredet. Die daraus entstandene Organisation rühmte sich, gemischte Anlagewerte in Form von Tieren und Ausrüstung im Wert von über 300 000 US$ zu besitzen. Mit dem typischen Hang zur Übertreibung, nannte man diese Gesellschaft »Zoological Institute«. Um die amerikanischen religiösen Fundamentalisten nicht gegen sich aufzubringen – so Murray – »wurde das ›Zoological Institute‹ als wissenschaftlich und erzieherisch ausgegeben. Doch nicht einmal das konnte die Tiere dieser Institution schützen, zwei Elefanten wurden getötet, und andere Tiere wurden von Fanatikern entweder erschossen oder vergiftet.« Trotz solcher Attacken schüttete das »Zoological Institute« riesige Dividenden aus und – ähnlich wie im alten Rom – sollten Fangexpeditionen weltweit nach exotischen Tieren suchen. Als 1835 die erste Giraffe in die USA transportiert wurde, nannte man sie »Riesengiraffe oder Camelopard«. Ihr Leben war kurz, wie das vieler anderer Tiere, die importiert wurden, um die Neugier des Publikums und die Raffgier ihrer Besitzer zu befriedigen. Da der Hunger nach exotischen Tieren nicht gestillt werden konnte, entwickelte sich ein lebhafter Handel mit Tierattrappen wie Haien und Walen aus Leder sowie Meerjungfrauen und Meeresungeheuern.

Titus, Angevine und June hatten mit ihrer Skrupellosigkeit beim »Zoological Institute« die Zügel in der Hand und steuerten die sich entwickelnde Tierschauindustrie. Sie waren überaus einflußreich und mächtig, ihre Kontrolle über den Tierimport, -verleih und -verkauf dauerte 60 Jahre lang. »Hunderte von Meilen vom tatsächlichen Geschehen entfernt«, schrieb Murray, »konnten sie bestimmte Vorstellungen vor deren Konkurrenten in eine Stadt dirigieren, Preise reduzieren, verleumderische Geschichten über Konkurrenten verbreiten, Schläger engagieren, um Konkurrenten einzuschüchtern, Bäume fällen und Brücken verbrennen, um die Ankunft rivalisierender Truppen zu verzögern. Sie hatten noch viele weitere Möglichkeiten, Macht auszuüben, die sehr wirkungsvoll waren, obwohl diese Aktionen zum größten Teil verdeckt stattfanden.«

Die Einführung dressierter wilder Tiere in die Zirkusmanege war ebenfalls eine amerikanische Neuheit, die von einem gewissen Isaac R. Van Amburgh (1801–65) aus New York angeregt wurde, dem zugeschrieben wird, »der erste, der einen Käfig mit Dschungeltieren in eine öffentliche Ausstellung gebracht hat«, gewesen zu sein. Dies passierte irgendwann zwischen 1820 und 1833. Nach der Legende las er im Alter von 19 Jahren die Heilige Schrift und stieß auf die Geschichte von Daniel in der Höhle des Löwen. Daraufhin entschied er spontan, daß seine einzige wirkliche Berufung darin lag, Löwenbändiger zu werden. Sein Traum wurde in den Winterquartieren des »Zoological Institutes« in New York wahr, als er ganz lässig in einen Käfig mit knurrenden und tobenden Löwen spazierte und anfing, sie unter dem donnernden Applaus der Zuschauer in die Gefügigkeit zu peitschen. Sein einmaliger Stil war bei den Zuschauern dermaßen beliebt, daß er von unzähligen anderen Dompteuren nachgeahmt wurde. In einem Dschungel-Tarnanzug, eine Peitsche schwingend und Platzpatronen aus seiner Pistole feuernd, betrat er den Käfig, piesackte und ärgerte die Tiere bewußt, um soviel Wildheit und Aggressivität aus ihnen herauszulocken, wie er konnte. Dann schüchterte er sie solange ein, bis sie ihm ergeben waren. Sein Meisterstück war, die Löwen dazu zu bringen, seine Stiefel zu lecken, als äußerstes Zeichen ihrer Bezwingung und kriecherischen Unterwürfigkeit.

Der junge, unternehmerische Tierbändiger, inzwischen ein bekannter Held, fand bald heraus, daß er sogar gegenüber Leuten wie Titus und Angevine die Bedingungen diktieren konnte. Als er 23 war, hatte er eine eigene fahrende Tierschau, und 1838 gab er sogar sechsmal vor der verzückten Queen Victoria eine Vorstellung. Van Amburghs Publicity Agent, Hyatt Frost, erklärte, daß die Löwen vor einer dieser königlichen Vorstellungen 36 Stunden lang hungern mußten, und daß sie, während Van Amburgh sie ihre Kunststücke zeigen ließ, so hungrig waren, daß er sie wie wild mit der Peitsche »in die jämmerlichste Unterwerfung« prügeln mußte. Bald wurde er sowohl in Europa als auch in Amerika als der »größte Löwenbändiger der Welt« gefeiert. Mit dem Ruhm kam der Reichtum. In den 40er Jahren des 19. Jahrhunderts besaß er die größte fahrende Schau in England und vermietete Tiere an viele andere Tierschauen und Zoos in der ganzen Welt. Vielleicht war es dieser

Meilenstein in der Zirkusgeschichte des »Zoological Institute«, der später die pfiffigsten Tierbändiger dazu inspirierte zu behaupten, daß ihre Dressurakte der Erziehung und Arterhaltung dienten. Auf jeden Fall wird Van Amburgh ebenfalls zugeschrieben, der erste Mann gewesen zu sein, der seinen Kopf in das Maul eines Löwen gelegt hatte, was, wenn auch nicht besonders erzieherisch, so doch auf jeden Fall besonders spektakulär ist.

Bis zu dieser Zeit waren die europäischen Tierbändiger jahrhundertelang dem Jahrmarkt gefolgt. Der Franzose Henri Martin (1793–1882) wird dafür gerühmt, »der erste große Tierbändiger gewesen zu sein, der im Zirkus auftrat«. Sowohl er als auch Van Amburgh traten in Bühnenproduktionen auf wie »The Lions of Mysore« und »The Brute Tamer of Pompeii«. Auch wenn man es nicht mit dem römischen Zirkus vergleichen kann, Zehntausende von exotischen, wilden Tieren waren dazu bestimmt, im Zirkus zur Unterhaltung von Menschen zu leiden und zu sterben – als Opfer menschlicher Ignoranz, Brutalität und Überlegenheit.

Es ist allgemein bekannt, daß es einen Unterschied zwischen der europäischen und amerikanischen Art der exotischen Tierdressur gibt, die gemeinhin als »Dschungelnummern« bezeichnet werden – obwohl diese Unterscheidung mit der Zeit durch die Nationalität und die Vorlieben der einzelnen Dompteure verwischt wurde. Beim ursprünglichen amerikanischen Stil »steht der Trainer den brüllenden und kurz vor dem Angriff stehenden Tieren feindlich gegenüber, indem er einen Schuß abfeuert und mit der Peitsche knallt. Und das Ende bei einer solchen Vorstellung ist scheinbar unsicher. Scheinbar um Haaresbreite triumphiert die disziplinierte Routine, die der Trainer zeigt, über die Wildheit des Dschungels.«

Van Amburgh folgte der unnachahmliche Meister dieses Fachs, der Amerikaner Clyde Beatty (1903–65), von dem man sagt, er habe »nicht weniger als 40 schwarzmähnige afrikanische Löwen und Königstiger gleichzeitig unterjocht«. Tatsächlich präsentierte 1934 ein Poster Beatty als »den Dschungelkönig im einhändigen Kampf mit 40 der wildesten Tiere«. Im Vergleich dazu erscheint der europäische Stil eher ruhig, wenn nicht gar unscheinbar und sanft. Denn der Trainer versucht, »sein Können und seine Fähigkeiten dadurch zu beweisen, daß er seine Schützlinge aus dem Dschungel in der Rolle von gehorsamen, sogar verspielten Haustie-

33

ren präsentiert. Die Wildheit der Tiere wird dabei gerade so oft hervorgelockt, daß der Zuschauer nicht vergißt, daß das, was er sieht, wirklich das Ergebnis meisterhaften Trainings ist«.

Der Pionier und größte Verfechter der sogenannten »sanften Dressur« in der Tierzähmung war Carl Hagenbeck, der ja später als »Vater des modernen Zoos« bezeichnet wurde. Der Sohn eines Hamburger Fischhändlers machte schon als Junge seine erste prägende Erfahrung, als einige Fischer sechs Seehunde an Land brachten, die versehentlich mit den Netzen gefangen worden waren. Sie wurden in hölzerne Fässer gesteckt, und der junge Carl stellte sie für einen Pfennig pro Person aus. Er kam zu der Überzeugung, daß die damals überall verbreiteten Dressurtechniken den tiefsitzenden Haß der Tiere gegenüber ihren Trainern schüren mußten und daß diese Menschen nicht nur brutal waren, sondern auf lange Sicht auch unökonomisch. So versuchte Hagenbeck, die Tiere mit »Freundlichkeit« zu trainieren, und er ersetzte Strafen für Versagen durch Lob und Belohnung für erfolgreich ausgeführte Kunststücke. Die Realität war wohl nicht ganz so strahlend wie die Legende, denn die Belohnung – meistens Futter – kann, wenn sie dem Tier bewußt entzogen wird, schnell zur Strafe werden.

Mit vierzig verschickte Hagenbeck gezähmte Tiere in die ganze Welt und stellte sie auch in seiner Heimatstadt aus. Noch mehr Ruhm – diesmal in der zoologischen Welt – erlangte er dadurch, daß er die Ausstattungen der Tierschauen verbesserte, die bis dahin nur enge, vergitterte Käfige hatten. Er nutzte Landschaftsformen, verschaffte den Tieren große Freigehege, die in gewisser Weise den natürlichen Lebensraum jeder einzelen Tierart simulierten – jedenfalls aus der Sicht der Öffentlichkeit – und gründete so den Vorläufer des heutigen Zoologischen Gartens. 1887 revolutionierte Hagenbeck noch einmal die Art und Weise, wie wilde Tiere im Zirkus gezeigt wurde. Unzufrieden damit, daß die Tiere in ihren Käfigwagen in die Manege gezogen wurden und so ihre Kunststücke zeigen mußten, erfand er den großen »Zentralkäfig«, wie man ihn auch heute noch verwendet – inzwischen jedoch meistens in Form leichter Gitternetze. Dieser Käfig bot mehr Raum für den Dompteur und die Fähigkeiten seiner Tiere, und erst hier wurden die heutzutage wichtigsten Requisiten der Wildtiernummer, wie Podeste, Leitern und Wippen, erstmals benutzt.

3 Johann Geyer malte 1835 »Das Innere einer Menagerie« (Museum der bildenden Künste, Leipzig). Die Wildtierhaltung im Zirkus geht auf solche wandernde Tierschauen zurück.

Doch trotz seines guten Rufes in bezug auf neues und artgerechtes Denken wurden Zirkustiere immer noch in klitzekleine, erbärmliche Käfigwagen gesperrt, und Tausende von Tieren litten weiterhin oder starben in der Wildnis unter den Händen der Tierfänger, die die Vorräte der Zoos und Tierschauen in der »zivilisierten« Welt auffüllten – unter ihnen auch Carl Hagenbeck und seine Erben, die Europas herausragendste Tierhändler wurden. Tatsächlich importierte Carl Hagenbeck von 1866–1886, auf der Höhe seiner Karriere als Tierfänger und -händler, 1000 Löwen, 400 Tiger, mindestens 700 Leoparden, 1000 Bären, 800 Hyänen, 300 Elefanten, 17 Panzer-, Java- und Sumatranashörner, neun afrikanische Nashörner, mindestens 100 000 Vögel und Zehntausende von Affen. Erst nach monatelanger, oft mühsamer Reise kamen die gefangenen Tiere an ihrem endgültigen Bestimmungsort an. Wie

35

Bill Jordan und Stefan Ormrod es in ihrem Buch »The Last Great Wild Beast Show« berichten: »Wenn man zu der angstvollen Erfahrung des Gefangenwerdens die schrecklichen Gefühle hinzunimmt, die die Tiere empfinden müssen, wenn sie monatelang in kastenartige Käfige gesperrt werden, über rauhes Gelände gerüttelt und geschüttelt werden, hin- und hergeworfen werden, während sie ungesehene Meere überqueren, um dann in einer merkwürdigen, kalten und völlig fremden Umgebung anzukommen, nur dann ist es möglich, die Leiden und die Furcht zu verstehen, die dies alles auslöst, und die sich daraus ergebende Todesrate. Streß ist immer noch eine der häufigsten Todesursachen, wenn wilde Tiere gefangen werden. Zu Hagenbecks Zeiten müssen diese Auswirkungen sogar noch schrecklicher gewesen sein.«

Die Vorstellung, daß Carl Hagenbeck einen revolutionären Wechsel bei den Dressurtechniken, vom Brutalen zum Sanften und Gütigen bewirkte, ist eine Illusion, wie die Zirkusschau selbst. Brutalitäten blieben – bis heute –, es gibt immer noch Dompteure, die ihre Tiere mit Hilfe von Peitsche und Stuhl, dem Geräusch der Pistole, Hunger oder einfach brutalen Tritten unterwerfen. »Sogar bis ins späte neunzehnte Jahrhundert«, so Murray, »war die Präsentation großer Dschungelkatzen – egal wie das Training durchgeführt wurde – häufig noch immer eine Sache von: ihnen Angst einflößen, bis sie in ein Stadium der Hysterie verfielen, indem man Pistolen abfeuerte, Gongs schlug, Peitschen knallte und sie mit rotglühenden Eisen antrieb, wie es schon die Römer getan hatten. Dann brüllten und tobten die Tiere stark genug, um die Zuschauer zu befriedigen. Das Publikum war so blutrünstig, daß man Unfälle manchmal vortäuschte, obwohl es eine schockierende Anzahl von Fällen gab (ebenso wie es sie auch heute noch gibt und wahrscheinlich immer geben wird), wo der Dompteur tatsächlich in Stücke gerissen wurde.«

Die Tierschau

Hackaliah Bailey aus Somers, New York, hat das zweifelhafte Verdienst, Amerikas erste fahrende Tierschau gegründet zu haben. Das war um 1815, als er mit einem einzigen Elefanten, genannt

»Old Bet«, durch Neuengland tingelte. Den hatte er wahrscheinlich für 1000 Dollar von einem Kapitän gekauft, der ihn wiederum für 20 Dollar auf einer Auktion in London erworben hatte. Das »Paar« reiste bei Nacht, wohl um sich gegen die neugierigen Augen jener zu schützen, die nicht dafür bezahlen wollten, etwas zu sehen, was sie ebensogut auch gratis sehen konnten. Bei Tageslicht stellte er den Elefanten in Scheunen und Gasthausgärten aus. Doch 1828 wurde Old Bet Opfer des rechtschaffenen, puritanischen Zorns bestimmter Leute in Neuengland, die glaubten, daß die Ausstellung eines Elefanten ebenso schändlich unreligiös sei wie Theater, Kneipen und Tanzsäle. Sie nahmen die Sache selbst in die Hand und lauerten der Truppe, die Old Bet in die nächste Stadt führte, kurz vor Tagesanbruch auf. Ein halbes Dutzend Schüsse wurde abgefeuert, und das große Tier fiel brüllend zu Boden – tot. Trotzdem, Bailey & Co. hatten bei den Massen großen Erfolg und fanden viele Nachahmer.

Investitionen und die Erweiterung des Konzepts durch Titus und Angevine sowie Isaac Van Amburgh und seinesgleichen machen dies deutlich. In England wurde 1807 von Captain George Wombwell die Wombwells Royal Menagerie gegründet, eine beeindruckende Sammlung von Tieren, die zumeist von ausländischen Schiffen stammten. Interessanterweise hat ein Zeitgenosse, der Buchhändler William Hone, den Tierschaubesitzer einmal wegen seiner Habsucht und Brutalität verprügelt. Der Grund war, daß der Publicity-gierige Wombwell zwei seiner Löwen, Mero und Wallace, mit Hunden köderte. Nachdem er 1825 auf dem Sankt Bartholomeus Jahrmarkt mit ihm zusammengestoßen war, schrieb Hone, daß Wombwell »nach seiner Einschätzung durch Habsucht verrohte Einstellungen und Gefühle hat. Geistig wie auch körperlich ist er von geringer Größe, ein verhutzelter, scharfgesichtiger Mann mit einer Haut, die durch mehr als nur natürliche Geister gerötet ist. Und er spricht mit einer Stimme und Sprache, die seine Gefühle und Neigungen zeigt.«

In leuchtend bemalten Wagen, die Dschungelszenen darstellten, reiste die Wombwells Royal Menagerie mit Wildkatzen, Wölfen, Affen, Giraffen, Elefanten und Kamelen über die britischen Inseln und errang schließlich solchen Ruhm, daß sie sogar fünfmal auf königlichen Befehl hin auftrat. Dreimal vor Queen Victoria selbst.

Für die Zuschauer unterschieden sich die Tiersonderlinge in der Tierschau nicht nennenswert von den menschlichen Sonderlingen im Abnormitätenkabinett oder in den Anstalten für geistig Behinderte. Es war ein Zeitalter, in dem Geisteskrankheit öffentlich zur Schau gestellt wurde. Besuche im Irrenhaus Bedlam waren eine von Londons größten Attraktionen, Besucher mußten am Drehkreuz einen Penny Eintritt pro Person zahlen. Bob Mullan und Garry Marvin in ihrem Buch »Zoo Culture«: »In den Anstalten waren die oftmals kalten und feuchten käfigähnlichen Räume kaum mit mehr als Stroh und einem Brett ausgestattet, auf dem die ›Patienten‹ schliefen. Und die gefährlicheren unter ihnen waren oft angekettet. Verrückte wurden nicht als vollwertige menschliche Wesen behandelt, sondern man ordnete sie mit all ihrer Fremdheit eher der Tierwelt zu. Es ist bezeichnend, daß, was bei Tieren als normales Verhalten angesehen wurde – ihre ungezügelte Wildheit – beim Menschen mit Irrsinn gleichgesetzt wurde, der als unnormal angesehen wurde.« Und geradeso, wie die Besucher von Bedlam die Insassen anstachelten und provozierten, so taten es auch die Besucher der Tierschauen, um einen Löwen zum Brüllen zu bringen, einen Bären zum Brummen oder einen Affen zum Kreischen.

Doch die Tierschau und der moderne Zirkus fanden nur langsam die sogenannte »traditionelle Vereinigung«. Das war erst 1851, als George F. Bailey, ein Neffe von Hackaliah, sechs Käfige mit Tieren von dem Mischkonzern »Zoological Institute« kaufte und sie zusammen mit einigen Elefanten in einer Ringschau zeigte. Von da an sollte die Tierschau ein wichtiger Aspekt des amerikanischen Zirkus werden. Sie war gewöhnlich in einem separaten Zelt untergebracht, durch das die Besucher auf dem Weg zum großen Zelt hindurchgingen. Die Sammlungen waren oft umfangreich: Wildkatzen, Giraffen, Elefanten, Schimpansen, Gorillas, Rhinos und Eisbären. Doch was besonders ironisch anmutet, ist die Tatsache, daß die Einführung der Tierschau in den Zirkus – die von heutigen Zirkusunternehmern so vehement als gewachsener und unantastbarer Teil ihrer Tradition und ihres Erbes verteidigt wird – kaum mehr war als eine Zirkusillusion – vielleicht der größte Zirkustrick, den das Publikum je in dem großen Zelt gesehen hatte. Denn diese »Tradition« entstand völlig künstlich, durch dieselbe Täuschung, die wir auch heute noch zu hören bekommen, nämlich durch den großspurigen Anspruch des Zirkus, daß die Tierschau und die dressierten Tiere eine wichtige erzieherische Rolle spielen.

Der Zirkus, ebenso wie einige kleine fahrende Tierschauen, hatten damals eine starke Opposition von religiösen Fundamentalisten gegen sich, die die Zaubertricks und Illusionen des Zirkus als Werke des Teufels betrachteten. So stand in einem Leitartikel im »Weekly Recorder« in Chillicothe, Ohio, am 2. August 1815: »Die Hauptsache, die von den Zirkusunternehmern verfolgt wird, ist, sich selbst auf Kosten anderer zu bereichern ... Wenn man davon ausgeht, daß diese Männer einem ungesetzlichen Gewerbe nachgehen – einem Gewerbe, das nicht durch die Heilige Schrift gerechtfertigt werden kann oder aus Gründen von Vernunft oder guter Absicht, gehen wir davon aus, daß der gesunde Menschenverstand der Bürger im allgemeinen dazu führen wird, daß diese Ausstellungen mit der uneingeschränkten Ignoranz und Verachtung bedacht werden, die sie gerechterweise verdienen.« Die Bürger Sunburys, Pennsylvania, gingen sogar soweit, nach einer Vorstellung am 19. April 1829 sechs Mitglieder des Zirkus wegen Hexerei anzuklagen. In der Klageschrift hieß es, daß sie »die Kraft der Hexerei, Zauberei, Bezauberung und Verwünschung besaßen und daß sie darüber hinaus Personen des Bösen waren und von niederer Veranlagung und daß sie als magische Figuren private Treffen mit den Geistern der Dunkelheit hätten ... und daß sie im Angesicht vieler verschiedener Menschen dieses Commonwealth verschiedene Kunststücke, Akte, Taten, Ausstellungen und Vorführungen von Magie und Hexerei zeigten.« Obwohl die Klage abgewiesen und die Gefangenen entlassen wurden, machte dieser Fall den Zirkusbesitzern deutlich, wie ernstzunehmend die Opposition geworden war. Und so kam man genialerweise auf die Idee, die Tierschau in den Zirkus einzugliedern, denn schließlich, so begründete man diesen Schritt, waren trotz der magischen Qualität des Zirkus Tiere schon zu Noahs Zeiten von frommen Menschen gesammelt worden. Obwohl die Kirche den Zirkus als »unmoralisch« bezeichnet hatte, waren ehrgeizige Unternehmer wie Titus und Angevine am »Zoological Institute« überzeugt, daß man durch die Einführung exotischer Tiere der ganzen Sache einen »erzieherischen« Aspekt geben konnte. Um die Pille noch zu versüßen, wurden große Spektakel veranstaltet, die historische oder biblische Szenen darstellten.

Mit gewohnter Kreativität fand man noch einen weiteren Weg, den puritanischen Widerstand zu überwinden, indem man den Attraktionen biblische Namen gab. P. T. Barnum nannte sein Flußpferd ironisch »Das Behemot aus der Bibel, wie es im Buch Hiob beschrieben wird«. Das Zebu wurde zur »Heiligen Kuh« gemacht und die miserablen Tierkäfige als »Höhlen« bezeichnet, um an Daniel und die Höhle des Löwen zu erinnern. Robinsons und Lakes' Zirkus ging 1883 so weit, ihr Zelt den »herrlichen Firmamentpavillon« zu nennen. Andere fahrende Tierschauen gingen unter dem Namen »Tiere der Heiligen Schrift« auf Tournee. Wie die Wände, die heutzutage die Tierschau umgeben, Tiere zeigen, die frei und wild in einer unberührten Umwelt herumstreunen, so zeigten früher die Seitenwände der vergoldeten Tierkäfige leuchtendfarbige biblische Szenen wie Noahs Arche, Jona und den Wal, den Löwen und das Lamm, die nebeneinander liegen. Das Konzept ging auf, die öffentliche Feindseligkeit verschwand langsam, und so wurde die Tierschau ein beständiger, wenn auch künstlicher Bestandteil des modernen Zirkus.

Die unbarmherzige Konkurrenz zwischen den Zirkusrivalen hat zu großem Einfallsreichtum geführt; doch außer daß die Tiere durch immer bizarrere, perversere und brutalere Zirkusnummern getrieben wurden, konnte das Konzept der Tierdressur niemals mit den neuen Ideen Schritt halten, die sich andere Zirkusleute für ihre Nummern und Disziplinen ausdachten.

Eine leichte Abwandlung des Zirkus in den USA war die Wildwest-Show, die 1883 von William F. »Buffalo Bill« Cody gegründet wurde. Sie rekonstruierte geschichtliche Begebenheiten wie »General Custers letzte Schlacht«, den Indianerangriff auf die Kutsche und die unvermeidliche Rettung durch die US-Kavallerie in letzter Minute. Ebenso wie Scharfschießen – wo man die legendäre Annie Oakley präsentierte – wurden das Zureiten von Wildpferden, Lasso-Werfen und andere Kunststücke gezeigt. Die Indianer waren damals bereits so erniedrigt, daß zur Unterhaltung der Zuschauer indianische Zeremonien gezeigt wurden; die Massen wurden durch die imposante Anwesenheit Sitting Bulls angelockt. Auch wenn sie nicht unter solchem Mangel leiden mußten wie die exotischen Zirkustiere oder P. T. Barnums Sonderlinge der Natur, so wurden die Indianer dennoch als Kuriositäten ausgestellt. Der stolze Indianer wie der stolze Tiger mußten nun in Paraden von Stadt zu Stadt ziehen – nicht länger eine Bedrohung, sondern ein »drolliges Erbe« des weißen Mannes. Diese Art der Ausbeutung zeigt ganz deutlich die »weiße« Psychologie und den Glauben der bibelgewandten Priester: den roten Indianer nach Gottes Wünschen zu zivilisieren. Der Wilde und das wilde Tier; zwischen beiden wurde praktisch kaum unterschieden, auch nicht in der christlichen Religion, denn ihr galten beide als seelenlos – vielleicht weil sie der Mutter Erde so nahe waren.

Ein gewisser »Lord« George Sanger wurde derweil in Großbritannien der führende Zirkus-Impresario. Als einer von zehn Geschwistern wurde er 1827 als Sohn eines kleinen Tierschau-Direktors geboren. Als Kind arbeitete er in dem bemitleidenswerten kleinen Zirkus als Anreißer. Doch als sein Vater an Cholera starb, ging George Sanger zum Abnormitätenkabinett im »Richardson's Theatre«, wo neben den üblichen dicken Männern, zweiköpfigen Frauen und lebenden Skeletten – auch eine »Madame Stevens, die Dame mit dem Schweinegesicht« gezeigt wurde. Das war in Wirklichkeit ein Braunbär, dessen Gesicht rasiert worden war, der restliche Körper war durch Kleid, Tuch, Haube und Handschuhe versteckt. Das arme Tier wurde an einen Stuhl gegurtet und dicht an einen Tisch gesetzt, unter dem jemand saß, der es zwickte, damit es das »lebensechte« Grunzen einer Dame mit Schweinegesicht von sich gab.

Nach einer langen, harten Zeit der Armut eröffnete Sanger seinen eigenen Zirkus und hatte Glück. Auf seinem Höhepunkt in den 50er Jahren des 19. Jahrhunderts – mit Amphitheatern in Plymouth, Exeter, Bristol, Bath, Birmingham, Manchester, Liverpool, Glasgow, Dundee und Aberdeen – hatte seine Firma 1100 Angestellte, 180 Pferde, 18 Löwen und unzählige andere Tiere: zusammen die größte Ansammlung von Tieren einer Tierschau in Großbritannien. 1930 war es der angesehene Bertram Mills Zirkus, der in Großbritannien führend war, gefolgt von John Sanger & Sons. Vier andere große Firmen reihten sich in den fünfziger Jahren in den Wettbewerb ein: Chipperfields, Billy Smarts, Sir Robert Fosetts und Robert Brothers Zirkus protzten alle mit so riesigen Tierschauen, daß Tierdressuren von wilden Tieren auch auf dem Kontinent gezeigt wurden.

Während des 19. Jahrhunderts war die Zirkuswelt in Deutschland durch die Extravaganzen der Busch- und Krone-Dynastien gekennzeichnet. Buschs »sibirische« Vorstellung zeigte 120 Eisbären, die auf einer speziell konstruierten metallenen Rutsche in eine mit Wasser gefüllte Arena hinunterrutschten. In »Sevilla« zeigte der Zirkusbaron in der Manege sogar einen Stierkampf. Die Krone-Dynastie begann in den 70er Jahren, als Fritz Krone eine kleine ärmliche Tierschau gründete, die von Jahrmarkt zu Jahrmarkt reiste. Aber um 1930 war Krone dank des Scharfsinns und des Ideenreichtums von Fritz' Sohn Carl ein blühender Zirkus mit einer einzigartigen Sammlung von exotischen Tieren geworden. Ungefähr 20 Jahre später war er der größte reisende Zirkus Europas, mit einer Tierschau, zu der unter anderem 25 Elefanten gehörten.

Unter dem Druck der größer werdenden Konkurrenz mit anderen Zirkusnummern mußten die Besitzer von Elefanten ihre Tiere zu immer neuen Kunststücken anstacheln, denn Elefanten an sich waren keine Attraktion mehr. ... 1846 wurde einem Elefanten in England beigebracht, auf dem Hochseil zu gehen. 1853 stand der erste seiner Art auf dem Kopf, nicht lange danach konnte man sehen, wie ein Elefant Fahrrad fuhr und einarmigen Handstand machte. So wurde das Unmögliche möglich gemacht – von Menschen, nicht von Elefanten. Das schwerste und gleichmütigste aller Tiere, der schreitende Berg aus den Nebeln der Vergangenheit, wurde in ein federleichtes, labiles Gleichgewicht gezwungen. Es war nicht der Elefant, sondern es war die Natur selbst, die hier auf dem Kopf zu stehen schien – so läßt sich das Ergebnis einer Studie von Stephan Oettermann zusammenfassen.

Der Elefant, so sagt man, ist das Markenzeichen des Zirkus. Die Größe dieses Tieres macht aus seiner Unterwerfung durch den homo sapiens ein kurioses und faszinierendes Paradoxon. Die erste Präsentation von mehreren Elefanten, die in der Manege zusammen ihre Kunststücke vorführten, fand 1874 in Howes' »Great London Circus« und in Sangers »Royal British Menagerie« statt. Die 53 Elefanten des Ringling Brothers and Barnum & Bailey Zirkus waren die größte Herde von Elefanten, die je in den USA in einem einzigen Zirkus beschäftigt war. Obwohl unzählige andere Tierarten in der Manege auftraten, werden nur wenige so mit der Zirkus-»Tradition« in Verbindung gebracht wie der Elefant. In

Amerika, so erklärt Murray, war der Elefant »eine verblüffende Neuheit«, er war schließlich so mit der Zirkustradition verwoben, daß »kein Amerikaner das Gefühl hatte, einen echten Zirkus gesehen zu haben, wenn darin nicht mindestens ein paar Elefanten zu sehen waren.«

Elefanten, die auf riesigen glitzernden Kugeln laufen, Elefanten, die wie Charlie Chaplin gekleidet sind, Musikinstrumente spielen oder manierlich am Abendbrotstisch sitzen, Elefanten, die auf einem Bein stehen, Pyramiden bilden oder Tiger auf ihrem Rücken tragen: Die Faszination liegt vielleicht in dem Paradoxon, daß ein großes und auf den ersten Blick tolpatschiges Tier mit solch feinfühliger Balance und Körperbeherrschung auftritt. Und doch lassen fast alle diese Kunststücke Elefanten als groteske Abbilder ihrer selbst erscheinen. Bis heute wird den Elefanten beigebracht, »auf dem Drahtseil«[*] zu laufen – ein Trick, den man zum ersten Mal im Römischen Circus Maximus sehen konnte. »Auf dem Seil zu gehen ist für einen Elefanten nicht schwieriger als für einen Menschen«, behauptet Marian Murray. »Die Schwierigkeit liegt darin, den Elefanten zunächst einmal auf das Seil zu bekommen.«[**] Wie wir noch sehen werden, kann ein Dompteur dabei die Nerven verlieren und die Beine der jungen Elefanten, die seiner Meinung nach nicht schnell genug lernen, immer wieder schlagen, bis sie bluten.

Aber Elefanten, besonders die großen Bullen, sind unberechenbar und bekannt dafür, daß sie schwer zu führen sind: so mancher Dresseur wurde zertrampelt, zu Tode gequetscht oder von Stoßzähnen aufgespießt. Entweder aus Versehen, wenn ein Tier in Panik geriet, oder absichtlich, wenn das Geschöpf sich für Mißhandlungen, die man ihm in der Vergangenheit zugefügt hatte, rächte. Van Amburghs großer Bulle, Hannibal, der 1824 in die USA gebracht worden war, tötete mindestens sieben Menschen, und laut Hyatt Frost, dem Werbemann des Dompteurs, war der Elefant bekanntermaßen bösartig. »Einmal«, so Frost, »mußten Männer den Elefanten immer wieder mit Mistgabeln stoßen, um ihn während einer seiner häufigen Tobsuchtsanfälle zu überwälti-

[*] in Wirklichkeit sind es zwei Seile.
[**] Das lernt er allmählich; zuerst übt er auf einem starken, breiten Balken, später auf zwei schmaleren Balken, schließlich auf den Seilen.

gen. Bei anderer Gelegenheit brauchten mehrere Männer drei Tage, um den Bullen Romeo zu überwältigen, als er in Rage geraten war, nachdem man versucht hatte ihn anzuketten.«»Wenn ein Elefant zu gefährlich wurde«, schreibt Murray, »oder zu viele Menschen getötet hatte – selbst für das sonst so sensationslüsternde Publikum – hatte der Besitzer mehrere Möglichkeiten. Er konnte den Unruhestifter erschießen, er konnte ihn in einen Zoo geben, oder er konnte ihn an einen anderen Zirkus verkaufen, wo er dann unter anderem Namen auftrat. Das letztere war die häufigste Methode und natürlich die gefährlichste.«

Zirkus-Impresarios fanden bald heraus, daß Elefantenbabys die größten Attraktionen waren, um die Massen anzulocken. 1955 importierten die Ringling Brothers and Barnum & Bailey 27 Elefantenkälber verschiedener Größe, um sie 27 erwachsenen »Tanten« zur Seite zu geben. Das war eine hervorragende Werbung, und nur wenige der Zuschauer haben wohl nach der Herkunft dieser Babys und dem Schicksal ihrer Mütter gefragt. Einer 1952 erstellten US-Statistik zufolge waren von 264 Elefanten bis auf sechs alle weiblich, was die Behauptung der Zirkusse, daß die Tiere in Gefangenschaft gezüchtet worden seien, als puren Unsinn entlarvte.

Sonderlinge der Natur

Es war Phineas Taylor Barnum, der später zu einem Markennamen werden sollte, der eine der lukrativsten Variationen der Nebenschau einführte – das Abnormitätenkabinett. Die Sonderlinge der Natur, die hier ausgestellt waren, entsprachen den Vorurteilen der Leute, ihrer unstillbaren Neugier auf Exotisches und Unbekanntes und der gleichzeitigen Anziehung und Abscheu gegenüber Kranken und Mißgebildeten. Mehr als hundert Jahre lang war diese Nebenschau unverzichtbar für die amerikanische Zirkuskultur. Die erste ihrer Art, die systematisch organisiert war, gehörte zum »P. T. Barnum's Great Travelling Museum, Menagerie, Caravan and Hippodrome«, und die unzähligen Imitationen boten gewöhnlich die gleichen klassischen Attraktionen: einen Riesen, eine dicke Frau, den Zwerg, den dreibeinigen Jungen, das armlose Wunder und den dünnen Mann. Für die Sonderlinge – abgesehen von

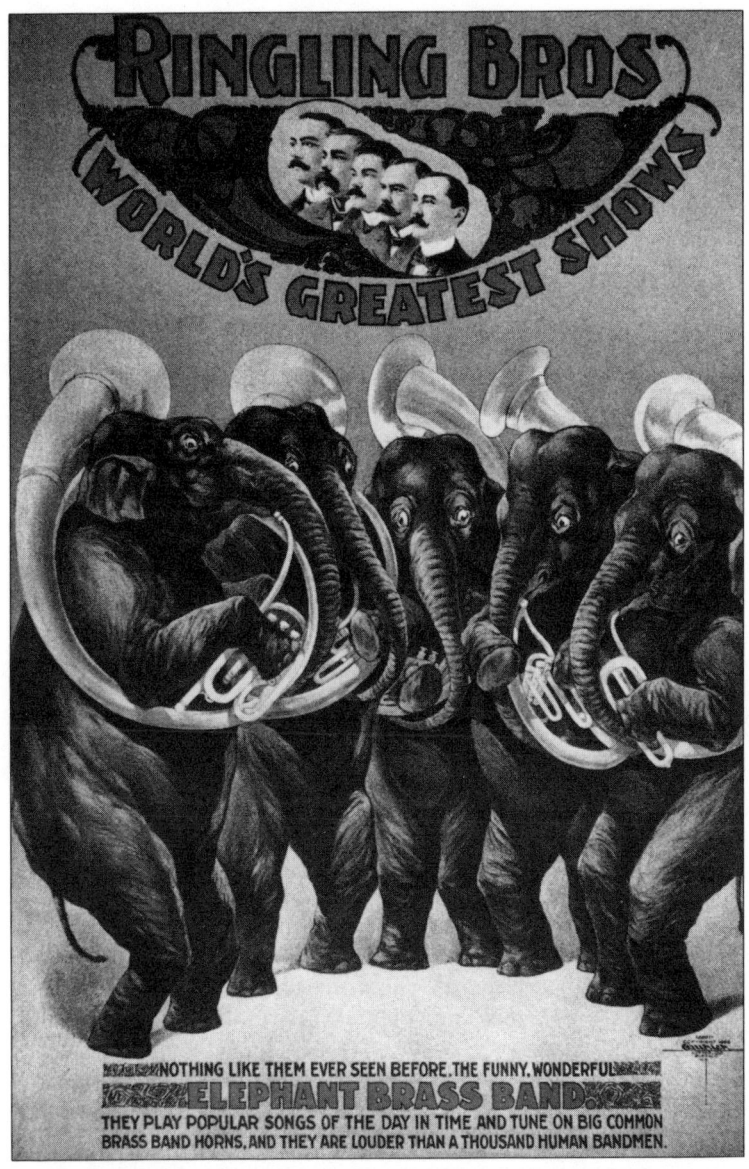

4 Anfang dieses Jahrhunderts warb der amerikanische Zirkus der Gebrüder Ringling mit Tuba blasenden Elefanten. Das war nur eine von vielen Formen der Vermenschlichung.

Ruhm und den Reichtum eines General Tom Thumb, des knapp 70 Zentimeter großen Zwergs, der Barnum ungeheuren Reichtum einbrachte – war das Leben oft elend, und die Arbeit ähnelte eher der Sklaverei als einer normalen Beschäftigung.

Eine weitere Zirkusgeschichte nach der Art:»von den Lumpen zum Seidenblazer«: Barnum wurde 1810 in eine arme Familie in Connecticut geboren. Er war keinesfalls praktisch veranlagt, doch nutzte er seine dramatische Persönlichkeit, sein Gespür für die menschliche Psyche und sein Talent, die sensationellsten und seltsamsten Nummern auszubrüten. In ihrem Buch»Zirkus!« schreibt Marian Murray, daß er vielen als»Gauner, notorischer Lügner und skrupelloser Betrüger bekannt war, der vor einem Publikum, auf das er wie auf eine Herde Narren herabsah, eine Reihe schlauer Betrügereien zum besten gab.« Doch seine Philosophie – »je größer, desto besser« – war typisch amerikanisch, und man nimmt an, daß er der Verfasser des jetzt traditionellen amerikanischen Mottos ist:»Jede Minute wird ein Einfaltspinsel geboren.« Barnum war außerdem der unbestrittene Bahnbrecher in Übertreibungen und Superlativen der Zirkussprache.»Als Barnum starb«, schreibt Murray,»hatten Adjektive wie ungeheuer, monströs, gigantisch, kolossal, elefantös, umwerfend, wunderbar, großartig, glorreich und herrlich praktisch jede Bedeutung verloren.«

Über seine wahre Berufung stolperte Barnum, als er von einer verkrüppelten und hilflosen schwarzen Frau hörte, die Joice Heth hieß und in einem Abnormitätenkabinett in Philadelphia ausgestellt wurde. Von ihr wurde gesagt, daß sie 161 Jahre alt und George Washingtons Amme gewesen sei. Nachdem er das alte Weib selber gesehen hatte, kaufte er sie prompt für 1000 Dollar und nahm sie mit nach New York, um sie dort auszustellen, was ihm 1500 Dollar pro Woche einbrachte. Als die alte Frau nach einem anstrengenden Jahr, in dem sie von Ort zu Ort reisen mußte, starb, enthüllte eine Autopsie, daß sie nicht älter als 80 Jahre gewesen war. Trotz seines offensichtlichen Schwindels und Betrugs prallten an dem dickfelligen Barnum alle Angriffe ab. Er behauptete sogar, daß sie ihm nützten, indem sie»seinen Namen in der Öffentlichkeit präsent hielten«. Seitdem fand er Geschmack an einer zweifelhaften Berühmtheit.

1841 setzte Barnum alles auf eine Karte, kaufte»Scudder's American Museum on Broadway« und nannte es »Barnum's American Museum«. In den folgenden 30 Jahren brachte ihm dieses Unternehmen ungeahnten Reichtum. Schon 1842 war das »Museum« der beliebteste Unterhaltungsort der Stadt. Riesige grell-bunte Platten an der Außenseite des Gebäudes zeigten exotische Tiere, die die Kundschaft in Massen anzogen. Tierbaby-Vorstellungen, Hunde-Vorstellungen, Geflügel- und Blumenausstellungen, unbekannte Tierarten aus weit entfernten, undurchdringlichen Dschungeln, »gezähmte« Indianer, die sich gehorsam durch ihre Kriegstänze heulten – all dies gehörte zum Alltag des Museums. 1864 bestach Barnum sogar einen Dolmetscher, um eine Gruppe imposanter Indianerhäuptlinge ausstellen zu können, die angeblich nach Washington gereist waren, um mit Präsident Lincoln Verhandlungen über Landrechte und die fortwährende ungerechte Behandlung durch die Weißen zu führen.

Im Museum sollten Kuriositäten aus der ganzen Welt gezeigt werden: vom fliegenden Fisch und Schlammeidechsen bis hin zu Grizzlybären und dem »ersten und einzigen« Flußpferd in Amerika, von menschlichen Sonderlingen, wie der bärtigen Lady, siamesischen Zwillingen und einer Familie von Albinos bis hin zu »erzogenen« Hunden und Seehunden. In einem weiteren marktschreierischen Schwindel stellte Barnum sogar eine »Fejee Meerjungfrau«[*] aus – ein schrumpeliges Monster von einem Meter Länge, perfekt aus einem Fischkörper und dem Kopf eines Affen zusammengefügt. Wieder einmal zeigte er sein unvergleichliches Können in bezug auf Werbung und zerstreute zunächst einmal die Skepsis der New Yorker, was die Existenz von Meerjungfrauen anging. Einer seiner Geschäftspartner gab sich vor der Presse als Experte vom »Lyceum of Natural History« in London aus. Und als die Meerjungfrau dann schließlich in New York ankam, hatte Barnum eine solche Neugier im Publikum geschürt, daß Menschenmassen das Museum belagerten und die Einnahmen aus Kartenverkäufen sich mehr als verdoppelten. Barnum wollte immer mehr Kuriositäten und reiste selbst den St. Lawrence Strom hinauf, um zwei weiße Wale zu erwerben, sie per Zug 700 Meilen zurück nach

---

[*] »Fidschi-Meerjungfrau« – Barnum hat einen häufig im Englischen vorkommenden Schreibfehler gemacht.

New York zu bringen und sie in einen Tank mit Frischwasser zu setzen. Unnötig zu sagen, daß sie innerhalb weniger Tage starben. Daraufhin baute er einen quadratischen Sieben-Meter-Tank, pumpte Meerwasser hinein und setzte ein anderes Paar weißer Wale hinein, die ebenfalls sofort eingingen. Barnum war nicht der Typ, der sich durch so ein Mißgeschick abhalten ließ, und so besorgte er noch zwei weitere Wale, die diesmal lange genug lebten, um den Zuschauern gezeigt zu werden. Diese Sammlung von Wassertieren wurde später mit Haien und Delphinen erweitert.

Das Museum brannte 1865 bis auf die Grundmauern nieder, und die einzigen Tiere, die überlebten, waren der dressierte Seehund, ein Bär, einige Vögel und Affen. Aber Barnum war nicht unterzukriegen und fing von vorne an, er gründete das »New American Museum«, das er mit Tieren aus aller Welt füllte. Auch dieses brannte 1868 völlig aus, mit dem gleichen überwältigenden Verlust an Tieren. Auch wenn der alternde Barnum sich schließlich entschloß, sich zur Ruhe zu setzen, wurde er bald der Vater der »Greatest Show on Earth« und Amerikas herausragender Zirkusdynastie.

1871 eroberte die »P. T. Barnum's Travelling Exhibition and World's Fair on Wheels« die Straßen – ausgerüstet mit einer Zahl von Zirkuswagen wie kein Zirkus vorher und einem Zelt, das 10 000 Menschen Platz bot. Die Hauptattraktion der Nebenschau waren vier »Fiji-Kannibalen«, die, so erklärte Barnum feierlich seinem einfältigen Publikum, von Missionaren erzogen und bekehrt worden waren. Aber der unvergleichliche Show-Mann war bald in eine bittere Fehde mit einem anderen Zirkusboß der damaligen Zeit, Adam Forepaugh, verstrickt. Einmal wetteiferten die beiden Rivalen, wer der erste war, der einen »heiligen weißen Elefanten aus dem Orient« erwarb. Barnum blätterte 75 000 Dollar für eines der seltenen gefleckten rosafarbenen, albinoähnlichen Tiere in Birma hin und meinte, Forepaugh ausgetrickst zu haben, nur um dann festzustellen, daß durch irgendeinen Verrat sein Elefant rot und blau bemalt bei ihm ankam. Der listige Forepaugh nutzte diesen Vorfall, um seinen Gegner öffentlich bloßzustellen, und präsentierte prompt einen wirklichen strahlendweißen Elefanten – der großzügig weiß getüncht worden war.

Am 15. September 1885 kam das Ereignis, auf welches das Zeitalter des

Fortschritts insgeheim lange gewartet hatte: die Konfrontation von Natur und Technik. Jumbo, ein Elefant aus Fleisch und Blut, traf frontal auf den Elefanten der technischen Welt, die Dampflokomotive. Der Elefant bezahlte dies mit dem Leben, aber er errang gleichzeitig zum ersten Mal einen moralischen Sieg: Die Lokomotive war entgleist! Doch dieser Sieg war der Untergang des Elefanten. Die Überreste des betroffenen Elefanten können im »Museum of Natural History« in New York besichtigt werden, während die Überreste dieser Tierart jetzt in den Zoos der Welt dahinvegetieren. Sie haben ihre Würde für immer verloren. Sie sind jetzt nur noch traurige Trophäen des Fortschritts. – Stephan Oettermann –

1882 entschlossen sich Barnum und sein neuer, relativ bescheidener Partner James Anthony Bailey, den »größten Elefanten der Welt« vom Londoner Zoo zu kaufen. Jumbo, wie das 3,25 Meter hohe und 8 Tonnen schwere Tier genannt wurde, wurde so berühmt, daß sein Name schließlich in die englische Sprache einging, als Synonym für Größe. Trotz der Proteste gegen diese Transaktion – die den unvergleichlichen Propagandisten Barnum nur ermutigten – wurde der Verkauf perfekt gemacht, und Jumbo brachte dem Londoner Zoo 10 000 Dollar ein. Doch als Jumbo zum ersten Mal den riesigen, eisenbeschlagenen Käfig gewahr wurde, in dem er nach Amerika transportiert werden sollte, begann er nervös zu trompeten, legte sich auf den Boden und weigerte sich, sich von der Stelle zu rühren. Ein besorgter Agent telegrafierte Barnum dann wegen weiterer Instruktionen, der Impresario entgegnete: »Laßt ihn dort eine Woche lang liegen, wenn er will. Das ist die beste Werbung der Welt.« Weniger als drei Jahre später kam der »größte Elefant, den die zivilisierte Welt je gesehen hatte«, beim Verschieben der Zirkuszüge in Ontario, Kanada, um. Als Jumbo seinen Spezialwagen verlassen wollte, wurde er von einem vorbeifahrenden Zug erfaßt. Mit seinem sicheren Instinkt für absolute Geschmacklosigkeit und um seine Verluste zu mindern, kaufte Barnum prompt Jumbos »Witwe«, Alice, von dem Londoner Zoo und stellte sie neben dem Skelett und der ausgestopften Haut Jumbos' aus.

Regelmäßige Reisen über große Entfernungen in beengten und schmutzigen Verhältnissen machten das Leben eines Zirkustieres elend – heute ist es nicht viel anders. 1876 mietete der damals unabhängige James Anthony Bailey, nachdem er in San Francisco

Vorstellungen gegeben hatte und 6000 Dollar Umsatz pro Tag gemacht hatte, ein Dampfschiff und brachte seine Tierschau über den Pazifik nach Australien, Tasmanien und das holländische Ostindien. Nachdem er Tasmanien verlassen hatte, so berichtet Murray, geriet der Zirkus in einen gewaltigen Sturm:»Im ersten Moment des Durcheinanders riß das Tau, das um den Käfig der Bären gespannt war, und der Käfig mit den Löwen rutschte auf ihn drauf. Alle Kisten purzelten durcheinander, und mehrere wurden über Bord gespült, mitsamt ihren Insassen. Noch lauter als die Schreie und das Brüllen, die die Tiere vor Angst und Schmerz ausstießen, noch lauter als die Rufe der Männer und das wilde Kreischen des Sturms, hörte man ein riesiges Platschen, als das Nashorn ins Meer fiel. Ein Käfig nach dem anderen folgte. Fast die halbe Tierschau ging verloren, und die Giraffe lag mit gebrochenem Genick da. Als das Schiff in Sidney ankam, so wird erzählt, wurde die Giraffe enthäutet und ausgestopft und mit einem Mechanismus ausgestattet. In einem verdunkelten Käfig nickte der Kopf auf dem Hals sanft, und es war niemandem erlaubt, dicht genug heranzugehen, um die Wahrheit herauszufinden.«

Bis zum Ende des 19. Jahrhunderts gab es über 100 Zirkusse, die kreuz und quer durch Amerika zogen und eine Subkultur am Leben hielten, die so manche Zirkusdynastie hervorbrachte. Manche Familienstammbäume ähneln einem richtigen Puzzle mit Biegungen und Verzweigungen, wenn Mitglieder der Zirkusfamilien untereinander heirateten. Der Vater unterrichtete den Sohn, und die Mutter die Tochter in den Disziplinen, für die das Kind am talentiertesten schien. Das Aufwachsen als Fahrende in einer stolzen, aber auch isolierten Kultur und in einer Umgebung, wo Schulunterricht eine Seltenheit war, gab dem Kind kaum Chancen, einen Beruf außerhalb der Zirkuswelt zu wählen. Wenn man ein gewisses Alter erreicht und seine Talente ausgebildet hatte, zog man vielleicht in die Manege ein, ging zu einem anderen Zirkus, wurde in eine andere Zirkusfamilie verheiratet oder eröffnete einfach eine eigene, ärmliche, klapprige fahrende Schau. Konkurrenz und die Suche nach besseren Möglichkeiten veranlaßten viele Zirkusfamilien, ihre Heimatländer zu verlassen und nach Asien, Südamerika, Südafrika oder Australien auszuwandern.

Während in Europa die Zirkusfamilien dazu neigten, sich aufzu-

splitten, gab es in den USA eine große Vorliebe für Zusammen-
schlüsse – auch wenn solche Verträge mit ziemlicher Regelmäßig-
keit immer wieder gebrochen wurden. Dieser Trend erreichte 1907
seinen Höhepunkt, als die Ringling Brothers Barnum & Bailey
aufkauften und die größte Zirkusfirma der Welt gründeten. 1919
schlossen sich die beiden Zirkusse zusammen und gemäß der Encyclopedia Britannica wurde 1929 »das letzte konkurrierende Syndi-
kat, die ›American Circus Corporation‹, die fünf Zirkusse umfaßte,
gekauft, um die letzte ernsthafte Bedrohung für die Überlegenheit
der Ringling Brothers zu beseitigen«.

Der Star der Manege des Ringling Konzerns war Gargantua, der
als der größte und wildeste Gorilla der Welt ausgegeben wurde –
eine Werbemasche, die den krassen Zynismus der amerikanischen
Zirkusbosse zeigt. Der Gorilla, der 1938 zum ersten Mal öffentlich
auftrat, war in Wirklichkeit in Afrika als schwaches und verletzli-
ches Baby gefangen worden. Aber nach einem Säureanschlag, den
ein verärgerter Seemann während des Transports nach Amerika
auf das Tier verübte, hegte der entstellte Gargantua einen bitteren
Groll gegen jedes menschliche Wesen, auf das er traf, seinen eigenen Lehrer eingeschlossen, der es nur selten wagte, sich dem Tier
zu nähern. Doch das häßliche und deformierte Gesicht des Tieres
und seine zügellose Wut garantierten ein gutes Geschäft.

Der »Circus americanus« ähnelte der Kultur des Alten Roms
mehr, als man zugeben möchte, auch was seinen Hang zur Gigantomanie betrifft. Das große Zelt des Ringling Brothers and Barnum &
Bailey Circus bedeckte einen ganzen Hektar, wurde von 20 Meter
hohen Stützpfeilern getragen und bot 12 000 Menschen Raum. Im
Gegensatz zum europäischen Zirkus, der normalerweise die Aufmerksamkeit des Publikums auf eine einzige Manege lenkte,
konnte das Publikum bei Ringling Brothers and Barnum & Bailey
nicht weniger als drei Manegen und vier Bühnen gleichzeitig sehen, der schnelle Wechsel der Nummern sowie die Zahl der Dar-
steller und Darbietungen unterstrichen den schnellen und dynami-
schen Ablauf. 1941 wurde ihre »Greatest Show on Earth« in vier
Zügen von insgesamt 107 21 Meter langen Güterwagen herumgefahren. Manchmal war die Schau mit ihrem glitzernden Umzug so
überwältigend, daß der Schuß nach hinten losging. In der American Encyclopedia schreiben F. Darius Benham und Arthur Perrow,

daß manche Paraden vor den Vorstellungen, die eigentlich nur einen Vorgeschmack auf die komplette Schau unter dem Zirkuszelt geben sollten, »so riesig waren, daß, als Barnum & Baileys ›Greatest Show on Earth‹ nach Deutschland kam, die Zuschauer der Parade anschließend nach Hause gingen, weil sie dachten, daß das die ganze Vorstellung gewesen war.«

Doch die amerikanische Gigantomanie führte bald zu finanziellen Problemen, und das war das Ende des großen Zelts in den USA. 1958 ging eine Ära zu Ende, gestiegene Frachtkosten zwangen die »Greatest Show on Earth«, ihr Umherziehen aufzugeben und nur noch in Ausstellungshallen und anderen großen Gebäuden aufzutreten. Nach Auffassung der Besitzer war der Zirkus ein Opfer von Fernsehen, schlechtem Wetter, Verkehrsstaus, Ärger mit den Arbeitern und steigenden Kosten geworden.

Das Delphinarium

Nach P. T. Barnums mißglückter Ausstellung von weißen Walen 1860 in seinem New Yorker Museum waren erst 1913 wieder Wale in Gefangenschaft zu sehen. C. H. Townsend, Direktor des New Yorker Aquariums, kam auf die Idee, Delphine als ungeheure Neuheit auszustellen. Und so wurden am 12. November 1913 in North Carolina fünf Große Tümmler – es war das erste Mal, daß dies zu kommerziellen Zwecken geschah – in einer drei Tage dauernden Reise nach New York gebracht. Im Juni 1914 schrieb Townsend, daß es niemals eine erfolgreichere Ausstellung in der zwölfjährigen Geschichte des Aquariums gegeben habe. Der letzte der Delphine starb – an einer Lungenentzündung – 1915, nach 21 Monaten der Gefangenschaft.

Aber es dauerte noch ein weiteres Vierteljahrhundert, bis ein gefangener Delphin zur Unterhaltung eines menschlichen Publikums dressiert wurde und Kunststücke zeigen mußte. 1938 wurden die Marine Studios in Florida, die auch Große Tümmler hatten, eröffnet. Es wird erzählt, daß man mehr oder weniger zufällig auf den Gedanken kam, Delphine zu dressieren. Während der Fütterungszeiten in den Marine Studios – so sagt man – nahmen die Delphine langsam die Gewohnheit an, hochzuspringen, um die

52

Fische zu fangen, die man ihnen zuwarf. Und dieses kleine Spektakel amüsierte jedesmal das Publikum, die Pfleger und den Direktor. Ein Jahr später, 1939, beobachtete Cecil M. Walker, der damals für die Wartung der Wasserreinigungspumpen im Nachtdienst zuständig war, daß ein Delphin eine Pelikanfeder über die Wasseroberfläche zu ihm hinstubste. »Einfach so aus Spaß« nahm er die angebotene Feder und warf sie zurück ins Wasser, woraufhin – zu seiner großen Überraschung – der Delphin sie wieder zurückbrachte. Das Spiel ging weiter, und Walker experimentierte mit einem Ball, einem Fahrradschlauch, kleinen Steinen und anderen Objekten. Als das Spiel Formen annahm, als andere Delphine sich dazugesellten, ähnelte es schon dem Repertoire, das man heute in jedem Delphinarium der Welt sehen kann. So jedenfalls die Geschichte, eine Geschichte, die ein bißchen nach Hollywood klingt – auch was Walker angeht, der schnell in die Position des Generaldirektors der Marine Studios befördert wurde.

Und bald scheuten nicht nur Touristen keine Entfernung mehr, um die einzigen, die wirklichen, die wunderbaren dressierten Delphine zu sehen, sondern auch bekannte Wissenschaftler kamen in die Marine Studios. Und es ist interessant und amüsant zugleich, wie schnell die Meinungen und »Entdeckungen« der Wissenschaft, die man sich mit den Scheuklappen des Stolzes auf den menschlichen Intellekt gebildet hatte, Makulatur wurden. Der anerkannte Zoologe Heini Hediger, zum Beispiel, konnte seine Begeisterung für das neue sensationelle Tierkunststück der Marine Studios kaum zügeln. Er beschreibt seinen Besuch 1954 in seinem Buch »Skizzen zu einer Tierpsychologie in Zoo und Zirkus« und schwärmt, das Wichtigste an dieser Stadt, die direkt am Meer liege, seien zwei Aquarien von ausgesprochen amerikanischen Dimensionen – nämlich den größten der Welt –, so daß diese riesigen Wasserbecken zu recht nicht länger Aquarien, sondern Ozeanarien genannt würden. Allein in einem dieser »enormen« Wasserbecken wurden nicht weniger als elf Delphine gehalten, und es maß nur 22,5 Meter im Durchmesser und war 3,6 Meter tief – absolut unzureichend, selbst nach den heutigen Minimalanforderungen.

Ähnlich beginnt ein Hediger-Aufsatz mit dem Titel »Dressurexperimente mit Delphinen«, der 1952 erschien und zu Beginn A. E. Brehm zitiert, der wiederum an Plinius' Fabel erinnert, in der ein

Junge vorkommt, der die Zuneigung eines Delphins erlangte, indem er ihn regelmäßig mit Brot fütterte, und der jeden Tag auf dem Rücken des Tieres übers Meer zur Schule gebracht wurde. Leider müsse man solche Erzählungen den Dichtern und Märchenschreibern überlassen, es fehle ihnen jeder Anhalt. Aber 2000 Jahre später, so fährt er fort, gebe es mindestens einen Delphin in Florida, der auf die Kommandos seines Lehrers höre und ihm sogar erlaube, ihm ein besonders konstruiertes Geschirr anzulegen, das dann vor ein Surfboard gespannt werde. Und somit – so schließt er – sei es heutzutage gut möglich, daß Menschen mit Hilfe eines Delphins übers Wasser gebracht würden. Hediger berichtet weiter, wie der Seelöwen-Trainer Adolph Frohn verpflichtet wurde, den Delphinen in den »großzügigen Einrichtungen«, die von den Marine Studios gestellt wurden, ihre Kunststücke beizubringen – in einem Becken von zirka acht Metern Durchmesser und ungefähr eineinhalb Metern Wassertiefe. Hier, in diesem besonderen Dressurbecken, so schreibt Hediger, trainierte Frohn den besonders talentierten Tursiops truncatus, der »Flippy« genannt wurde. Wenn man zwischen den Zeilen dieser wissenschaftlichen Abhandlung liest, bemerkt man einen Kampf zwischen dem wissenschaftlichen Intellekt und dem, was man am besten als menschliches Gewissen bezeichnet. »Flippy« sei kein Fisch, schrieb Hediger, und man mußte fast die Frage unterdrücken, ob er überhaupt ein Tier sei, wenn er einen seitlich mit zwinkerndem Auge aus weniger als einem halben Meter Entfernung ansah. So neu, so fremd, so im höchsten Grade sonderbar war dieses Geschöpf, daß man es eher für irgendein verzaubertes Wesen hätte halten wollen, wäre nicht im Zoologenhirn immer wieder die sachliche und in dieser Situation fast peinliche Assoziation mit der trockenen wissenschaftlichen Bezeichnung Tursiops truncatus entstanden.

Den gleichen Konflikt zwischen Ratio und Gefühlen, die gleiche, unheimliche, mystische Erfahrung der Verwandtschaft, hat so mancher Delphintrainer, Wissenschaftler und so manches Kind, das Delphine beobachtet, erfahren. Schade für die Menschheit, schade für den Delphin und schade für die Welt, daß feinsinnige Gefühle oder Intuitionen so oft als Bedrohung für den Intellekt angesehen werden, so daß sie entweder übergangen, unterdrückt oder niedergetrampelt werden. »Flippy«, so berichtet Hediger, wurde mit einer streng abgewogenen Portion von sechs Kilo Fisch pro Tag gefüttert. Eine Menge, die durch die relativ geringen Bewegungsmöglichkeiten bestimmt wurde. Weil das Becken so flach war, so berichtet Hediger, war der Delphin ohne ausreichenden Schutz der Sommersonne ausgesetzt, und der daraus resultierende Sonnenbrand zeigte sich in einer starken Rötung, hauptsächlich der helleren Teile der grauen, weichen, plastikähnlichen Haut. Der Wissenschaftler konnte nichts moralisch Anstößiges an dieser Art der Präsentation finden, die sehr auf das Showbusineß ausgerichtet war. Hier in den Marine Studios, so Hedigers Kommentar, gehe es nicht um wissenschaftliche Dressur, sondern um Schaudressur. Daß sogar diese zirkusähnliche Dressur grundsätzlich auch von wissenschaftlichem Wert sein könne, hielt er für unbestritten.

Die ungelernte Lektion des schlauen Hans

In der Encyclopedia Britannica heißt es, daß es im Kino oder im Fernsehen angebracht sei, das wirkliche Leben darzustellen, aber der Zirkus müsse eine Phantasie bleiben, er müsse für immer unwirklich und von dem täglichen Einerlei des Lebens getrennt bleiben. So eine Sicht beinhaltet leider auch das Märchen von den gut behandelten Tieren in der Tierschau und im Delphinarium, die angeblich glücklich unter dem Reglement eines rigorosen Trainings leben. Die sogenannte »sanfte Dressur« von Hagenbeck war ein bequemes Alibi für die vielen Dompteure und Dresseure, die weder die Geduld noch die geistige Größe besaßen, diese Methoden zu übernehmen. Bis heute gehören Brutalität und Entbehrung zur Tierdressur; sei es nun in den Zirkussen, bei Film und Fernsehen oder in der Wissenschaft. Man ist doch reichlich überrascht, von der amerikanischen National Aeronautics and Space Administration (NASA), einer Institution, die sich rühmt, in Wissenschaft und Technologie stets an vorderster Stelle zu stehen, zu hören, daß sie ihre Affen mit Hilfe von Elektroschocks und Schlägen mit sandgefüllten Schläuchen für den Weltraumflug trainiert haben. Das veranlaßte den amerikanischen Astrophysiker Carl Sagan zu der Aussage:»Wenn Schimpansen ein Bewußtsein haben, wenn sie in der

Lage sind, zu abstrahieren, haben sie dann nicht auch ein Recht auf das, was man bisher ›Menschenrecht‹ nannte? Wie intelligent muß ein Schimpanse sein, damit das Töten eines Schimpansen rechtlich als Mord behandelt wird?«

Eine Episode aus der Zeit um die Jahrhundertwende kann man wohl als typisch für die Auffassung von tierlicher Intelligenz betrachten. Damals lebte in Deutschland ein Hengst, den man »schlauer Hans« nannte und der sowohl die Wissenschaftler als auch die Öffentlichkeit mit seinen intellektuellen Fähigkeiten verblüffte, zu denen mathematische Kenntnisse gehörten, die Begabung, musikalische Abschnitte zu erkennen, und brauchbare Kenntnisse in der deutschen Sprache. Wenn jemand ihn nach der Quadratwurzel aus 16 fragte, so antwortete Hans pflichtschuldigst mit viermaligem Hufscharren. Die Wissenschaftler waren mißtrauisch und bildeten ein Untersuchungsgremium aus zwei Zoologen, einem Psychologen, einem Pferdedresseur und einem Zirkusdirektor. Doch sie fanden nichts, was an den Fähigkeiten des Pferdes »faul« war. Der schlaue Hans war dabei, die ganze wissenschaftliche Gemeinschaft bloßzustellen, bis ein junger Psychologe beauftragt wurde herauszufinden, wie der schlaue Hans reagiert, wenn ihm die Fragen von jemandem gestellt wurde, der die richtigen Antworten nicht kennt. Da sank die Zahl der richtigen Antworten rapide ab – bis fast auf Null. So war klar, daß der schlaue Hans niemals Mathematik, die Musik oder die deutsche Sprache beherrscht hatte, aber er hatte praktisch gelernt, die Gedanken der Menschen zu lesen, indem er die geringsten Veränderungen in ihrer Haltung, Atmung und in ihrem Gesichtsausdruck beobachtete.

Die wissenschaftliche Gemeinschaft triumphierte und erklärte den schlauen Hans prompt für einen Schwindel und bezeichnete die ganze Sache als letzten, eindeutigen Beweis dafür, daß Tiere nur reagieren, nicht aber denken könnten. Es entbehrt nicht einer gewissen Ironie, daß man das gleiche auch von den Wissenschaftlern selber sagen kann, nämlich indem sie die Sache bloß als das »Schlauer-Hans-Syndrom« abtaten und nicht das geringste Interesse zeigten, die besonderen sensorischen Fähigkeiten des Pferdes zu verstehen. Aus Angst vor dem Unbekannten benügten sie sich mit dem bequemsten Lehrsatz aus Descartes wissenschaftlichen Erörterungen – »daß das, was nicht bewiesen werden kann, auch nicht existiert«. Dieser Grundsatz gilt, wenn es um die Intelligenz von Tieren geht, noch heute. Fast scheint es, als müsse sich die Realität den bestehenden wissenschaftlichen Theorien anpassen und nicht umgekehrt. Aber Hans, der Hengst, hat wenigstens gezeigt, wie absurd es ist, die Intelligenz der Tiere nach streng menschlichen Kriterien zu messen.

Leider gab es nur wenige Forscher, die in der Lage waren, diese wichtige Lektion von Hans zu lernen. 1947 adoptierte zum Beispiel ein junger amerikanischer Psychologe einen vier Wochen alten Schimpansen, der sechs Jahre lang – bis zu seinem frühzeitigen Tod – wie ein Kind aufgezogen und einem intensiven Sprachtrainingsprogramm unterzogen wurde. In diesen Jahren konnte das Tier nur vier armselige zusammenhängende Worte stottern: Papa, Mama, cup (Tasse) und up (auf). Daraus schlußfolgerten die Wissenschaftler, daß Primaten einfach nicht das stimmliche Instrumentarium besitzen, das für die menschliche Sprache notwendig ist. Heute führt man ähnliche Untersuchungen durch, in denen Handzeichen und abstrakte Symbole anstelle von Sprache benutzt werden. Und bisher sind die Ergebnisse ganz erstaunlich, besonders bei einigen Schimpansen, die bis zu 150 Zeichen-Vokabeln gelernt hatten. Allerdings fallen die Wissenschaftler dann in ihre alten anthropozentrischen Denkschablonen zurück und fragen: Sind die Tiere nur in der Lage, ungeordnete Reihen von Zeichen zu behalten, oder sind sie in der Lage, grammatikalische Regeln zu verstehen? Und so kommt es, daß von den Tieren, die in einem Labor für Verhaltensforschung einen Intelligenztest machen, immer noch ausschließlich menschliche Fähigkeiten verlangt werden. Draußen, in ihrer Domäne, sind die Tiere dem Menschen in bezug auf Beobachtungsgabe, Geschicklichkeit, Bedachtsamkeit und anderen überlebenswichtigen Fähigkeiten überlegen.

Vernunftbestimmtes Denken, die Fähigkeit zu differenzieren, zu analysieren und zu kombinieren, und schließlich beim Konzept von Ursache und Wirkung anzugelangen – von allen diesen Fähigkeiten sagt man, sie machten Intelligenz aus. Doch wenn Intelligenz schon für verschiedene Menschen unterschiedliche Bedeutungen hat, dann muß man sich doch einmal klarmachen, welche Bedeutung sie in dem so unglaublich vielfältigen Tierreich haben mag. In ihrer eigenen Umgebung müssen die Tiere ihre Geschicklichkeit und Intelligenz dafür einsetzen, zu überleben. Jede Tierart lebt in einer anderen Umgebung, die Intelligenz ist eine individuelle Sache und von Tier zu Tier völlig unterschiedlich. Ihre Fähigkeiten sind ähnlich einmalig, und es gibt Tiere, bei denen man alle Aspekte der Intelligenz findet – von der Abstraktion bis hin zu komplexen Kommunikationsfähigkeiten. Mindestens tausend Jahre lang glaubten die Menschen, sie seien die einzigen Wesen auf dem Planeten, die in der Lage wären, zu denken. An dieser Überzeugung änderte sich auch nichts, als die Gesellschaft akzeptierte, daß die menschliche Gattung mit anderen Tieren verwandt ist. Die Einbeziehung zeitgemäßer Erforschung tierlicher Intelligenz bedeutet, daß auch unsere Gehirne Teil einer evolutionären Entwicklung sind und daß Denken nicht eine besondere Begabung ist, die uns von der tierlichen Welt unterscheidet, sondern etwas, was uns eng mit dem Tierreich verbindet.

Reuter, 17. November 1988. – Eine Schule von Delphinen stubste und geleitete zwei Matrosen, die vor der Küste Indonesiens in rauher See Schiffbruch erlitten hatten, durch die Nacht, in die Sicherheit einer kleinen Insel. Die Männer konnten Alarm schlagen und die Rettungstrupps konnten weitere neun der Schiffsbesatzung aus dem Meer fischen. Dies berichtete gestern ein Sprecher des Schiffseigners, der staatlichen indonesischen Ölgesellschaft, Pertamina.

Der »sprechende« Schimpanse, der die grammatikalischen Regeln seiner Lehrer büffeln mußte, ist nur ein Beispiel für den allgegenwärtigen Anthropozentrismus der Menschen auch in der Verhaltensforschung. Die Forscher beobachten die Tiere in solchen Verhaltensexperimenten mit dieser für die Wissenschaft so typischen Teilnahmslosigkeit. Beispiel für diese Ignoranz vieler Verhaltensforscher ist, daß sie die Zuwendung und die Pflege, die Affen oder wilde Katzenarten ihren Jungen zukommen lassen, als »instinktives Leckverhalten« bezeichnen, statt daß sie sich soweit herablassen zuzugeben, daß Tiere einfach für ihre Jungen sorgen. Der reduktionistische Ansatz, der in den etablierten Wissenschaften so verbreitet ist, ist hier ebenfalls deutlich sichtbar – nicht zuletzt deswegen, weil sogar Forschungen im Bereich der vergleichenden Psychologie nicht im natürlichen Lebensraum der Tiere durchgeführt werden, sondern weiterhin unter den künstlichen Bedingungen im Labor.

Doch immer mehr Wissenschaftler kommen jetzt zu der wichtigen Erkenntnis, daß gültige Tests tierlicher Intelligenz nur in der natürlichen Umgebung eines Tieres durchgeführt werden können. Und tatsächlich haben Feldbiologen bereits vor Jahren herausgefunden, daß Tiere in der Wildnis kognitive Fähigkeiten mit einer viel größeren Komplexität einsetzen als bei den Übungen, die die Wissenschaftler so eifrig und beharrlich den Tieren in Gefangenschaft beibringen wollen.

Delphine sind in den letzten Jahren das Lieblingsobjekt für die Laboratorien der Verhaltensforschung geworden. Der international anerkannte Delphin-Experte, Professor Giorgio Pilleri vom Hirnanatomischen Institut in Bern, Schweiz, hat die anthropozentristische Forschungsarbeit schon lange angeprangert. Delphine unter künstlichen Bedingungen zu halten, könne wenig mehr als künstliche wissenschaftliche Ergebnisse hervorbringen, so seine Auffassung. Wir haben es hier mit Tieren des höchsten Stadiums der Entwicklung, Intelligenz und Empfindsamkeit zu tun, aber diese Qualitäten werden nur in seiner eigenen Meeresumgebung sichtbar, wo sich diese Intelligenz entwickelt hat, um bestimmte Anforderungen zu erfüllen. Es sei Unsinn, zu versuchen, einem Delphin Algebra oder die menschliche Sprache beizubringen, genauso, wie es absurd sei zu versuchen, die tierliche Intelligenz nach menschlichen Kriterien messen zu wollen. Außerdem glaubt Pilleri, daß der Druck, unter dem die Tiere in Gefangenschaft stehen, oft eine grundlegende psychologische Störung bei dem Tier auslöst. Ironischerweise ist eines der ersten Symptome für diesen Zustand der Verlust von Kommunikationsfähigkeit, und Pilleri besteht darauf, bewiesen zu haben, daß Delphine in Gefangenschaft dümmer werden.

Draußen im offenen Meer wird eine Delphinschule, die aus einer beliebigen Anzahl Delphinen, die zwischen zwölf und mehr als tausend schwanken kann, durch akustische Kommunikationsmittel zusammengehalten. Während das Sonar-Schnattern auf hoher Frequenz zur Orientierung und zur Jagd benutzt wird, werden Geräusche mit niedrigerer Frequenz als Sprache benutzt. In der Wildnis seien Delphine sehr gesellige Wesen, mit großer Individualität, meint Pilleri. Bei vielen Gelegenheiten würden verwundete Delphine beobachtet, die von ihren Genossen unterstützt und an die Oberfläche gebracht würden, damit sie atmen könnten. Und sie würden weiter betreut, bis es ihnen wieder gutgehe. Weibchen fungierten als Hebammen und hülfen sich gegenseitig bei der Geburt. Sie unterstützten die erschöpfte Mutter, das Baby an die Wasseroberfläche zu bringen, damit es atmen könne. Sogar vor dem Einsetzen der Wehen versammelten sich die anderen Weibchen um die Mutter. Auch dieses Verhalten weise deutlich auf die Fähigkeit zur differenzierten Kommunikation hin.

Bei einigen Delphinarten könne der Sonarton Frequenzen von bis zu 200 000 Hz erreichen, erklärt Pilleri. Der blinde Platanista oder Ganges-Delphin sei in der Lage, Kugeln von zwei Millimetern Durchmesser aus einer Entfernung von mehreren Metern auszumachen, ebenso, wie er verschiedene Materialien unterscheiden könne – zum Beispiel, ob ein Objekt aus Holz oder aus Stein sei. Und neben der Fähigkeit, verschiedene Fischarten zu erkennen, könne er auch noch unterscheiden, ob der Fisch tot oder lebendig sei. Aus allen verfügbaren Hinweisen schlußfolgert Pilleri, daß der ultimative Status des menschlichen Gehirns in der Rangordnung der Säugetiere heute in Zweifel gerät.

Eine merkwürdige Episode, die sich vor einigen Jahren am Schwarzen Meer ereignete, mag ebenfalls Licht auf das Denken der Delphine werfen. Ein kleines russisches Fischerboot war plötzlich von einigen Delphinen umzingelt, die anfingen, das Boot in Richtung einer Boje zu schubsen. Dort entdeckten die verwirrten Fischer einen jungen Delphin, der sich in der Ankerleine der Boje verfangen hatte. Die Männer versuchten, das Delphinbaby zu befreien, und als es ihnen endlich gelang, stießen die Mitglieder der Delphinschule Pfiffe der Freude und der Dankbarkeit aus. Sie begleiteten dann das Fischerboot den ganzen Weg zurück in den Hafen. Andere Vorfälle bestätigen nicht nur die Intelligenz der Delphine, sondern auch ihre Fähigkeit, das Zusammenspiel von Ursache und Wirkung zu erfassen. Der dänische Verhaltensforscher Holger Poulsen führt eine Episode an, in der zwei Delphine mit einem Aal spielten. Als der Aal ihnen in ein Loch entwischte, schnappte sich einer der Delphine einen kleinen Fisch mit einem Giftstachel, nahm ihn vorsichtig ins Maul und stieß ihn in das Versteck des Aals. Der Aal floh sofort aus seinem Loch, und so konnte das Spiel weitergehen.

Die schon legendäre Fürsorge der Delphine erstreckt sich auch auf den Menschen, wie in vielen Geschichten berichtet wird, wo die Tiere Schwimmer in Gewässern beschützten, in denen es nur so von Haien wimmelte, oder in denen sie ertrinkende Seefahrer retteten. Aber für eine Wissenschaft, die immer noch in Art-Kategorien denkt, gibt es immer eine »rationale« Erklärung. Dieses wird besonders an den Ansichten des unverfrorenen Delphinarium-Fans Professor Paul Schauenberger, eines Forschungsbeauftragten am Genfer Museum, deutlich: Obwohl es unzählige Beispiele dafür gibt, in denen berichtet wird, wie Delphine herbeikamen, um Menschen zu retten, so Schauenberger, sollten wir nicht glauben, daß der Delphin Menschen absichtlich rettet. Es sei vielmehr so, daß Delphine, vom jüngsten bis zum ältesten, eine angeborene Neigung hätten, jedes Objekt, das auf der Wasseroberfläche treibe, auf ihrer Stirn zu tragen. Es sei ein Spiel, ein Instinkt. Schauenberger sträubt sich offensichtlich zu erklären, warum die Delphine ihre menschlichen Objekte gewöhnlich zur nächsten Küste tragen und nicht hinaus aufs Meer.

Elefanten vergessen nie

> »Es gibt kein Geschöpf unter allen Lebewesen der Welt, das eine so herrliche und stattliche Demonstration der Macht und der Weisheit Gottes ausstrahlt wie der Elefant.«
> *Edward Topsell: The Historie of Foure-Footed Beastes,*
> *London 1658*

Forschungsarbeiten im Amboseli Naturreservat ergaben, daß Elefanten, ebenso wie Delphine, über viele Kilometer miteinander kommunizieren können, indem sie Rufe ausstoßen, die für das menschliche Ohr nicht wahrnehmbar sind. »Eine solche Kommunikation könnte die koordinierten Wanderungen jener Elefanten erklären, die von ihrer Herde getrennt wurden, die menschliche Beobachter immer wieder verblüfft haben«, sagt Peter Jackson von der IUCN, der Internationalen Naturschutz-Union. »Die Art, wie

Elefanten Werkzeuge benutzen, ist ebenfalls Ausdruck einer hochentwickelten Intelligenz«, berichtet Dr. Fred Kurt, Dozent für Ökologie und Spezialist »in Sachen Elefanten«, sowohl für Tiere, die in Gefangenschaft leben, als auch für freilebende Tiere. »Die Spitze eines Elefantenrüssels«, sagt Kurt, »ist wie eine Hand mit Geruchssinn und wird benutzt, um Werkzeuge zu formen und zu verändern, wie z. B. klitzekleine Holzstücke zur Hautpflege, oder Holzscheite, die der Elefant mit beachtenswerter Geschicklichkeit seinen Widersachern entgegenschleudert.« Ihre Intelligenz spiegelt sich auch in der Gewandtheit wider, mit der sie sich bewegen. Ein Elefant, so sagt Kurt, sei trotz seiner massiven Gestalt »sehr wohl in der Lage, sich vorsichtig in einem Porzellanladen zu bewegen, ganz anders als der berühmte Volksmund meint«. Sein Gedächtnis gilt als weiterer Beweis für seine Intelligenz, und nach Kurt ist das schon legendäre Gedächtnis des Elefanten beachtlich. Als Beweis führt er an, daß die Elefanten des Schweizer Nationalzirkus Knie »in mindestens sechzig Städten ohne Führung den Weg vom Bahnhof zum Zirkusgelände fanden – und wilde Herden sind ebensogut darin, ihre Futtergründe zu finden«. Die amerikanische Ökologin Cynthia Moss hat dreizehn Jahre damit verbracht, eine Elefantenpopulation in Kenia zu studieren. Sie schreibt, daß die Elefanten nicht nur Loyalität und Freundlichkeit besitzen, sondern daß sie auch »Sterblichkeit« begreifen. Sie berichtet, daß die Elefanten mit den Rüsselspitzen Skelette verendeter Genossen untersuchten und sie fast immer wiedererkannten. Einmal beobachtete Cynthia Moss, wie ein erwachsener Elefant vorsichtig mit der sonnenverblichenen Haut seiner vor langer Zeit verstorbenen Mutter herumhantierte, als erkenne er sie wieder.

Die Erforschung der Intelligenz in der natürlichen Umgebung eines Tieres kann auf komische Weise die intellektuellen Grenzen des Forschers zeigen. Wenn sich Schimpansen zum Beispiel auf Termitenfang machen, dann halten sie nach einem passenden Zweig Ausschau, streifen vorsichtig die Blätter ab und stecken ihn mit größter Konzentration und Geschicklichkeit in die Öffnungen des Termitenhügels hinein. Die Forscher, die versuchten, das soeben entdeckte Vorgehen nachzuahmen, mußten feststellen, daß sie ebenso ungeschickt und uneffektiv waren wie die Schimpansenkinder, die diese Fähigkeit noch nicht ganz gelernt hatten.

Aber was ist mit den kleineren Tieren? Jahrelang hat die Wissenschaft versucht, die vergleichbare Intelligenz von Tieren mit Hilfe der Annahme einer zunehmenden Entwicklung eines leistungsfähigen Gehirns zu erklären, indem sie das Verhältnis von Hirn- und Körpergewicht gemessen haben. Daraus ergab sich, daß, unter Berücksichtigung der Größe der Gehirne, Delphine, Gorillas, Schimpansen und Orang-Utans den gleichen Grad an Gehirnausbildung haben wie der Mensch. Aber unter diesem Gesichtspunkt kann das vielschichtige Verhalten kleinerer Tiere mit geringerer Hirnausprägung nur so erklärt werden, daß sie fast vollständig von Instinkten geleitet werden – ein Vermächtnis von Descartes' »Uhrwerk«-Mechanismus.

Es kann jedoch sein, daß die Grundlage einer solchen wissenschaftlichen Theorie völlig falsch ist. Donald Griffin, Emeritusprofessor an der Rockefeller Universität und Autor des 1984 unter dem Titel »Animal Thinking« (Wenn Tiere denken) erschienenen Buches, gibt die Theorie des »automatischen Instinkts« auf. Er vertritt die Auffassung, daß nur wenige Tiergehirne groß genug wären, die großen Mengen von Verhaltensanweisungen zu speichern, die sie brauchen, um in einer ständig wechselnden Umgebung zu überleben. Bewußte Entscheidungen zu treffen, so sagt er, sei weit ökonomischer, als automatische Reaktionen für die vielen Zufälle des täglichen Lebens mit sich herumzuschleppen. Es sei eher so, daß Tiere mit relativ kleinem Gehirnvolumen das einfache, bewußte Denken vielleicht sogar viel nötiger haben, als jene, die ein Kilogramm grauer Materie mit sich herumschleppen.

Dieses könnte die hochentwickelten Fähigkeiten einiger Zugvögel erklären, von denen man annimmt, daß sie sich an den Sternen orientieren und an ganz geringen Veränderungen im Magnetfeld der Erde sowie an polarisiertem Licht. In einem kürzlich in den USA durchgeführten Experiment wurde zum Beispiel eine Anzahl von Sturmtauchern gefangen und dann einige Tausend Kilometer abseits von ihrer gewohnten Flugroute wieder freigelassen. Obwohl der anschließende Flug auch über unbekanntes Gebiet führte, ohne bekannte Landschaftsformen, kamen die Vögel nur mit wenigen Tagen Verspätung in ihren Brutgebieten an. Auch andere kleine Tiere zeigen überzeugende Anzeichen von bewußter Intelligenz: Die komplizierte Tanzsprache der Honigbienen, die von Karl von Frisch entdeckt wurde, bei denen erfolgreiche Sammlerinnen ihren Genossinnen im Bienenkorb erklären, in welcher Richtung und in welcher Entfernung sich Futter befindet. Oder eine Ameisenart in Südindien, die ihr eigenes Wasserverwaltungssystem entwickelt hat, indem sie Federn um die Eingänge zu ihren unterirdischen Kolonien aufstapelt und so Morgentau auffängt. Oder die Waldschnepfe, die Bachstelze und das Rotkehlchen, von denen man weiß, daß sie verwundete Artgenossen behandeln, indem sie Brüche fachgerecht mit Schlamm bekleben.

Ohne Zweifel hat die bloße Idee einer tierlichen Intelligenz schwerwiegende Folgen für die menschliche Gesellschaft. Denn wenn Tiere denken können, vernünftig urteilen und verschiedene Gefühle empfinden können, wie ließe sich dann noch rechtfertigen, daß wir sie in Massentierhaltungen mißhandeln, daß wir sie in Tierschauen und Zirkussen ausbeuten und in Laboratorien mißbrauchen? Was würde aus der etablierten Wissenschaft mit ihren uneindeutigen Moralvorstellungen, die stets bereit ist, dem zu dienen, der das meiste bietet? Doch aus Eigennutz hält die menschliche Gesellschaft vielleicht lieber an der Idee des nicht-denkenden »Uhrwerk«-Tiers fest und läßt den abgetakelten Geist von Descartes weiterspuken.

Gefährdete Arten – in Hülle und Fülle

>»Im Laufe der Jahre haben sich die Tierhändler einen
>Ruf erworben, der dem der Sklavenhändler ähnelt. Es ist
>ein Ruf, den sie zu Recht verdienen, denn wie die Skla-
>venhändler reisen auch sie über weite Strecken, genießen
>die nicht unbeträchtlichen Profite ihrer Unternehmen,
>während ihre Horrorfrachten unter Deck versteckt lie-
>gen, außer Sichtweite, als sollten sie möglichst wenige Ge-
>wissen belasten.«
>*Bill Jordan und Stefan Ormrod*

Schon in den Zirkussen und Amphitheatern des Alten Rom trieben
die blutigen Wettkämpfe viele Tierarten systematisch zur lokalen
Ausrottung. Als dieser Ungeist Jahrhunderte später wieder auftauchte, spielte der Zirkus bald eine Schlüsselrolle bei dem riesigen
internationalen Handel mit gefährdeten Tierarten. Angesichts der
beliebten Schlagworte der Zoo- und Zirkuszunft, »Bildung« und
»Erhaltung«, ist es heutzutage schon schwierig, einem aufgeweck-
ten Kind zu erklären, warum es heute fast ebenso viele Tiger in
vergitterten Tierschauen in Europa gibt wie in der asiatischen
Wildnis.

Der Anthropozentrismus hat sich zu einer so mächtigen und
heimtückischen Idee entwickelt, die das Verhalten der Menschen
so stark prägt und zu so zerstörerischen Taten führt, daß es schwer-
fällt, ihre Ursache nicht einer Art perversem unterbewußtem To-
deswunsch zuzuschreiben. Wie ich schon in »Monk Seal Conspiracy« (Die Mönchsrobben Verschwörung) beschrieben habe, hat
die lange und düstere Tradition des Anthropozentrismus einen
verheerenden Tribut von der Erde gefordert. Seine Auswirkungen
können mit einer Art chronischem Kriegszustand verglichen werden oder mit einer den Körper schwächenden, heimtückischen
Krankheit, die unerbittlich die Widerstandskraft ebenso wie die
geistige Stärke aus dem Körper absaugt. Der Umweltforscher David Sarokin schrieb: »Wie jeder kränkelnde Patient zeigt auch ein
kranker Planet Symptome. Tote Delphine, die auf unerklärliche
Weise an die Strände gespült werden; tropische Korallenriffe und

65

Wälder in gemäßigten Zonen sterben in der ganzen Welt; Löcher in der Ozonschicht erscheinen wie offene Wunden in der oberen Atmosphäre. Regen, Schnee und Dunst sind oft hundertmal giftiger als normal. Fischbestände haben so viele Geschwüre wie nie zuvor. Der Planet wird sogar von Fieber geplagt: Auf den Sommer 1988 wird man eines Tages zurückblicken und sagen, daß er die erste klare Warnung dafür war, daß der Treibhauseffekt das Temperaturgleichgewicht auf unserem Planeten grundlegend verändert hat.«

Diese anschauliche Analogie der Erde mit einem lebendigen Wesen bildet auch die Grundlage von Dr. Jim Lovelocks Gaia Hypothese. Auch wenn sie heute von detaillierten ökologischen Hinweisen gestützt wird, sie ist praktisch eine verspätete Wiederentdeckung eines Weltbildes, das einst – vor mehr als 2000 Jahren – im alten Griechenland die Wiege der Zivilisation bildete. Als einer der Vorväter der heutigen Ökologie beschreibt Plato die »Gaia«, die Mutter Erde, als »lebendiges Geschöpf... ausgestattet mit Seele und Vernunft«. Heute können wir sagen, daß diese alte Göttin, dieses Wesen, auf dem wir leben, am Rande einer tödlichen Krankheit steht. Dies ist vielleicht der letzte Beweis dafür, daß wir – wie die Eroberer in alten Zeiten, die so entschlossen ihre eigene Vergötterung betrieben – mit Hilfe der brutalsten Unterjochung unsere vielgelobte Überlegenheit über die Erde gewonnen haben, und diese Überlegenheit schließlich unser eigenes Ende sein kann.

Trotz all der Konflikte zwischen Nationen, Rassen, Religionen und Philosophien, vor jedem einzelnen Haus, in jedem kleinen Dorf und in jeder Stadt, in jedem Land oder in jeder Kultur der Welt gibt es die verheerende Ironie dieser einigenden Kraft: Ein Friedhof der Tierarten breitet sich vor unseren Augen aus, ein Friedhof, der zur Jahrhundertwende leicht eine Million Grabsteine umfassen kann. Bald werden die Sargträger, die vor unserem Haus vorbeimarschieren, mindestens eine ausgerottete Tierart pro Stunde zu Grabe tragen. Nur wenige Menschen betrauern tatsächlich diese Entwicklung; ein deutliches Zeichen für den tödlichen Anthropozentrismus. Es gibt sogar in der Umweltschutzbewegung Leute, die solche Ausrottung nur deshalb betrauern, weil ein möglicher »Nutzen für den Menschen« dann unwiderruflich verloren ist

– entweder als Nahrungsquelle oder als Lieferant für Medizin, als Teile einer Gen-Mixtur oder – was vielleicht der heuchlerischste aller Gründe ist – als Teil des »natürlichen, menschlichen Erbes«. Obwohl diese Zweckphilosophie dem zwangsläufigen menschlichen Egoismus dienen soll, muß sie sich am Ende als zerstörerisch herausstellen, wenn auch nur deshalb, weil die Erde niemals durch Täuschung gerettet werden kann, nicht einmal durch Platos herrlichen Mythos oder die »schöne Lüge«. Diese Umweltschützer scheinen vergessen zu haben, daß der Kern unserer gestörten Beziehung zum Planeten – und oft auch der Beziehung zu unseren Mitmenschen – im Utilitarismus liegt. Wie der frühere UN-Hochkommissar für Flüchtlinge, Prinz Sadruddin Aga Khan, gesagt hat: »Die Kluft, die das Denken in Artkategorien von Rassismus trennt, ist wirklich sehr schmal.«

Doch während sie in der Wildnis mit der Ausrottung konfrontiert werden, gibt es in den Tierschauen gefährdete Tierarten in Hülle und Fülle. Selbst ein gemütlicher Bummel durch den Zirkus zeigt diese bizarre Logik einer alles erobernden Tierart – des Menschen. Die Ausstellungsstücke in vergitterten Käfigwagen gleichen jenen Sonderlingen der Natur, die man in den Abnormitätenkabinetten der Zirkusse während des letzten Jahrhunderts so gewinnbringend ausstellte – kuriose Überbleibsel der Wildnis, die der homo sapiens gemäß Gottes Wunsch in die Vergessenheit »zivilisiert«.

»Auf einem Flug von Manila nach New York war zwischen die Fracht eine Lieferung von einhundert Affen gepfercht. Als das Flugzeug in Hongkong landete, um nachzutanken, ging der Pilot in den Frachtraum und warf die neun Kisten, in die man die Affen gepackt hatte, auf die Landebahn. Den Flughafenbehörden, die ihn einer gesetzeswidrigen Behinderung des Flughafenbetriebes beschuldigten, sagte er, er habe den Geruch der verwesenden Körper nicht länger ertragen können: 76 Affen waren tot, und die übrigen 24 in einem derartig schlechten Zustand, daß sie eingeschläfert werden mußten. Sie starben, weil sie in Kisten transportiert worden waren, die völlig unzureichend waren. In jeder Kiste waren doppelt so viele Affen wie eigentlich hätten darin sein dürfen, die Luftzufuhr entsprach nicht annähernd dem empfohlenen Minimum.« – Chris Robins –

Blinde Justiz

Schimpanse, Gorilla und Orang-Utan, Elefant und Rhinozeros, Leopard und Tiger, alle diese Tierarten, die in den Zirkustierschauen so verbreitet sind oder waren, sind im Red Data Book aufgeführt, das einmal zynisch als die Ökologenausgabe des Tibetanischen Totenbuches bezeichnet wurde. Von der IUCN, der *International Union for Conservation of Nature and Natural Resources* veröffentlicht, führt es jede Tier- und jede Pflanzenart, geordnet nach ihrer angenommenen Fähigkeit, die Angriffe der »Alpha«-Art zu überleben, auf. Sie werden nach »selten«, »bedroht« oder »gefährdet« kategorisiert. Es ist vielleicht verzeihlich, wenn Menschen annehmen, diese Tiere stünden unter strengem Schutz. Gesetze haben es an sich, auch wenn sie nur aus guter Absicht, gutem Papier, guten Kompromissen und guten Schlupflöchern gemacht werden, die Öffentlichkeit in Sicherheit zu wiegen, ein bestimmtes Problem sei unumstößlich gelöst. Leider ist dies nur Illusion, wie der andauernde Milliarden-Dollar-Sklavenhandel mit den am meisten gefährdeten Bewohnern der Erde zeigt.

Diese ersten internationalen Versuche, den Handel mit wilden Tieren einzudämmen, fanden 1973 in Washington statt, als sich 80 Nationen trafen, um die Convention on the International Trade in Endangered Species (CITES; Übereinkommen über den internationalen Handel mit gefährdeten Arten) zu entwerfen. Vorher waren diesem Handel nur wenige Beschränkungen auferlegt. Es war ein Industriezweig, der, wie jeder andere auch, auf der sicheren Grundlage des Massenkonsums basierte, des Gesetzes von Angebot und Nachfrage. Es war in erster Linie die grausame Wirklichkeit des Tierhandels, die schließlich die Aufmerksamkeit der Öffentlichkeit weckte und Druck auf die Regierungen ausübte, gegen die Barbarei dieser Art von Handel vorzugehen – jedenfalls gegen die offensichtliche Barbarei. Der Industriezweig, der die Zoos, die Tierschauen und Zoohandlungen der Welt belieferte, wurde in der Presse anschaulich vorgestellt: erstickte Tiger in Kisten, die kaum größer als sie selbst waren, die Gesichter zu einer grotesken Maske aus Angst und Pein erstarrt; Affen, die vor Angst oder einfach weil zu viele auf zu engem Raum zusammen verwahrt wurden, gestorben waren, ihr Blut ergoß sich aus den Kisten heraus auf den

68

Betonboden des Frachthofes; Adler, deren Augenlider brutal mit Bindfäden zusammengenäht waren; ein Malaienbär, der sich während der endlosen Fahrt von Malaya selbst an seiner Kette stranguliert hatte. Auch wenn CITES bei der Eindämmung solcher abscheulichen Mißbräuche große Fortschritte gemacht hat, wird wohl niemand behaupten wollen, Brutalität und Ausrottung seien überwunden; in Wirklichkeit sind sie nur durch gesetzliche Regelung aufpoliert worden.

In der Konvention, die 1975 in Kraft trat, werden die Tierarten unter Anhang I, II oder III entsprechend ihrer Gefährdung aufgelistet. Außer für »wissenschaftliche Zwecke« (ein Schlupfloch, das es ermöglicht, daß Tausende von exotischen Tieren jedes Jahr in Labors und Zoos enden) ist der Handel mit Tierarten des Anhangs I – ernsthaft von Ausrottung bedroht – verboten. Zu den Tieren auf dieser Liste gehören Schimpanse, Gorilla und Orang-Utan, Gepard, Nebelparder, Asiatischer Löwe, Tiger, Schneeleopard, Asiatischer und Afrikanischer Elefant und fünf Nashornarten. Für Tierarten auf Anhang II – Tiere, die potentiell bedroht sind – ist der Handel gestattet, vorausgesetzt, daß die Transaktionen von dem Herkunftsland offiziell genehmigt wurden. Eine Tierart auf dieser Liste ist der Große Tümmler – der immer lächelnde Clown der Ozeanarien der ganzen Welt. Es entbehrt nicht einer gewissen Ironie, daß in der Praxis der Handel mit Tierarten aus Anhang II so liberal ist, daß viele Tierformen, die jetzt auf diesem Anhang stehen, in den kommenden Jahren wahrscheinlich nach oben auf Anhang I gesetzt werden müssen. Ungefähr 90 Prozent aller Affen, die zur Forschung gebraucht werden, werden z. B. immer noch in der Wildnis gefangen. Die *International Primate Protection League* (IPPL; Internationale Liga zum Schutz der Primaten) schätzt, daß jedes Jahr eine Million Primaten gefangen werden, 200 000 erreichen ihr Ziel, die anderen 800 000 sterben in Folge des Fanges oder auf dem Transport. In Anhang III können Regierungen einheimische Tierarten auflisten, die in ihrem Herkunftsland als schützenswert angesehen werden, auch wenn sie weltweit nicht als bedroht gelten.

Eine der grundlegenden Schwächen der Convention on International Trade in Endangered Species ist, daß die ›Großen‹ des Tierhandels in Städten wie Nairobi oder Nürnberg sitzen können und schmutzige Geschäfte ausbrüten, für die sie nie bestraft werden. International Primate Protection League

Daß jedes Gesetz ein Schlupfloch hat, trifft sicherlich auch für CITES zu. Sogar das CITES-Sekretariat selbst, mit Sitz in Lausanne, gibt zu, daß »es Schlupflöcher gibt, die von skrupellosen Händlern ausgenutzt werden können«. Länder, die sich weigern, sich den Unterzeichnerstaaten anzuschließen – wie Mexiko, Kuba, die Vereinigten Arabischen Emirate, Taiwan, Hongkong, Singapur und Birma – bleiben Zentren oder Schlupflöcher für den Internationalen Handel. Darüber hinaus lassen sich die Vorschriften – trotz einer oberflächlichen Überwachung durch Interpol – wegen organisierter Korruption, besonders in Ländern der Dritten Welt, aus denen die meisten dieser Tiere stammen, nicht ernsthaft durchsetzen. Es stimmt zwar, daß die Aktivitäten einiger Händler eingeschränkt werden konnten, das hatte aber gleichzeitig zur Folge, daß die gewiefteren in das organisierte Verbrechen getrieben wurden, kontrolliert von einer Mafia, die große Teile eines blühenden Schwarzmarktes beherrscht. Sogar Botschaften und Konsulate, die das Privileg diplomatischer Immunität genießen, waren in den Schmuggel mit Tieren bedrohter Arten verwickelt. Der Händler – wie beim illegalen Drogenhandel – macht dabei riesige Gewinne. Laut Jean-Yves Domalain, einem ehemaligen Tierhändler, kommt es oft vor, daß Tierhändler gleichzeitig mit Drogen handeln. Die Schmuggelware wird dabei in Kisten mit Giftschlangen, schnappenden Krokodilen oder anderen ähnlich beängstigenden Tieren verborgen, was verständlicherweise rigorose Untersuchungen durch Zollbeamte verhindert. Manchmal können Drogen sogar im Körper eines lebenden Tieres versteckt sein.

Auch in bezug auf den Gewinn, der zur Zeit auf etwa fünf Milliarden Dollar pro Jahr geschätzt wird, wovon 1,5 Milliarden aus illegalen Geschäften stammen, kann der internationale Handel mit bedrohten Tierarten wohl mit dem weltweiten Drogenhandel konkurrieren, und es lassen sich weitere Parallelen ziehen: das Elend, das dieser Handel fördert, die kriminelle Energie und die Korruption. Doch hier geht es ja »nur um Tiere«, und auch wenn Drogenabhängige normalerweise von denen, die das Sagen haben, nicht als viel besser angesehen werden, hört die Analogie auf, wenn es um die Durchsetzung der Gesetze geht. Während gegen den Drogenanbau, die -verarbeiter, -schmuggler und -händler eine Armee von Profis aufgestellt wird, gibt es im Vergleich dazu kaum mehr als eine »rag-tag Dad's Army« – eine verlotterte Armee alter Männer, um Wilderer, lokale und internationale Tierhändler zu überführen. Und dann ist da noch der Unterschied in der Strafandrohung. Wenn Mitglieder eines internationalen Heroin-Syndikats verhaftet werden, müssen sie mit langen Gefängnisstrafen und der Konfiszierung ihrer Vermögen rechnen. Ein internationaler Händler bedrohter Tierarten aber bekommt höchstens einen Klaps auf die Finger – ein Bußgeld, das in keinem Verhältnis zu seinem Gewinn steht.

Dies ist nur einer der Gründe, warum CITES auch als Freibrief für Tierhändler bezeichnet wird. Greenpeace geht z. B. so weit, die Schuld für den immer noch existierenden Markt für gefährdete Tierarten ganz klar der CITES zuzuschreiben, und behauptet, daß eine Entwicklung eingetreten ist, die den eigentlichen Zweck des CITES umkehrt in einen, der den Handel mit wilden Tieren fördert. Die Gründe für solche Anschuldigungen sind überaus vielschichtig; als Beispiel mag die Haltung des CITES-Sekretariats gegenüber den beiden wichtigsten Gesetzesentwürfen dienen: denen zur Wilderei von Flachlandgorillas und zum illegalen Elfenbeinhandel. Der Gorilla ist als Anhang I-Tierart unter CITES streng geschützt, und normalerweise können die Jungtiere, nach denen die Nachfrage der Tierschauen sehr groß ist, nur gefangen werden, wenn zunächst ihre Mütter und ihre Beschützer getötet werden. Doch 1984 hat IUCN, die auch als wissenschaftlicher Berater von CITES fungiert und eine Schwesterorganisation des *World Wide Fund for Nature* (WWF) ist, unerklärlicherweise dafür bezahlt, daß sieben Flachlandgorillas von Kamerun nach Holland exportiert wurden, wo sie schließlich in den Burgers Zoo gebracht werden sollten – einem kommerziellen Safari Park in Arnheim. Die Jungtiere waren von den ausgebürgerten Franzosen Robert Roy und seiner Frau gefangen worden – altgediente Tierhändler, die sich auf den Handel mit Gorillas und Schimpansen spezialisiert haben. Obwohl sich die *International Primate Protection League* (IPPL) und führende Primatologen vehement dafür einsetzten, daß die Gorillas in ihrem natürlichen Lebensraum bleiben konnten, indem sie ein Überlebenszentrum für verwaiste Tiere einrichteten, waren ihre Versuche vergeblich. Hinter den Kulissen wurde die Transaktion durch die legalen Schlupflöcher der CITES geschleust, dabei wurde kaum Rücksprache genommen, obwohl IPPL sogar Mitglied der IUCN ist. Als Dr. Shirley McGreal, Vorsitzende der IPPL, die betrügerische Operation entdeckte, sagte sie:»Wir konnten einfach nicht glauben, daß eine Schutzgemeinschaft so tief sinken kann. Sie bezahlen den Händlern sogar sogenannte ›Spesen‹ für den Fang und den Export der Gorillas«– eine Summe, die in der Größenordnung von 32 000 US-Dollar liegen soll. Frau McGreal sagte weiterhin, daß in der Endphase des Handels durch hohe Offizielle der holländischen Regierung auf den Präsidenten von Kamerun Druck ausgeübt wurde, und erst dann, mit seinem offensichtlich zögernd gegebenen amtlichen Einverständnis, der Export genehmigt wurde.

Die Unterwanderung der CITES für solche nachweislichen Scheinbegründungen wurde durch die Tatsache unterstrichen, daß die CITES-Behörden in den USA zunächst Importgenehmigungen für die sieben Gorillas abgelehnt hatten, teilweise weil die fraglichen Händler in bestimmten Gebieten Kameruns die Population von wilden Gorillas bereits dezimiert hatten. Der Direktor des Burger Zoos überschüttete die Händler zwar mit Lob und bezeichnete sie sogar als»Tierschützer«, doch IPPL lieferte Beweise dafür, daß die Roys und ihre Zulieferer im Zeitraum von mehreren Jahrzehnten bei ihrer gewinnbringenden Jagd nach Gorillababys für die Tierschauen Hunderte von freilebenden Gorillas getötet hatten.»Es ist doch merkwürdig«, erklärt IPPL,»daß das CITES-Sekretariat anscheinend gar keine Unterlagen über bekannte oder potentielle Tierhändler hat, besonders über solche, die so bekannt sind und schon so lange arbeiten wie die Roys. Und obwohl es IPPL schon vor CITES gab, sind wir nie gebeten worden, Daten zu den CITES-Unterlagen beizusteuern.«

Aber sowohl IUCN als auch CITES ließen sich von derartigen Enthüllungen nicht beeindrucken. IUCN erklärte, daß die Gorillas

»indirekt der Erhaltung der Natur dienen, wenn sie sich vermehren und man die Nachkommen an andere Zoos weitergeben kann«. McGreal sagte schließlich, daß »es für IUCN sehr schwer werden wird, jetzt mit irgendwelchen moralischen Argumenten Einfluß zu nehmen, um dem Handel aus Kamerun oder anderswo in Afrika ein Ende zu setzen«. Und IPPL betonte, daß bei einem Pro-Kopf-Preis für ein Gorillababy, der inzwischen bei 125 000 US-Dollar liege, wohl keiner vor der Wilderei sicher ist. CITES und IUCN bezeichneten diese Sache als Einzelfall, doch es wurden weiterhin Gorillas aus Kamerun exportiert. So zum Beispiel 1987 drei Tiere, die für den Taipei Zoo bestimmt waren. Die Transaktion leitete der altbekannte deutsche Händler Walter Sensen – mit Exportpapieren, die von der Kameruner Regierung später für falsch erklärt wurden.

Zwei der jungen Tiere, die ja bereits mit ansehen mußten, wie ihre Mütter und Familien vor ihren Augen erschossen worden waren, starben vor Angst oder erstickten während des Transports. Aber wie die meisten lebenden Tierfrachten war auch diese hoch versichert, mit etwa 445 000 US-Dollar. Geht ein Tier, eingepfercht in eine Metall- oder Holzkiste, während der langen und anstrengenden Reise zugrunde, so ist da für die meisten Händler immer noch ein lukrativer »Versicherungstod«.

Laut IUCN brachte der jährliche Elfenbeinhandel 1989 immer noch 89 000 Elefanten jährlich den Tod. Diese Todesrate entsprach 825 Tonnen Rohelfenbein mit einem Marktwert von 50 Millionen US-Dollar. Das meiste davon wurde nach Asien verkauft, wo es verarbeitet wurde und dann ungefähr 500 Millionen Dollar wert war. Trotz der vielgerühmten Strenge von CITES trieb ein blühender Handel den Afrikanischen Elefanten unerbittlich Richtung Ausrottung. Man nimmt an, daß nur noch 700 000 Elefanten auf dem ganzen Kontinent übriggeblieben sind, verglichen mit 1,5 Millionen Tieren vor zehn Jahren. Und viele Ökologen meinten damals, daß im Jahre 2000 diese Tierart für immer verschwunden wäre.

Als 1988 in den USA das »Jahr des Elefanten« ausgerufen wurde, rief die *African Wildlife Federation* (AWF), zu einem Boykott von Elfenbeinprodukten auf. Nach AWF kamen fast zwei Drittel der Gesamtnachfrage nach Elfenbein aus den USA und Japan, was

60 000 tote Elefanten im Jahr bedeutete, während EG-Länder bis zum Juni 1989 jährlich Elfenbein, das von 12 000 Elefanten stammte, importierten. Laut Cynthia Moss, einer langjährigen Forscherin bei AWF, stammten »mindestens 80 Prozent des Elfenbeins auf dem Markt von gewilderten Elefanten – auch wenn es mit all den korrekten Papieren geliefert wurde, die die Legalität bescheinigten«. Der Handel, so fügte sie hinzu, umgehe systematisch die Bestimmungen von CITES. Während CITES eifrig bestritt, sich langsam zu einer Institution zu entwickeln, die den Handel mit gefährdeten Tierarten eher fördert als reguliert, bezeichnete Jacques Berney, stellvertretender Generaldirektor des Sekretariats in Lausanne, den Elfenbein-Boykott als »undurchführbar« und fügte hinzu, daß »CITES sich entschieden dagegen ausspricht«. Diese außergewöhnliche Haltung wurde mit der Behauptung begründet, vieles von dem Elfenbein, das sich auf dem internationalen Markt befinde, seien antik verarbeitete Stücke. Doch Berney räumte ein, daß solches Elfenbein auch »von gewilderten Elefanten stammen könnte«, weil es »unmöglich ist, bei Grenzkontrollen eine Unterscheidung zwischen altem und neu verarbeitetem Elfenbein zu machen«. CITES vertraute auf die sogenannten »Quotensysteme«, die jeder einzelnen afrikanischen Regierung erlaubten, selbst zu entscheiden, wie viele Elefanten in ihren eigenen Ländern jedes Jahr »legal abgeschossen« werden durften. Und das, obwohl es praktisch unmöglich ist, den Unterschied zwischen »legalem« und »illegalem« Elfenbein festzustellen und – bei CITES wohl bekannt – viele Regierungen in den Schwarzmarkt verwickelt waren.

CITES' Argumentation basierte auf der Idee der »erhaltenden Nutzung« des Elefanten. Berney meinte, daß »jedes Einfuhrverbot« auch »ein Schuß nach hinten auf die Erhaltung ist«, weil es der legalen Elefantenjagd unter dem Quotensystem ein Ende bereite. »Die einzelnen Länder hätten keinen Anreiz, ihre Elefantenpopulationen zu schützen.« Obwohl die Idee, Tiere dadurch zu schützen, daß man sie schießt, etwas merkwürdig anmutet, rechtfertigte Berney die CITES-Richtlinien und sagte, daß sie auf den IUCN- und WWF-Richtlinien der »erhaltenden Entwicklung« basierten. Und er fügte hinzu, daß »die beste Chance für das Überleben der Natur darin liegt, daß man ihr einen ökonomischen Wert gibt, als sich erneuernde Naturschätze«.

Lassen wir einmal die Idee, der Elefant sei nicht mehr als ein Gut des Menschen, beiseite; es ist doch ganz offensichtlich, daß die momentane »Nutzung« dieser Tierart in keiner Weise »erhaltend« ist. In Wirklichkeit war es laut Dr. Fred Kurt, dem Elefantenspezialisten, sogar so, daß diese Händler das Aussterben des Afrikanischen Elefanten geradezu erwarteten und dies sei auch genau der Grund gewesen, warum sie so viel Elfenbein angehäuft hatten, wie sie in die Finger kriegen konnten. »Menschen, die mit diesem Handel zu tun haben, haben mir erzählt, daß in der Zukunft Elfenbein mehr wert sein wird, als sein Gewicht in Gold. Und dann kann man sich auch vorstellen, warum es dieses Gerangel um das Elfenbein gibt. Diese Händler spekulieren geradezu darauf, daß der Elefant ausgerottet wird.«

Trotz solcher Warnungen hat sich sogar WWF International gegen den Boykott ausgesprochen. 1988, so wird berichtet, bereitete der Umweltschutzbeauftragte Stanley Clinton Davies, der bei dem Gedanken an seine bevorstehende erzwungene Pensionierung plötzlich den Mut gefunden hatte, zu seiner inneren Überzeugung zu stehen, einen Bericht vor, den er dem Ministerrat vorlegen sollte und der den Grund für den Elfenbeinboykott enthüllte. Doch da griff WWF International ein und überredete ihn schließlich, den Bericht zu vernichten. Die Zahl der Gegner des Quotensystems stieg sogar innerhalb Afrikas ständig. Im Juni 1989 sprachen die USA, die EG und die Schweiz unter massivem Druck endlich ein Elfenbein-Importverbot aus. Und die Mitglieder des CITES, die sich im Oktober 1989 in der Schweiz trafen, erreichten ein völliges Importverbot, indem sie den Afrikanischen Elefanten auf Anhang I setzten. Dieser Schritt hatte den Nebeneffekt, daß der fortwährende Handel mit lebenden Elefantenbabys, die für den Zirkus bestimmt sind, eingeschränkt wurde, denn diese Tiere sind normalerweise die Nachkommen der unter dem Quotensystem getöteten Elefanten.

Mit grausamer Effizienz erwirtschaftet die Tierhandelsindustrie im Jahr größeren jährlichen Reichtum als das Bruttosozialprodukt so manches Dritte-Welt-Landes ausmacht, aus denen der größte Teil der gehandelten gefährdeten Tierarten stammt. Und hier stoßen wir auf das hartnäckigste Problem, mit dem CITES zu kämpfen hat: Angebot und Nachfrage nach bedrohten Tierarten bei chronischer Armut der Dritten Welt auf der einen und übermäßigem Konsum in der reichen industrialisierten Welt auf der anderen Seite. Laut IUCN führte 1979 – vier Jahre nachdem CITES in Kraft trat – die Nachfrage nach Luxusartikeln in den Industrieländern zum Tode von zwei Millionen Krokodilen, 500 000 wildlebenden Katzenarten und 70 000 Elefanten. Da der freie Markt als sakrosankt gilt, bedachten diejenigen, die die CITES-Verordnungen entwarfen, wohl kaum, daß das freie Unternehmertum immer die dynamische Antriebskraft dieser Industrie bleiben würde – jene Haute-Couture-Boutiquen in New York, Paris, London und Rom, zum Beispiel, wo die Haut eines Tieres um so exklusiver, luxuriöser und begehrter ist, je stärker es von Ausrottung bedroht ist. Dieses Prinzip regelt den ganzen Markt: von der echten Schildkrötensuppe bis zum Brillengestell aus echtem Schildpatt, von echten Krokodilleder-Handtaschen und -Schuhen bis zu Elfenbeinschnitzereien. Und es gilt genauso für wilde Tiere, die dazu bestimmt sind, ihr Leben lang eingekerkert zu leben, sei es nun für den Zirkus, die Tierschau oder das Labor. Es ist ein unmoralisches und grausames Geschäft, und auch wenn »verantwortungsbewußte Tierhändler Maßnahmen ergreifen werden, um Zuwiderhandlungen gegen das CITES-Abkommen zu vermeiden«, wie es Verfechter dieses Handelszweiges so oft tun – ist auch dies nur ein weiterer Beleg für das goldene Zeitalter der Illusion. Wo Profit der einzige Handlungsgrund ist, ist es wohl eher richtig zu sagen, daß der illegale Handel von einer Verordnung, die den Handel mit bedrohten Arten nicht verbietet, sondern nur reguliert, implizit sogar gefördert wird.

Die Grundgleichung der Industrie lautet: Geld bedeutet Macht, und Macht bedeutet Achtung. Geld und Einfluß ermöglichen dem hartnäckigen und reichen Händler auch schmutzige und zwielichtige Geschäfte. Manchmal werden diese durch die örtlichen Beamten geduldet, die mit Bakschisch ihr mageres Regierungseinkommen aufbessern möchten. Doch jede Art von Mutmaßungen über institutionalisierte Korruption kommt nur selten über die Lippen der anständigen Abgeordneten, die CITES verwalten oder überwachen, denn selbst wenn es erwiesenermaßen Korruption gibt, wird es als unhöflich und nicht zuträglich angesehen, darüber zu sprechen – eine Beleidigung für den Nationalstolz. Vor kurzem wurde im höchsten Gericht der Schweiz enthüllt, daß Hussain Harreri im Verlaufe seiner Entführung eines Air Afrique Flugzeugs in Brazzaville im Kongo in der Lage war, einen Zollbeamten mit einem Betrag, der nur zehn Schweizer Franken entsprach, zu bestechen, um eine Pistole an Bord zu bringen, 142 Schuß Munition und russische Zünder und Sprengstoff. Man kann nur ahnen, welche Möglichkeiten ein reicher und »geachteter« Händler mit erstklassigen Kontakten hat, der gefälschte Exportpapiere kaufen möchte.

Für die internationalen Händler, die Handels-Syndikate und die nationalen Vermittler sind Gier und kaltblütiger Zynismus der Anreiz. Die einheimische Bevölkerung handelt meist aus bitterster Armut und Ignoranz – jedenfalls am Anfang. Wenn jetzt Wilderer auftauchen, die einem rigorosen militärischen Training unterzogen wurden und die mit Kalashnikows, Maschinengewehren und Handgranaten ausgerüstet sind, dann weil die Industrie glaubt, daß nun, da man ihr einen Finger gereicht hat, sie die ganze Hand nehmen kann. Wenn der Trend anhält, dann sollten wir uns nicht wundern, wenn die Wilderer innerhalb eines Jahrzehnts – wie die zwölfjährigen Kokain-Barone in den USA, die mit einem Arsenal an Waffen und elektronischen Geräten ausgerüstet sind, vor dem sogar die Polizei zurückschreckt – mit Granatwerfern bewaffneten Fahrzeugen und sogar mit Panzern ausgerüstet sind. Vielleicht ist es sogar schon so weit. 1989 töteten Wilderer im Kenia Mount Elgon Nationalpark mehrere Elefanten mit Panzerabwehrwaffen. Und was noch schlimmer ist: 1988 waren südafrikanische Streitkräfte in einen riesigen Elfenbeinskandal verwickelt, der Ursache für die Dezimierung des angolanischen Elefantenbestandes gewesen sein soll. Mehr als 100 000 Elefanten sollen von den Unito-Rebellen unter Jonas Savimbi in Angola massakriert worden sein, um dort den Krieg zu finanzieren. Craig van Note, Vizepräsident von Monitor, einem Konsortium von amerikanischen Tier- und Naturschutzgruppen, verurteilte Südafrika als »einen der größten Verbrecher an der Natur in der ganzen Welt« und berichtete, daß die meisten Stoßzähne, mit Hilfe südafrikanischer Flugzeugtransporte oder Lastwagen hinausgeschafft wurden – alles mit Hilfe ranghöchster südafrikanischer Beamter. Savimbi gab kürzlich in einem Interview mit Paris Match zu, daß er einen großen Teil des

Krieges mit Elfenbein, Diamanten und seltenen Hölzern finanziert hat.

Für diese Eskalation des Tierhandels gibt es außer der kapitalistischen Maxime, daß Kapital sich vermehren muß, noch einen anderen Grund. Die örtliche Armut, die chronische Ungerechtigkeit und der Machtmißbrauch haben einen fruchtbaren Nährboden für eine Politisierung des Tierhandels geschaffen, die inzwischen in einigen Ländern einer Revolte gleicht. In gewissem Sinne mag die Wilderei auch ein Ergebnis der »Führung durch Vorbild« sein, der Idee, daß der »Mann auf der Straße« mit Stolz auf seine Führer sehen und seinen Lebensstil entsprechen anpassen soll. Aber wenn der Präsident, die Armeechefs und Sicherheitskräfte alle mitmischen, wird früher oder später die ganze Bürokratie korrupt sein, und alles, was noch an Achtung vor dem Gesetz übrigbleibt, ist reiner Zynismus. Wenn führende Köpfe des Landes regelmäßig in die organisierte Wilderei verwickelt sind, kann wohl kaum Hochachtung vor dem Schutz bedrohter Tierarten entstehen. 1984 waren z. B. nicht weniger als fünf afrikanische Präsidenten angeklagt, das Abschlachten der Elefanten unterstützt zu haben. Um die Verwirrung komplett zu machen, erscheinen jetzt Großwildjäger als Leiter internationaler Schutzorganisationen auf der Bildfläche und predigen die »erhaltende Nutzung bedrohter Tierarten«. Darauf folgt das »Culling«, der gezielte Abschuß mit anschließender Verwertung von überschüssigen Tieren – Überschuß bedeutet in diesem Fall normalerweise, daß die Bestände für die Reservate, die ihnen zugeteilt wurden, zu groß geworden sind, nicht etwa, daß sie plötzlich nicht mehr bedroht sind. Dieses fördert natürlich die Wilderei. Außerdem – so gibt selbst Jacques Berney zu – wird es trotz der Bemühungen von CITES »immer Wilderei geben – Anti-Wilderer-Einheiten sind einfach zu teuer, und niemand ist bereit, sie zu bezahlen«.

Auf der anderen Seite gibt es Menschen, die riesige Summen zahlen, damit sie Elefanten, Flußpferde und Großkatzen schießen können – nicht weniger als 1500 US-Dollar pro Tag für eine afrikanische Jagdsafari. Dieses neue Konzept von Tourismus und Erholung ist im kommen. Man nehme z. B. Jet Tours, eine Firma, die der Air France gehört. In ihrem Jagd- und Angelkatalog 1988/89 bot die Firma das Abenteuer des Lebens für Möchtegern-Jäger an –

einschließlich genauen Anweisungen für das Präparieren der Trophäe. Den Wisent kann man in Polen jagen, in Bulgarien Braunbären, den vielgehaßten Wolf und die Europäische Wildkatze. Wenn es etwas Exotisches sein soll, können Braunbären oder Luchs auch in der Mongolei geschossen werden. Ganz oben auf der Preisliste stehen das Krokodil, der Löwe, der Leopard, das Flußpferd und der Afrikanische Elefant, der in einigen Ländern gejagt werden kann, u. a. in Kamerun, der Zentralafrikanischen Republik, Äthiopien, Ruanda, Sambia und Simbabwe. Ein unauffälliger Kasten, diskret auf der letzten Seite der Broschüre plaziert, trägt die Überschrift »Washingtoner Abkommen«. Da kann man nachlesen: »Für bestimmte Tiere, wie z. B. Braunbär, Wolf, Maral-Hirsch, Hartmann-Bergzebra und Pferdeantilope, die auf Anhang II des Abkommens stehen, ist es nötig, ein Ursprungszertifikat zu beschaffen, um den Import der Trophäe nach Frankreich zu erleichtern. In dieser Sache sind wir Ihnen gern behilflich.« Man kann sich vorstellen, was diese Schwierigkeit, zwischen legalem und illegalem Schießen von Elefanten in Afrika zu unterscheiden, für die stets mit Füßen Getretenen und Hungrigen bedeutet, wo Gesetze von ihnen immer nur etwas genommen und niemals etwas gegeben haben. In solch einem Klima etablieren sich schnell Schmuggelei und Wilderei.

Die Todestruppen der Wildnis sind nicht nur gut organisierte und gut bewaffnete Milizen. Dubiose Safari-Tour-Veranstalter, die nahe bei den Nationalparks leben, die Wildhüter kennen und die Routen und Zeitpläne der Patrouillen, werden durch Touristen-Dollars verführt und bieten nicht selten Souvenirs an, die von bedrohten Tierarten stammen. Ich erinnere mich, daß vor einigen Jahren der Manager eines örtlichen Hotels auf Sri Lanka – es grenzte an ein Reservat im Süden der Insel – heimlich auf mich zukam und mir gewildertes Wildbret zum Abendessen anbot. Beharrlich erklärte er mir, daß ich für den entsprechenden Preis die Haut praktisch jedes einheimischen Tieres bekommen könne. 1988 entließ die kenianische Regierung 33 Naturschutzbeamte, die unter dem Verdacht standen, mit Elefantenwilderern in den Nationalparks des Landes zusammenzuarbeiten.

Aber die Dritte-Welt-Länder sind nicht alleine für Schmiergeldzahlungen und Korruption verantwortlich. Die *International Pri-*

mate Protection League berichtete, daß»ehemalige Regierungsbeamte Arbeit als Berater finden, weil sie die Schliche kennen, die durch die verschiedenen Abteilungen führen, in denen sie gearbeitet haben, und weil sie wissen, wie man an wichtige Informationen herankommt. Und manchmal sind sie sogar darüber informiert, welche Beamte bestochen werden. Die IPPL nennt dies das ›Drehtür-Phänomen‹. Mindestens ein langjähriger ehemaliger Beamter der amerikanischen Fisch-, Jagd- und Naturschutzbehörde ›drehte‹ sich aus der Tür dieses Dienstes, um für Tierhändler, Großwildjäger sowie Elfenbein- und Pelzhändler als Interessenvertreter zu dienen. Mr. Richard Parsons war ehemals Direktor des Federal Wildlife Permit Office (Bundesbüro für Genehmigungen im Bereich des Naturschutzes), das den Import von bedrohten Tieren in die Vereinigten Staaten regulieren sollte. 1983 gab Parsons seine Stellung auf und tauchte auf den Treffen der CITES als Repräsentant des Tierhändler-Interessenverbandes auf. Auf späteren Treffen repräsentierte Mr. Parsons die schießwütigen Großwildjäger des Safari Club International, der 1981 beantragt hatte, ›Trophäen‹ von Gorillas, Orang-Utans und über fünfzig anderen bedrohten Tierarten in die USA zu importieren, sowie einen amerikanischen Pelzindustrie-Interessenverband.«

Aber was ist mit den Schlupflöchern, die den Handel mit lebenden Tieren betreffen, die irgendwo zur Schau gestellt werden sollen, Schlupflöcher, die es Tierhändlern wie Walter Sensen von der Zoo-Agentur in Deutschland ermöglichen, z. B. mit Flachlandgorillas zu handeln oder seltene Commerson-Delphine zum Verkauf anzubieten, mit kompletten CITES-Dokumenten? Oder mit Zirkussen in der ganzen Welt, denen es gelingt, Elefanten aus Asien zu beschaffen, die auf Anhang I stehen?

»Tierlieferungen an Zirkusse unterliegen alle dem Washingtoner Abkommen«, betont Dr. Thomas Althaus, ein Verhaltensforscher beim Eidgenössischen Veterinäramt. »Es ist zur Zeit unmöglich, bedrohte Tierarten aus der Wildnis zu importieren, wenn sie in erster Linie kommerziellen Zwecken dienen sollen. Es ist unmöglich, Leopoarden, Jaguare, Tiger, Schneeleoparden oder Asiatische Elefanten zu importieren. Die meisten sind Nachkommen, die in Gefangenschaft gezüchtet wurden, oder die anderen sind Tiere, die vor dem Abkommen importiert wurden – alte Elefanten, zum

Beispiel, die in den fünfziger Jahren importiert wurden.« Und doch gelingt es einigen Zirkussen immer noch, Asiatische Elefanten zu bekommen, die auf Anhang I stehen, indem sie CITES-Schlupflöcher ausnutzen. Der renommierte schweizerische Zirkus Knie, zum Beispiel, importierte zwischen 1988 und 1990 vier Elefantenbabys aus Birma, einem Staat, der nicht Mitglied der CITES ist, über einen Tierhändlerring in Holland, einem Land, das immer noch dafür bekannt ist, die CITES-Richtlinien sehr locker zu handhaben. So erklärt Dr. Fred Kurt, der einmal ein enger Mitarbeiter des Zirkus Knie war:»In den siebziger Jahren hatte die Lufthansa auf ihrem Jungfern-Frachtflug mit dem Jumbo Jet von Delhi nach Frankfurt ein Dutzend Elefanten an Bord, und sie gingen an Walter Sensen, den deutschen Tierhändler. Doch ich dachte immer, daß sich die Dinge mit dem Washingtoner Abkommen ändern würden, doch dieses Abkommen konnte Tierhändler wie van den Brink nicht davon abhalten, sich neue Asiatische Elefanten zu besorgen, obwohl das offiziell verboten war. Ob die von einer Holzgesellschaft in den Westen verkauften Elefanten tatsächlich in Gefangenschaft geboren wurden, was die Händler behaupten, ist ebensowenig zu beweisen, wie daß es sich um Wildfänge handelt, was Fachleute eher für möglich halten. Schließlich werden in Birma heute noch Waldelefanten eingefangen und gewildert. Mir scheint es sehr merkwürdig, daß Holland und die Schweiz den Import der Elefantenbabys – insgesamt waren es mehr als zwei Dutzend – erlaubt haben, wenn doch zur gleichen Zeit Birma internationale Hilfe für ihr Zuchtprojekt in Gefangenschaft angefordert hat. Die Wahrscheinlichkeit ist groß, daß gefälschte Exportpapiere im Spiel waren.« Kurt ist entschieden gegen diese Art von Handel und glaubt, daß der Elefant in seinem natürlichen Lebensraum verbleiben soll.»In bestimmten Elefanten-Arbeitslagern in Asien«, erklärt er,»gibt es oft zu viele Elefantenbabys. Da es für sie vielleicht keine Arbeit gibt, versuchen die Menschen, die diese Arbeitslager leiten, sie zu verkaufen, doch meines Erachtens nach wäre es besser, diese Elefanten in asiatischen Nationalparks zu behalten, um sie dort für die herkömmliche Waldarbeit mit ortsansässigen Menschen zu nutzen, wo es keine Straßen gibt. Und dort können sie auch immer eine ökologische Funktion übernehmen.« Statt dessen sind diese vier birmesischen Elefantenbabys jetzt dazu bestimmt, ihr Leben lang in

Ketten zu leben. So berichtete der Gründer von Zoo Check, Bill Travers, der im April 1989 den Zirkus Knie in Zürich besuchte. »Der schlimmste Anblick war das Schaukeln und Schütteln der Asiatischen Elefantenbabys. Das taten sie die ganze Zeit, wenn sie nicht gerade an den Ketten zogen, durch die sie an die Mitte ihrer hölzernen Plattform gekettet waren. Eine Elefantin, die neben ihnen stand, benahm sich wie eine »Tante« und streckte regelmäßig ihren Rüssel nach ihnen aus, um sie zu berühren und zu trösten.«

Selbst CITES gibt widerstrebend zu, daß ein großer Teil des Schwarzhandels mit lebenden Tieren, die zur Schau gestellt werden sollen, mit Hilfe von Leuten geschieht, die eigentlich diese Tiere schützen sollten. Trotzdem nennt CITES, wenn überhaupt, nur sehr selten Namen. In einigen Ländern in Afrika, Asien und Lateinamerika können Händler blanko-unterschriebene Gesundheitszertifikate erwerben und – mit einem angemessenen Schmiergeld – offizielle Exportpapiere. Im Laufe der Jahre hat dieses zu einer Verschärfung der Anforderungen an die Dokumente geführt, doch diese können immer noch durch einige nützliche Klauseln umgangen werden. Eine davon ist, daß ein »Vorabkommen« Tierart von Anhang I offiziell als Anhang II-Tierart angegeben wird, und CITES räumt ein, daß die Vorabkommensklausel »dazu benutzt werden kann, weiterhin den illegalen Handel zu decken«.

Ähnlich ist es auch mit Tieren einer streng geschützten Tierart, die als Nachkommen aus der Zucht in Gefangenschaft bezeichnet werden und die ebenfalls kurzerhand auf Anhang II zurückversetzt werden. Grundsätzlich ist nur ein »offizielles« Papier aus dem Ursprungsland vorzulegen – selbst wenn dieses Land kein CITES-Mitglied ist. Ende des Jahres 1987, zum Beispiel, bescheinigte der Direktor des Zoologischen Gartens von Havanna in einem schriftlichen Memorandum an CITES, daß alle Schimpansen, die »1987 aus Kuba exportiert wurden und auch die, die vielleicht 1988 noch exportiert wurden« in Gefangenschaft in Kuba geboren waren. Er behauptete, daß kubanische Zoos insgesamt 35 Schimpansen besaßen, und gab an, daß keiner der Schimpansen, die aus Kuba exportiert wurden, aus der Wildnis stammte. IPPL blieb jedoch angesichts solcher Behauptungen skeptisch, nicht zuletzt weil die Zahlen über Zuchtergebnisse in Gefangenschaft, die Havanna vorlegte, recht unlogisch erschienen: »Die Importunterlagen der Niederlande zeigten, daß 1987 neun Schimpansen aus Kuba exportiert wurden und daß dreizehn Schimpansen wahrscheinlich aus Kuba weiterexportiert wurden, wovon zehn nach Japan gingen und drei in die Sowjetunion.« Alle waren, laut Bericht, in Gefangenschaft geboren. Um so viele Tiere zu züchten benötigt man eine sehr große Schimpansenkolonie. Es bestünde auch noch die Möglichkeit, daß einige der exportierten Tiere in der Wildnis gefangene Schimpansen waren, die aus Afrika stammten, wo Kuba mit den Cubana Airlines eine starke Präsenz hat und die regelmäßig Angola und Guinea-Bissau anfliegt.

Eine leicht abgewandelte Form des »In-Gefangenschaft-geboren«-Tricks ist es, anzugeben, die wildgefangenen Tiere seien schon zu lange in Menschenhand, um sie wieder in ihre natürlichen Lebensräume zurückzubringen. 1988 schrieb der deutsche Tierhändler Walter Sensen zum Beispiel den folgenden Brief an einen Tierschau-Kunden, der sehr daran interessiert war, einen Gorilla zu kaufen, der auf Anhang I steht:

»Wir könnten Ihnen kurzfristig einen 0,1-Gorilla* aus Äquatorial-Guinea (Westafrika) liefern. Je nach Alter und Gewicht beträgt der Preis zwischen 80 000,– und 120 000,– DM.

Wir sind sicherlich die einzige Firma, die immer noch Gorillas und Schimpansen aus Westafrika exportieren kann, da wir mit der Regierung dieses Landes einen exklusiven Vertrag über fünf Jahre haben. Wenn Sie an diesem Gorilla interessiert sind, könnte ich Ihnen per Fax ein Muster für die Exportgenehmigung schicken.

In dieser Exportgenehmigung steht unter anderem der folgende Text: Bei dem betreffenden Gorilla handelt es sich um ein Tier, daß in menschlicher Obhut war und nicht in die Wildnis zurückgeführt werden kann.

Dieser Satz ist wichtig, wenn man eine Exportgenehmigung beantragt.« – Zoo-Sensen GmbH, Import-Export, Großhandel.

Für den fahrenden Zirkus, der internationale Grenzen überschreitet, gibt es noch ein anderes nützliches Schlupfloch, wenn man ein Tier kaufen oder ersetzen will. Hierbei geht es um die »Transit«- oder »vorübergehende Export«-Genehmigung, die den Zirkussen nach CITES zugestanden wird. Bevor die Zirkusse ihr Ursprungsland verlassen, sind sie dazu verpflichtet, eine Inventur

---

* Damit ist ein Weibchen gemeint.

ihrer Tiere durchzuführen, die sie in den Waggons mit sich führen. Obwohl Zollbeamte grundsätzlich die Tiere, die exportiert werden sollen, mit der Liste vergleichen sollen, ist in der Praxis eine derart genaue Prüfung selten, was dem Zirkus die Möglichkeit gibt, unbemerkt Tiere hinzuzufügen. Pier Lorenzo Florio, Direktor der italienischen Geschäftsstelle von TRAFFIC, einer dem WWF angeschlossenen Organisation, die den Handel mit bedrohten Tierarten überwacht, befürwortet striktere CITES-Kontrollen der Zirkusse. »Gott allein weiß, wo sie ihre Tiere herbekommen«, sagt er, »aber zweifellos handeln sie mit Tieren und verstoßen gegen die Bedingungen der Vereinbarung. Es gibt zum Beispiel keine Erklärung dafür, warum so viele Zirkusse in Italien junge Schimpansen besitzen, die gegen eine bestimmte Gebühr von Zuschauern gehalten und liebkost werden dürfen, um sich dann mit ihnen fotografieren zu lassen.« Florio, der auch Mitglied der italienischen CITES-Verwaltungsbehörde ist, mutmaßt, daß die italienischen Zirkusse die Schimpansen auf ihrer Reise durch Spanien kaufen und sie dann illegal nach Italien einführen, ohne die Vergrößerung ihrer Tierbestände auf Inventurformularen anzugeben. Umherziehende Strandfotografen, die ihr Gewerbe entlang der Ferienküsten Spaniens und der Kanarischen Inseln betreiben, stehen in Verdacht, bei diesem immer noch bestehenden Schwarzmarkt an vorderster Front mitzumischen. In der afrikanischen Wildnis gefangen, werden die Schimpansen in Kisten gepfercht, sechs bis acht in jeder Holzkiste, und auf ein Frachtschiff gebracht, mit dem Ziel Spanien. Während des Transports sind sie ohne Nahrung und mütterliche Fürsorge, und so schätzt man, daß auf jeden Schimpansen, der in Spanien lebend ankommt, zehn tote kommen. Da man davon ausgeht, daß von Strandfotografen ständig 180 Schimpansen beschäftigt werden, schätzt man, daß dies eine Zahl von weiteren 1620 Schimpansen bedeutet, die bei der Gefangennahme oder während des Transports gestorben sind. Um sie gefügig zu machen, werden die Schimpansen, die oft 16 Stunden am Tag arbeiten, mit Beruhigungsmitteln vollgepumpt, manchen von ihnen wurden die Zähne herausgebrochen, damit sie die Kunden nicht beißen können. Sie werden gewöhnlich nach zwei oder drei Jahren getötet oder verkauft, wenn sie nicht mehr beherrschbar sind. Obwohl ein Mitgliedsland von CITES, muß Spanien den Handel ernsthaft einschränken, und außerdem ist das Land weiterhin ein wichtiger Umschlagplatz für Gorillas. »Ende 1987«, so berichtete IPPL, »wurden zwei Gorillas von Spanien nach Japan exportiert. Eine CITES-Exportgenehmigung wurde von spanischen Naturschutzbehörden, die angaben, daß die Gorillas ›in Gefangenschaft geboren‹ waren, ausgestellt. Eine Untersuchung, die von der IPPL (Spanien) durchgeführt wurde, deckte auf, daß die Gorillas wahrscheinlich »in Gefangenschaft im Dschungel geboren waren«! Man behauptete, daß die Tiere im Ringland Zirkus in Aldea, Spanien, gezüchtet worden waren. Spanische Naturschützer, die den Zirkus besuchten, fanden ihn ›vergittert wie eine Festung‹ mit ›mindestens sechs Wachhunden, die herumliefen, um ungebetene Eindringlinge abzuschrecken‹. Sie fanden auch heraus, daß bei einer kurz zuvor durchgeführten Polizeirazzia die Inspektoren fünf junge Schimpansen, einen großen erwachsenen Schimpansen, eine Bonobo, fünf Leoparden und ein Flußpferd entdeckt hatten. Die Schimpansen fand man durch Zufall: Als die Inspektoren das Grundstück verließen, tauchte ein großer Lastwagen des Zirkus auf. Die Inspektoren ließen ihn öffnen und fanden die Schimpansen darin. Aus den Papieren ging hervor, daß die Tiere am selben Morgen per Schiff im Hafen von Valencia angekommen waren, aus einem unbekannten Herkunftsland (wahrscheinlich irgendwo in Afrika, höchstwahrscheinlich Äquatorial Guinea, einer ehemaligen spanischen Kolonie, aus der schon Ende 1987 wenigstens vier Gorillas exportiert worden waren). Äquatorial Guinea steht außerdem in Verdacht, Lieferant der ›Strandschimpansen‹ an Spanien zu sein.«

Der illegale Handel, der die Bedürfnisse der Zirkusse und Tierschauen deckt, betrifft auch andere bedrohte Arten. 1988 wurde in Rotterdam in einer Kiste eine verlassene und kränkelnde Elefantin entdeckt. Während ihrer monatelangen Reise von Vietnam war ihre Haut wie Pergament geworden, sie war in »bemitleidenswertem Zustand«. Auch die ernsthaft bedrohte mediterrane Mönchsrobbe mußte in der Zirkusmanege auftreten. Es wird berichtet, daß 1985 die letzten Robben von Tunesiens Galite Archipel ausgerottet wurden, als zwei der Tiere für einen italienischen fahrenden Zirkus gefangen wurden. Die übrigen Tiere fielen den Harpunen schnorchelnder italienischer Touristen zum Opfer.

CITES sieht den Artenschutz als etwas völlig anderes an als den Tierschutz. Eine Regierung, die Exportdokumente für einen Tierhändler ausstellt, hat nicht das Recht oder die Pflicht, zu überprüfen, wie das Tier nach der Ankunft untergebracht wird. Dies mag ein Grund dafür sein, warum es einen so lebhaften Weiterexport in Einrichtungen der Dritten Welt gibt, wo die Bedingungen so primitiv sein können, daß ein Leben voller Leid oder ein früher Tod für die Tiere praktisch unabwendbar ist. »Nur für Tierarten des Anhang I ist ganz klar festgelegt, daß der Importeur entsprechend ausgerüstet sein muß, um dem Tier eine angemessene Unterkunft und Pflege bieten zu können«, sagt Jacques Berney und fügt hinzu, daß dies die einzige Verantwortung der importierenden Länder sei. »Für Tierarten des Anhang II gibt es keine Vorschriften, da man davon ausgeht, daß Tierschutz- und Landschaftsangelegenheiten von der nationalen Gesetzgebung abgedeckt werden.« Viel zu oft ist eine derartige Gesetzgebung jedoch entweder unzureichend oder gar nicht existent. So kam es, daß 1988 die Schweizer Behörden den Export zweier Delphine nach Ägypten erlaubten, wo sie schließlich ein Jahr lang in einem Hotel-Swimmingpool dahinsiechten, und ein anderer Delphin, der demselben Händler gehörte, wurde einsamer Bewohner eines winzigen Beckens im Safari- und Abenteuerpark Gänserndorf, Österreich, obwohl allgemein bekannt ist, daß Einzelunterbringung für derartig gesellige Tiere eine Quälerei bedeutet. Laut Berney gibt es keine Vorschriften innerhalb des Abkommens, die verhindern, daß eine Person, die das Wohlbefinden eines Tieres nicht sicherstellen kann, trotzdem einen Delphin oder ein ähnlich eingestuftes Tier besitzen kann.

Erzieherischer Wert und Artenschutz

Der moderne Zirkus wurde fast von denen im Keime erstickt, die ihn als Werk des Teufels verurteilten. Erst als man die erzieherisch wertvolle Tierschau beim Zirkus unterbrachte, konnten das »Zoological Institute« und ähnlich dubiose Unternehmen den frommen Zorn der amerikanischen Puritaner besänftigen. Dies ist die offenkundigste aller Zirkusillusionen und trotzdem die erfolgreichste und beständigste. Genau die gleiche Rechtfertigung wird heutzutage gegen Kritiker, die gegen die Ausstellung exotischer Tiere unter dem großen Zelt, dem Chapiteau, sind, benutzt.

Seit Artenschutz immer stärker in der Öffentlichkeit diskutiert wird, haben die gerisseneren und reicheren unter den Zirkussen – wie unter den Ozeanarien – erkannt, daß sie ihr Image ändern müssen, wenn sie im Geschäft bleiben wollen. Diese Aufgabe ist genauso illusorisch wie die farbigen Fassaden der Tierschau, die Tiere zeigen, die in einer unberührten natürlichen Landschaft frei herumlaufen. Doch der Zirkus will uns immer noch glauben machen, daß es nicht unnatürlich ist, Tiere, die am Rande der Ausrottung stehen, in engen Käfigwagen gefangen zu halten oder sie zu dressieren, damit sie in der Manege schwachsinnige Tricks zeigen. Mit Hilfe von Public-Relation-Experten und Image-Beratern werden solche würdelosen Darbietungen jetzt nicht mehr nur als »erzieherisch wertvoll«, sondern sogar als »Arterhaltung« bezeichnet, wobei die Zirkustierschau die Rolle einer modernen Arche Noah übernimmt.

Die nüchternen Fakten – daß diese Arche Noah vielleicht ein verseuchtes Gefängnis ist, dessen Insassen durch die Gefangenschaft möglicherweise buchstäblich in den Wahnsinn getrieben werden, daß einige seltene Arten in einem solchen Übermaß gezüchtet werden, daß sie entweder eingeschläfert werden müssen oder als »Versuchsobjekte« für wissenschaftliche Forschungszwecke verkauft werden müssen – werden eifrig von der Illusion zugedeckt. So sagt Dr. David Hancocks, Direktor des Arizona-Sonora Desert Museum in Seattle, Washington: »Die Menschen, die die fahrenden Tierschauen, Menagerien und Zirkusse betreiben, haben schnell gelernt, daß aggressive Werbung und spezielle Werbetricks ein Ersatz für schlechte Shows sein können. Dabei baute man auf das Image von der ›grausamen Natur mit Zähnen und Klauen‹, wo Tiger als menschenfressende Monster ausgegeben wurden, Elefanten als gewaltige Mißbildungen und Gorillas als teuflische Gnome. Das Gesamtbild der Natur wurde bis zur Unkenntlichkeit verzerrt.« Solche Mythen leben weiter, sagt Hancocks. Tag für Tag werden wilde Tiere einer absolut unzureichenden Umgebung ausgesetzt. Und dies geschieht nur, damit die Menschen sehen können, wie Tiger unter rosafarbenem Scheinwerfer-

5 Rolf Knie sen. vom Schweizer Nationalzirkus trat 1953 mit Sandry, einer mächtigen Elefantin, auf. Sie wurde als Charlie Chaplin verkleidet.

licht auf Pferden reiten, oder damit sie über Schimpansen lachen können, die wie senile Tramps gekleidet sind, oder damit sie sich einen Elefanten anschauen können, der in einem gelben Ballettröckchen auf den Hinterbeinen steht, oder einen Bären auf dem Motorrad. Die Tatsache, daß diese idiotischen und nutzlosen Darbietungen als Rechtfertigung für eine derartige Ausbeutung angesehen werden, verleiht dem Ganzen eine besonders geschmacklose Note.«

Die Direktoren von Zirkussen, Tierschauen und Delphinarien bestehen immer darauf, daß die Öffentlichkeit das Recht hat, gefangene exotische Tiere zu sehen, fast als sei dies ein gottgegebenes Vorrecht. Und doch hat erst vor kurzem die Begründung mit der »reinen Unterhaltung« dem sehr zweifelhaften Anspruch der »Erziehung der Jugend« Platz gemacht. Wie die britische gemeinnützige Organisation *Animal Aid* betont: »Zur Verteidigung der Zirkusse wird oft gesagt, daß sie für die Kinder von erzieherischem

Wert seien, die andernfalls diese Tiere niemals zu sehen bekämen. Doch was ist es denn, was wir unsere Kinder bei einem Besuch im Zirkus über die Tiere lehren? Alles, was ein Kind dort sehen kann, ist die Größe, Form und Farbe des Tieres. Ihre Verhaltensmuster, sozialen Bindungen, Intelligenz, Jagdinstinkt, Mutterinstinkt, Verhalten unter Geschwistern, Nahrungssuche und die ganze Vielfalt des Tierverhaltens, die eine Tierart so einmalig und interessant macht, all diese Aspekte sind bei Zirkustieren nicht sichtbar.«

Der britische Zirkuszar Gerry Cottle, der immer behauptete, daß seine Tiere nur »natürliche Variationen ihres normalen Verhaltens in der Wildnis zeigen«, schien für diesen Standpunkt sogar Gottes Segen erhalten zu haben, als der Domherr John Morris – offensichtlich auf Cottles' dringliche Bitte hin – Weihnachten 1988 den Tieren bei einer Andacht, die in Battersea unter dem großen Zirkuszelt abgehalten wurde, seinen Segen gab. »Zu meinem Schrekken entdeckte ich, daß die Tiere diesen Segen bitter nötig hatten«, schrieb die Journalistin Tessa Dahl, die dem Spektakel beiwohnte. Doch die Predigt, die für die Tiere gehalten wurde und durch die Manege hallte, war sicher nicht ironisch gemeint:

Geschöpfe der Heimat und der Wälder,
Des Dschungels und des Meeres,
Wir wollen um Gottes Schutz bitten,
Wo immer ihr sein möget.
Wenn der Mensch in seiner Gier euch unterdrückt,
Bitten wir den Herrn um seinen Segen für euch
Und eine liebende Hand, die euch streichelt,
Euch befreit.

»Als die kleine Musikkapelle ihre wachrüttelnde Musik spielte, wurden Tiere in Käfigen oder Kästen herein- und hinausgefahren«, berichtete Tessa Dahl. »Löwen wurden durch einen Stahltunnel getrieben, Helfer schlugen mit Stangen gegen die Gitter, um sie voranzutreiben. Sie sahen räudig aus und hatten einen traurigen, sehnsuchtsvollen Blick. Otto Vohringer knallte mit der Peitsche, und sie sprangen durch Reifen. Wir sahen, wie drei Kragenbären von einem Mädchen im Kosakenanzug aus winzigen Käfigen herausgeführt wurden. Die Bären trugen dicke Leder-Maulkörbe und Ketten um die Hälse. Das Bärenjunge schlug nach seinem Maulkorb und versuchte verzweifelt, ihn herunterzureißen. Die ›natürlichen Verhaltensmuster‹ ihrer Existenz wurden dann deutlich, als die Bären in einem Auto aus dem Ring fuhren.« Als nächstes standen Jan und ihre Nilkrokodile auf dem Programm. Sie wurden »aus einem sargähnlichen Kasten gezerrt, damit Jan um sie herumtanzen konnte, während der Zirkusdirektor etwas über die Gefährlichkeit der Krokodile erzählte. Das größte Krokodil hielt Jans Kopf in seinem Maul, als seine schläfrigen Kiefer endlich aufgestemmt waren, und Jans Körper drängte sich verführerisch an den des Krokodils. Als die Vorführung beendet war, wurde es in seiner Kiste wieder hinausgefahren, wobei der Schwanz hinten heraushing.« Obwohl auch die Erwachsenen »erschüttert« waren, schrieb Tessa Dahl, habe es sie am meisten erschreckt, daß die Kinder so »bezaubert« waren. Es ist sicher »verkehrt, Kinder mit der Vorstellung großzuziehen, daß die Tiere dazu da sind, vom Menschen benutzt und beherrscht zu werden«, schloß sie. »Sie sind Geschöpfe mit eigener Würde, und sie sollten nicht parodiert und in diese unwürdigen Geschäfte getrieben werden. Wie können wir erwarten, daß unsere Jugend eine andere Haltung gegenüber der natürlichen Welt hat, wenn solche Vorstellungen ihre Freizeitgestaltung ausmachen.« Die Elefanten, so fuhr sie fort, »marschierten herein und klammerten sich resigniert an den Rücken ihres jeweiligen Vordermannes. Dabei überanstrengten sie ihre Gliedmaßen und ihnen tränten die Augen. ›Ich bin sicher, sie weinen‹, sagte mein Nachbar. Ich glaube, er hatte recht. Sie litten unter dieser Würdelosigkeit und uns erging es – während wir sie so sahen – ebenso.«

1981 empfahl die »National Association of Head Teachers Conference«, daß Kinder möglichst keine Ausstellungen oder Vorstellungen anschauen sollten, in denen Tiere in erniedrigender Art und Weise auftreten, wo sie in unzureichenden Unterkünften untergebracht sind oder wo sie mit fragwürdigen Lehrmethoden trainiert wurden. Für ein Kind, so erklärte der Lehrer Raymond Ings, ein examierter Zoologe, der sich auf Verhaltensforschung spezialisiert hat, »muß der Zirkus eine übergroße Phantasiewelt voller Farben, Glimmer und Aufregung sein. Es ist leicht zu verstehen, warum Kinder durch die Mätzchen der Clowns, der Luftakrobatik der Trapezkünstler und den Wagemut des Löwenbändigers bezaubert und verzückt werden... Oftmals werden die Kinder auch dadurch bestärkt, daß ihnen versichert wird, daß Zirkusleute ihre Tiere lieben und sie niemals schlecht behandeln würden. Die Wahrheit ist, daß die große Mehrheit der Eltern, die ihre Kinder in einen Zirkus mitnehmen, wo dressierte Tiere zu sehen sind, kaum mehr als ihre Kinder über die Lebensbedingungen und Lehrmethoden wissen, unter denen die Tiere leben müssen... Natürlich liegt kein erzieherischer Wert darin, Tiere zu beobachten, die völlig unnatürliche Kunststücke in einer künstlichen Umgebung zeigen. Selbst jene Darbietungen, die natürlichen Ursprungs sind, werden von den Tieren nicht um des Überlebens willen gezeigt, sondern um zu zeigen, wie genial und dominant der Dompteur ist.«

So unerbittlich der Zirkus gegen den Ungehorsam von Tieren ist, so intolerant ist er gegenüber offenen Debatten, die ganz sicher ein wichtiger Bestandteil jeder Art von Erziehung wären, die diesen Namen verdient. Wenn man die vielen schändlichen Fälle bedenkt, bei denen Tierschutz-Aktivisten körperlich verletzt wurden – die Tier-Friedensdemonstranten in der Schweiz wurden getreten und gepeitscht, als sie eine Delphinshow des Conny Gassers Conny-Land störten, die Angestellten des Gandeys Zirkus in Großbritannien brachten einem Demonstranten eine gebrochene Rippe, Schnittwunden, ein geschwollenes Auge und Prellungen bei – kann man daraus schließen, daß die Dompteure der Welt bei Meinungsverschiedenheiten oder Demonstrationen noch weniger nachsichtig sind als mit ihren Tieren.

Verständlich, daß der rosarote Schleier, der gerne über das ganze Zirkusgewerbe gespannt wird, manchmal gefährlich dünn und sogar für Kinder durchsichtig wird. Im April 1988 veröffentlichte die Daily Mail den Brief eines 16jährigen Mädchens, das gerade von einer Klassenreise in die Sowjetunion zurückgekehrt war und dort den Moskauer Staatszirkus gesehen hatte: »Einige Menschen kamen weinend heraus«, schrieb sie, »nachdem sie gesehen hatten, wie man die Pferde in das Gesicht schlug, damit sie auf den Hinterbeinen gingen, und sie schubste, damit sie nach hintenüber fielen. Die Bären mußten hereingezerrt werden, da sie offensichtlich nicht auftreten wollten. Und sie sahen so traurig aus, als sie da so auf ihren Hinterbeinen hereinmarschierten.« Solche Vorfälle tragen zweifellos dazu bei, die Illusion des Zirkus als erzieherische Einrichtung zu zerstören, doch schon eine ernsthaft durchgeführte

Führung durch die Zirkustierschau würde den gleichen Effekt erzielen.

In einem Käfigwagen im schweizerischen Circus Olympia lebten zum Beispiel in einem dreckigen Käfig, der nur drei mal zwei Meter groß ist, zwei erwachsene Schimpansen, die mit steifen Körpern wie im Delirium hin und her schaukelten, wobei sie ihre Gesichter oft im Stroh vergruben. Zu anderen Zeiten schienen sie mit grotesk verzerrten Mienen ins Nichts zu starren oder schmierten ganz außer sich ihre Exkremente über die Wände des Käfigs. Kein Schild war an den Gitterstäben angebracht, das Auskunft über die Identität oder die Herkunft dieser Tiere gab. Und am wenigsten darüber, daß der Schimpanse in Wirklichkeit der engste lebende Verwandte des Homo sapiens ist.

Für sogenannte »Vorabkommens«-Tiere von Anhang I gibt es nichts, das sie schützen könnte, außer einer unangemessenen und zögerlich angewandten Tierschutzgesetzgebung. Die Zahl ihrer Artgenossen in der Wildnis nimmt rapide ab, das ist das Ergebnis menschlicher Übergriffe, der Wilderei durch Tierhändler und Trophäenjäger, einer langen Geschichte von Ausbeutung in der medizinischen Forschung und einer anhaltenden Nachfrage durch die Tierschauen, die einen blühenden Schwarzmarkt am Leben erhalten. Während der Gefangennahme ist es fast unvermeidlich, daß der Schimpanse als Junges als erstes mit ansehen muß, wie seine Mutter und andere ihn verteidigende erwachsene Tiere vor seinen Augen erschossen werden. Das Verhältnis zwischen Todesquote und Gefangenenquote liegt angeblich zwischen 5 : 1 und 9 : 1. Doch nur wenige der oberflächlichen Besucher dieser Tierschau wissen, daß die Schimpansen aus den dichten Wäldern und den offenen Waldlandgebieten von West- und Äquatorialafrika stammen. Ein großer Teil ihres Lebens – das manchmal 50 Jahre dauert – verbringen sie in den Bäumen, wo sie schlafen und Früchte ernten, die einen großen Teil ihrer Nahrung ausmachen. Jede Nacht wird ein Schlafnest gebaut und während des Tages wird eine Ruheplattform errichtet. Die große Ausgelassenheit und Gewandtheit, die die Schimpansen bei Dompteuren und in der Öffentlichkeit so beliebt machen, zeigen sich vor allem in der Wildnis, wo die Tiere improvisierte Werkzeuge herstellen und eine gehörige Kreativität für verschiedenste Problemlösungen an den Tag legen.

6 »Romeo und Julia« auf einem Menagerie-Poster um die Jahrhundertwende:
»Gelernte Waldmenschen in ihrer Darstellung einer menschlichen Komödie«,
lautet der Werbespruch.

Wenn der kleine Schimpanse größer wird, beginnt er die Welt zu erkunden und reitet auf dem Rücken seiner Mutter, wenn sie umherstreift. Jahrelang bleibt der junge Schimpanse unter der Aufsicht Erwachsener – in erster Linie der Mutter – und während dieser Zeit erlernt er das Wissen, das es ihm ermöglicht, sich in ein komplexes soziales System zu integrieren. In der Gefangenschaft von Tierschau und Zirkus ist er aller dieser Erfahrungen beraubt, und anormales Verhalten ist praktisch unvermeidlich. Das bedeutet auch, daß unter solchen Bedingungen keine Jungen erfolgreich aufgezogen werden.

Einst der Star der beliebten und nun nicht mehr existierenden Schimpansen-»Tea-Party«, das Lieblingsstück für Kinder bei einem Tagesausflug in den Zoo, wird der Schimpanse im Zirkus immer noch in menschliche Kleider gesteckt. Kleine Tiere, hübsch verpackt in babyblau oder rosa, werden, bevor die Vorstellung beginnt, im Publikum herumgereicht, um auf Schößen zu sitzen, sich an Nacken zu klammern oder um gegen eine zusätzliche Gebühr für ein niedliches Erinnerungsfoto zu posieren. Dies ist jedoch keine Kinderkrippe, sondern harte Arbeit. Und das Schimpansenkind bekommt Schläge auf die Fingerknöchel oder wird schmerzhaft gekniffen, wenn es sich danebenbenimmt. Jugendliche Tiere werden später einem rigorosen Training unterzogen um»ihren eigenen Zirkusakt«zu perfektionieren – dazu gehört es, kleine Motorräder zu fahren oder Einräder, sich als Clown zu betätigen, als Rikscha-Fahrer oder verschiedene akrobatische und gymnastische Übungen zu zeigen. Brutalität gehört für diese Tiere leider viel zu oft einfach zum täglichen Leben. Da sie nur in jungen Jahren als dressiertes Zirkustier zu dirigieren sind, verlieren die Schimpansen bald ihren nützlichen Wert. Obwohl sie meist kastriert werden, werden die Männchen, wenn sie älter werden, bösartig und unberechenbar, und Weibchen gelten als häßlich, wenn ihre Genitalien allmonatlich anschwellen. So kommt es, daß erwachsene Tiere – wie die beiden, die im Circus Olympia gehalten wurden – für den Rest ihres Lebens als Ausstellungstier im Tierschaukäfig leben oder an einen Zoo oder ein Tierversuchslabor verkauft werden.

In einem anderen kargen Käfig, diesmal im Circo Italiano, alias Medrano, leben ein männlicher und ein weiblicher Flachlandgo-

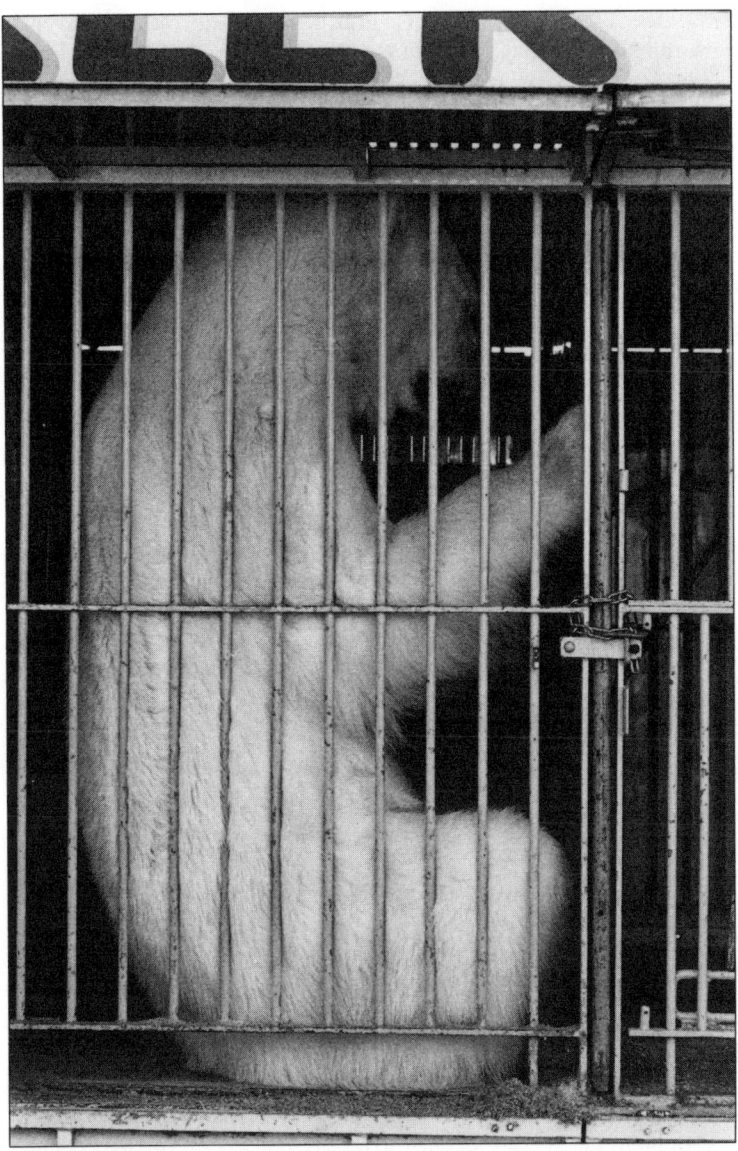

7 Das »Heim erster Ordnung« nennen Fachleute beschönigend den Käfigwagen; er ist für einen ausgewachsenen Eisbären zu niedrig, um sich aufrichten
zu können.

rilla, eine Tierart, die einst der Traum eines jeden Großwildjägers war. Wieder einmal ist die Diskrepanz zwischen dem wilden Gorilla und seinem Gegenstück im Zirkuskäfig nur allzu offensichtlich. Die wilden Gorillas stehen mit Sonnenaufgang auf, leben in festen, geselligen sozialen Gruppen von oft zwischen fünf und zwanzig Tieren, verbringen ihren Tag damit, in Ruhe zu fressen oder zu schlafen. Zwischen Sonnenaufgang und Sonnenuntergang legen sie bis zu fünf Kilometer zurück und bleiben selten mehr als einen Tag an einem Ort. Sie stoßen sanfte Grunzlaute aus, während sie sich fortbewegen, mit denen sie im dichten Unterholz untereinander akustisch Verbindung halten. Wenn es Nacht wird, baut sich jeder Gorilla sein Nest, entweder auf dem Boden oder auf einem Baum, und die Kinder kuscheln sich zum Schlafen an ihre Mütter. Die ersten tollkühnen Urwaldforscher bezeichneten den Gorilla als bösartige und unberechenbare Bestie, die den Menschen ohne die geringste Provokation angreift. Obwohl der Gorilla der größte der Menschenaffen ist – erwachsene Männchen mit ihrem leuchtenden grauen oder silbernen Rücken erreichen eine Höhe von bis zu zwei Metern – ist das Tier in Wirklichkeit zurückhaltend und friedfertig – ein Pflanzenfresser, der von Rinden, Blättern, Wurzeln und Früchten lebt. Doch der Mythos vom angsteinflößenden Gorilla lebt bis zum heutigen Tage in der »erzieherischen« Welt des Zirkus fort. Medrano, zum Beispiel, bezeichnet seinen männlichen Gorilla als den »größten in der Welt«, und auf seinen Plakaten sieht man einen bösartigen King Kong, der eine ohnmächtige, entführte Frau in einer seiner riesigen Hände hält. Pier Lorenzo Florio von TRAF-FIC sagt, daß »Medrano so tut, als sei sein derzeitiger weiblicher Gorilla im Zirkus geboren und daß seine Mutter während der Geburt gestorben sei. Doch dies ist wahrscheinlich nur Phantasie. Es ist viel wahrscheinlicher, daß die Gorillas 1980 als Schmuggelware ins Land gekommen sind, gerade als Italien CITES beitrat.«

Im selben Wagen, hinter einem dürftigen Trenngitter, lebt ein einzelner Orang-Utan oder malaisch: »Waldmensch«. Ein Tier, das zum ersten Mal 1784 in einer englischen Tierschau in Erscheinung trat und als »orientalischer Satyr« beworben wurde. Verurteilt zu lebenslanger Gefangenschaft in einem typischen ärmlichen Zirkuskäfig, haben sich seine Lebensbedingungen in der Gefangenschaft seitdem nicht wesentlich verbessert, auch wenn inzwischen sehr viel mehr über den natürlichen Lebensraum dieser Tierart, über seine Bedürfnisse und seine Art zu leben, bekannt ist. Als langarmiger Affe, der auf Bäumen lebt, mit langem roten Haar bedeckt ist, lebt der Orang-Utan in den Wäldern Nordsumatras und Borneos. Im Gegensatz zu anderen Affenarten sind sie Einzelgänger, bis zu vier Individuen bewohnen jeweils einen Quadratkilometer dieses Waldbaldachins. Sie verbringen ihre Tage damit, zu fressen, sich von Ast zu Ast zu schwingen und berühren selten, wenn überhaupt einmal, den Boden. Nachts bauen sie, wie Schimpansen und Gorillas, Schlafnester aus abgebrochenen Zweigen.

»Der elegante Tierlehrer Billy Wilson Smart und seine charmante Frau Ingrid präsentieren ihre drei großartigen Indischen Elefanten, Bully, Quato und Ongeli, die kriechen und auch erstaunliche Pyramiden bilden können«, so verkündete die Pressemappe des 14. Festival International du Cirque in Monte Carlo im Januar 1989. Diese jährliche viertägige Zusammenkunft wird als die renommierteste Zusammenkunft der Zirkuswelt angesehen, wo Clowns, Akrobaten, Jongleure, Trapezartisten und Dompteure in den Wettstreit um den heißbegehrten goldenen Pokal treten, der von den begeisterten Zirkusanhängern Prinz Rainier und seiner Tochter Prinzessin Stephanie übergeben wird. Vielleicht kann man diese Veranstaltung am besten durch einen Kommentar zusammenfassen, den ich auf dem Festival wärend einer Pause aufschnappte: »Was könnte es Schöneres in Monte Carlo geben. Ach ja, es ist wirklich die schönste Zeit im Jahr! Man hat den Glamour, die Mitglieder des Fürstenhauses, Sex und sogar exotische Tiere!«

»Der große graue Haufen Tier, der so phlegmatisch aussieht, ist in Wirklichkeit eine Masse von Nerven und Emotionen. Das Tier ist der sichtbare Beweis dafür, daß es Zuwendung fühlt, Liebe, Angst, Eifersucht, Verstimmungen, Zärtlichkeit, Dickköpfigkeit und Wut. Das Geräusch eines Silvesterknallers hat schon so manchen Elefanten in den vorübergehenden Wahnsinn getrieben. Indem es diesen unglaublich anpassungsfähigen Rüssel benutzt, kann es mit derselben Leichtigkeit eine Nadel aufheben oder einen Menschen töten. Ein Elefant schläft nur wenig, gewöhnlich nur ein oder zwei Stunden hintereinander, und manchmal benutzt er, wie ein unartiges Kind, die Stunden, während der Mensch schläft, um vorsätzlich Schaden anzurichten.« – Marian Murray –

8 Während der Fütterung werden Löwen und Tiger einzeln abgeschiebert. Die winzigen Platzverhältnisse werden so besonders deutlich.

Mehr als jedes andere Tier wird der Elefant mit seinen kleinen, neugierig dreinblickenden Augen, seinen fächerartigen Ohren und seinen riesigen, ballenartigen Füßen mit dem Zirkus in Verbindung gebracht. Ebenso traditionell werden die Elefanten an den Füßen gefesselt gehalten, wenn sie nicht gerade in der Manege ihre Darbietungen zeigen. Üblicherweise werden sie an einem Vorder- oder Hinterbein an den Boden gefesselt, so daß soziale Kontakte zwischen den Tieren automatisch verkümmern. Wenn man durch das Elefantenzelt einer Tierschau wandert, gefolgt von den passiven und doch aufmerksamen Blicken dieser klugen Tiere, ist es erschreckend, daran zu denken, daß viele der wild gefangenen Afrikanischen Elefanten im Kindesalter mit ansehen mußten, wie ihre Mütter, Schwestern, Väter und Brüder vor ihren Augen erschossen wurden. Trotz ihrer Massigkeit sind Elefanten agil und sogar recht flink auf den Beinen, sind in der Lage, sich praktisch geräuschlos zu bewegen. Der Rüssel wird nicht nur dazu benutzt, sich selbst regelmäßige Staub- und Wasserbäder zu verabreichen, sondern er ist auch ein feines Geruchsorgan, das unfehlbar sogar fast geruchlose Gifte entdeckt – es sind gesellige Tiere mit komplexen sozialen Regeln. In der Wildnis streifen die Elefanten oftmals in Herden zwischen 25 und 30 Individuen durch den Urwald oder durch den Busch, sie fressen verschiedene Grasarten, Früchte und Nüsse. Bestimmte Weibchen einer Herde, die »Tanten«, helfen einer Mutter vor und während der Geburt eines Jungen. Die Tiere besitzen »Persönlichkeit«, sie haben eine derartig komplexe Gefühlswelt, daß sie, wenn sie in Gefangenschaft geraten und ihre sozialen Gewohnheiten in der Herde nicht ausleben können, anfällig für Neurosen werden und in den Wahnsinn getrieben werden können. So schreibt Ivan T. Sanderson, Autor des Buches »The Dynastie of Abu« (»Die Dynastie der Abus«): Man weiß von ihnen, daß sie aus purer Frustration weinen; daß sie Gnadentötung an einem unheilbar kranken Mitglied ihrer Herde vornehmen; daß sie – indem sie es anheben und unterstützen – einem verwundeten oder kranken Herdenmitglied helfen; daß sie gefangene Mitglieder der Herde bergen und daß sie Menschen vor anderen Elefanten schützen oder auch vor natürlichen oder künstlichen Katastrophen.

Immer noch als faszinierendste Attraktionen der Mehrheit aller Zirkusse sind die wilden Katzenarten, von den exotischsten Formen wie dem Bengal- und Amurtiger und dem Schneeleoparden bis zum Puma, Jaguar und natürlich dem ungekrönten König, dem Löwen. Wieder einmal kennzeichnet der ärmliche Tierschaukäfig ihre Existenz, wenn sie nicht gerade etwas vorführen oder im Zentralkäfig trainiert werden. Obwohl man sie oftmals zusammengepfercht in den Käfigwagen findet, sind die meisten Katzen, außer den Löwen, in der Wildnis grundsätzlich Einzelgänger. Während er im Zirkuskäfig mit nicht mehr als ein oder zwei Quadratmetern auskommen muß, umfaßt der natürliche Lebensraum des Tigers, je nach Anzahl der zur Verfügung stehenden Beutetiere, zwischen 60 und 500 Quadratkilometern. Von den acht Tigerrassen, die in den verschiedenen Lebensräumen leben – vom gemäßigten Eichenwald bis zum trockensten Dornenbusch, vom feuchten Regenwald und den Mangrovensümpfen bis zu den schneebedeckten mandschurischen Fichtenwäldern – sind sechs verschwunden oder von Ausrottung bedroht. Der Balitiger ist ebenso ausgestorben wie der Java- und der Kaspitiger. Kaum mehr als 120 Sibirische Tiger leben heute noch im sowjetischen Fernen Osten, und den Chinesischen Tiger gibt es nur noch in wenigen Exemplaren. Sogar in Indien, das allgemein als die traditionelle Heimat des Tigers angesehen wird, blieben nur 4000 am Leben.

Ähnlich wie der Tiger bewohnt auch die kräftig gepunktete Katze, die als Leopard oder Panther bekannt ist, Halbwüsten, Regenwälder und Berge bis hoch zur Schneegrenze. Jedes einzelne Tier durchwandert auf der Suche nach Beutetieren oftmals großräumige Gebiete. Im Gegensatz zu anderen Großkatzen sind die Leoparden außerdem hervorragende Kletterer, und in der Wildnis kann man sie oft hoch im Geäst eines Baumes liegen sehen, wenn sie sich ausruhen.

Die gewohnheitsmäßige Rechtfertigung des Zirkus dafür, daß Löwen im Tierschaukäfig gehalten werden, ist, daß sie ja auch in der Wildnis ungefähr 20 Stunden damit verbringen, sich auszuruhen – entweder schlafend, dösend oder herumsitzend. Es stimmt schon, daß Löwen gewöhnlich ein gemächliches Leben führen. Doch auch wenn genügend Beutetiere vorhanden sind, müssen sie während der restlichen Zeit immer noch jagen, um zu überleben, und dies bedeutet im Schnitt acht Kilometer pro Tag – bis zu drei Stunden lang – zu wandern, wobei sich das Gebiet eines Rudels zwischen 40 und 400 Quadratkilometern erstreckt. Ihr bevorzugter Lebensraum – Savannengebiete, die spärlich mit Dornenbüschen und Akazienbäumen bedeckt sind – ist wohl ebenfalls etwas abwechslungsreicher und anregender als der nackte Tierschaukäfig mit seinem Aluminiumboden voller Sägemehl. Im Gegensatz zu den Einzelgängergewohnheiten der anderen Großkatzen sind Löwen gesellig und bilden Rudel bis zu 35 Tieren, die eine komplexe soziale Organisation haben, mit Löwinnen, die die Jungen aufziehen, und gemeinschaftlichem Jagen. In früheren Zeiten im Mittleren Osten wegen seines lauten Brüllens, seiner Stärke und seiner majestätischen Schönheit als Tiergott verehrt, ist der Löwe in einem großen Teil seiner angestammten Gebiete, die sich durch den Iran bis nach Indien und über einen weiten Teil Afrikas erstrecken, ausgerottet. Nur 175 Asiatische Löwen leben heute noch in der nordasiatischen Wildnis, in Nordafrika sind die »Berberlöwen« bereits ausgerottet und die Art ist nur noch in größerer Zahl südlich der Sahara zu finden.

9 Selbst höchstbedrohte Tierarten wie der Große Panda treten heute im Zirkus auf. Derartige Auftritte sind allerdings in der Bundesrepublik und in der Schweiz inzwischen verboten.

Als Opfer der Wilderei und eines immer kleiner werdenden Lebensraums wegen des Bevölkerungswachstums und Eingriffen des Menschen in die Natur, sind noch andere große und exotische Tiere in der Manege und in der Tierschau zu finden. Dazu gehören Nashörner ebenso wie Eisbär, Braunbär und sogar die bekannteste aller bedrohten Arten, der Große Panda. Obwohl Tierdarbietungen der chinesischen Zirkuskultur fremd sind, wurden in einigen Vorstellungen schon Pandas gesehen. So zeigte zum Beispiel der Shanghai Zirkus einmal einen trompeteblasenden Panda, der in einem vergoldeten Wagen lehnte und von Schäferhunden durch die Manege gezogen wurde. Damals, im November 1988, wurde eine Zirkustournee durch Australien mit dem Großen Panda Wei Wei, die vom neuseeländischen Impresario Christopher Cambridge organisiert worden war, plötzlich abgesagt, als die Regierung ein Einfuhrverbot aussprach. Wei Weis Repertoire beinhaltet auch Motorradfahren, Trompeteblasen und mit Messer und Gabel zu essen. Solche Spektakel veranlaßten den WWF, eine offizielle

Beschwerde bei den chinesischen Behörden einzureichen, weil sie wichtigen erzieherischen Maßnahmen im Bereich des Tier- und Artenschutzes in ihrem Lande schadeten.

Die Bestände des Spitzlippennashorns sind von 85 000 im Jahre 1970 auf 13 500 1989 zurückgegangen, während das Sumatranashorn, Javanashorn und das große Indische Panzernashorn zusammen wahrscheinlich weniger als 2000 Tiere ausmachen. Ähnlich ist es auch mit dem südlichen »Weißen« oder Breitlippennashorn, von dem man glaubt, daß in seinem natürlichen Lebensraum in Afrika weniger als 3000 Exemplare leben, und gemäß IUCN ist das nördliche »Breitlippennashorn« mit nur 15 Exemplaren, die heute noch im Nationalpark in Zaire leben, die bedrohteste Tierform der Welt. Die Nashörner sind umherziehende Tiere und leben in offenen Ebenen, spärlichem Dornengebüsch, Savannen, Dickichten und trockenen Wäldern, ebenso wie in Bergwäldern und Hochmoorgebieten. Im Zirkus müssen sie sich jedoch mit einem Käfigwagen

10 Ein afrikanisches Breitlippen-Nashorn trägt als lebendiges Requisit seinen jonglierenden Dresseur.

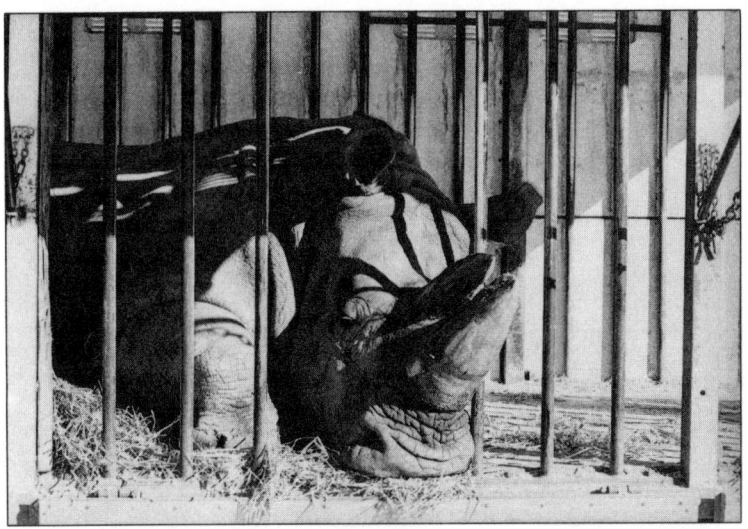

11 Der kurze Auftritt in der Manege, die sogenannte »Arbeit«, rechtfertigt engste Haltung im fahrenden Zoo. Für ein bis zwei Breitlippen-Nashörner genügen in Deutschland nach offiziellen Richtlinien 100 Quadratmeter.

begnügen, in dem sie sich kaum herumdrehen können, wenn sie Glück haben, gewährt man ihnen eine kleine improvisierte Einfriedung, die auf dem Grundstück des jeweiligen Veranstaltungsortes errichtet wird.

Zirkusse wie zum Beispiel der Zirkus Knie sind dafür bekannt, daß sie unter den Scheinwerfern des großen Zeltes ein Breitlippen-Nashorn präsentierten, das in der Manege mit einem Tiger auf dem Rücken herumgaloppierte. Und das »herrliche Afrikanische Nashorn« des Italieners Stefano Nones Orfei kann »sogar sein Huf ausstrecken, als wollte es jemandem die Hand schütteln«. Selbst das Flußpferd, das in der Wildnis oftmals in Gruppen von 6 bis 15 Tieren lebt und seinen Tag damit verbringt, träge im Wasser zu ruhen, ist in der Zirkustierschau zu finden. Oft – wie im Fall des italienischen Zirkus von Darix Togni – mit nicht mehr als einer Wanne voll Wasser, um darin zu baden.

Vielleicht weil es nicht so gewinnbringend ist wie das typische

12 Ebenso trist wie der enge Stallwagen ist das Außengehege der Nashörner. Abwechslung bringen bestenfalls noch die Besucher.

»Arche Noah«-Tier, macht man sich über das Wohlbefinden der Krokodile und Aligatoren im Zirkus sogar noch weniger Gedanken. Für einen großen Teil ihres Lebens sind sie buchstäblich in winzigen, abgedeckten Tanks oder Kisten aufbewahrt, oft mit zugebundenen Mäulern. Dem Publikum soll der Kitzel der ungezähmten, bösartigen Dschungelbestie präsentiert werden, und der »spektakulärste« Trick ist es, wenn der Dompteur seinen Kopf zwischen die Kiefer mit den spitzen Zähnen des Tieres legt. Auf einem Werbezettel für das Zirkusfestival in Monte Carlo wurde zum Beispiel Karah Khawak aus Polen als »die einzige Person – außer seinem Bruder –«, bezeichnet, »der das phantastische Geheimnis beherrscht, wie man diese riesigen Saurier nur wenige Zentimeter vor den Augen der Zuschauer hypnotisiert«. Die Sicherheit der Zuschauer – einschließlich der von Prinz Rainier und seinem Gefolge, die plötzlich dicht vor sich angsteinflößende Reptilienfangzähne sahen – wurde durch die diskrete Verwendung von

104

drahtähnlichen Fäden sichergestellt, die das Maul des Tieres fest zusammenhielten.

In Monte Carlo standen auch die »Tiere vom Bauernhof« von Ewgeni Schmarlowski aus der UdSSR auf dem Programm, ein Repertoire, das komisch wirken sollte und einen Esel, Fuchs, Raben und Affen zeigte, mehrere Nerze, Hühner und Enten. »Dieses brandneue Finale«, so die Pressestelle, »wird auf jeden Fall alle jene Damen im Publikum interessieren, die davon träumen, einen Nerzmantel zu besitzen.« Nachdem Schmarlowskis dressierter Affe pflichtschuldigst eine bestimmte mürrische Dame aus dem Publikum erschreckt hatte – es handelte sich offensichtlich um die Assistentin des Russen –, indem er in ihren Schoß sprang, wurde sie in die Manege gebeten, und hinter einem Umkleideschirm zog man ihr als »Wiedergutmachung« einen Nerzmantel an. Und gerade während sie ihr neues Gewand bewunderte, gab Schmarlowski einen Schuß aus einer Pistole ab, woraufhin sich der Mantel in Einzelteile auflöste, die aus lebenden Nerzen bestanden, die wie wild durch die Manege rannten. Eine derartige Behandlung ist wohl die Erklärung dafür, daß so viele Ersatztiere unter der Leinwand in Schmarlowskis Ecke des Zirkuszelts gefunden wurden, wo sie in winzigen grünen Metallkisten lebten, damit er mit dieser Darbietung in der Welt herumreisen konnte. Der Fuchs war in einen Maschendrahtkäfig gesperrt, mit einem nackten Drahtboden, der weniger als einen halben Quadratmeter groß war.

Obwohl sie auf den ersten Blick langsam und tolpatschig wirken, klettern, außer den allerschwersten, fast alle Bären auf Bäume und sind flink, wenn es darum geht, sich über Felsen und Eis zu bewegen, wobei sie menschenähnliche Fußabdrücke auf weichem Grund hinterlassen. Die meisten sind außerdem von Natur aus Wanderer und leben von einer sehr abwechslungsreichen Nahrung, wie Fischen, Insekten, Früchten und Honig. Sie leben meist alleine, außer während der Paarungszeit; im Winter halten sie Winterschlaf. Werden sie in die Enge getrieben oder angegriffen, können sie eines der gefährlichsten Tiere der Welt werden, wie so mancher Dompteur im Zirkus schon erfahren mußte. In Indien ist es nicht ungewöhnlich, in den Straßen auf Tanzbären zu stoßen. Die World Society for the Protection of Animals (WSPA; Welttierschutzgesellschaft) berichtet, daß die noch nicht ausgewachsenen

Tiere im Himalayagebirge gefangen werden, daß ihnen Zähne und Klauen gezogen werden, ein Loch durch den oberen Gaumen und die Nasenbeine getrieben wird, durch das man dann ein Seil zieht, an welchem der Bär geführt und beherrscht wird. Dem Bären beizubringen, herumzuhüpfen oder zu tanzen, schafft man mit Hilfe von heißen Kohlen, eine Technik, wie sie so ähnlich auch von fahrenden Schaustellern Westeuropas angewandt wird.

So schreibt Rodney Manser, ein ehemaliger Public Relations Mann für den Gerry Cottle Circus, der diese Art von Bärendressur bei Zigeunern beobachtet hatte:»Der wichtigste Teil der Dressur bestand darin, den Bären dazu zu bringen, sich zum Klang eines Tambourins aufzurichten, und aufgerichtet zu bleiben, solange es spielt. Dies erreichte man dadurch, daß der Bär auf seine Hinterpfoten gezogen wurde und seine Vorderpfoten dann auf heiße Metalltabletts gestellt wurden. In dem Augenblick, wo die Vorderpfoten die Metallstücke berührten, fing das Tambourin an zu spielen. Der automatische Reflex des Bären war natürlich, von der Quelle des Schmerzes wegzukommen, und so stand er dann auf den Hinterbeinen. Diese Prozedur wurde wiederholt, bis der Bär sicher das Geräusch des Tambourins mit dem sengenden Schmerz an seinen Vorderpfoten verband, falls er diese aufsetzte – und so stellte sich der Bär, wann immer er das Tambourin hörte, auf die Hinterbeine, und stand still bis die Musik aufhörte.«

Eisbären, die um den Nordpol herum einst zahlreich waren, legen riesige Distanzen zurück, manchmal sogar viele Meilen schwimmend. Nicht mehr als 12 000 leben noch, und ihre Zahl hat sich seit den zwanziger Jahren aufgrund der menschlichen Ausbeutung drastisch verringert. Wenn sie auf der Jagd sind, reiben sie sich Schnee auf ihre schwarzen Nasen, um so ihre strahlend weiße Tarnung komplett zu machen. Normalerweise werden zwei oder drei Junge in einem Wurf geboren, haarlos, blind und kaum größer als ein Meerschweinchen. Das Muttertier ermutigt seine Jungen, vereiste Abhänge zu benutzen, denn Rutschpartien sollen ihnen helfen, zu Kräften zu kommen. Die Jungen schliddern auf ihren Bäuchen hinab, die Beine gespreizt, und ihre Mutter fängt sie unten mit den Pfoten auf. Einmal in Gefangenschaft, werden die meisten Eisbären einfach in den Wahnsinn getrieben. Nach einem Bericht der englischen Tierschutzorganisation Zoo Check zeigen

12 von 20 Eisbären in Großbritannien Anzeichen geistiger Krankheit. In Bristol mußten Zoobeamte den Eisbären Misha – der ein Jahrzehnt im Käfigwagen des Chipperfield Zirkus verbracht hatte – verstecken, da das Tier sogar für die Augen der Öffentlichkeit zu gefährlich geworden war. Ursula Böttcher aus der Bundesrepublik ist immer noch führende Repräsentantin der Eisbärdressur in Europa, und die Vereinigung der Zirkusfans beschreibt ihre Darbietung als »ehrfurchtgebietend und beeindruckend« wegen einer »sensationellen neuen Nummer«, die eines der Tiere zeigt, »über Frau Böttcher stehend, die auf dem Boden liegt – Kopf an Kopf«. Dies ist vielleicht kaum erzieherisch und auf den ersten Blick nicht einmal besonders sensationell. Doch bei dem unberechenbaren Bären gibt es kaum irgendein Warnzeichen für einen drohenden Angriff. Doch es ist der Braunbär Europas und Asiens, der diesseits des Atlantiks am meisten in den Tierschauen verbreitet ist, und in der Manege ist er häufig noch zu sehen, wie er Motorrad fährt, Rollschuh läuft, Fußball spielt oder sogar Eishockey.

Es wurde als »Frieden des Dschungels« bezeichnet, als die Clubb Chipperfield Organisation, die nach einer goldenen Auszeichnung strebte, im Januar 1989 auf dem Internationalen Zirkusfestival von Monte Carlo eine kombinierte exotische Tierdarbietung zeigte. Laut Pressebüro von Prinz Rainier bot diese Nummer, die mit »unendlicher Geduld« vom Impresario Jim Clubb und den Dresseuren Luis und Marcia Palacios geleitet wurde, Tiger, Löwinnen, Leoparden, Bären, einen einzelnen Wolf und eine Streifenhyäne. In der Manege formten sie dann »herrliche Pyramiden und wunderbare Tableaus, wobei die vielen wilden Bestien majestätisch auf ihren Hockern aufrecht standen«. Tatsache ist, daß die beiden Braunbären nicht ein einziges Mal während der berühmten dreitägigen Zusammenkunft in der Hauptstadt des Jet-set in Europa aus ihren Käfigwagen herausgeholt wurden. Der Grund dafür war laut einem der Tierpfleger von Clubb, die Bären seien »zu unberechenbar. Wir sind auf den goldenen Zirkuspreis aus, und die Bären könnten die ganze Sache vermasseln.« Ganz ähnlich erging es dem Wolf und der Hyäne, deren einzige Übung während ihres dreitägigen Aufenthalts an der Gold- und Betonküste war, in die Arena gezerrt zu werden, um unter den vielfarbigen Scheinwerfern zu posieren, wo sie ganz offensichtlich durch die Anwesenheit ihrer

»Dschungelfreunde« eingeschüchtert wurden. So ist es kaum verwunderlich, daß der Wolf und die Hyäne – beides in der Wildnis umherstreifende Rudeltiere – und die beiden Bären das typische stereotype Verhalten in ihren Wagen zeigten, indem sie auf und ab liefen, in die Gitterstäbe bissen und an ihnen saugten. Obwohl die Unterscheidung zwischen dem arbeitenden und dem nicht-arbeitenden Tierschautier ständig von jenen betont wird, die ihre weitere Nutzung im Zirkus rechtfertigen wollen, bleibt der dürftige Käfig sogar für das arbeitende Tier für wenigstens zwanzig Stunden am Tag der einzige Lebensraum. Im Falle der Tiere von Clubb Chipperfield in Monte Carlo bedeutete dies eine Käfiggröße von vier Quadratmetern für den Wolf, die beiden Bären und ein Tigerpärchen. Fünf Quadratmeter für drei Leoparden und sechs Quadratmeter für zwei Löwinnen und ein weiteres Tigerpärchen.

Ironischerweise ist Jim Clubb Vorsitzender der »Association of Circus Proprietors of Great Britain« (ACP) (Vereinigung von Zirkusbesitzern in Großbritannien) und seiner Untergruppe für Tiere, die 1988 eine überarbeitete Führungsrichtlinie einführte, die angeblich dazu dienen sollte, das Wohlbefinden und die Lebensbedingungen von Zirkustieren in Gefangenschaft zu verbessern. So sagt der ACP-Geschäftsführer Malcolm Clay: »Diese Vereinigung ist von der zentralen und lokalen Regierung anerkanntermaßen für die Leitung des Zirkusgeschäfts in diesem Lande verantwortlich. Sie erlegt ihren Mitgliedern sehr strenge Richtlinien zum Wohlbefinden der Tiere auf. Dazu gehören tiermedizinische Untersuchungen, Auslaufflächen usw. Aufgrund dieser Tatsache weigern sich einige der großen Zirkusse, sich dieser Organisation anzuschließen, und sind damit zufrieden, auf der Basis der Mindestanforderungen, die durch das Gesetz gefordert werden, Geschäfte zu machen.«

Trotz derartiger Selbstkontrollen und -beschränkungen, die natürlich mit großem Trara durchgeführt werden, ist es nur um so merkwürdiger, daß Clubb in einem Fernsehinterview mit einer amerikanischen Fernsehmannschaft in Monte Carlo Lobeshymnen auf die berüchtigsten der britischen Zirkusse sang, wo seine gemischte Nummer von exotischen Tieren zuvor mit großem Beifall gezeigt worden war. Im Blackpool Tower Circus, der der First Leisure Corporation gehört, werden die Tiere für fünf Monate in jedem Jahr in einem spärlich beleuchteten Keller untergebracht, wo sie weder frische Luft bekommen, noch Sonnenlicht oder körperliche Bewegung. Ein Bericht von 1987, der von zwei unabhängigen Tiermedizinern verfaßt wurde, Bill Jordan, einem ehemaligen Berater verschiedener internationaler Zoos, sowie Dr. Michael Woodford, einem Elefantenspezialisten, kam zu dem Schluß, daß kein Tier in unterirdischen Unterkünften untergebracht werden sollte: »Trotz der vor kurzem getätigten Ausgabe von 15 000 Pfund für Verbesserungen der Tierunterkünfte glauben wir nicht, daß die Voraussetzungen für eine artgerechte Tierhaltung für gefangene, große wilde Tiere gegeben sind. Sie reichten in Wirklichkeit kaum für Haustiere, die ja draußen herumgeführt werden können.« Sie fanden zwei zwölf Jahre alte Elefanten, die auf einer Fläche von 12 × 4 Metern untergebracht worden waren. Die Tiere wurden nur zweimal pro Woche für Übungen nach draußen geführt. Da »man ihnen nie erlaubte, in das Übungsgelände zu gehen«, so schlossen die Tiermediziner, »teils weil sie sich weigerten, an den Löwen vorbeizugehen, um in das Gelände zu kommen und teils, weil es kaum groß genug war, um dort hineinzugehen und sich umzudrehen, ist die Unterkunft, die den Elefanten geboten wurde, überhaupt nicht angemessen«. Die acht Löwen dieser Show waren in einer Reihe von Verschlägen untergebracht, und obwohl man ihnen auch einen »Übungskäfig« zur Verfügung stellte, stellten Jordan und Woodford fest, daß dieser »von hohen Gebäuden umgeben war und es zweifelhaft ist, ob die Sonne jemals dorthin gelangte«. Sie schlossen daraus, daß »das Zerfleischen ihres Trainers, das am 18. Juli, nach unserem Besuch, passierte, die Behauptung unterstützt, daß dort zu viele Löwen in einer zu kleinen Manege auftraten«.

Jordan und Woodford sparten sich einen Teil ihrer härtesten Kritik für die beklagenswerten Lebensbedingungen der Zwergflußpferde auf: »Dieses Tier wird alleine in einer kleinen L-förmigen Umzäunung gehalten, die sechs mal vier Meter mißt und in der sich ein Wasserbecken befindet, das gerade groß genug ist, damit es mühsam hineinklettern kann. Um in das Becken hineinzugelangen, muß es vier oder fünf Stufen hinaufklettern und dann ins Wasser plumpsen. Hier handelt es sich um eine tropische Tierart, die normalerweise in kleinen Gruppen lebt, und daher muß es einfach darunter leiden, unterirdisch gehalten zu werden, alleine, in künstlichem Licht und das vier Monate lang. Die Angestellten gaben zu, daß dieses Tier als Reklametrick gehalten wurde, das es in der Manege nicht auftrat ... Wir bezweifeln, daß es moralisch unbedenklich ist, eine Tierart zu Unterhaltungszwecken auszustellen, die laut der Roten Liste der IUCN zu den verwundbarsten Tierarten gehört ...«

Der Rat des Bezirks Lancashire verurteilte nach einer darauffolgenden Untersuchung einstimmig die Unterbringung der Tiere, obwohl ihnen, da Blackpool Tower im Privatbesitz ist, die Hände gebunden waren. Ganz unerwartet kam es dann, daß der Vorsitzende der *First Leisure Corporation,* Lord Delfont – der zugab, daß er sich dem öffentlichen Druck beugte – verkündete, daß es im Tower-Zirkus keine Tiere mehr geben würde, wenn der laufende Vertrag mit dem Impresario Peter Jay 1990 auslief. Sowohl der ACP als auch die Gesellschaft der Zirkusfans reichten sofort ein Bittgesuch ein, damit diese Entscheidung rückgängig gemacht würde. Im Werbematerial steht, daß »als Mitglied der Association of Circus Proprietors der Tower Zirkus regelmäßigen Inspektionen durch international berühmte Tiermediziner wie David Taylor und Andrew Greenwood unterliegt. Für die Tiere wird gesorgt, und sie sind gemäß den strengen Richtlinien untergebracht.« Doch Taylor und Greenwood werden sich davor hüten, in die Hand zu beißen, die sie füttert. Da sie außerdem Berater der meisten europäischen Delphinarien sind, wurde ihre Objektivität bezüglich des Wohlbefindens von gefangenen, dressierten Tieren wiederholt in Frage gestellt. Die Gesellschaft der Zirkusfans hat David Taylor sogar zitiert – dessen tiermedizinische Eskapaden die Grundlage für die beliebte BBC-Reihe »One by One« bot –, um ihr Bittgesuch zu unterstützen: »Nach meiner Erfahrung sind Tiere im Zirkus sehr gesund, ganz bestimmt so gesund wie Tiere in Zoos und Safari-Parks. Zirkustiere haben keine ›Berufskrankheiten‹. Sie bekommen mehr persönliche Versorgung und Zuwendung von ihren Pflegern und Trainern ... Die Tiere in den Zirkussen, die von Mitgliedern der Association of Circus Proprietors unterhalten werden, werden auf jeden Fall gesund gehalten, wobei man die neueste tiermedizinische Ausrüstung verwendet ... Aufgrund meines Wissens über das Verhalten der Tiere in der Wildnis und in Gefangenschaft und aufgrund medizinischer Beobachtungen würde ich sagen, daß sie mit ihrem Los recht zufrieden sind.« Unbegreiflicherweise ging das Gesuch der Zirkusfans sogar soweit zu behaupten, daß die Elefanten des Blackpool Tower Zirkus »ihren eigenen Lebensraum und ihre Gehege haben, wo sie frei herumstreunen können«, und daß die »einzige Grundlage für ein richtiges Tiertraining Geduld und Respekt seien und eine enge Verbindung zwischen den Tieren und ihren Trainern. Sie arbeiten gerne mit dem Menschen – dies ist von therapeutischem Wert, da es ihnen Gelegenheit gibt, etwas Interessantes zu tun, und verhindert, daß sie sich langweilen.«

In seinem Buch »Zoo Vet« (»Tiermediziner im Zoo«) merkt David Taylor interessanterweise an: »Obwohl viele Zirkustiere ohne Brutalität unterrichtet werden, gibt es immer noch einige schreckliche blinde Flecken. Diese findet man in den kleineren, schmuddeligen Zirkussen und Tierschauen, wenn es einem gelingt, in die verschlossene, verdächtige Welt hinter den Kulissen einzudringen. Es ist eine Welt, der es gelingt, Außenstehende fernzuhalten und Inspektoren der Gesellschaft zur Verhinderung von Grausamkeiten an Tieren in die Irre zu führen. Und was das Wichtigste ist: Sie sind in der Lage weiterzuziehen, wenn Ärger droht. Ich habe selbst gesehen, wie Bären dazu gebracht wurden, sich von der Transportkiste zur Manege zu bewegen, indem flammende Zeitungen unter sie geschoben wurden, und ich habe das regelmäßige ekelhafte Klatschen gehört, als ein angeketteter Afrikanischer Elefant systematisch mit Bambusstöcken von zwei Pflegern geschlagen wurde, um ihn zu brechen, indem sie ihn buchstäblich so lange quälten, bis er zusammenbrach. Das Widerlichste an der ganzen Sache war die ruhige und sterile Art, in welcher die Pfleger ihn schlugen. Es war ja nur ein Job, gerade so wie das Striegeln, der über einen langen Zeitraum eine sich wiederholende Bewegung forderte: keine Wut, keine Gefühle, einfach ein langweiliger Job, bei dem jemand geschlagen werden mußte. Natürlich waren die Männer, als die Polizei eintraf, gerade dabei, den Elefanten zu striegeln. Bambusstäbe, die mit aller Kraft auf den Brustkasten eines Elefanten geschlagen werden, hinterlassen keine Spuren.« Taylor fährt fort: »In einem anderen Zirkus beobachtete ich eine Darbietung, die angeblich eine Schimpansen-›Tea Party‹ darstellen sollte, wo die Tiere nicht nur außergewöhnlich gut dressiert waren, sondern sie waren fast schon Automaten. Das Publikum staunte über den Gehorsam der kleinen Affen und lächelte, wenn die Trainer durch die haarigen Köpfe der Affenkinder strubbelten. Doch es lag alles in diesem Strubbeln. Der Mann zeigte mir seinen Daumennagel, der sehr langgewachsen war und dann ganz spitz gefeilt worden war. Er war kräftig und verhornt und der Trainer benutzte ihn mit brutaler Geschicklichkeit, um die empfindlichen Ohrläppchen der Schimpansen zu pieksen und zu kneifen. Hier wurde wirklich ein brutaler Kunstgriff direkt vor den Augen des Publikums angewandt. Ich mußte leider feststellen, daß diese Methode, die Schimpansen mit Hilfe ihrer empfindlichen Ohren zu dirigieren, in der Welt der Schimpansendressur verbreitet war; sogar erwachsene Tiere wurden durch den starken Schmerz eines flink angewandten Griffes unterjocht.«

Obwohl viele der Tiere, die man in den Käfigwagen der Zirkusse findet, zur Zeit als »gefährdet« oder »von der Ausrottung bedroht« aufgelistet sind, nennt die Zoo- und Zirkusbruderschaft sie »Arche-Noah«-Arten, nicht etwa, weil die Leute der Tierschauen an ihre eigenen Sprüche über ihre wichtige Rolle bei der Erhaltung der Tiere glauben, sondern weil es diese Vielfalt von Tieren ist, von der man glaubt, daß sie die Massen anzieht. Tiere, wie sie in den farbenfrohen und tröstend naiven Bildern der Kinderbücher gezeigt werden, oder wie sie in Disneyland-ähnlichen Charakteren vermenschlicht werden, mit menschlichen Wünschen und menschlichen Tugenden. Dieses scheint den Anthropozentrismus zu mildern. Doch in Wirklichkeit ist das vermenschlichte Arche Noah-Tier entweder zufällig oder mit Absicht nur eine projizierte Illusion für den öffentlichen Konsum; dahinter steht die harte Realität eines Zirkusmanagers, der versucht, Gewinne zu erwirtschaften, und eines Tierbändigers, der unter dem Druck einer »deadline« steht, bis zu welcher er seine neue und noch spektakulärere Nummer fertig haben muß. Tiere werden von der Zirkus-Traummaschinerie vielleicht so dargestellt, als kämen sie direkt von der Arche Noah, doch Tatsache ist, daß ein Tier, egal wie bedroht es ist, um der Nützlichkeit willen nicht nur systematisch seiner Freiheit und seiner Würde beraubt wird, sondern auch der Wildnis, die ihm das Leben schenkte und seinen Charakter und Geist formte.

Jim Clubb ist Teilhaber und leitender Direktor von Clubb Chipperfield, einem ehrgeizigen Unternehmen, das sich darauf spezialisiert hat, exotische Tiere zu trainieren – nicht nur für die Zirkusmanege, sondern auch für das Fernsehen und die Filmwerbung (der berühmte Esso-Tiger ist ein Paradebeispiel). Einst selbst Dompteur für wilde Tiere, erwarb Clubb einen angesehenen Firmennamen, als er Sally Chipperfield heiratete und mehrere Jahre mit dem Sally Chipperfield Zirkus herumzog. Doch als Fragen des Images während der letzten Jahre immer ausschlaggebender wurden, distanzierte sich Clubb von der skandalträchtigen Chipperfield-Dynastie, der nachgesagt wurde, einer der größten Tierhandelskonzerne für exotische Tiere zu sein. »Meine Frau ist eine Chipperfield, aber wir unterscheiden uns völlig von dem anderen Chipperfield Zirkus. Ich habe ursprünglich für Chipperfield gearbeitet, aber in den letzten zehn Jahren mein eigenes Unternehmen geleitet. Es sind völlig verschiedene Unternehmen – es ist sehr wichtig, daß Sie das schreiben. Es gibt da drei Chipperfields, wissen Sie. Da ist meine Firma, da ist Chipperfield Enterprises, der Zirkus, der dem Vater meiner Frau gehört, und dann gibt es da noch seinen Bruder Jimmy Chipperfield, dem all die großen Safari-Parks gehören. Aber ich würde sagen, daß wir wahrscheinlich einer der größten Anbieter von fertigen Zirkusnummern der Welt sind.« Die fast identische Meinung seiner Mitwettbewerber in der Zirkuswelt nachplappernd, besteht Clubb darauf, daß seine Tierschauen eine ökologische Funktion haben: »Lassen Sie es uns so ausdrücken: Wir holen die Tiere nicht aus der Wildnis. Das ist absolut lächerlich. Als jeder davon sprach, daß der Tiger von der Ausrottung bedroht sei, haben wir ungefähr 50 Tiger im Jahr gezüchtet. Doch die Gefahr, wenn man in Gefangenschaft geborene Tiere in die Wildnis zurückbringt, ist, daß sie nicht richtig jagen können und vielleicht zu Menschenfressern werden. Das Problem ist, daß die Art in der Wildnis ausstirbt, aber in der Gefangenschaft nicht. Nichtsdestoweniger glauben wir, daß wir die Menschen darüber aufklären, wie schön und intelligent diese Tiere sind – das ist unsere Botschaft zum Schutz der Tiere.« Es ist eine Botschaft, die Clubb ebenfalls in der Zirkuspresse energisch verbreitet. Neben der Werbung für »James Clubbs Schweine mit Pavian-Reitern« haben die letzten Werbekampagnen die Clubb Chipperfield Organisation auch als

»Züchter bedrohter Raubtierarten – Tiger, Leoparden, Jaguare, seltene schwarze Jaguare und, noch seltener, Streifenhyänen« ausgegeben. Sie sind »die einzigen Streifenhyänen im Zirkus in der ganzen Welt!« fährt die Werbung atemlos fort und fügt hinzu, daß das Unternehmen 250 Tiere 50 verschiedener Arten besitzt und trainiert. Ähnlich wird auch Clubbs Star-Attraktion Doutschka als der einzige Schneeleopard im Zirkus in der ganzen Welt ausgegeben.

Chris Krenger, Pressechef eines der angesehensten Zirkusse in Europa, des Zirkus Knie aus der Schweiz, behauptet, daß »es keinen Zweifel darüber gibt, daß der Zirkus eine wichtige Rolle in der ökologischen Bildung spielt«, weil das dressierte und das Tierschau-Tier »dazu animiert, Geld für bedrohte Tierarten zu spenden, wenn man diese Tiere mit eigenen Augen sieht«.

Dr. David Hancocks andererseits glaubt, daß Tiere in Gefangenschaft einen sehr schädlichen Einfluß auf das Verständnis und die Anerkennung der Wildnis durch den Menschen hat. »In Wahrheit muß man sehen, daß viele allgemein verbreitete Haltungen gegenüber wilden Tieren aus dem öffentlichen Kontakt mit gefangenen Wildtieren stammen«, erklärt er. »Der Gebrauch des Wortes ›monkey‹ in der englischen Sprache ist ein Beispiel dafür. Engländer hatten keinen natürlichen Kontakt mit Affen, und alles, was sie von ihnen hörten, waren die anormalen Verhaltensweisen von psychotischen Tieren in einer Umgebung voller Mangelerscheinungen; heute wird das Wort ›monkey‹ als Verb benutzt, um groteske Bewegungen zu beschreiben, oder als Hauptwort zur Bezeichnung eines boshaften Kindes. Unsere Vorstellungen von vielen anderen wilden Tieren bestehen ebenfalls aus Verdrehungen, die durch die Bedingungen in der Tierschau von Zirkussen gefestigt werden. Diese Vorstellungen zu prägen und zu verstärken, indem man Tiere als Sonderlinge in einem Zirkus ausstellt, ist eine ernsthafte Bedrohung und Beleidigung gegenüber den Naturschutzbemühungen. Es ist unmöglich, das Interesse der Öffentlichkeit an der Erhaltung der Bären und Elefanten zu wecken, wenn sie als bloße Kuriositäten unter farbigen Scheinwerfern vor dem Hintergrund einer Musikkapelle gezeigt werden ... Die Tatsache, daß Zirkusse dem Ansinnen des Tierschutzes keinen Gefallen tun, sondern in Wirklichkeit dazu beitragen, Verwirrung zu stiften und den Fortschritt auf diesem Gebiet durch ihre Art Ausstellung zu verzögern, ist daher eine Sache von dringender Wichtigkeit und eine besonders heimtückische Gefahr.«

Diese Ansicht wird von dem Zoologen und Lehrer Raymond Ings geteilt: »Zirkusse haben niemals eine nützliche Rolle bei den Schutzbemühungen gespielt. Historisch gesehen ist genau das Gegenteil der Fall. Bis vor ganz kurzer Zeit plünderten Zirkusse wilde Populationen, um ihre Tierschaubestände aufzufüllen. Jetzt, zu einer Zeit, wo hervorragende Naturfilme im Fernsehen von unschätzbarem Wert sind, wenn es darum geht, eine erzieherische und ausgewogene Meinung zu zeigen, vermittelt der Zirkus den Eindruck, daß Tiere nur insofern von Interesse sind, als sie in der Lage sind, unnatürliche, aber amüsante Kunststücke zu zeigen – je unnatürlicher, desto besser. Der Zirkus nimmt dem Tier jede Würde, jeden Respekt und jede natürliche Schönheit und zeigt sie als Sonderlinge. Dieses verdrehte Bild von der Wildnis und ihrem Wert zerstört die gesamte Philosophie der Erhaltung, die davon ausgeht, daß die Gesundheit des Planeten und auch die langfristigen Aussichten für die Menschheit ganz erheblich von unserer Würdigung der Natur abhängen und von der Erhaltung des empfindlichen Gleichgewichts und der Vielfalt der Natur. Von entscheidender Bedeutung ist in diesem Fall die Anerkennung des Wertes von wilden Tieren in ihren natürlichen Lebensräumen. Als Lehrer haben wir die Verantwortung, solch eine globale Perspektive nicht nur zu fördern, sondern eine Tierschutzethik durchzusetzen und zu verstärken, die anerkennt, daß die grundlose Ausbeutung und der Mißbrauch von Tieren moralisch nicht hinnehmbar ist.«

Züchtung in Gefangenschaft

Die Zirkuslobby nennt gern noch ein anderes Argument dafür, besonders gefährdete Tierarten in den Käfig einer Tierschau zu sperren: Schutz durch Züchtung in Gefangenschaft. Für Dr. Thomas Althaus, einen vehementen Verfechter dieser Position, ist die Sache ganz klar: »Die Menschen hatten immer schon Tiere in ihrer Obhut – ich mag das Wort ›Gefangenschaft‹ nicht. Wenn man dagegen ist, wilde Tiere im Zoo oder Zirkus zu halten, dann bedeutet das automatisch, daß man eine Tierart, die ernsthaft bedroht ist, aussterben zu lassen bereit ist. Das sind die Konsequenzen, die ich nicht akzeptieren will.« Die dem Zirkus innewohnende Illusion ist hier wieder allgegenwärtig, und sie verschleiert eine schäbige Realität.

Der internationale Tierhandel unterliegt seit 1975 den Vorschriften des Washingtoner Abkommens, die den Import stark bedrohter Tierarten zu rein kommerziellen Zwecken verbietet. Deshalb sind die meisten der heutigen Zirkustiere entweder in Gefangenschaft geboren oder wurden in der Wildnis gefangen, bevor das Abkommen verabschiedet wurde. Doch einige Zirkustiere wie z. B. Eisbären, Schimpansen oder gar Elefanten sind wegen der Schwierigkeiten bei der Zucht in Gefangenschaft chronische Mangelware – vielleicht werden sie deshalb irgendwann aus den Menagerien verschwunden sein. Die Elefantengruppe des Zirkus Knie z. B. ist weit davon entfernt, sich selbst zu erhalten, auch wenn dieser Zirkus behauptet, eine wichtige Rolle bei der Arterhaltung zu spielen, und in der Zirkuswelt wegen seiner Zuchterfolge internationalen Ruf genießt.

Obwohl der erste Asiatische Elefant schon vor mehr als einem Jahrhundert in einem Zoo geboren wurde, kamen seitdem in ganz Europa und Amerika nur rund 120 weitere auf die Welt. »Sogar heutzutage«, sagt Fred Kurt, »ist es immer noch sehr selten, daß ein Elefant in Gefangenschaft geboren wird, und Fortpflanzung in der zweiten Generation ist äußerst selten. Es kann sein, daß junge Elefantenbullen in der Wildnis einen Teil des Fortpflanzungsverhaltens erlernen müssen. Und dieses Wissen können sie kaum erwerben, wenn sie ständig gefesselt in einer Reihe in einem Zirkuszelt stehen.«

Außerdem bedroht ja auch eine ganze Reihe Krankheiten den jungen Elefanten im Zirkus. Der dritte in Gefangenschaft geborene Elefant bei Knie, Lohimi, lebte nur drei Jahre und starb 1988 an einer Krankheit. Fredy Knie sen. gab an, daß Lohimi an Herpes starb, und er behauptet, daß »jetzt alle Elefanten in der Schweiz mit Herpes infiziert sind«.

Zur gleichen Zeit wurden Löwen, Tiger und Leoparden in einem solchen Übermaß gezüchtet, daß ihre Zahl inzwischen in europäi-

116

schen Tierschauen gelegentlich größer ist als in einigen der Ursprungsländer – wo einige Unterarten bereits verschwunden sind oder am Rande der Ausrottung stehen. Außer einigen wenigen Arten – wie z. B. der arabischen Oryx-Antilope, die Überlebensfähigkeiten nicht wiedererlernen muß, oder Orang-Utans oder Schimpansen, die erst aufwendige und von Fehlschlägen begleitete Rehabilitationsprogramme durchlaufen müssen – kann man viele Zoo- und Zirkustiere praktisch nicht wieder in die Wildnis zurückführen. Täuschen die Zirkusse also bloß vor, daß sie beim Artenschutz eine wichtige Rolle spielen? So ist das nicht, sagt Dr. Thomas Althaus: In einer Zeit, in der bedrohte Tiere in der Wildnis Opfer von Wilderei und Lebensraumbegrenzung werden, könnten Zoo und Zirkus diesen Tierarten ein letztes Refugium bieten und so ihre Ausrottung verhindern.

Der wissenschaftliche Autor und Fernsehjournalist Colin Tudge behauptet im *New Scientist*, daß »die Zucht in Zoos ein wichtiger Beitrag zur Erhaltung geworden ist ... Wenn solche Zuchtbemühungen nicht in großem Umfang und in Kooperation zwischen den einzelnen Zoos und mit sorgfältig ausgewählten Tieren durchgeführt werden, dann müssen sie scheitern. Das Ergebnis wären Inzucht und wahrscheinlich unfruchtbare Tiere, die nurmehr ein Abklatsch des ursprünglich wilden Geschöpfes sind und allerhöchstens noch zu einem Leben in Gefangenschaft taugen. Die Aufgabe der richtigen Partnerfindung ist so schwierig geworden und die Koordinierung dieser Aktionen so kompliziert, daß dies nur Computer erledigen können. Keiner bezweifelt, daß der ideale Weg, Tierarten zu erhalten, derjenige ist, alles mögliche zu unternehmen, ihren Lebensraum zu erhalten. Der Verlust des Lebensraumes in der Wildnis ist es, der geschätzte 25 Prozent aller Tierarten inzwischen mit Ausrottung bedroht und nicht etwa die direkte Bedrohung durch die Jagd.«

Selbst die anerkanntesten und renommiertesten Zoos können nur wenige begrenzte Erfolge vorweisen, in denen Tiere wieder in die Wildnis eingegliedert werden konnten. Nicht mehr als zwanzig Tierarten profitieren zur Zeit von koordinierten Zuchtprogrammen, und selbst die vehementesten Befürworter der Züchtung in Gefangenschaft geben zu, daß dies nur sehr wenige der bedrohten Arten retten kann. Nach einem ersten zusammenfassenden Überblick über die europäischen Zoos sind solche Ergebnisse nicht weiter verwunderlich. Bei mehr als 1000 registrierten Zoos, die insgesamt ungefähr eine Million Tiere beherbergen, fanden die Inspektoren »bedrückende« Verhältnisse im Bereich von Pflege, Bildung und Artenschutz. Tiere, die an große, offene Gebiete gewöhnt sind, wurden in Gruben vorgefunden, wo sie nur Mauern und den Himmel sehen konnten. Ein Gorilla im Zoo von Rom wurde in einem vergitterten Gehege hinter Glas gehalten, praktisch ganz ohne Licht. Eisbären in Neapel mußten die Sommerhitze mit Temperaturen bis zu über 40 Grad Celsius ertragen, und im Marwell Zoo in Hampshire waren die Unterkünfte der Tiere so schlecht konstruiert, daß, als zwei schwarze Nashörner starben, ihre Käfige buchstäblich in Teile zerlegt werden mußten, um die Tiere fortschaffen zu können.

Die Idee der Zucht in Gefangenschaft zur Arterhaltung in der noch unzureichenden Umgebung der Käfigwagen im Zirkus ist deshalb fast absurd zu nennen. Trotzdem haben seine Verfechter erstaunliche Pläne für die Zukunft der Wildtiere, die von Colin Tudge – offensichtlich ohne jegliche Ironie – vorgetragen werden: »Da die menschliche Bevölkerung vom 26. Jahrhundert an zurückgehen wird, wird es den Tieren dann wieder möglich sein, in der Wildnis zu leben. Arterhaltung heißt für die Zucht also nicht, die Tiere für immer zu behalten, sondern sie über die nächsten 500 bis 1000 Jahre zu bringen, und in einem Zustand zu erhalten, daß sie in die Wildnis zurückkehren können – auch wenn sich diese ›Wildnis‹ sehr von der heutigen unterscheiden wird.« Diese Vision soll dadurch realisiert werden, daß man »riesige Genbanken mit gefrorenem Sperma, Eizellen und Embryonen« einrichtet.

Das erinnert an eine Modeerscheinung aus den siebziger Jahren in den USA. Man stellte sich vor, kranke Menschen in flüssigem Helium einzufrieren, mit der vagen Hoffnung, sie später auftauen und mit Hilfe der zukünftigen Wunder der Wissenschaft wieder zum Leben erwecken zu können. Der grundlegende Fehler dieser Überlegung liegt in der unbequemen Tatsache, daß – einmal aufgetaut – die bedrohte Tierart, die tausend Jahre auf Eis gelegen hat, dann keine Artgenossen mehr haben wird, die ihr Überlebensfähigkeiten beibringen könnten. In all diesen grandiosen High-Tech-Lösungen, die offensichtlich die unmeßbaren und undefinierbaren Elemente der Lebenskraft der Schöpfung nicht akzeptieren können, spürt man noch deutlich den Geist Descartes und seinen Glauben an das Uhrwerk-Tier.

Selbst bei den eher normalen Methoden der »Arterhaltung« durch Zucht in der Gefangenschaft bleibt das Dilemma praktisch dasselbe, allerdings mit einigen bekannten und häßlichen Varianten. Bill Jordan und Stefan Ormrod schreiben zum Beispiel in ihrem Buch *The Last Great Wild Beast Show*, daß von 48 Gorillas, die in der Wildnis gefangen werden, nur 30 den Fangvorgang überleben, nur 12 von diesen 30 werden die Fahrt zum Zoo überleben, und nur ein halbes Dutzend erreicht das Erwachsenenalter. Bevor man auch nur an »Arterhaltung« denken kann, müssen diese sechs Tiere 48 Nachkommen zeugen, um den Verlust zu ersetzen – das ist unmöglich, weil sich diese Tiere nur sehr langsam vermehren. Zur Zeit gibt es in der ganzen Welt etwa 400 Gorillas in Gefangenschaft, was auf eine erschreckende Todesrate hindeutet; man kann dies wohl kaum als eine effiziente Art der Arterhaltung bezeichnen. Es ist eine besonders irrationale Idee, wilde Tiere außerhalb ihres natürlichen Lebensraums und der komplexen Ökologie dieses Lebensraums schützen zu wollen. Die Tierart, die am schwierigsten wieder in die Wildnis zurückgeführt werden kann, ist vielleicht der *Homo sapiens*.

Für Wissenschaftler, die den Zirkus befürworten, wie Thomas Althaus, dokumentiert das Zuchtbuch des Zirkus seine Rolle bei der Arterhaltung, trotz der langsamen, aber unvermeidlichen Änderung der genetischen Identität eines Tieres in Gefangenschaft. »Es gibt für bedrohte Tierarten wie den Sibirischen Tiger oder den Schneeleoparden Zuchtbücher, um den Zirkusleuten zu ermöglichen, die genetische Veränderung so gering wie möglich zu halten«, insistiert er. Doch trotz dieses festen Glaubens, man könne das »genetische Material« des wilden Tieres erhalten, ist für die meisten Zirkusse Wiedereingliederung nur ein leeres Wort. Vielleicht läßt sich die extreme Abwehrhaltung so erklären: Die erfolgreiche Wiedereingliederung von Zirkustieren in die Wildnis wäre ein weiterer Grund dafür, die Tierschauen allesamt zu schließen. Das Schlagwort, das offensichtlich alle gelernt haben, lautet »Menschenfresser«, obwohl schwer einzusehen ist, warum ein Elefant, ein Nashorn, ein Schimpanse oder Orang-Utan, selbst nach zwan-

*13 Selbst der Schneeleopard, eine seltene Katze aus dem Himalaya und Inner-
asien, tritt gelegentlich in der fahrenden Schau auf.*

zig Jahren der Gefangenschaft in einem Käfigwagen, jetzt plötzlich
Jagd auf Menschen machen sollte. Offensichtlich hoffen die Zirkusse, jeden Gedanken an eine Wiedereingliederung beiseite zu
schieben, indem sie nur die grundlegenden Schwierigkeiten betonen, die Versuche zur Wiedereingliederung von wilden Katzenarten mit sich bringen – obwohl die Wiedereingliederung angeblich
Kernpunkt ihrer Rechtfertigung dafür ist, »Tierarten auf Eis zu
legen«.

Dr. Thomas Althaus: »Die Großkatzen im Zirkus sind jetzt alle in
Gefangenschaft geboren, und es ist unmöglich, zum Beispiel in
Gefangenschaft geborene Tiger in die Wildnis wieder einzugliedern. Dies wurde einige Male versucht, ist jedoch jedesmal fehlge-
schlagen. Das einzige, was funktionieren könnte, ist die Wiedereingliederung von in Gefangenschaft geborenen Schneeleoparden.
Das liegt daran, daß sein Lebensraum ein sehr großes Gebiet ohne
menschliche Bevölkerung ist – so ist das Risiko, daß sie Viehbe-
stände fressen oder Menschen töten weniger akut. Aber auch für

diese Tiere ist es ein großes Risiko, da es schwierig ist, sicherzustellen, daß sie genug Nahrung bekommen – kann sein, daß sie überleben, kann sein, daß sie sterben.« Heutzutage ist dies wohl kein Risiko, das die Tiere auf sich nehmen müssen, denn ich habe noch von keinem Zirkus gehört, der sich an irgendwelchen Wiedereingliederungsprogrammen beteiligt hätte. Laut Dr. Fred Kurt wären Arbeitselefanten aus Asien, die zur Zeit eine kleine Reserve für die Lieferung an Zirkusse bilden – obwohl sie nicht völlig wild sind – theoretisch geeignet, die Wildnis wieder zu besiedeln – wenn man für sie irgendwie Platz schaffen könnte.»In der Kolonialzeit benutzten die Engländer Elefanten für ihre Holzwirtschaft in Asien«, berichtet er.»Sie verschifften beispielsweise Elefanten von Birma auf die Andamaninseln. Diese Elefanten konnten fliehen, und ihre Nachkommen leben immer noch – mindestens dreißig oder vierzig wilde Elefanten von ehemaligen Arbeitselefanten. Doch die Arbeitselefanten in den Wäldern Asiens sind ökologisch gesehen nicht zahm – obwohl an den Vorderfüßen gehobbelt, sind sie sehr wohl in der Lage, ihr eigenes Futter zu finden, und niemand muß ihnen sagen, was sie fressen können oder wie sie Wasser finden. Doch ein Elefant, der zwanzig oder dreißig Jahre lang in einem Zirkus in Ketten gelebt hat, würde einfach nicht wissen, was er tun sollte – es wäre fast unmöglich, ihn wieder in die Wildnis einzugliedern, ohne daß die erste Generation von Menschen, die die Umwelt bestens kennen, geführt würde.«

Eingliederungsprogramme leiden meist an chronischem Geldmangel und von seiten der selbsternannten Artenschützer aus der Zoo- und Zirkuswelt bringt man ihnen nur wenig Interesse entgegen. Während weltweit die Haushalte der Zoos auf mehr als drei Milliarden DM geschätzt werden, gewährt man den Nationalparks Schwarzafrikas ein jährliches Budget von nur 180 Millionen. Und so spielen die Zoos trotz all des Geredes über die Arterhaltung keinerlei Rolle bei dem Versuch, den schrumpfenden natürlichen Lebensraum dieser Tiere zu erhalten. Damit wird die Idee des»auf Eis legen« noch paradoxer – was soll ein Elefant in der Zukunft ohne Lebensraum anfangen?

Letztlich können wohl nur in Reservaten und Nationalparks mit einem intakten ökologischen Gleichgewicht Tierarten vor der Ausrottung bewahrt werden, etwas, was immer und immer wieder bewiesen wurde. Die Tigerpopulation in Indien fiel zum Beispiel von geschätzten 40 000 um die Jahrhundertwende auf ungefähr 2500 1969 und 1827 im Jahr 1972. Erst als Indira Gandhi sich in Zusammenarbeit mit dem WWF für ihre Erhaltung einsetzte und neun Gebiete als spezielle Reservate im Rahmen des erfolgreichen *Project Tiger* auswählte, begann die Tigerpopulation in der Wildnis wieder zu wachsen. Für den Zoo wie für den Zirkus ist es einfach, »Arterhaltung« zu spielen und Zuchtbücher als Alibi zu führen. Bei dem Fatalismus, mit dem man hinnimmt, daß riesige Gebiete natürlichen Lebensraums zerstört werden, führt eine derartige Selbstzufriedenheit zu einer noch düstereren Perspektive für die Zukunft. So sagt Althaus: »Nun, man weiß nie. Die wenigen übriggebliebenen Nashörner, die wir in der Wildnis noch haben, enden vielleicht in Afrika hinter einem Zaun, mit militärischen Wachen in Hubschraubern und Jeeps mit Maschinengewehren im Anschlag. Das ist leider die Zukunft, die vielen wilden Tieren bevorsteht. Natürlich sind viele Tierarten nicht ganz so spektakulär, und niemand nimmt wirklich Notiz von ihnen, bis sie schließlich ganz verschwunden sind. Aber für die aufsehenerregenden Tierarten besteht das Risiko, daß die wenigen übriggebliebenen Tiere im Zoo oder im Zirkus leben werden.«

Es ist traurig, aber diese Tiere in Gefangenschaft befinden sich in einem merkwürdigen Übergangsstadium, wo sie weder ganz wild noch ganz domestiziert sind. Ihres natürlichen Lebensraumes und ihres natürlichen Verhaltens beraubt, stehen diese Tiere als einmalige Lebensformen mit ziemlicher Sicherheit vor dem biologischen und psychischen Verfall. Auch wenn die Zirkusse mit Stolz auf ihre Zuchtbücher verweisen, durch die die genetische Reinheit dieser Tiere sichergestellt werden soll, so haben nach letzten Untersuchungen diese Stammbücher keine größere Bedeutung als die Zuchtunterlagen reinrassiger Pudel. »In Wirklichkeit«, sagt Dr. Fred Kurt, »ist es fast unvermeidlich, daß diese Tierarten nach mehreren Generationen im Zirkus, wo sich genetische Veränderungen infolge extremer Selektionsbedingungen praktisch nicht vermeiden lassen, bloße deformierte Schatten ihres ehemaligen Selbstes werden.«

Dem Menagerietier steht ein Leben hinter Gittern bevor, und man denkt unweigerlich an die weißen Tiger, die von dem amerikanischen Tierbändiger John Campolongo von der Hawthorn Circus Corporation aus Richmond, Illionois, und seinesgleichen ausgestellt werden, die zur Zeit 40 solcher Tiere besitzen. Als brutale Verhöhnung der Schöpfung verkörpert der weiße Tiger vielleicht am schärfsten die Anklage gegen die Tierschauen, ihre Rolle als Artenschützer und ihren fehlenden Respekt gegenüber der Unverletzlichkeit der Wildnis. Auch wenn diese bemitleidenswerten bizarren Sonderlinge der Natur bei Zirkusbesitzern und Dompteuren eine Art Widerwillen hervorrufen, haben sie sich doch in ihrer Rolle als »Superexoten« als ungeheure Kassenschlager erwiesen. In grotesker Weise überzüchtet, sind sie wegen ihres traurig-verwirrten Blicks, ihrer blau-weißen, etwas schielenden Augen, die immer leicht gen Himmel sehen, auch als »Sternengucker« bekannt. So erklärt Fred Kurt: »Viele dieser weißen Tiger stammen ursprünglich von einem einzigen weißen Männchen und einem naturfarbenen Weibchen ab.« Offensichtlich war dieses Männchen in einem glücklichen Moment entdeckt worden, denn eine Mutation dieser Art kann normalerweise nicht sehr lange überleben. Außerdem – ein *weißer* Tiger ohne jegliche Deckung – wie kann der jagen? Er wäre absolut verloren. In Gefangenschaft wurde er mit einer normalen Tigerin gekreuzt und dann wieder mit seiner eigenen Tochter, um die Reinheit der Gene zu sichern. Das Ergebnis war totale Inzucht, und heute leiden diese Tiere alle an Leber- und Nierenschäden und anderen körperlichen Krankheiten.

Das Handelsdreieck

Da einige Tierarten exzessiv gezüchtet werden, steht den einzelnen Tieren eine unheilvolle Zukunft bevor. Um mit dieser zu großen Zahl von Tieren fertigzuwerden, hat sich in den letzten Jahren zwischen Zirkussen, Zoos und Forschungslaboratorien ein Dreieckshandel entwickelt – oftmals über spezialisierte Tierhändler, die als gutbezahlte Vermittler fungieren. So erzählt Fred Kurt: »Zirkus Knie besaß vor einigen Jahren einen Tiger, der darauf dressiert war, auf dem Rücken von Pferden und Nashörnern zu reiten. Doch nach einiger Zeit war diese Nummer passé, denn man kann diesen Trick nicht jedes Jahr in jedem Zirkus wiederholen. Und dann schaut sich das Zirkusmanagement natürlich nach einem anderen Platz für diesen Tiger um, und man sucht immer eifriger nach einer Möglichkeit, ihn loszuwerden. Doch Tatsache ist, daß es diese Tiere in Gefangenschaft einfach in so großer Zahl gibt, daß sie früher oder später immer bei irgendeinem dubiosen Tierhändler enden.« Der Verhaltensforscher Dr. Robert Keller pflichtet ihm bei: »Manchmal geht ein Tier von einem Zoo an einen sogenannten ›guten‹ Händler, und dieser verkauft dasselbe Tier – obwohl er versprochen hat, dies nicht zu tun – an ein Labor, einen schlecht ausgestatteten Zoo oder Zirkus.«

1983 enthüllten Presseberichte, daß im Woburn Animal Kingdom, einem Safaripark in Bedfordshire, eine 150 Tiere starke Kolonie von Rhesusaffen als Vorrat für tödliche Laborversuche benutzt wurde. Woburns Tiere – darunter Löwen, Elefanten und Giraffen – standen unter der Obhut des Direktors John Chipperfield – einem Mitglied des großen britischen Zirkusclans. Die Rhesusaffen waren eine Leihgabe der hinreichend bekannten Shamrock Farmen in Sussex, die sich auf den Erwerb und den Verkauf von Tieren für Labors spezialisiert haben. Der Bestand wurde von Zeit zu Zeit zusammengetrieben und dann für Versuche mit Medikamenten und Chemikalien verkauft. Als der Schimpansentrainer Mickey Antalek, der 15 Jahre lang für den Ringling Brothers, Barnum und Bailey Circus gearbeitet hatte, im August 1984 plötzlich an einem Herzinfarkt starb, wurden seine vier Schimpansen rasch zum White Sands Research Center in Alamagordo, New Mexico, verfrachtet. Wie IPPL betont, macht White Sands, dessen Anlage mehr als 500 Affen und 70 Schimpansen beherbergt, seine größten Gewinne mit dem Chemie-Riesen Hoechst aus der Bundesrepublik und wirbt damit, daß seine Schimpansen für Tierversuche mit neuen Medikamenten zur Verfügung stehen. Bemühungen der IPPL, die Schimpansen zu befreien, begegnete man mit Geringschätzung, und die unwahrscheinlich reichen Ringlings gaben an, daß sie sich für das zukünftige Wohlergehen der Tiere moralisch oder rechtlich nicht weiter verpflichtet fühlten.

Trotzdem war zur gleichen Zeit das Image des fürsorglichen Zirkus von außerordentlicher Wichtigkeit, wie die Aussage im *Circus Reports,* einer Fachzeitschrift, belegt, in der behauptet wird, daß die Schimpansen in ein Naturschutzgebiet gebracht worden seien.

»Die Ringlings wollten von den Tieren nichts mehr wissen«, behauptete IPPL,»obwohl sie jahrelang die ›Starattraktion‹ gewesen waren, denn die Schimpansen waren in der Lage, so komplizierte Tricks wie zum Beispiel Motorradfahren zu zeigen.« Doch vielleicht galt die Fürsorgepflicht der Ringlings noch nicht einmal in ihrem eigenen Zirkus. Nach dem Gutachten eines Tierarztes waren die Schimpansen»in einem sehr schlechten Zustand«, als sie nach White Sands gebracht wurden, sie»hatten viele Narben und einige Verbrennungen, wahrscheinlich vom Motorradtraining«. IPPL war entschlossen, die Schimpansen aus der Forschungsanstalt zu befreien, und verbreitete einen Notruf an ihre Mitglieder und Förderer. Daraufhin fanden vor der Halle, wo die Ringlings ihre Vorstellung zeigten, Demonstrationen statt, und Tausende von Briefen trafen in der Zirkushauptverwaltung in Washington ein. Man befürchtete Streiks, Boykotte und negative Schlagzeilen, und so gaben die Ringlings im Februar 1985 dem Druck der Medien nach. Da sie ihr Image retten wollten, das Wertvollste in der Zirkuswelt, wurden die Schimpansen gemäß der Forderung von IPPL in das Wild Animal Retirement Village – eine Art Erholungseinrichtung für wilde Tiere – in Waldo, Florida, gebracht.

Interessanterweise gewährt dieses Beispiel auch Einblick in die Dressurmethoden bei Ringling, dem wahrscheinlich berühmtesten Zirkus der Welt. Nick Connell, ein ehemaliger Dresseur von Ringling, berichtet, daß die Schimpansen von Mickey Antalek systematisch gequält worden seien, und er fügt hinzu, daß er auch Zeuge von ähnlichen Quälereien bei der Dressur von Bären und Löwen geworden sei. Er schreibt:»Ich sah ihn das erste Mal, als er die vier Schimpansen im Winterquartier trainierte. Sie saßen auf einem langen mehrsitzigen Fahrrad, auf dem drei der großen Schimpansen als Passagiere fuhren, während der größte Schimpanse, Louis, steuerte und in die Pedalen trat. Unter diesen Bedingungen wäre das Gefährt sogar für Menschen schwierig zu fahren, und Louis fiel es ebenfalls sehr schwer. Wiederholt kippte das ganze Gefährt um, und wiederholt wurde er mit einem harten Stock dafür geschlagen. Man konnte die Schläge außerhalb der Manege hören, und die Schreie sogar noch weiter. Ich kochte innerlich vor Wut. Ich schäme mich, sagen zu müssen, daß ich nichts unternommen habe!«

Das Dauerproblem, das überflüssig gewordene Tiere in der Tierschau darstellen, macht die Absurdität des neuen Arguments der Zirkusse von »Gefangenschaft zur Arterhaltung« deutlich. Fred Kurt erklärt: »Jede Unterart des Tigers steht auf der Liste der bedrohten Tierarten, doch im Zirkus erscheint die große Mehrzahl dieser Tiere in keinem Zuchtbuch. Sie werden in so großer Zahl gezüchtet, daß sie schließlich entweder verkauft oder getötet werden müssen. Aber wer zum Teufel will schon einen Tiger kaufen? Tiger werden zu Preisen zwischen 50 und 300 Schweizer Franken (etwa 60 bis 350 DM) verkauft, weil es in Gefangenschaft einfach zu viele von ihnen gibt. Und so enden diese Tiere immer früher oder später bei einem dubiosen Tierhändler oder in einer primitiven Tierschau.« Einige überflüssige Tiere, so fügt er hinzu, enden manchmal sogar als modische Bekleidung oder auch auf dem Abendbrottisch. Ähnlich wie die berühmten Bären von Bern, die immer noch in einer mittelalterlichen Grube im Zentrum der Stadt gehalten werden und bis vor kurzem als *haute cuisine* in den Restaurants der Stadt serviert wurden. Die Bären- oder Tigerjungen sehen niedlich aus, wenn sie noch klein sind, doch sie wachsen schnell aus ihrer Rolle als Publikumsmagnet heraus.

In den USA finden sich unerwünschte Zirkus- oder Zootiere manchmal als Sonderangebote auf Verkaufsmärkten wie der »Annual Southeast Exotic Animal Auction« (Jährliche Auktion von exotischen Tieren im Südosten) wieder, die in Atlanta, Georgia, abgehalten werden. Unter den Tieren, die dort 1984 zum Verkauf angeboten wurden, waren Tiere wie Eichhörnchen, Eulen, Makaken Affen, Lamas, Antilopen, Bären, Wölfe, Pumas, Giraffen, Strauße und Bengaltiger. Und alle wurden jeweils an den Meistbietenden verkauft, egal, ob dieser Kunde Erfahrung in der Haltung wilder Tiere hatte oder nicht, und der Zustand seiner Tierunterkünfte spielte ebenfalls keine Rolle. Zu den Einkäufern auf dieser Veranstaltung zählten Spezialitätenrestaurants, Tierhandlungen und auch die Freizeit-»Wildparks«, die auch als »Abschußfarmen« bekannt sind. In diesen Farmen erleiden die Tiere sicher die größte Erniedrigung. Sie dienen jenen übersättigten, feinen Großstadtpinkeln, die gerne einmal den furchtlosen weißen Jäger spielen möchten. Für einen entsprechenden Preis können Löwen, Tiger, Leoparden und andere Tiere mit automatischen Waffen »abgeknallt« werden, und ihre Köpfe schmücken dann irgendein Penthouse in New York oder ein schickes Appartment in Miami. Das besonders Makabere ist, daß die Tiere, die ihre angeborene Wildheit im Käfigwagen oder Zoogehege verloren haben, mit Rufen oder Gewehrfeuer »aufgescheucht« werden müssen, sonst würden sie einfach nur apathisch herumliegen und darauf warten, erschossen zu werden.

Oftmals siechen die überflüssigen Zirkustiere auch einfach hinter Gittern dahin, bis zu ihrem Tode. Im Mai 1988 wurde zum Beispiel in einer Tierschau 80 Kilometer nördlich von New Orleans, in La Place, die dort auch als Schlangenfarm bekannt war, ein männlicher Schimpanse entdeckt. Das Tier, das einst im Zirkus als »Gorilla« und »Mörder aus dem Dschungel« aufgetreten war, hatte 20 Jahre lang in einem 2,4 × 2,4 × 1,6 Meter großen Käfig mit nacktem Betonboden und einer Schaukel als einziger Ablenkung in Einzelgefangenschaft gelebt. Die Befreiung dieses Schimpansen und anderer Affen aus ihren Käfigen erwies sich als sehr schwierig. IPPL berichtet:»In einem Zeitraum von ungefähr zwei Jahrzehnten war keiner dieser Affen je aus seinem Käfig gelassen worden, und die verrosteten Türen mußten aufgehämmert und mit Brecheisen und Winden aufgestemmt werden.«

Man fragt sich natürlich, warum keine Maßnahmen gegen die Züchtung von übermäßig vielen Tieren in der Gefangenschaft ergriffen werden. Die Antwort liegt leider darin, daß diese niedlichen flauschigen Jungen nun einmal die Starattraktion der Zirkustierschau sind und bleiben. Darüber hinaus gibt es noch andere Probleme, die die ganze erbärmliche Situation deutlich machen. Eine Kastration würde beim männlichen Löwen – dem König des Dschungels – bewirken, daß er seine Mähne verliert – und ein Löwe ohne Mähne, das geht wohl doch zu weit, sogar nach Auffassung der Tierschauen, die sonst auf alles scharf sind, was anders ist.

Der Käfigwagen

»Im Zirkus hat ein Tier sogar ein viel besseres Leben
als im Zoo. Es unterliegt einem geregelten Ablauf und
hat ein Leben vor sich, auf das es sich freuen kann.«
Jim Clubb

In dem brennend heißen Sommer 1987 wurde eine Gruppe Braunbären in Australien herumkutschiert, die zu einer der 70 Einheiten
des Moskauer Staatszirkus gehörten. Der Höhepunkt ihres Auftritts war, auf einem Drahtseil zu balancieren, das sechs Meter über
den Boden in einem Winkel von 45 Grad gespannt war. Die einst so
stolzen Tiere im Alter von zwei bis zehn Jahren waren in Seemanns-
kleidung, und um den Hals des jüngsten Bären hing ein riesiger
Schnuller. Nach diesem farbenprächtigen Spektakel wurden die
Tiere wieder in ihre »Unterkünfte« gebracht, die ungeheuer eng
und klein waren. Nur wenige Zirkusbesucher denken darüber
nach, daß Tiere, die im Zirkus auftreten, einen großen Teil ihres
Lebens eingepfercht in Containern, Kisten oder Körben verbringen, in denen sie sich kaum umdrehen können. In der Hitze Au-
straliens wollten die russischen Bären verständlicherweise nicht in
ihre Container zurück, aber nach allem, was man hörte, reagierten
die Trainer nur mit Mißhandlungen. Erst Demonstrationen von
Tierschutzorganisationen aus Sydney und Melbourne zwangen
den Zirkus schließlich, die Bären in größeren Käfigen unterzubringen. Wayne Stevens, Sprecher der Werbefirma Michael Edgley
International:»Die öffentliche Meinung hat sich offenbar geändert, und wir müssen anpassungsfähig sein, wenn dies gefordert
wird.«
Doch auch diese widerwillige Veränderung war nur vorübergehend. Die Russen verwenden derartig winzige Käfige schon seit der
Zeit Peters des Großen. Im August 1988 gab die Toronto Humane
Society einer anderen Einheit des Moskauer Staatszirkus 48 Stunden Zeit, um für ihre zwölf Bären größere Käfige zu finden. Andernfalls hätte sie mit einer Geldbuße zu rechnen. Die Gesellschaft
erklärte, die Bären würden durch ihre Beengtheit »psychisch gefol-
tert«. Die Tournee dieser Bären durch die USA und Kanada mit

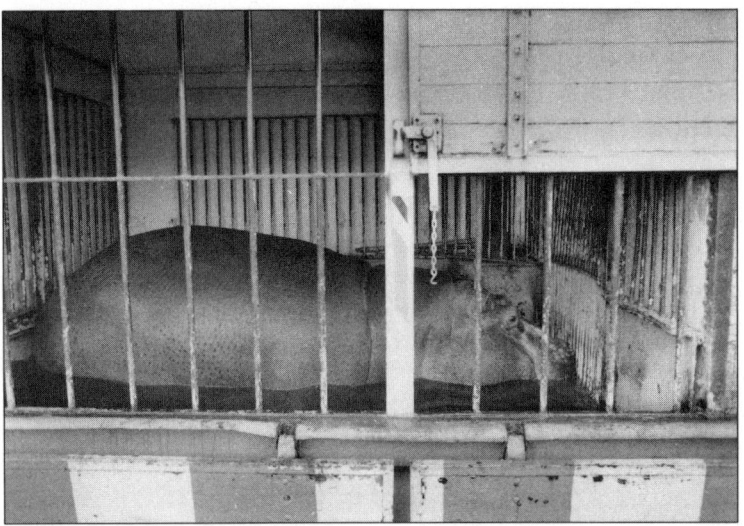

14 *Das Flußpferd im Zirkus Krone verbringt den größten Teil seines Alltags in stinkendem Wasser. Das Bassin ist kaum größer als das gefangene Tier.*

200 geplanten Vorstellungen wurde durch »Snuggle« gesponsort, einem Weichspüler der Firma Lever Brothers Corp., dessen beliebtes Markenzeichen ein kuscheliger Teddybär ist. Diese Tiere »zeigen ihre Kunststücke aus Liebe, nicht aus Angst«, behauptete der Dompteur der Bären. Doch zwei Zuschauer in Las Vegas beobachteten versehentlich einen Vorfall hinter der Bühne, bei dem ein ungehorsames Tier mit etwas geschlagen wurde, das wie eine Stahlrute aussah. Trotzdem fanden die russischen Bärenzähmer unter den amerikanischen Zoologen einige Freunde. Obwohl er zugab, das stereotype Aufundablaufen und das Nagen an den Gitterstäben beobachtet zu haben, bestand der Direktor des Zoos in San Diego darauf, daß den Bären »eine Form des regelmäßigen Trainings geboten wird«.

Die Zirkusleute beharren darauf, daß die auftretenden Zirkustiere Bewegung haben und es ihnen deshalb sogar noch besser geht als den Zootieren, auch wenn diese vielleicht wesentlich größere Gehege haben. Doch diese »Bewegung« beschränkt sich wohl nur

129

auf die anstrengenden Auftritte in der Manege – entweder zum Training oder während ihres Auftritts unter dem grellen Licht der Scheinwerfer und dem Lärm des Applauses, der Hochrufe und Pfiffe. Bei den Großkatzen sieht der Ablauf folgendermaßen aus: Das Tier wird mit einem Stock oder Metallstab aus seinem Käfig in einen Tunnel getrieben, der die Käfige mit dem Zentralkäfig in der Manege verbindet, es steht seinem peitscheschwingenden Dompteur gegenüber, zeigt einige Kunststücke und wird dann wieder durch den Tunnel zurück in seinen Käfig getrieben. Verhaltensforscher, die *für* den Zirkus sind, nennen dies »Beschäftigungstherapie«, was an sich schon ein erstaunliches Eingeständnis ist, denn im Wörterbuch lautet die Definition dafür »die therapeutische Nutzung von Bastelarbeiten, Hobbys etc., besonders bei der Rehabilitation von emotional gestörten Patienten«. Ein ehemaliger Beamter der englischen Tiermedizinischen Gesellschaft, James Allcock, sagt: »Ich bin dagegen, daß wilde Tiere in fahrenden Zirkussen leben. Die Großkatzen – Löwen, Tiger, Leoparden oder Jaguare – können in diesen kargen Käfigen (große Holz- oder Stahlkisten wäre wohl der bessere Ausdruck), in denen sie leben müssen, einfach kein annehmbares Leben führen ... Vielleicht sind sie ein paar Stunden am Tag in der Manege. Doch die restlichen 22 Stunden verbringen sie damit, glatte Wände, Gitterstäbe oder die vorbeigehenden Menschen anzuschauen.«

Es ist wahrscheinlich, daß den Tieren erhebliche Mengen Drogen verabreicht werden, damit sie den psychischen Terror der Tierschau besser ertragen. Erst seit kurzer Zeit ist die »Beschäftigungstherapie« eine zweckdienlichere und seriösere Alternative geworden, obwohl sie immer noch viel zu häufig einfach eine Täuschung der Öffentlichkeit ist. »Elefanten, Menschenaffen und Bären sind das größte Problem für den Zirkus«, sagt Fred Kurt. »Ich würde sagen, daß man es überhaupt nicht mehr gestatten sollte, daß diese Tiere noch mit den Zirkussen herumreisen. In der Tierschau kann man die Affen oftmals nicht einmal sehen – sie verstecken sich im hinteren Teil des Käfigwagens oder unterm Stroh. Das gleiche gilt für die Bären in russischen und osteuropäischen Zirkussen – sie werden in Kisten gehalten, Kisten, die so klein sind, daß die Bären sich nicht einmal umdrehen können. Die meisten von ihnen stehen ständig unter Drogen.«

Auch die RSPCA *(Royal Society for the Prevention of Cruelty to Animals)*, die englische Tierschutzvereinigung, beklagt die Art und Weise, wie Elefanten in Gefangenschaft gehalten werden: »Elefanten sind fast die ganze Zeit angekettet, und obwohl die Ketten oftmals mit Gummischläuchen oder Sackleinen überzogen sind, sind einige Elefanten durch die lebenslangen Fußketten an den Beinen schon völlig vernarbt.«

In den meisten Ländern macht das Gesetz keinen Unterschied zwischen Tieren, die in der Manege auftreten, und denen, die nicht auftreten. Und die fahrende Tierschau ist von jeder Gesetzgebung ausgenommen, die die Maßstäbe für Zoos festlegt, wie zum Beispiel, daß den Tieren Unterkünfte gewährt werden müssen, die den Bedürfnissen jeder einzelnen Tierart angemessen sind. Den Tieren in der Tierschau fehlen selbst die grundlegendsten Bedingungen, die ihr Leben in der Wildnis kennzeichnen: Klettermöglichkeiten für Affen, die auf Bäumen leben, zum Beispiel, oder Bademöglichkeiten für Eisbären und Flußpferde. Die einzige ›Rechtfertigung‹ für diese Ausnahmesituation liegt in der finanziellen Situation, ganz einfach weil nicht einmal der reichste reisende Zirkus es sich jemals wird leisten können, den Tieren den Raum zu bieten, der ihnen nach der Gesetzgebung für Zoos zusteht. Aus der Tatsache, daß ein Zirkuswagen, der 6 × 2,4 × 1,8 Meter mißt, für sieben Eisbären als angemessen angesehen wird und daß man es annehmbar findet, daß 14 Löwen in einem Wagen von 6 × 2,7 × 1,5 Metern Größe untergebracht sind, schließt die RSPCA, daß die Zirkuswagen »nur für den Transport vorgesehen sind. Deshalb müssen sie unzureichend sein ... Diese normalerweise alten, verfallenen und rostenden Wagen bieten den Tieren keinen Auslauf, wo sie ihre Instinkte anwenden, ›spielen‹ oder irgend etwas anderes tun können, als einfach nur zu existieren.« Es gibt nur wenige Tierunterkünfte, die so karg sind wie die Käfigwagen der Zirkusse, außer vielleicht noch die in Laboratorien und in der industriellen Tierhaltung. Selbst Rückzugsmöglichkeiten, die es dem Tier ermöglichen, sich vor den bohrenden Blicken des Publikums zu schützen, fehlen normalerweise, einfach weil die Zuschauer nicht dafür zahlen würden, Tiere zu besichtigen, die sich verstecken.

Einen seltenen Einblick, mit welchen Augen die frustrierten und neurotischen Tierschau-Tiere die Zuschauer auf der anderen Seite

131

15/16 Zirkuspoesie: Auf Plakaten verkommen Tiger zu reißenden Bestien. In Wirklichkeit sind sie Gefangene in engsten Käfigen.

der Gitterstäbe sehen, gibt der Zoologe und Anthropologe Dr. Desmond Morris, ehemaliger Direktor des Londoner Zoos: »Menschenaffen und einige andere Affenarten sind dafür bekannt, daß sie mit ihrem Kot nach Besuchern werfen. Die Kolonie erwachsener Schimpansen, die auf einer Insel im Zoologischen Garten von Chester leben, heben regelmäßig Erdklumpen auf, um sie mit erstaunlicher Treffsicherheit auf die Zuschauer auf der anderen Seite des Wassergrabens zu schleudern. Die Delphine im Marineland in den USA wurden beobachtet, wie sie Kieselsteine vom Boden ihrer großen Bassins aufhoben und sie aus dem Wasser hinaus, auf bestimmte Zuschauer schleuderten.« Er fügt hinzu, daß »Menschenaffen, Affen, Katzen, Krähenvögel und Papageien einen Lockmechanismus entwickeln können. Der Besucher wird zunächst angelockt und dann attackiert. In den meisten Fällen werden die Besucher in der freundlichsten Weise zum Streicheln und Kraulen aufgefordert. Das Tier drückt oder reibt sich an dem Draht oder den Gitterstäben, der Vogel nickt mit dem Kopf und schüttelt die Federn. Dann, sobald der Besucher angefangen hat, das Tier zu kraulen oder zu streicheln, dreht es sich wie der Blitz um und kratzt, beißt oder stößt sein Opfer.«

Ein Fehler, der oft von Menschen begangen wird, ist, die menschliche Psychologie bei den Tieren anwenden zu wollen. Da Menschen – und da auch nur eine Minderheit! – einen schönen Sonnenuntergang genießen, glauben sie, daß Tiere auch lieber in schöner Umgebung leben. Doch die Wahrheit ist, daß Tiere absolut zufrieden sind, wenn ihre Grundbedürfnisse befriedigt sind – wenn für ihr Fressen, ihren Schutz und ihr allgemeines Wohlergehen gesorgt ist. Bei einigen Tierarten muß auch noch für Spielmöglichkeiten gesorgt werden (zum Beispiel ein großer Gummiball für Flußpferde, Schaukeln für Affen etc.) . . . Geschützt vor den Gefahren durch Krankheit, Hunger, Raubtiere etc., die das Leben in der Wildnis zu einer schwierigen Angelegenheit machen, führen die Tiere in den führenden Zoos heutzutage eigentlich ein utopisch schönes Leben. – Rodney N. Manser –

Wegen steigender Kosten und zurückgehenden Interesses haben viele fahrende Tierschauen nur wenig Geld, und die Tiere werden daher häufig unzureichend versorgt und tierärztlich beaufsichtigt. Gemäß der Gruppe *People for the Ethical Treatment of Animals* (PETA;

Menschen für die einwandfreie Behandlung von Tieren), die in Washington ihren Sitz hat, besuchen die Zirkusse »während der Frühlings-, Sommer- und Herbstmonate 150 Städte, und nicht in jeder Stadt gibt es eine Frischwasserversorgung. Das heißt, daß Trinkwasser nur begrenzt zur Verfügung steht und die Reinigung der Tiere und ihrer Käfige zurückstehen muß. Für Tiere wie z. B. die Elefanten ist das besonders hart, da sie an regelmäßiges Baden gewöhnt sind.« Nicht einmal am Ende der Reisesaison werden die Tiere in größeren Gehegen untergebracht. In den Wintermonaten sind die meisten Tiere immer noch in ihren Käfigwagen oder Reisekisten untergebracht. Nur wenige Zirkusse haben die Mittel und den Willen, in komfortable Winterquartiere zu investieren, da diese Unterkünfte nur wenige Monate im Jahr genutzt werden.

Wegen der Quarantänebestimmungen werden andere Tiere einfach weiter auf Tournee geschickt, nach Asien, Südafrika und Australien. Jim Clubb: »Wenn wir eine Dressur auf Europatournee schicken, dann bleibt sie dort mindestens fünf Jahre lang, denn wenn wir nach England zurückkommen, dann müssen wir erst einmal durch die Quarantäne, und das bedeutet, daß wir sechs Monate lang nicht arbeiten können.« Und Chris Krenger fügt hinzu:»Wenn eine Tierdressur am Ende einer Saison Knie verläßt, dann geht sie an einen anderen Zirkus, um zum Beispiel in Deutschland, Italien oder in Holland auf Tournee zu gehen. Sie sind ständig in diesen Wagen, das ist sicher. Aber sie sind alle im Zirkus in diesen Wagen geboren. Sie kennen einfach nichts anderes.«

Auf die Frage, ob es eine Rechtfertigung dafür gibt, daß man Tiere ihr Leben lang in Käfigen gefangenhält, antwortet Dr. Thomas Althaus:»Tja, was sollten die Zirkusse denn sonst mit ihren Tieren machen? Sie töten? Sie können sie ja nicht freilassen, für ein Tier wäre dies das allerschrecklichste Erlebnis. Es kämpft, um zurück in seine gewohnte Umgebung zu kommen, wo es sich sicher fühlt. Und wenn man ihnen dann die Käfige wieder öffnet, dann sind sie mehr als froh, daß sie wieder hineindürfen.« Aber ist das nicht ein Phänomen, das man auch von Menschen kennt, die jahrelang im Gefängnis oder einer ähnlichen Einrichtung waren? »Nun, dies sind keine Menschen. Tiere sind Tiere, und Menschen sind Menschen. Ein Mensch kann erkennen, daß es da draußen auch eine Welt gibt, und den Wunsch haben, zum Beispiel von Bern nach Zürich zu fahren. Ein Tier kann das nicht.«Also muß man sowohl vom ethischen als auch vom rechtlichen Standpunkt unterschiedliche Maßstäbe für Mensch und Tier hinnehmen?»Natürlich. Ein Tier ist ein Tier und völlig anders geschaffen. Für diese Leoparden und Tiger ist der Käfig ein Zuhause, wo sie sich wohlfühlen. Sie gehen durch ihren Tunnel, und selbst in der Manege oder sogar auf dem Podest schlafen sie manchmal ein oder dösen oder lecken sich. Ein Tier, das sich nicht wohlfühlt, würde das nicht tun. Wenn ein Tier unter Streß steht, dann fängt es an zu zittern, versucht wegzulaufen, uriniert, kotet, brüllt oder kratzt.«

Solche Aussagen spiegeln nur die Widersprüche der Pro-Zirkus-Argumente wider, besonders wenn fortwährend vor Anthropomorphismus gewarnt wird – während gleichzeitig in der Praxis, einem Delphin eine Plastiksonnenbrille aufgesetzt wird, oder Schimpansen in Kinderkleider gesteckt werden. Als ich Dr. Althaus, der »Tiere als Tiere« ansieht, auf den depressiven Zustand zweier Schimpansen hinwies, die in einem Käfigwagen im verfallenen Schweizerischen Circus Olympia gehalten wurden (die Tiere verbargen ihre Köpfe im Stroh oder starrten wie wahnsinnig zwischen den Gitterstäben durch, sie umarmten sich oder bewegten sich ziellos hin und her), sagte er – offenbar zu tief in Gedanken versunken, um seinen Fehler zu bemerken:»Ja, das kann ein sehr schlimmes Zeichen sein – wie bei einem autistischen Kind.«

Stereotypes Verhalten

Sowohl bei Menagerie- als auch bei dressierten Tieren führt die Gefangenschaft mit der fast unvermeidlichen Zerstörung der komplexen Sozialstrukturen oftmals zu ernsthaften Neurosen und stereotypen Verhaltensweisen. Das führt dazu, so sagt Fred Kurt, daß einige Zirkusse viele ihrer Tiere unter »Psychopharmaka« halten. Eine derartige Behandlung wird notwendig, wenn die Streßsituation des Eingesperrtseins zu Kämpfen zwischen den Tieren führt, zu Aggressionen gegenüber dem Dresseur oder sogar zur Selbstverstümmelung. Obwohl allem Anschein nach das Gegenteil der Fall ist, sind viele Wildtiere nur oberflächlich durch ihre Gefangenschaft »gezähmt«. Ihre instinktiven Verhaltensmuster und sozialen Bedürfnisse bleiben weitgehend intakt, und es ist die ständige Unterdrückung dieser natürlichen Impulse, die das gefangene Wildtier unbarmherzig in die Neurose treibt. Die RSPCA erklärt, daß andauernde soziale Isolation bei Affen zu einem quasi autistischen Verhalten führen kann, zu stereotypem Hinundherschaukeln und Daumenlutschen. Die Tiere ziehen sich häufig in eine Ecke des Käfigs zurück, umarmen sich selbst oder verfallen immer wieder in blinde Wut gegen sich selbst, indem sie zum Beispiel mit dem Kopf gegen die Gitterstäbe, die Wände oder den Boden schlagen. Junge Affen, die von ihren Müttern getrennt werden, zeigen die typischen Symptome: Aggressionen, Apathie und allgemeine Teilnahmslosigkeit. Als Erwachsene sind sie oftmals nicht in der Lage, Junge großzuziehen. Weibchen, die unter diesen miserablen Bedingungen Nachkommen gebären, vernachlässigen sie, pflegen sie exzessiv oder greifen sie an.

Dazu Desmond Morris: »Elterntiere werden manchmal extrem fürsorglich, wenn sie nichts haben, was ihre Aufmerksamkeit ablenkt. Dann besteht die Gefahr, daß sie ihre Nachkommen zu lange säubern oder lecken und sie in irgendeiner Form verletzen. Manchmal tragen sie ihre Nachkommen zu lange Zeit im Maul herum oder fressen ihre Jungen.« Selbstverstümmelung, fügt er hinzu, kann ganz anders beginnen. »Normalerweise ist das betroffene Tier isoliert und so unterbeschäftigt, daß es sich übermäßig reinigt. Ein einfaches Beispiel ist die »nicht heilende Entzündung«. Ein Tier hat eine kleine Wunde, einen Kratzer oder eine kleine Schnittwunde. Es beginnt, die Wunde zu lecken oder zu scheuern, und bald wird die betroffene Hautstelle immer größer und größer. In der Zeit, die das Tier in der Wildnis für das normale Wundlecken aufbringen kann, kann die Wunde gesäubert werden und normal verheilen. In Gefangenschaft aber kümmert sich das Tier immer wieder um die Wunde, bis sie wirklich nicht mehr heilt. Ein großer Teil der in Gefangenschaft gehaltenen Affen haben aus diesem Grund keine Schwanzenden mehr. Junge Affen, die man im Klammeralter von ihren Müttern entfernt, übertragen dieses Klammerverhalten auf ihre Lagerstatt, indem sie ein Stroh- oder Heubündel umklammern und fest an sich drücken. Es ist auffällig, daß diese Tiere, selbst wenn sie geschlechtsreif sind, bei Unsicherheit immer noch zu diesem kindlichen Verhaltensmuster Zuflucht nehmen.« Schimpansen sind besonders anfällig für soziale Entbehrungen. Morris schildert sehr anschaulich ihre Erfindungsgabe bei ihrem letztlich aussichtslosen Versuch, mit der tödlichen Langeweile ihres Lebens in Gefangenschaft fertigzuwerden:»Und wie genial sie dabei sind! Hier haben wir einen jungen Schimpansen, der nichts weiter zum Spielen hat als seinen eigenen Körper. Er erfindet neue Arten der Fortbewegung – rollen, drehen, vom Dach auf den Kopf fallen. Er stopft Stroh in seine Ohren, schmiert seinen Kot an die Käfigwände und stapft in der Scheiße herum. Er schneidet Grimassen, klatscht und fuchtelt mit den Händen herum. Doch ohne Artgenossen und ohne irgendeine andere Anregung in seiner Umgebung, die er manipulieren und erforschen kann, wird er, trotz seiner tapferen Versuche, diese Leere mit Erfindungsgabe auszugleichen, zu einem abgestumpften dummen Clown heranwachsen, anstatt zu einem der klügsten und faszinierendsten Geschöpfe, die auf der Erde leben.« Es hat aus biologischer Sicht etwas Unmoralisches, Tiere in Gehegen zu halten, wo sie ihre Verhaltensmuster, die Millionen von Jahren gebraucht haben, um sich zu entwickeln, nicht ausleben können ... bis dieses Wissen angewandt wird, ist alles, auf das wir hoffen können, die Errichtung von Asylen für Tieridioten.« Oftmals kann nicht einmal ein größeres Gehege die psychischen Wunden heilen, die Jahre der Gefangenschaft in einem Zirkuskäfigwagen verursacht haben. Zum Beispiel hat ein Eisbär, der von einem Zirkus an einen Zoo verkauft wurde, weiterhin genau den Weg abgeschritten, den die Maße seines Käfigwagens ihm vorgeschrieben hatten.

Bei Elefanten manifestiert sich stereotypes Verhalten oft in einer zwanghaften wiegenden Bewegung – dem sogenannten »Weben«. Fred Kurt:»Das ist immer ein Zeichen dafür, daß ein Tier nicht gut gehalten wird. Die Bewegung beginnt damit, daß das Tier bis zum Ende der Kette geht oder sich in die Richtung streckt und dann wieder zurück. Sie haben den natürlichen Drang sich zu bewegen, entweder um zu fressen oder weil es zu kalt oder zu warm ist oder weil sie hinauswollen oder weil sie Angst vor etwas haben und vor etwas davonlaufen wollen, oder sie sind vor ihrem Auftritt nervös. Doch weil sie durch ihre Ketten eingeschränkt sind, wird dieses Suchverhalten zur Stereotype. Das kann man auch dann beobach-

137

ten, wenn die Elefanten, wie so häufig, in ihrem Zirkuszelt so wenig Platz haben, daß sie sich nicht alle gleichzeitig hinlegen können. Wenn also ein Elefant sich hinlegen will, aber nicht kann, dann beginnt er wieder mit dem Weben. Stellen Sie sich nur den psychischen Druck vor, der ständig dadurch auf diese Geschöpfe ausgeübt wird, daß sie fast ständig in einer Reihe angekettet sind. Ein Elefant merkt, daß sich acht verschiedene Individuen in dem Zelt befinden, doch er kennt eigentlich richtig nur zwei von ihnen, den links von ihm und den rechts von ihm stehenden Elefanten. Auf diese Weise kann ihr ganzes soziales Verhalten nur verstümmelt werden, und das ist es, was so häufig vergessen wird. Normalerweise haben die Menschen im Zirkus keine oder nur wenig Ahnung davon, wie diese Tier draußen in der Wildnis leben, und das kann man auch nicht von ihnen erwarten. Diese Menschen haben die Elefanten immer nur im Zirkus gesehen, und wenn man beispielsweise versucht, sie davon zu überzeugen, die Elefanten ohne Ketten zu halten – wie ich es viele Male bei Knie versuchte –, dann verstehen sie das einfach nicht. Für den Zirkusbesitzer und Tiertrainer sind Elefanten immer in Ketten gehalten worden.« In seinem Buch *Elefanten und Artisten,* das 1987 erschien, erklärt Rolf Knie, daß Elefanten ohne Ketten das Zelt in Stücke zerreißen, das Leinen zerstückeln und auffressen würden.

»Es war vor mehr als dreißig Jahren, als ich als Student einige Monate im Zirkus Knie verbrachte, weil mich das Verhalten von Tieren sehr interessierte«, erklärt Kurt. »Durch die Vermittlung von Knie verbrachte ich auch einige Zeit in anderen Zirkussen wie zum Beispiel Bertram Mills in England. Während dieser Zeit sah ich die Tiere mit den Augen der Zirkusleute: Elefanten mußten so gehalten werden, und niemand kritisierte das. Und dann, als ich meine Verhaltensforschung an den Elefanten begann, bemerkte ich dieses stereotype Verhalten, das sich sogar bei gerade gefangenen Babyelefanten zeigte. Und sogar heute, mehr als dreißig Jahre später, gibt es diese Probleme immer noch.« Doch was sind die konkreten Folgen? Zunächst einmal, beginnt Kurt, sei ein großer Teil dieses neurotischen und zwanghaften Verhaltens auf die Zerstörung der komplexen Sozialordnung dieser Tierart zurückzuführen. »Babyelefanten werden häufig viel zu früh von ihren Müttern getrennt. Selbst der leitende Elefantenpfleger im Züricher Zoo

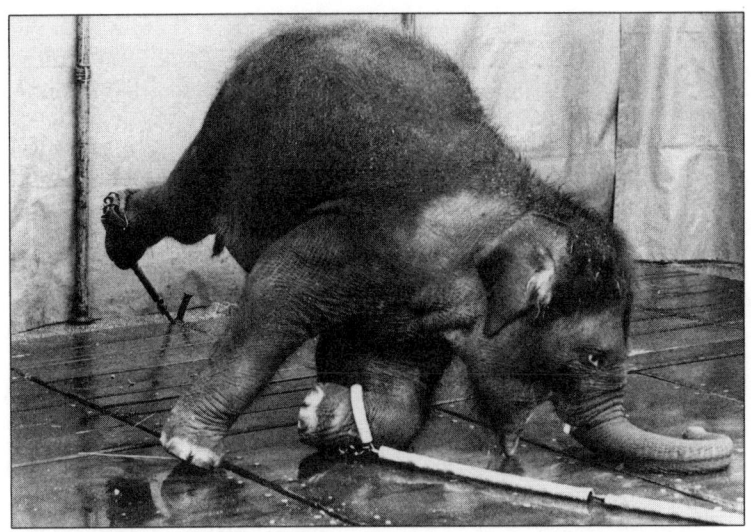

17 Ein knapp dreijähriger Elefant aus Burma im Zirkus Knie, 1988. Tage-,
wochen- und monatelang reißt er an den Ketten, wenn er Hunger oder Durst
hat, die Nähe von Artgenossen oder Distanz zu den Menschen sucht.

sagte mir, daß er glaubt, daß jeder Elefant schon verrückt geworden ist, bevor er dort überhaupt ankommt. In der Wildnis saugen
die Jungen bis zu zwei Jahre lang bei der Mutter. Die Anwesenheit
der Mutter ist von ungeheurer Wichtigkeit – sie schützt den jungen
Elefanten und bringt ihm eine Menge bei, vom Abreißen der
Baumrinde bis zum Grasfressen. Der Kleine ist ungefähr vier Jahre
alt, wenn die Mutter wieder ein Junges bekommt – er hilft dann der
Mutter bei der Aufzucht des jüngeren Geschwisters und lernt, wie
man es füttert, wie man mit ihm spielt und wie man es schützt, wenn
es schläft. Diese Tiere kommen in ihrer wichtigsten Lebensphase in
den Zirkus.«

Auch die Art, wie die Tiere in Gefangenschaft gefüttert werden,
kann erhebliche Auswirkungen auf ihre Psyche und ihr Wohlbefinden haben. »In der Wildnis«, so erzählte mir Kurt, »verbringen
Elefanten den größten Teil des Tages damit, zu fressen und Futter
vorzubereiten. Von manchen Pflanzen fressen sie zum Beispiel nur

die Rinde und von anderen nur die Blätter. Aber im Zirkus ist das Futter schon relativ gut vorbereitet. Vielleicht bekommen die Elefanten hin und wieder einmal ein paar Zweige zu fressen, doch diese werden dann schnell wieder weggeräumt, weil ja alles möglichst ordentlich aussehen soll. Also verbringen die Elefanten anstatt 16 bis 18 nur zwei Stunden mit Fressen. Und da die übrige Zeit nicht mit etwas anderem angefüllt ist, bleibt ihnen kaum etwas anderes übrig, als verrückt zu werden. Wenn sie herumlaufen oder spielen könnten ... Als in höchstem Maße soziale Tiere könnten sie auch mehr Zeit mit sozialen Kontakten verbringen, aber im Zirkus sind sie an Ketten gefesselt und können sich nicht einmal kennenlernen, höchsten ihre beiden Nachbarn in der Reihe. Natürlich wird keiner dieser Faktoren den Elefanten umbringen – und darum spielt es einfach keine Rolle.«

Eine weitere Quälerei für die Elefanten im Zirkus, so Kurt, seien die fehlenden Bäder und Schlammbäder. Das allermindeste, das Zirkusse tun sollten, sei, die Elefanten in den nächsten Wald oder Forst oder zum nächsten Fluß oder See zu bringen. »Wenn man es schon nicht für die Elefanten tut, dann sollte man das wenigstens für sich selber tun, denn solche Maßnahmen machen bei der Öffentlichkeit einen sehr guten Eindruck. Doch es gibt noch andere Gründe dafür, daß man den Elefanten Bademöglichkeiten verschaffen muß – Gründe, die Zirkusleute einfach nicht verstehen«, fügt Kurt hinzu.»Die Elefantenhaut ist samtig und kann schon bei einem Bremsenstich anfangen zu bluten. Mit seinen Haaren fühlt der Elefant, was er nicht sieht. Die Haut ist auch zur Temperaturregelung sehr wichtig. Sie ist sehr empfindlich und braucht viel Pflege, nicht nur regelmäßige Bäder. Die Elefanten benutzen Laub, Sand oder Erde, um den Körper zu kühlen und die Feuchtigkeit der Haut zu schützen. Doch hier, wenn man die Zirkuselefanten so anschaut, wie sie da stehen – sie sind sauber und nackt, während man in der Wildnis niemals saubere, nackte Elefanten sieht. Sie sind immer mit Wasser, Schlamm, Blättern, Sand oder Erde bedeckt, was ihre Haut schützt. Ich glaube, daß auch dies zu dem Unwohlsein, das die Elefanten im Zirkus empfinden müssen, beiträgt.«

Die Ketten der Gefangenen

An einem schwülen Sommertag in Bern standen die Elefanten vom Zirkus Knie wie gewöhnlich Seite an Seite in ihrem Zelt, die Füße an dicke Ketten gefesselt. Die Luft unter dem ausgeblichenen Zelt war feucht und abgestanden, als der Elefantenwärter langsam die Reihe entlangging und die Elefanten abschrubbte und abspritzte. Der letzte Elefant in der Reihe lag auf der Seite, und trotz sanften Zuredens, Rufens und schließlich kräftigerer Stöße schaffte er es nicht sich aufzurichten. Während der Wärter langsam die Geduld verlor, wurden die anderen Elefanten im Zelt immer unruhiger. Eines der obersten Gesetze im Zirkus ist vielleicht, daß ein Dompteur oder Tierpfleger es sich nicht leisten kann, einem ungehorsamen Tier nachzugeben; er muß jederzeit seine Position als »Alpha« oder Meister wahren. Als also der Wärter begann, seinen Elefantenstock – ein kurzer Stock mit einem Metallende – zu schwingen und die dicke, doch sensible Haut des Elefanten zu malträtieren, da

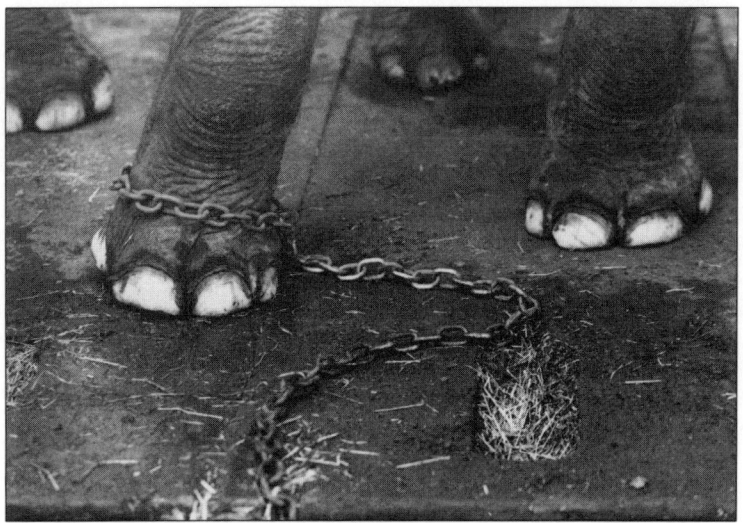

18 Zirkus-Elefanten dürfen nach bundesamtlichen Richtlinien auch heute noch täglich während 22 Stunden an Ketten gehalten werden.

fingen die anderen Elefanten einer nach dem anderen an, mit den Füßen zu stampfen und mit den Ketten zu rasseln. Dieses Geräusch war so rhythmisch und klang so bedrohlich, daß es einen an den spontanen Protest von Gefängnisinsassen erinnerte.

Thomas Althaus mochte sich zu dem Kettenrasseln der Elefanten nicht äußern, er nahm lieber zu wissenschaftlichen Erkenntnissen der Verhaltensforschung Zuflucht, als zuzugeben, daß es auch in seinem Lieblingszirkus Gefangene gibt, derentwegen man ein schlechtes Gewissen haben müßte. »Ich kann das schlecht beurteilen, weil ich es nicht selbst gesehen habe«, erklärte er. In all seinen Jahren als Zirkusfan war alles, was er mit »wissenschaftlicher Objektivität« beobachtet hatte, das Kettenrasseln, das den Wärter begrüßte, wenn er Futter brachte. »Man kann dies vielleicht als Bettelverhalten werten, so wie bei einem Kind, das die Aufmerksamkeit auf sich lenken möchte«, erzählte er mir. »Natürlich kann das auch der Grund dafür sein, daß die Insassen eines Gefängnisses Krach schlagen – damit sie ihr Essen schneller bekommen, oder was immer sie dort im Gefängnis haben wollen.«

Dann fragte ich Fred Kurt, was eine solche Reaktion verursacht haben könnte. »Wenn Elefanten plötzlich so mit den Ketten rasseln, dann könnte das bedeuten, daß sie voraussehen, daß einer von ihnen geschlagen werden soll«, meinte er. »Manche dieser Pfleger sind nicht so schlau wie die Elefanten – Machos mit lauten Stimmen und großen Muskeln –, und früher oder später werden die Elefanten einmal auf ihnen herumtrampeln oder sie sogar töten. Natürlich ist Knie wegen seines Rufes nicht besonders stolz darauf, wenn Informationen über die Unfälle, die sie mit Elefanten gehabt haben, veröffentlicht werden. Doch bei Knie passierte zum Beispiel 1979 in Berlin ein Unfall, als ein kleiner Elefant auf zwei von diesen Idioten stand und ihnen die Knochen brach. Und doch ist das nicht die Ausnahme. Das passiert im Zirkus regelmäßig, weil die Tiere physisch und geistig gequält werden.« Wenn man die angeborene Wildheit eines Tieres zähmt und seinen Geist bricht, dann sind solche Anfälle praktisch unvermeidlich. Für einen ungehorsamen Elefanten gibt es als Strafe z. B. das »Spannen«, wobei alle vier Beine an Ketten festgemacht werden, und dann werden seine Vorderbeine nach vorne und seine Hinterbeine nach hinten gezogen. Ein Elefant, der schließlich die Geduld verliert und sich gegen

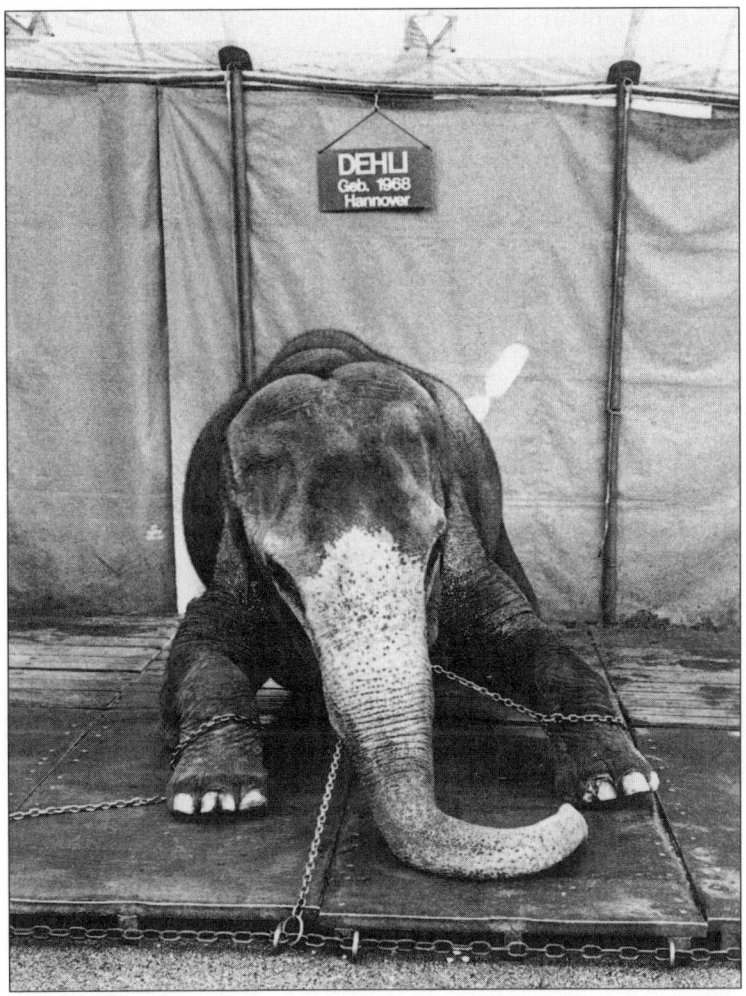

19 »Wenn es Elefanten an Ketten nicht gefiele, so könnten sie sich jederzeit freimachen«, behaupten Zirkusleute. In Wirklichkeit würden die Ketten den kräftigen Tieren tief in Haut und Fleisch schneiden.

seinen Dompteur auflehnt, wird fast immer erschossen. Kurt sagt: »Die Elefantenkälber sind normalerweise mental schon gebrochen, bevor sie nach Europa kommen. Ich meine, was muß das für ein Elefantenbaby für ein Gefühl sein, in einer Kiste in ein Flugzeug oder mehrere Wochen lang auf ein Schiff gesteckt zu werden? Am Anfang, wenn sie noch klein sind, werden sie verwöhnt, aber später...« Das gleiche Phänomen trifft wahrscheinlich auch auf die Elefanten zu, die im Zirkus geboren werden, fügt Kurt hinzu und führt als Beispiel den Fall im Zirkus Knie an, wo der zweite Elefant, der in Gefangenschaft geboren wurde, Madura, eingeschläfert wurde, nachdem er seinen marokkanischen Wärter im Juni 1984 in Österreich tötete. Über die Ursache dieses Angriffes spekulierend, sagte Kurt: »Es ist gut möglich, daß der Grund darin liegt, daß sie verwöhnt wurde, als sie klein war. Und dann, als sie größer wurde, mußte sie natürlich rauher behandelt werden – mit Haken und so – und dann wurde sie aggressiv. Wenn man als Kind verwöhnt wurde und von einem Tag zum anderen plötzlich feststellen muß, daß die, die einen vorher verwöhnt haben, einen jetzt niederstoßen und schlagen, dann ist das wie ein schwerer Schock. Und dann reagiert man natürlich entsprechend. Und da gibt es einige Wärter im Zirkus, die gerne ihre Macht demonstrieren und jeden Morgen erst einmal die Elefanten schlagen – im Zirkus gibt es diese Art von Traditionen tatsächlich.«

Chris Krenger bestreitet jedoch, daß das Training und die Dressur bei Knie in irgendeiner Form brutal oder degradierend für die Tiere ist. »Sie mögen das, es ist gut für sie, und sie leben viel länger als in der Wildnis. Elefanten in der Wildnis werden selten 20 Jahre alt, weil sie unter Hunger und Krankheiten leiden. Sie sterben, weil sie nicht genügend Wasser haben, oder sie haben Unfälle, und kein Tierarzt ist in der Nähe, der sie behandeln könnte. Aber im Zirkus werden die Elefanten leicht 60 Jahre alt.« Für Krenger ist klar, was die Elefanten vorziehen würden: lieber 60 Jahre in Ketten als nur 20 Jahre in der Wildnis. Es ist schon merkwürdig, daß wir Menschen unsere Vorurteile gegen die Natur sogar auf das wildlebende Tier übertragen und überzeugt sind, daß selbst für einen Elefanten die Zivilisation erstrebenswerter ist. Ähnlich wie Krenger denkt auch Emil Smith, der die Vorzüge seiner in Gefangenschaft gezüchteten Großkatzen beschreibt: »Keine Freiheit – kein Leiden.

Ein Mann, der blind geboren wird, leidet nicht einmal halb so viel wie ein Mann, der einen Autounfall hat und plötzlich blind ist. Also leben sie gerne hier. Sie können sehen, daß sie glücklich und am Leben interessiert sind.«

Die endlose Reise

Eingesperrt in seinen Käfigwagen, muß das exotische Zirkustier irgendwie lernen, mit der Tortur fertigzuwerden, daß es per Schiff, Flugzeug, Zug oder LKW von Land zu Land kutschiert wird. 1986 wurde zum Beispiel ein Fall aufgedeckt, bei dem drei Elefanten von Chipperfield drei Monate lang während einer sehr problematischen Reise über 40 000 Kilometer in einem dunklen Käfig im Laderaum eines Schiffes angekettet waren. der 82jährige Patriarch der Zirkusfamilie, Dickie Chipperfield, betonte:»Wir lieben unsere Elefanten«, und gab die Schuld an der Misere einer»Verwechslung bei den Papieren«. Der Naturschutzbeauftragte des RSPCA, Stefan Ormrod, meinte, daß solche Tiere»besser dran wären, wenn sie tot wären«. Die Elefanten Camilla, Leila und Mina wurden von Chipperfield in den Fernen Osten verschifft, wo sie in Hongkong und Taiwan einige Vorstellungen geben sollten. Doch dort wurde ihnen von den Hafenbehörden die Einreisegenehmigung verweigert. Laut RSPCA wurden die Elefanten auf einem Schleppkahn im Hafen von Kao-Hsuing untergebracht, immer noch in ihrem Metallcontainer gefesselt, der nur 12 × 2,4 × 2,7 Meter maß, und in der drückenden Feuchtigkeit mit Temperaturen über 30 Grad Celsius, während Chipperfield versuchte, den Papierkram in Ordnung zu bringen. Hier mußten die drei unglückseligen Elefanten zwei Monate verbringen. Dann wurden sie nach Hongkong gebracht, wo ihnen ebenfalls die Einreise verwehrt wurde. So war Chipperfield schließlich gezwungen, nach England zurückzukehren, um das Durcheinander roter Zollaufkleber zu sortieren. Bei der Ankunft in Southampton fand ein Beamter der Hafengesundheitsbehörde den Container derart beschädigt vor; die Elefanten hatten ihn – völlig außer sich – so mit Tritten bearbeitet, daß er nicht einmal straßentauglich war. Ebenfalls mit zurück kam ein Container mit sieben Abteilen, in dem ein Schwarzbär, vier Eisbären, zwei Tigerjunge und vier Löwenjunge untergebracht waren. Eines der Löwenjungen war gelähmt, und man befand, daß es körperlich einer 24-Stunden-Reise von Hongkong nach England nicht gewachsen war.

Doch da man ihren Auftritt im Zirkus im Ocean Park in Hongkong nun einmal angekündigt hatte – zusammen mit einem boxenden Känguruh, achtzehn Löwen, dressierten Schweinen, die als Rennpferde verkleidet waren, und einer Schar Affen, die man in Jockey-Kostüme gesteckt hatte – war die Tortour der drei Chipperfield Elefanten selbst dann noch nicht zu Ende. Mit neuen Einreisegenehmigungen und einem neuen Container machten sie sich noch einmal auf ihre mühsame Reise nach Hongkong, wo sie das beendeten, was die Presse später als die »25 000 Meilen Höllenreise« beschrieb. Hier wurde offenkundig, wie leicht das Gesetz über solche Tierquälereien hinwegsieht. Gegen Chipperfields konnte man für den drei Monate dauernden Alptraum der Elefanten nur die allerschwächsten rechtlichen Maßnahmen ergreifen – »Überfüllung in Käfigen« ist ein Verstoß gegen das Gesetz zum Transport von Tieren von 1973. Und die schwerwiegendsten Strafen, die man dem Zirkus auferlegen konnte, bezogen sich auf den angeblich illegalen Transport der Tiere nach England und auf den Schaden, den das gelähmte Löwenjunge erlitten hatte. Am Ende der fünftägigen Verhandlung im Januar 1989 wurde Chipperfields vom Amtsgericht in Southampton wegen des Transports des kränklichen Tieres in einem überfüllten und ungeeigneten Container nur zu einer Strafe von 1000 Pfund verurteilt – etwa 3000 Mark. Das sechs Monate alte Junge, so erfuhr das Gericht, war drei Wochen nach der traumatischen Reise in Quarantäne verendet. Man entdeckte, daß es in dem Container an einem geschwollenen Vorderbein, vergrößerten Sprunggelenken, einer Hinterbeinverkrümmung und partieller Lähmung litt. Elf Anzeigen wegen des illegalen Imports von Eisbären, Braunbären, zwei Tigern und vier Löwenjungen wurde nicht nachgegangen. Dickie Chipperfield wies alle dreizehn Anklagen, die die Reise betrafen, zurück: »Ich hätte die Tiere nicht verschifft, wenn ich nicht geglaubt hätte,'der Container biete ausreichend Platz.« Doch das Gericht, das Verantwortliche der Schiffslinie P&O vernahm, war anderer Meinung. Die

Richter von Southampton bestraften P&O und seinen Kapitän, P. J. Clark, zu insgesamt 1000 Pfund (ca. 3000 Mark), weil sie nicht sichergestellt hatten, daß die Tiere nicht verletzt wurden und nicht unnötig leiden mußten. Derartig unbedeutende Strafen werden wenig oder gar nicht dazu beitragen, das Wohlergehen der Tiere zu verbessern, nicht einmal bei Zirkussen, die schon einmal gegen das Gesetz verstoßen haben. Wegen eines anderen Streits über Importpapiere und unbezahlte Rechnungen wurden siebzehn Löwen und Tiger von Chipperfields am Ende der Neuseeland-Tournee des Zirkus, 1988, praktisch völlig verlassen in zwei rostigen und verfallenen Anhängern zurückgelassen. Die Tournee wurde verkürzt, weil der Kartenverkauf schleppend war und deshalb einige Vorstellungen gestrichen wurden. Als der Zirkus nach Indonesien weiterreisen wollte, ergaben sich Probleme. Die nötigen Importgenehmigungen für die acht Tiger und neun Löwen hatte man noch nicht erhalten, und weitere Verzögerungen folgten, als der Zirkus beschuldigt wurde, vorangegangene Transportkosten noch nicht beglichen zu haben. Die Konsequenz war, daß die Tiere drei Monate lang in ihren Käfigwagen eingesperrt waren – einen Teil der Zeit auf einem Parkplatz, wo sie wegen der Quarantänebestimmungen auch keinen Auslauf hatten. Ein Tierarzt des Ministeriums für Landwirtschaft und Fischerei erklärte, daß die Tiere in totaler Finsternis zusammengepfercht waren und in ihrem eigenen Dreck lagen. Eine Tigerin, die gestorben war, nachdem sie zwei Junge geboren hatte, war von den anderen teilweise aufgefressen worden.

Belohnung oder Strafe

RSPCA führt die Ansichten von Dr. Heini Hediger an, dem anerkannten Zoologen, der allgemein als »Vater der Tiergartenbiologie« bezeichnet wird, und behauptet, daß Angst bei der Tierdressur eine zentrale Rolle spielt: »Praktisch alle Tiere haben ein ausgeprägtes Fluchtverhalten, das man messen kann – nämlich als Fluchtdistanz. Wenn ein potentieller Feind in die Fluchtdistanz eines Tieres eindringt, wird es versuchen zu fliehen. Wenn es eingesperrt ist und ein Rückzug nicht möglich, dann wird sich das

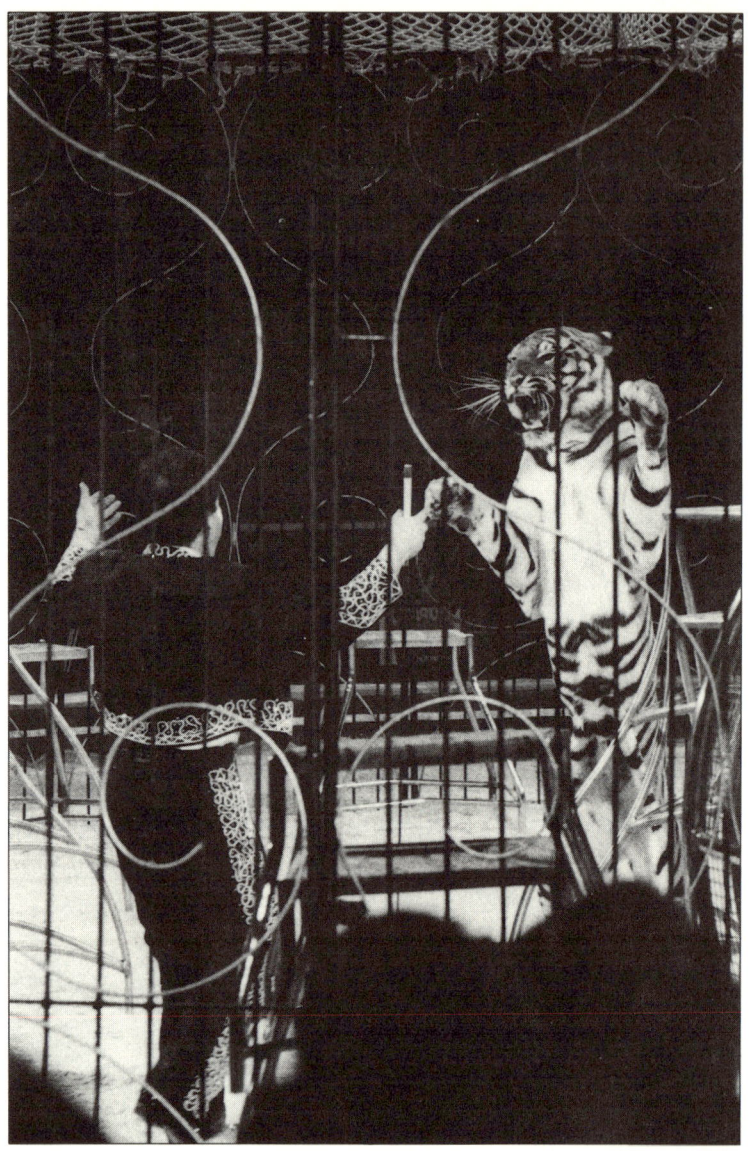

20 Bei Großkatzen provoziert der Dompteur Flucht- und Angriffsverhalten, um die gewünschten Tricks zu erreichen.

Tier ducken und ›Angst‹ signalisieren, aber gleichzeitig ein leichtes Drohverhalten zeigen. Falls der Eindringling noch näher kommt, wird schließlich eine Angriffsdistanz erreicht, in der das unsichere, sich scheinbar duckende Tier angreift. Daher basiert das ›Talent‹ des Löwendompteurs weitgehend auf der Fähigkeit, diese kritische Distanz einzuschätzen.« Für den, der das Verhalten eines Tieres interpretieren kann, so fährt RSPCA fort, ist diese gespannte Aufmerksamkeit in fast jeder Wildtiernummer offensichtlich. »Ohr- und Schwanzbewegungen, Gesichtsausdruck, Körperhaltung und die Laute, die sie von sich geben, liefern ziemlich sichere Anzeichen für die Erfahrungen, die die Tiere gemacht haben. In der Manege zeigen die Großkatzen diese Signale sehr deutlich. Häufig werden sie auf die Signale ihres Trainers reagieren, indem sie durch die Manege schleichen, den Bauch dicht am Boden, die Ohren angelegt und manchmal laut knurrend. Ein deutliches Anzeichen dieser gespannten Aufmerksamkeit. Aggression ist oft die erste Reaktion, und man kann einen Löwen oder Tiger vielleicht dabei beobachten, wie er heftig mit der Pfote nach einer ausgestreckten Peitsche schlägt. Es kann gut sein, daß die Zuschauer diese aggressiven Annäherungen falsch interpretieren und den Wagemut des Dompteurs nur um so mehr bewundern.

Für das Zirkustier kann auch Fressen ein Anreiz sein, die vom Dompteur gewünschten Dressurkunststücke zu zeigen. Eine Großkatze, die darauf dressiert wird, zum Beispiel auf den Hinterbeinen zu stehen, wird wesentlich kooperativer sein, wenn sie hungrig ist und von ihrem Meister mit gelegentlichen Fleischstücken »dazu überredet« wird, zu gehorchen. Während solche Methoden von vielen als brutale Zwangsmittel bezeichnet werden, bleiben andere bei ihrem Standpunkt, daß Futter, bzw. Futterentzug ein Tier aktiv und gesund erhalten. Thomas Althaus: »Wenn man diesen Tieren immer zu Fressen und zu Saufen gäbe, würden sie nicht herumlaufen und all diese Sachen machen. Das sieht man in den Zoos oder Safari-Parks, wo sie mehr Platz und mehr Nahrung haben. Sie stopfen sich nur voll und legen sich dann wieder schlafen. Deshalb denke ich, daß es gut ist, daß man ihnen ein wenig Bewegung bietet.«

Obwohl er sehr darauf bedacht ist, sich von den skandalumwitterten übrigen Unternehmen, die von dem Chipperfield-Clan unterhalten werden, zu distanzieren, besteht Jim Clubb darauf, daß die Tierquälerei im Zirkus der Vergangenheit angehört. »Im letzten Jahrhundert mag sie sehr verbreitet gewesen sein, doch jetzt nicht mehr. Um das Beste aus einem Tier herauszuholen, muß man es mit Respekt behandeln, und heutzutage hat die große Mehrheit der Dompteure das auch begriffen.« Der gleichen Ansicht ist Malcolm Clay, ein Notar aus Lancashire und Präsident der Association of Circus Proprietors, der Vereinigung von Zirkusbesitzern: »Zirkustiere sind sehr teure, vielgeliebte Geschöpfe. Niemand in einem so gut geführten Zirkus würde auf die Idee kommen, sie zu quälen oder vernachlässigen.«

Doch Fred Kurt beharrt darauf, daß Tierquälerei in vielen fahrenden Shows immer noch zum Alltag der Tiere gehört. »Knie ist sehr stolz darauf, daß sein Training mit den Tieren während der Öffnungszeiten der Menagerie stattfindet«, erklärt er, »aber sagen Sie mir doch einmal, warum man die Dressur mit jungen Elefanten nicht in der Öffentlichkeit zeigt?« Das Training von Elefantenkälbern wurde schon einmal von unabhängigen Beobachtern verfolgt, zu denen auch der gefeierte Schweizer Maler Hans Falk gehörte, der zwischen 1977 und 1979 ungefähr zwölf Monate mit dem Zirkus Knie herumreiste. Mit großem Mitgefühl sprach Falk von den Tieren, die ihn dazu inspiriert haben, zu zeichnen und zu malen, während er in seinem eigenen Zirkuswagen mit Knie durch das Land fuhr. »Es war so wunderschön, die Kraft des Elefanten zu sehen – diese große Kraft und gleichzeitig diese Ruhe, diese Sanftheit!« Er erinnert sich an eine der ersten Dressurlektionen der jungen Afrikanischen Elefantin Malayka und sagt: »Sie brachten ihr eine Art Balanceakt bei, wobei sie über eine Holzplanke laufen sollte, die sich nur ungefähr 50 Zentimeter über dem Boden befand. Aber die Elefantin weigerte sich – sie hatte Angst. Nach einiger Zeit verloren Louis Knie und seine Helfer die Geduld und benutzten einen Stock mit einem Metallhaken am Ende, und sie zogen und schoben sie. Sie wollten diesen Trick so bald wie möglich fertig haben, doch die Elefantin konnte einfach nicht. Und in diesem Moment wurde es in der Manege ein bißchen wie in der Hölle. Der Dresseur schlug dem Tier auf die Füße, bis sie bluteten.«

Laut Fred Kurt kann eine derartige Quälerei bei der Dressur von Wildtieren durchaus normal sein. Er versichert, daß er Knie für

21 Für dermaßen schwere Tiere wie Elefanten, die weder traben noch galoppieren können, bedeutet bereits das Aufrichten auf die Hinterbeine eine Höchstleistung.

einen der besten Zirkusse in Europa hält, fügt aber mit sarkastischem Unterton hinzu:»Aber der Beste der Schlechtesten muß nicht immer gut sein.« Heutzutage, sagt er, gebe es viele Zirkusdompteure, die sich mit angespitzten Stöcken, Schraubenziehern und Spazierstöcken mit versteckten Nägeln in der Spitze und im Griff ausrüsteten, um die gewünschte Reaktion von einem dickköpfigen Tier zu kontrollieren oder zu erreichen. Es gebe sogar Zirkusse, die, von der Öffentlichkeit unbemerkt, Elektroschocks verwendeten.»Der Dompteur einer Nummer hat zum Beispiel einen Strauß künstlicher Blumen in der Hand, und diese Blumen sind durch zwei Drähte mit einer Batterie verbunden, die irgendwo in seinem Kostüm versteckt ist. Ganz ähnlich wie man Schweine ins Schlachthaus treibt, werden alte Elefanten auf diese Weise dazu gebracht, auf den Hinterbeinen zu stehen, selbst wenn sie eigentlich viel zu schwach dazu sind.« Nach Kurts Meinung sind Elefanten physisch nicht dafür geeignet, derartig anstrengende Dressurtechniken auszuführen.»Ein junger Elefant kann vielleicht dazu gebracht werden, solche Kunststücke zu zeigen«, sagt er, »aber wenn er größer und schwerer wird, dann kommt der Zeitpunkt, wo seine Muskeln die Anstrengung nicht mehr aushalten, das ganze Körpergewicht anzuheben. Und selbst die Dressur der kleinen Elefanten ist ein Problem. Im Zirkus geht ein alter Witz um: ›Wissen Sie, wie ein Elefant lernt, auf einem Bein zu stehen? Sie müssen einfach die anderen drei schlagen‹.«

Kürzlich enthüllte ein Artikel in der italienischen Zeitschrift *Nuova Elettronica,* daß man an die Abteilung für Technik des Verlages herangetreten sei. Es ging um die Entwicklung eines »Mikro-Elektroschock-Geräts«, das mit einer 9-Volt-Batterie angetrieben werden sollte – zur Dressur von Zirkustieren. Die Zeitschrift erklärte: »Wir wußten, daß es unter unseren Lesern Studenten gibt, die Elektrotechniker werden wollen, Firmendirektoren, Funkamateure und viele andere, die in verschiedenen Branchen arbeiten: Ärzte, Büroangestellte, Photographen, Musiker, etc., aber wir hätten uns nicht vorstellen können, daß darunter auch ›Tierzähmer‹ sein würden. Und wir hätten es auch nie herausgefunden, wenn nicht eines Tages der Löwenbändiger eines Zirkus, der gerade in Bologna gastierte, mit ein paar Freikarten zu uns gekommen wäre, im Austausch gegen ein ›Projekt‹, von dem er meinte, daß nur wir es in die Praxis umsetzen könnten. Doch was konnte ein Dompteur schon von uns wollen? Einfach einen Schaltkreis, der helfen sollte, Tiere zu zähmen. Wir mußten lernen, daß die Mittel, die benutzt werden, damit ein Tier etwas Bestimmtes zeigt, z. B. die Vorderbeine hebt, tanzt, sich hinlegt, etc., ganz schön rauh und manchmal auch brutal sind. Jedesmal, wenn der Dompteur ein bestimmtes Schlüsselwort sagt, wird eine elektrische Ladung auf das Podest übertragen, auf dem das Tier steht. Und ob es will oder nicht – das Tier muß die Beine heben. Nach einigen Versuchen verbindet das Tier diesen Schmerz mit bestimmten Wörtern, mit einem Peitschenknall oder etwas anderem, und wird daher die gleiche Reaktion zeigen, auch ohne Elektroschock. Obwohl wir natürlich ahnten, daß es so etwas gibt, fühlten wir uns doch erst wirklich betroffen, als wir mit dieser Sache direkt etwas zu tun bekamen, besonders als wir hörten, daß von skrupellosen Dompteuren noch schmerzhaftere Methoden angewendet werden.«

Ironischerweise – so meint Kurt – werden solche Tierquälereien vielleicht sogar noch verbreiteter werden, wenn internationale Artenschutzbestimmungen die Lieferung von Asiatischen Elefanten beenden. Wegen der dann folgenden Schwierigkeiten, die wenigen Elefanten zu bekommen, die noch von den Lagern der Arbeitselefanten verfügbar sind, müssen einige Zirkusse ihre Bestände mit Afrikanischen Elefanten auffüllen, die weniger kräftiger gebaut sind als ihre asiatischen Vettern – und daher noch weniger dazu geeignet, solch schwierige Dressuren zu zeigen, wie Pyramiden bilden und auf dem Kopf stehen. Und darum, sagt Kurt,»wird man die Elefanten schlagen – selbst in den allerbesten Zirkussen«.

Während einige der international anerkannten Zirkusse die systematischen Tierquälereien aufgegeben haben, wie zum Beispiel die Anwendung von Elektroschocks, haben viele Zirkusse – unter dem ständigen ökonomischen Druck, dem Publikum einmalige und immer spektakulärere Kunststücke zu zeigen – keine Alternative, als den Stock oder die Peitsche zu gebrauchen.»In vielen italienischen Zirkussen, zum Beispiel«, sagt Kurt,»könnte selbst ein oberflächlicher Betrachter die Wunden der Elefanten erkennen. Denn eine Möglichkeit, einen Elefanten zu stoppen oder zum Gehen zu bewegen ist es, einen scharfen Stock zwischen seine Nägel zu stoßen. Dort ist die Haut üblicherweise nicht besonders gut erhalten, weil die Elefanten nicht oft genug baden, sich scheuern oder pflegen können. Und dort sieht man die Wunden. Und natürlich sind sie an diesen Stellen besonders empfindlich. Stellen Sie sich nur vor, man würde ihnen im Nagelbett ständig Schmerzen zufügen – das tut höllisch weh.« Dr. Robert Keller meint, daß derartiger Mißbrauch im Zirkus praktisch unvermeidlich ist.»Sie benutzen diese angespitzten Haken, manchmal sogar mit scharfen, messerähnlichen Kanten – und ich habe gehört, daß sie regelmäßig zwischen die Zehen gestoßen werden. Ich würde sagen, wenn man Elefanten im Zirkus dressieren soll und häufig mit ihnen zusammen ist, dann braucht man irgendeine Art von spitzem Stock. Diese Methode wurde aus Indien herübergebracht, wo sie überall üblich ist. Doch es ist schwierig zu sagen, ob es eine gute Sache ist oder nicht, denn es kommt darauf an, wie der Stock benutzt wird. Auch im Zürcher Zoo haben wir Haken verwandt, keine besonders scharfen, aber niemals für die Füße – niemals.«

Trotz der vielgepriesenen»sanften Dressur«-Techniken, deren

Verfechter Carl Hagenbeck war und die auf mentaler Kontrolle basieren, gibt sogar Fredy Knie sen., Patriarch der Knie-Dynastie, an, daß »50 Prozent der Pferdedressur kriminell ist«. Nancy Burnet von der *Coalition to Protect Animals in Entertainment* in Kalifornien erklärt: »Tiere in der Unterhaltungsbranche kommen gleich nach denen in Forschungslaboratorien. Die Tiere, die in der Unterhaltungsbranche am meisten mißbraucht werden, sind wahrscheinlich Elefanten und Primaten. Elefanten werden mit Hammerstielen oder Holzhammern geschlagen, Primaten mit Hammerstielen oder auch mit sand- oder kiesgefüllten Gummischläuchen.« Sie fügt hinzu, daß Tiere in der Unterhaltungsindustrie häufig gefärbt oder unter Drogen gesetzt werden, daß man ihnen Verbrennungen zufügt, sie regelmäßig schlägt oder ihnen das Futter vorenthält. So wurde zum Beispiel ein Orang-Utan beim Training für den Hollywood-Film ›Every Which Way But Loose‹ mit Clint Eastwood zu Tode geprügelt. Von ähnlichen Brutalitäten berichtete 1988 der Schauspieler Howard Mann, der einen Fernseh-Werbespot für Sonnenschutzlotion drehen sollte. Mann sollte Tarzan spielen und ein Schimpanse, genannt »Mister Kokomo«, Cheetah. Nachdem er den ganzen Tag über Kokosnüsse fürs Abendessen gesucht hatte, sollte Tarzan mit einem derart starken Sonnenbrand nach Hause kommen, daß ihn das Verlangen nach einer Sonnencreme fast umbrachte. Der Schimpanse sollte dann die Flasche nehmen und ihm die Lotion auf den Rücken sprühen, wobei Tarzan dann sagen sollte: »Gut Cheetah, du bist meine Rettung.« Mann berichtete, der Schimpanse sei nicht gerade ein Meister in der für ihn vorgesehenen Rolle gewesen und hätte ihm die Lotion ins Gesicht und dann auf die Brust gesprüht. Nach drei Stunden und 40 Aufnahmen spritzte der Affe die Lotion endlich auf die richtige Stelle, doch diesmal war der Markenname nicht sichtbar. Der Trainer verlor schließlich den Rest der Geduld, schrie den Schimpansen an und zog ihn außer Sichtweite hinter ein paar Büsche. Mann hörte »einen lauten Schlag und eine Reihe von herzzerreißenden Schreien«. Als der Trainer wieder zurückkehrte und den Abscheu auf den Gesichtern der anwesenden Fernsehleute sah, sagte er nach Manns Erinnerung: »Merken Sie sich's! Dies hier sind Tiere. Man sollte nicht *zu* nett zu ihnen sein. Das verstehen sie nicht. Man muß ihnen zeigen, wer der Boß ist, klar?«

Hin und wieder ist offenkundige Tierquälerei sogar in der Manege in vollbesetzten Zelten zu sehen, wie ich selbst im November 1988 während einer Matinee-Vorstellung des Circo Italiano in Marseilles beobachten konnte. Schon am Anfang ihrer Vorstellung schien die Tigergruppe ungewöhnlich nervös und beunruhigt und zeigte sich gegenüber den Befehlen des Dompteurs gleichgültig. Der verlor schnell die Fassung, als er merkte, daß seine sorgfältig einstudierte Nummer platzte. Die endgültige Blamage war, daß einer der Tiger es dem Publikum heimzahlte und eine Fontäne Urin in den Zuschauerraum spritzte, woraufhin einige unglückliche Mütter und Kinder sich wie wild die Gesichter abwischten. Schließlich schleuderte der wutentbrannte Dompteur eine Metallstange nach einem der Tiger und stieß den Podest eines anderen um.

Unterlassene Gerechtigkeit

> Die Zeit wird kommen, in der Unterhaltung, die auf
> der Mißhandlung und der Tötung von Tieren
> basiert, nicht mehr toleriert wird. Die Zeit wird kommen,
> aber wann?
>
> *Albert Schweitzer*

»Hier kann niemand den Missionar spielen«, sagt Dr. Thomas Althaus in seiner offiziellen Funktion als Chef der Sektion Artenschutz beim Bundesamt für Veterinärwesen (BVet). Leider scheinen diese wenigen Worte die Haltung wiederzugeben, die in ähnlichen Ämtern überall in Europa vorherrscht. Ämter, die die maßgebliche Verantwortung für die Sicherung des Wohlbefindens von Zirkustieren tragen. Scheinbar lautet der wichtigste Leitsatz dieser Bürokraten: Bloß nicht das Boot zum Schaukeln bringen, bloß nicht am Status quo rühren, aber gleichzeitig auf die Gefühle der Öffentlichkeit Rücksicht nehmen, die an der Tierquälerei im Zirkus, von der immer wieder berichtet wird, Anstoß nimmt. Solche Beamte benutzen den Buchstaben des Gesetzes als Alibi für Untätigkeit und ignorieren gleichzeitig dessen Geist.

Natürlich ist es nicht unplausibel, davon auszugehen – viele Regierungsinspektoren tun das, um ihre Selbstgefälligkeit zu vertuschen –, das Wohlergehen der Tiere sei einfach dadurch gesichert, daß sie »das Brot und die Butter« des Zirkus sind. Doch der Elefantenspezialist Dr. Fred Kurt erklärt: »Keiner der Zirkusse hat ein Interesse daran, seine Tiere umzubringen, weil man viel Zeit und Geld in sie investiert hat, doch das heißt noch lange nicht, daß es keine systematische Brutalität gibt.« Ein weiteres Problem, das diesmal auch die gewissenhaften Beamten betrifft, ist, daß die Gesetzgebung nicht mit der Entwicklung der öffentlichen Meinung, was Arterhaltung und artgerechte Unterbringung von Wildtieren angeht, Schritt gehalten hat. Daß man den Tieren vorsätzlich oder leichtfertig Schmerz oder Leid zufügt oder sie tötet oder vernachlässigt, ist vielleicht in vielen Ländern der Welt illegal, doch weil derartige Tierquälereien normalerweise schwierig nachzuweisen sind, werden solche Gesetze selten wirklich angewandt. »Um eine Verurteilung nach dem Tierschutzgesetz von 1911 zu erreichen«, so erklärt die RSPCA, »muß nachgewiesen werden, daß dem Tier erhebliches unnötiges Leid zugefügt wurde. Aber das Gesetz hat nicht mit den sich ändernden Einstellungen Schritt gehalten. Die Praktiken, die bei der Behandlung von Zirkustieren üblich sind und bei denen wir die größten Bedenken haben, sind im Moment völlig legal.«

Während der Einsatz von Tieren in der Unterhaltungsindustrie in einigen Ländern bereits verboten oder beschränkt ist – dazu gehören Dänemark, Schweden und Finnland –, sind Gesetze zum Schutz von Zirkustieren in anderen Ländern – wie zum Beispiel Italien, Spanien und Portugal – praktisch nicht existent. In Großbritannien hat es seit mehr als 60 Jahren keine Gesetzesänderung mehr gegeben, und auch für die nahe Zukunft besteht kaum die Aussicht auf eine strengere Gesetzgebung. Während die Grundsatzerklärung der Labour Party immerhin die schrittweise Reduzierung der Anzahl exotischer Tiere im Zirkus verspricht, glauben die Konservativen, die bestehende Gesetzgebung sei absolut ausreichend, um das Wohlbefinden dieser Tiere zu sichern.

Merkwürdigerweise setzt die Regierung all ihr Vertrauen in den »Performing Animals (Regulations) Act of 1925« – eine Richtlinienverordnung für auftretende Tiere –, ein altertümliches Gesetzeswerk, das verlangt, daß Tierschausteller und Dompteure beim Rat des jeweiligen Countys registriert sein müssen. Beim Entwurf dieser Verordnung hatte man wahrscheinlich eher die Bürokratie als das Wohlbefinden der Tiere im Kopf. Dieser Erlaß gestattet Verwaltungs- oder Polizeibeamten zu »jeder angemessenen Zeit« den Eintritt zu Einrichtungen des Zirkus, damit die Unterbringung der Tiere begutachtet werden kann, RSPCA-Inspektoren haben dieses Recht nicht. Und obwohl Zirkusse den Kontrollen der Amtstierärzte unterliegen, gibt es in Großbritannien nur sehr wenige Tierärzte, die das nötige Wissen und die nötige Erfahrung mit exotischen Wildtieren haben, um ihre Verhaltensmuster und Streßsymptome angemessen interpretieren zu können. Obwohl sie durch diese Verordnung eingeengt sind, haben viele Kommunen wegen der wachsenden öffentlichen Anteilnahme am Elend der Zirkustiere andere Maßnahmen ergriffen. Bisher haben sich schon 120 örtliche Verwaltungen in Großbritannien entschlossen, keine Grundstücke mehr an Zirkusse zu verpachten, in denen Tierdressuren gezeigt werden.

Zirkusse in Großbritannien sind vom »Zoo Licensing Act« von 1981 ausgenommen, obwohl dieses Gesetz wirklich nur den Mindeststandard für die Versorgung und das Wohlbefinden von Tieren in Gefangenschaft festlegt. Diese Ausnahmeregelung ist wohl aus rein wirtschaftlichen Gründen getroffen worden, denn es gibt im ganzen Land nicht eine einzige fahrende Tierschau, die auch nur im Ansatz diese Vorgaben erfüllen könnte. Eine Forderung des »Zoo Licensing Act« ist zum Beispiel eine angemessene Unterbringung »in Übereinstimmung mit den Bedürfnissen der jeweiligen Tierart..., um die Tiere zu normalen Verhaltensmustern zu ermutigen und ihnen dabei Hilfestellung zu geben«. Den Beamten, die diese Verordnung verfaßt haben, muß klar gewesen sein, daß es ein Ding der Unmöglichkeit ist, so etwas in den Käfigwagen von Zirkussen, die für den Transport konstruiert wurden, zu gewährleisten. Sollten die fahrenden Tierschauen jemals dazu verpflichtet werden, den Bestimmungen des »Zoo Licensing Act« zu entsprechen, stünden sie vor der Entscheidung, entweder das Geschäft aufzugeben oder die Zirkustradition ohne Wildtiere aufrechtzuerhalten und dann Pleite zu gehen.

Obwohl die Zeit für so eine Verpflichtung reif ist, ist ein derartiger Schritt aus verschiedenen Gründen unwahrscheinlich. Zunächst einmal: Sowohl die Zirkusse als auch die Ministerien verteidigen den engen Käfigwagen der Tierschau mit der Begründung, die darin eingekerkerten Tiere würden regelmäßig in der Manege trainiert, bewegten sich also und bräuchten infolgedessen weniger Platz als Zootiere. Wie unsinnig dieses Argument ist, haben wir bereits erklärt. Zweitens, der Einfluß der Zirkuslobby ist überraschenderweise sehr stark. Reiche und mächtige Zirkusdynastien wie Chipperfield, Knie und Krone, die Circus Proprietors Association, die Circus Fans Association von England und Amerika, die Société du Club du Cirque in Frankreich und die Gesellschaft der Circusfreunde in Deutschland und Österreich sowie das Ente Nazionale Circi in Italien – alle halten weiterhin an der Tierdressur als einer unverletzlichen jahrhundertealten Zirkustradition fest. Sie malen das Gespenst von Arbeitslosigkeit, wirtschaftlichen Härtefällen und der Verärgerung Zehntausender feuriger Zirkusfans an die Wand und haben somit dafür gesorgt, daß keine Maßnahmen zum Schutz der Zirkustiere ergriffen wurden. Und schließlich sind Regierungen wohl in der Regel eher abgeneigt, Arten- oder Tierschutzprobleme durch direkte Eingriffe, die wirtschaftliche Verwerfungen hervorrufen könnten, zu lösen. Wenn sie gezwungen werden, Maßnahmen zu ergreifen, dann sind ihnen schrittweise »Reformen« lieber als direkte Verbote. Das Ergebnis ist allzuoft ein Gesetz, das Verbrechen legitimiert – größere Käfige, zum Beispiel, statt überhaupt keine Käfige.

Die Untätigkeit der Regierung in Großbritannien wird auf geniale Weise von den Bemühungen um Selbstkontrolle der Circus Proprietors Association, der Vereinigung der Zirkusbesitzer, unterstützt. Die CPA repräsentiert die zehn größten Zirkusse in Großbritannien, und sie erklärt, daß ihre »sich ständig verbessernden Richtlinien zum Wohlbefinden der Tiere« den höchstmöglichen Standard in bezug auf Käfig- und Stallhaltung sowie Transport festlegt. Diese Richtlinien, die 1988 mit Hilfe der auf exotische Tiere spezialisierten Tierärzte David Taylor und Andrew Greenwood überarbeitet wurden, fordern die Aufstellung von größeren Trainingskäfigen neben den Schlafquartieren. Malcolm Clay, Geschäftsführer der CPA sagt: »Wir sind daran interessiert, die Standards zu heben, nicht durch weniger, sondern durch noch mehr Vorschriften. Dazu gehören zum Beispiel die richtigen Trainingseinrichtungen: Elefanten sollten idealerweise einen Auslauf zur Verfügung haben, der zum Beispiel durch einen Draht mit Niedrigstrom begrenzt ist, um eindringende Hunde abzuschrecken, und damit die Tiere im Auslauf bleiben.« Und doch sind die Käfige, obwohl ein wenig größer, immer noch karg, und die Reichweite der »sich ständig verbessernden Richtlinien« ist offensichtlich genauso beschränkt wie die Ausmaße der Käfigwagen. Solange es den Zirkussen erlaubt ist, Tiere zu Unterhaltungszwecken in der Welt herumzukutschieren, werden Großkatzen und Bären in Käfigen untergebracht werden, die klein genug für den Transport sind, und Elefanten werden den größten Teil ihres Lebens angekettet

22 *Dieser Kragenbär im Zirkus Knie scheint verhältnismäßig viel Platz zu haben. Allerdings fehlt dem Lebensraum hinter Gittern jegliche artgemäße »Möblierung«, wie beispielsweise ein Kletterbaum oder ein Versteck.*

sein. Darüber hinaus können diese Richtlinien, obwohl sie Menagerien mit nicht-auftretenden Tieren verbieten, die ärmliche Umgebung der Tiere nicht verändern, die ihnen nicht gestattet, ihre natürlichen Instinkte auszuleben, zu spielen, herumzustreunen und alles zu erkundschaften. Diese Entbehrungen sind unvermeidlich, so daß der Druck auf die Regierung, durchgreifende Maßnahmen zu beschließen, ständig wächst. Auf einem Seminar, das von der *Animal Welfare Foundation,* der einflußreichen englischen Vereinigung der Tierärzte organisiert wurde, forderte der bekannte Radio- und Fernsehmoderator Johnny Morris: »Man sollte den Zirkussen die Haltung bestimmter Tierarten wegen der Quälerei, die ihre Dressur und ihre Unterbringung mit sich bringen, verbieten. Es besteht kaum Zweifel darüber, daß die Dressur von Zirkustieren mit Quälerei verbunden ist, doch das schlimmste ist, wie die Tiere gehalten werden, wenn sie gerade keinen Auftritt haben.«

Ähnliche gesetzliche Unzulänglichkeiten gibt es in den Vereinigten Staaten. Alex Pacheco von den *People for the Ethical Treatment of Animals* sagt:»Der ›Animal Welfare Act‹ fordert gerade einmal, daß die Tiere in Gefangenschaft genug Platz haben, aufzustehen und sich umzudrehen. Doch oft werden nicht einmal diese minimalen Anforderungen durchgesetzt.« Nancy Burnet von der *Coalition to Protect Animals in Entertainment,* einem Zusammenschluß von mehr als 50 amerikanischen Tierschutzgruppen, ist der gleichen Ansicht:»Die Gesetze sind wirklich dürftig. Wenn es um Tiere geht, dann haben die Dompteure offenbar Freifahrtscheine. Schläge sind tatsächlich als Dressurmethoden anerkannt.« Das Gesetz kann nicht einmal den schlimmsten Mißbrauch von Tieren, bei dem es nur um Dollars und Sensationen geht, verhindern. 1984 präsentierte zum Beispiel die »Greatest Show on Earth« der Ringling Brothers vier Ziegen, denen man operativ ein Horn auf der Stirnmitte eingepflanzt hatte. Der Zirkus kündigte sie als »lebende Einhörner« an.

Während der letzten 50 Jahre, so erklärt Burnet, war allein die *American Humane Association* (der amerikanische Tierschutzverein) mit der Kontrolle des Einsatzes und der Unterbringung von Tieren in der Unterhaltungsindustrie betraut.»Die *American Humane Association* hat elendiglich versagt«, sagt sie.»In 20 Jahren wurde nicht ein Fall von Tiermißbrauch durch die *American Humane Association* angezeigt. Unsere Vereinigung, die ›*Coalition to Protect Animals in Entertainment*‹, betreibt die Abberufung der Association als angeblicher Schützerin von Tieren in der Unterhaltungsbranche. *American Humane* kann das Problem des Tiermißbrauchs nicht lösen, weil sie leider selbst ein Teil des Problems ist. *American Humane* ist mehr daran interessiert, die Produzenten und Dompteure zu schützen als die Tiere.« Die *International Primate Protection League* berichtet sogar, daß bei dem dreitägigen jährlichen Treffen der *American Humane* eine der Starattraktionen ein dressierter Orang-Utan in Kleidern war.

»Um den zunehmenden Mißbrauch von Tieren in der Unterhaltungsindustrie zu stoppen, müssen Normen und Richtlinien aufgestellt werden, an die sich die Dompteure halten müssen«, verlangt Burnet.»Persönlich bin ich dafür, daß überhaupt keine Tiere mehr ausgebeutet werden, weder in der Unterhaltungsindustrie noch

sonstwo. Leider ist unsere Gesellschaft dazu noch nicht bereit.« Bis dahin konzentriert sich die Coalition darauf, die Öffentlichkeit davon zu überzeugen, jeden Zirkus, jeden Film und jedes Produkt zu boykottieren, bei dem Mißbrauch von Tieren eine Rolle spielt. »Menschen, die Tiere lieben und schätzen, finanzieren oftmals unwissentlich diese Brutalität«, erklärt Burnet, »und daher ist es unser oberstes Ziel, zu verhindern, daß man mit dem Tiermißbrauch in der Unterhaltungsindustrie Profite machen kann.« Ein weiteres Anliegen der Coalition sind Änderungen im »Animal Welfare Act«, sie fordert, daß unabhängige Inspektoren das Recht erhalten, bei Dressur-Stunden zugegen zu sein. Außerdem möchte die Coalition erreichen, daß Dompteure, die sich der Tierquälerei schuldig gemacht haben, nicht mehr mit Tieren arbeiten dürfen.

In Ländern wie Italien, Spanien, Portugal und Griechenland gibt es trotz aller Bemühungen immer noch keine Tierschutzgesetze. Pier Lorenzo Florio, Leiter der italienischen Zweigstelle von TRAFFIC, sagt:»In Italien gibt es über 300 Zirkusse und nur acht bis zehn davon können als ›erstklassig‹ angesehen werden, wie z. B. Medrano und Togni. Die meisten sind eher primitiv und ziehen mit einigen alten Löwen, Gorillas und Schimpansen von Stadt zu Stadt. Weil sie sehr arm sind, leiden natürlich auch ihre Tiere ständig unter Entbehrungen, aber wir haben keine Gesetze, die das verhindern können. So, wie die Situation sich im Moment darstellt, kann ein Tiger buchstäblich in einer Kiste gehalten werden oder ein Delphin in der Badewanne. Vor mehr als sechs Jahren hat ein Minister einen Gesetzentwurf eingebracht, der das Halten von exotischen Tieren in Zirkussen verbieten sollte. Dieser Entwurf wurde wegen der bevorstehenden Wahlen irgendwo auf Eis gelegt und nicht wieder aufgetaut.« Florio berichtet außerdem, daß es in Italien kein Gesetz gibt, das es Privatleuten verbietet, gefährliche exotische Tiere als Haustiere zu halten.»Seit einiger Zeit ist es modern, exotische Haustiere, z. B. Großkatzen, zu halten, besonders im Raum Palermo und Varese«, und er fügt hinzu, daß allein in der Lombardei»mindestens 50 Löwen und 20 Tiger in privaten Haushalten leben«.»Alles in allem«, sagt er,»gibt es vielleicht 3000 Wildtiere, die in Italien als Haustiere gehalten werden, und es ist sogar so, daß man bei einem Tiger weniger Papierkram zu erledigen hat als bei einem Hund. Es gibt nicht einmal ein Gesetz, das verbietet, daß jemand mit seinem Löwen oder Tiger an der Leine auf der Straße spazierengeht.« 1988, so berichtet er, wurde ein dreijähriges Mädchen schwer verletzt, nachdem es von einem Leoparden auf einer belebten Straße in der Stadt angegriffen worden war. Und nur zwei Wochen später, starben in Norditalien eine sechzigjährige Frau und ein achtzehnjähriger Junge, nachdem sie von zwei wütenden Löwen angegriffen worden waren.

Daß die Zirkusse ständig ihre Tiernummern ändern und im Land umherziehen, erschwert den Behörden in Europa und Amerika natürlich die Arbeit, schon die oberflächlichsten Verordnungen durchzusetzen, wie medizinische Hygiene, die die öffentliche

Gesundheit und Sicherheit betrifft, ist schwierig. In Deutschland sind zum Beispiel die örtlichen Amtstierärzte für solche Maßnahmen verantwortlich. Aber sie sind oftmals nicht nur schlecht über die Biologie und das Verhalten exotischer Tiere informiert, sondern werden oft über die Ankunft eines Zirkus erst informiert, wenn die Käfigwagen bereits in einen anderen Kreis gezogen sind. Außerdem gibt es so viele Kreise mit örtlichen Tierärzten, daß nicht einmal die Bundesbehörden alle kennen. Achim Bollmann, Spezialist für Zirkusse beim Hannoverschen Büro des Tierschutzbundes, sagt:»In Deutschland gibt es fast 100[*] kleine fahrende Zirkusse, und weil die meisten sich nicht selbst ernähren können, müssen sie mit ihren Tieren auf den Straßen betteln gehen oder kleinere kriminelle Delikte verüben. Nur sehr selten wird ihr Einkommen vom Sommer ausreichen, um sie über den Winter zu bringen. Viele dieser Menschen sind ungebildet, und es ist nicht richtig, daß unter ihrer Armut vor allem die Kinder und die Tiere leiden müssen. Die Bemühungen unserer Regierung sind so gering, daß diese Zirkusse oftmals ohne jede Kontrolle arbeiten können, obwohl sie von den Veterinärbehörden überprüft und zugelassen werden sollen. Selbst wenn einmal ein Zirkus wegen Tierquälerei angezeigt wurde, ist es für einen Tierarzt sehr schwer, seine Position vor dem Gericht zu behaupten, weil es keine gesetzlich definierten Normen gibt.«

Zweifellos hat Finnland in der ganzen Welt die progressivste Gesetzgebung für dressierte Tiere. Am 12. September 1986 legte eine Entscheidung des Ministers für Land- und Forstwirtschaft fest, daß »Affen, Elefanten, Raubtiere, Robben, Nashörner, Flußpferde, wilde Wiederkäuer, Beuteltiere, Raubvögel, Straußenvögel, Krokodile und Huftiere nicht im Zirkus oder in ähnlichen Vorstellungen auftreten dürfen«. Tatsächlich dürfen in Finnland nur Hunde, Hauskatzen, Ponys, zahme Pferde und Esel in der Manege auftreten. Obwohl die schwedische Tierschutzverordnung, die im Juni 1988 veröffentlicht wurde, ähnliche Beschränkungen enthält, wurden Elefanten auf Druck der Zirkuslobby von der Verordnung ausgenommen. Fahrende Tierschauen sind allerdings absolut verboten. Die norwegische Regierung hat ähnliche Maßnahmen erlassen. Gemäß der Tiermedizinischen Abteilung

* Die Zahl bezieht sich auf die alten Bundesländer.

des Landwirtschaftsministeriums ist unter Paragraph 15 des »Gesetzes zum Wohlergehen der Tiere vom 20. Dezember 1974 die Ausstellung von Tieren in der Öffentlichkeit generell verboten.

Das Landwirtschaftsministerium kann Ausnahmen beschließen, allerdings mit sehr starken Beschränkungen im Hinblick darauf, welche Tierarten im Zirkus gezeigt werden dürfen. Es ist nicht erlaubt, Affen und Raubtiere, außer Haushunden und Hauskatzen, auszustellen sowie Nashörner, Flußpferde, Hirsche, Känguruhs, Raubvögel und andere Robben als Seelöwen. Wir gehen davon aus, daß es vom Standpunkt des Wohlergehens aus schwierig ist, exotische Reptilien und Amphibien im Zirkus zu halten und sie von Ort zu Ort zu transportieren, und daher wird auch für die Ausstellung dieser Tiere keine Erlaubnis gegeben.«

Die große Diskrepanz in der Tierschutzgesetzgebung in Europa hat die *Eurogroup of Animal Welfare,* ein Zusammenschluß von Organisationen, wovon jede einen der 12 Mitgliedstaaten der EG repräsentiert, dazu veranlaßt, die Einführung von einheitlichen Mindestrichtlinien in der EG zu betreiben. Einer ihrer Schwerpunkte ist es, Druck auszuüben, damit eine engere gesetzliche Kontrolle über »Tiere in Ausstellungssituationen« ermöglicht wird, einem Bereich, der nicht nur Zoos, Delphinarien und Safari-Parks abdeckt, sondern auch Zirkusse, Filme, Fernsehen und Werbung.

Laut *Eurogroup* hat die EG-Bürokratie bereits den festen Vorsatz, einheitliche Regeln einzuführen, die den Schutz von Tieren in der Landwirtschaft, bis hin zu den Tieren in Labors, regeln sollen. Irgendwo an der Peripherie dieser Gesetzgebung – in einer vergessenen Sackgasse – werden die Geschöpfe zu finden sein, die in den fahrenden Tierschauen leben. Aber da nur »Mindestanforderungen« eingeführt werden sollen, wird das Gestz mit an Sicherheit grenzender Wahrscheinlichkeit kaum etwas dazu beitragen, die Entbehrungen von Zirkustieren zu lindern. Es wird sogar so sein, daß, wenn man Vergangenes als Maßstab nimmt, solche Richtlinien wahrscheinlich eher die Praxis der Industrie legitimieren wird. Denn während viele der kleineren, verwahrlosten Zirkusse und Menagerien wohl auf lange Sicht eingehen werden, werden die reicheren und besser angesehenen Impresarios nun ihre neugefundene Bestätigung durch das Beamtentum genießen.

Wenn die Behörden in Brüssel es schließlich schaffen, EG-weite

Bestimmungen zur Kontrolle von exotischen Tieren in Zirkussen zu entwerfen, werden die Journalisten ganz sicher auch in die Schweiz blicken, wo schon Europas umfassendste Gesetzgebung auf der Basis von»Pragmatismus«und»Kompromiß«in Kraft ist – das Schweizerische Tierschutzgesetz, das 1981 eingeführt wurde. Um so wichtiger, sich dieses Gesetz einmal im Detail anzuschauen, um seine Absichten, seine Mängel und seine Schlupflöcher ausfindig zu machen.

Dem Gesetz auf Gedeih und Verderb ausgeliefert

Unterschiedlich in Größe und Qualität, gibt es in der Schweiz 14 Zirkusse, von denen sieben Tiere halten. Sie reichen von führenden Unternehmen wie Knie und Nock bis zu den heruntergekommeneren Unternehmen wie Olympia, Royal und Stey. Doch was auch immer die Unzulänglichkeiten oder Vorzüge der einzelnen Zirkusse sein mögen, es gibt kaum eine öffentliche Kontrolle dessen, was hinter ihren bunten Fassaden passiert. Trotz der unbestrittenen Schwierigkeiten bei der Kontrolle von herumziehenden Menagerien haben meine Untersuchungen schreiende und unerklärliche Unzulänglichkeiten aufgedeckt – nicht zuletzt in Teilen der Behörden, die entweder nicht in der Lage oder nicht willens scheinen, wenigstens den Buchstaben des Gesetzes durchzusetzen – ganz abgesehen von seinem Geist. Einige dieser Unzulänglichkeiten wurden damit erklärt, daß das Gesetz noch in den Kinderschuhen stecke, obwohl Kritiker behaupten, daß auch bei einer gründlichen Überarbeitung die großen Lücken und Schlupflöcher dieses Gesetzes kaum zu stopfen wären.

Auf die Frage, ob das neue Gesetz und seine Anwendung als zufriedenstellend angesehen werden könne, antwortet der Verhaltensforscher Dr. Robert Keller:»Nein, sicher nicht. Wie für die Schweiz typisch, handelt es sich hier um einen Kompromiß und in diesem Fall um einen schlechten. Auf der einen Seite sollte es überhaupt nicht erlaubt sein, irgendein Tier im Zirkus zu halten, besonders keine, die nicht auftreten und ständig auf den Tierschaukäfig beschränkt sind. Andererseits gibt es die Rechtfertigung für die Ausstellung von Tieren, daß sie durch die Dressur und

Vorführung angemessene Bewegung bekommen.« Und tatsächlich, wie bei jedem Kompromiß in der Schweiz, dreht es sich auch hier nicht um altruistische Ideale, sondern um ökonomische Interessen.

Unter den Bedingungen des Tierschutzgesetzes – welches auch die Mindestgrößen von Käfigen definiert – wird eine klare Trennung zwischen Menagerietieren gemacht, die nur zur Ausstellung gehalten werden, und solchen, die als »auftretende Tiere« eingestuft werden. Die Käfige von nicht-arbeitenden Tieren in fahrenden Tierschauen müssen daher genauso groß sein wie die in Zoos. In dieser Hinsicht wurde in das Gesetz eine zweistufige Anpassungsphase aufgenommen, die sowohl den Zirkussen als auch den Zoos Zeit gibt, die Vorgaben zu erfüllen. Das Gesetz verpflichtete sie dazu, Ende 1986 50 Prozent dieser Raumanforderungen erreicht zu haben, und 1991 sollten sie die vorgeschriebene Größe erreicht haben. Für das auftretende Tier ist das Gesetz jedoch weniger vorteilhaft – angeblich weil ihre Dressurübungen und ihre Auftritte in der Manege ihnen helfen, ein aktiveres und gesünderes Leben zu führen. Das bedeutet zum Beispiel, daß ein Paar Löwen, das nur zur Ausstellung in der Tierschau gehalten wird, jetzt das Recht auf eine Käfiggröße von 24 Quadratmetern und ein Freiluftgehege von 40 Quadratmetern hat. Wenn sie jedoch auftreten, müssen sie sich mit fünf Quadratmetern Lebensraum und einem ausklappbaren Zusatzkäfig, einer sogenannten Veranda von vier Quadratmetern zufrieden geben, obwohl auch diese Angaben nur flexible »Richtlinien« sind. Nur im Winterquartier des Zirkus muß die Käfiggröße des Löwen den gesetzlichen Anforderungen für Zoos entsprechen, ob die Tiere dann »arbeiten« oder nicht.

Gummiparagraphen

Wenn es darum geht, zu definieren, was ein arbeitendes oder auftretendes Tier ist, dann ist das Gesetz sehr vage und bietet so ein bequemes Schlupfloch, das die Zirkusse ausnutzen können. Wie bei einem chinesischen Rätsel mag man fragen: »Wann wird aus einem nicht-auftretenden Tier ein auftretendes Tier?« Die Antwort ist klar: Dann, wenn die Leitung eines Zirkus es so beschließt. Ein sehr gutes Beispiel für dieses Schlupfloch ist das Breitlippen-Nashorn vom Zirkus Knie – ein freundliches, gelehriges Geschöpf, das einmal in der Wildnis in Kenia gefangen wurde und während der Saisons der Jahre 1987, 1988 und 1989 nicht auftrat. Bedeutet das also, daß der kleine Käfigwagen und das kleine Gehege, in denen es gehalten wurde, illegal waren? Fred Kurt sagt dazu:»Es handelt sich hier wirklich um einen Gummiparagraphen. Was bedeutet denn ›arbeiten‹? Man kann doch sehr leicht sagen, daß das Nashorn arbeitet, wenn es jeden Morgen in die Manege gebracht wird und dort ein wenig ›zum Training‹ herumgeführt wird.« Kurt fährt fort, daß man beim Bundesamt für Veterinärwesen (BVet) Anzeige gegen die Lebensbedingungen der Schlangen und Alligatoren erstatten sollte, die 1989 im Programm von Knie auftraten.»Diese Tiere werden in kleinen Kisten gehalten, und für mich ist dies ein offensichtlicher Verstoß gegen die Bestimmungen über Mindestgrößen. Können Sie sich das vorstellen – ein *arbeitender* Python?! Neben diesen Showgeschäft-Tieren wider Willen sind da auch noch die Tiere, die in Kabaretts und Nachtclubs auftreten – und unter welchen Umständen sie leben! Wirklich, das möchte ich gar nicht so genau wissen. Denn die meisten von ihnen werden wahrscheinlich irgendwo in einem Hotelzimmer in Kisten verwahrt und am Abend für zehn Minuten oder so herausgeholt – und das alles fällt unter den Paragraph ›arbeitende Tiere‹.«

Dr. Robert Keller deckt eine weitere Unregelmäßigkeit in bezug auf das Nashorn bei Knie auf, dessen Rechte unter dem Gesetz drastisch beschnitten wurden:»Das Nashorn ist aufgetreten – früher. Das war, als es vor einigen Jahren zusammen mit den Tigern in der Manege war.« Und dann fügt er mit einem sarkastischen Lachen hinzu:»Aber es ist schwer zu sagen, für wie lange man es noch als auftretendes Tier betrachten wird.« Dr. Thomas Althaus für seinen Teil besteht auf der Legalität des Nashorns:»Es tritt nicht in der Vorstellung auf, aber es geht in die Manege und rennt herum. Nach dem Gesetz zählt Training – vielleicht für das Programm im nächsten Jahr – natürlich als Auftritt.«

Während er zugibt, daß das Bundesveterinäramt gerne»größeren Druck« auf die kleineren und weniger verantwortungsbewußten Zirkusse in der Schweiz ausüben würde, verteidigt Althaus den Zirkus Knie als beispielhaft, was seine Einhaltung des Gesetzes

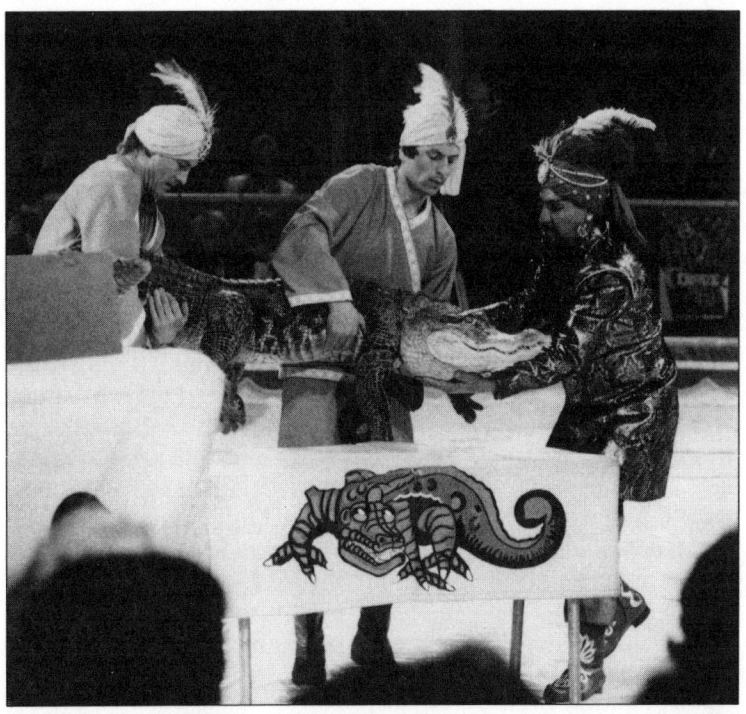

24 Karah Kawak hat sich auf Reptilien, besonders Alligatoren, spezialisiert.

angeht. Er weist auf die rasche Entscheidung des Zirkus hin, seine vor dem Artenschutzabkommen erworbenen Flachlandgorillas zu verkaufen, die bis 1986 die Stars seiner nicht-auftretenden Tierschau waren. »Obwohl Knie bis 1991 Zeit gehabt hätte, seine Gorilla-Wagen an die Bestimmungen anzupassen«, erklärt er, »hat man den ganzen Kram einfach ausrangiert.« Die Entscheidung des Zirkus Knie wurde wahrscheinlich jedoch eher durch die harte Realität diktiert, als durch pure Selbstlosigkeit. Wie Chris Krenger, der Pressechef von Knie, bereitwillig zugibt, bedeutete das neue Gesetz, daß Knie »solch große Gehege hätte entwerfen müssen, daß es unmöglich gewesen wäre, sie zu bauen oder gar mit ihnen zu

169

reisen«. Außerdem hätte Knie bis zum Jahre 1991 wahrscheinlich Schwierigkeiten gehabt, für seine alternden Gorillas – von denen einer als Baby in der Wildnis gefangen wurde – einen Kunden zu finden. Und so ergriff der Zirkus die Gelegenheit und verkaufte sie rechtzeitig. »Sie leben jetzt in einem sehr schönen Safari-Park in Woburn bei London, der den Chipperfields gehört«, sagt Krenger – vergißt allerdings zu erwähnen, daß die verschiedenen Unternehmen, die von der berühmten Zirkusfamilie geleitet werden, im Laufe der Jahre von einer Serie von Tierschutzskandalen erschüttert wurden, wozu auch Tierversuche an Woburns Herde von Rhesusaffen gehörten, die auf den Tod der Tiere hinausliefen.

Aber welche anderen greifbaren Auswirkungen hat das Gesetz auf die schweizerischen Zirkusse gehabt? Knie, der auch als der »Schweizer Nationalzirkus« bekannt ist, genießt einen tadellosen Ruf und ein Vertrauen, die es ihm ermöglichen, Kritik spielerisch hinzunehmen und mit Leichtigkeit abzuwenden, wobei er oftmals seine finanzielle Macht und seine politischen Verbindungen sowie die zu den Medien ausspielt. Chris Krenger: »Knie entspricht jetzt absolut den gesetzlichen Bestimmungen. Es gibt in der Schweiz keinen Zirkus, der mehr für seine Tiere tut.« Krenger hat jedoch weiterhin Zweifel, daß das Gesetz großen Einfluß auf die kleineren Zirkusse haben wird. »Theoretisch sollte es, wenn ein Gesetz erst einmal in Kraft getreten ist, nicht länger möglich sein, Tiere im Zirkus zu mißbrauchen, aber ich bin sicher, daß es einigen Zirkussen ganz verboten werden sollte, Tiere zu halten, weil einige von ihnen ihre Tiere einfach nicht korrekt behandeln. Aber wenn sie inspiziert werden, dann handelt man oft nach der Devise: Im Zweifel für den Angeklagten.« Es war vielleicht bezeichnend, daß Dominik Gasser, der Besitzer von Circus Olympia, erklärte: »Wir hatten schon immer einen guten Standard bei der Tierhaltung und in bezug auf große Käfige, weil wir nach den Anforderungen der Tiere handeln und nicht nach den Anforderungen der Gesetze.« Circus Stey: »Das Gesetz hat uns eine zusätzliche große Bürde aufgehalst – hauptsächlich in finanzieller Hinsicht. Wir brauchen mehr Tierpfleger, mehr Wagen, und es bedeutet auch mehr Arbeit für uns alle.« Ruth Buser vom Circus Nock: »Unsere Tierwagen mußten umgebaut werden, und man macht sich jetzt mehr Gedanken darüber, welche Tierarten noch annehmbar sind, um mit ihnen zu reisen. Die Öffentlichkeit ist – allerdings nicht wegen des Gesetzes – in bezug auf den Tierschutz sensibler geworden. »Obwohl die öffentliche Anteilnahme sich in der Entscheidung vom Dezember 1978 *für* das Tierschutzgesetz widerspiegelte, werden Zirkustiere immer noch als Privateigentum angesehen. Das macht es für unabhängige Beobachter fast unmöglich, das Schicksal einzelner Tiere zu überprüfen. In der Praxis bedeutet das, daß es – zumindest für die Öffentlichkeit – keine Aufzeichnungen über Käufe, Verkäufe, Todesfälle und Verletzungen gibt. Und daß ein Zirkus sogar rechtlich befugt ist, ein Tier zu töten, das seinen Nutzen verloren hat und nicht verkauft werden kann. Außerdem bietet das Gesetz keinen Schutz für überflüssige oder unerwünschte Tiere, die leicht in den skrupellosesten Tierschauen im Ausland enden können, die so veraltet sind, daß die Tiere dort unter schrecklichen Bedingungen leben.

Weitere Komplikationen gibt es bei der praktischen Anwendung des Gesetzes, für die ausschließlich die Veterinärämter der einzelnen Kantone zuständig sind, die oftmals schon mit den landwirtschaftlichen Nutztieren überlastet sind. So sagt Fred Kurt: »In der Theorie ist das Gesetz im Hinblick auf die Käfiggröße für Zirkus- und Zootiere recht streng, aber es sagt nichts über die *Qualität* dieser Käfige aus. Außerdem nehmen die Kantonstierärzte keine Notiz von den psychischen Störungen der Tiere – sie haben darin keine Erfahrung, und niemand stört sich daran, wenn die Tiere verrückt sind. Tatsächlich sind verrückte Tiere oft die beste Attraktion. Bären und Affen mit stereotypem Verhalten werden als Clowns betrachtet – etwas sehr Komisches.«

Ein verbreitetes Phänomen in ganz Europa ist die Tatsache, daß selbst die Zirkus-Tierärzte – so sagt Kurt – wenig oder kein Wissen über derartig stereotypes Verhalten haben. »Diese Tierärzte sind keine Tierpsychologen. Weil viele von ihnen noch niemals einen Tiger oder Elefanten in der Wildnis gesehen haben, können sie diese Verhaltensstörungen einfach nicht begreifen. Dasselbe gilt für die Dompteure. Zum Beispiel: Fragen Sie einmal einen ›warum laufen Ihre Tiger immer auf dem Aluminium, wo sie kaum einen Schritt machen können, ohne auszurutschen?‹ und er wird dann antworten: ›Keine Sorge, die Tiger haben schon immer so gelebt‹, und für ihn *haben* sie so gelebt.«

171

Die Tierärzte der einzelnen Kantone sind außerdem dafür verantwortlich, daß die Unterbringung der Tierschautiere – wenigstens dem äußeren Anschein nach – den individuellen Bedürfnissen der einzelnen Tierart angepaßt sind.»Aber was kann ein Kantonstierarzt denn schon darüber wissen, was ein Kamel, ein Tiger oder ein Elefant braucht?« fragt Kurt. »Selbst, wenn er es herausfinden wollte, hätte er nicht die Zeit dazu, es zu tun. Er muß alles kontrollieren, von importierter Milch bis zu den Schlachthäusern – und so ist der Zirkus für ihn etwas, wo er am Abend mit seiner Frau hingeht.« Hans Huggel, Professor für Biologie an der Genfer Universität, stimmt dieser Behauptung zu. »Das Gesetz soll das Wohlbefinden dieser Tiere sicherstellen, ein Anspruch den es ganz klar nicht erfüllt. Unserer Meinung nach stehen die Tiere durch ihre Gefangenschaft unter Streß und sind psychisch deformiert. So etwas sollte verboten werden.«

Aber natürlich ist jedes Gesetz nur so wirksam wie die Beamten, die es durchsetzen, und hier läßt das Tierschutzgesetz noch viel zu wünschen übrig. »Ich betrachte es immer als ganz wichtig, zwischen guten und schlechten Zirkussen zu unterscheiden«, erzählte mir Thomas Althaus. Als ich ihn bat, mir nur einen »schlechten« Zirkus zu nennen, sagte er, daß er das nicht könne, weil er erst zwei gesehen habe – Knie und Nock. Dies war bereits 1987, neun Jahre nachdem die Gesetzesinitiative von der Öffentlichkeit angenommen worden war und sechs Jahre nach Inkrafttreten des Gesetzes. Zu der Zeit war Althaus – wie er selbst zugab – gerade dabei, das Winterquartier von Circus Olympia ausfindig zu machen. Offensichtlich waren mehrere Proteste gegen die Unterbringung der beiden Schimpansen eingegangen. »Wir haben von diesen Schimpansen schon gehört und werden die nötigen Schritte unternehmen«, erzählte mir Althaus. Auch wenn wir sie nicht beschlagnahmen können, erklärte er, »könnten die Kantonsbehörden ihnen die Genehmigung verweigern«. Aber wie wir später sehen werden, brauchte das Bundesveterinäramt drei Monate, um das Winterquartier des Zirkus zu finden, und noch länger, um einzuschreiten – allerdings leider nicht zum Wohle der Schimpansen, sondern nur um eine »technische Gesetzesübertretung« zu berichtigen.

Das Gesetz im Scheinwerferlicht

Solche Ansichten mögen eine Erklärung dafür sein, warum das Tierschutzgesetz heutzutage eher »im Zweifel für den Zirkusdirektor« als für die Tiere ist. Das ist wohl nirgendwo offensichtlicher als in den primitiveren Menagerien, die sich am Rande der Legalität bewegen und jedes Schlupfloch ausnutzen, das das Gesetz bietet – einschließlich seiner Unwirksamkeit. So kommt es, daß – offenbar völlig straflos – ein Tiger aus Erich Leuzingers Raubtierschau in einen kastenartigen Metallkäfig gesperrt ist, wo er kaum genug Platz hat, aufzustehen. Die Löwen von Jerry Wegmanns Raubtierschau, einem Ableger des Plättli-Zoos in Frauenfeld, sind so gedrängt untergebracht, daß sie buchstäblich übereinander krabbeln, wenn sie versuchen, sich zu bewegen. Manchmal ist die Qual, die diese Tiere erleiden, sogar für den oberflächlichen Besucher nur allzu offensichtlich.

Zum Beispiel entdeckte man im Circus Olympia zwei Schimpansen, die in einem schuppenähnlichen Wagen, der völlig verdreckt war, gehalten wurden. Diese Schimpansen zeigten das manische Verhalten von Tieren, die an den Rand des Wahnsinns getrieben wurden. Die schmutzige Umgebung, in der diese Affen gehalten wurden, und die ständige Verwirrung, die darüber herrscht, ob der Zirkus nun legal betrieben wird oder nicht, werfen ein bezeichnendes Licht auf ein Gesetz, das nicht nur löchrig ist, sondern auch inkonsequent und dilettantisch angewendet wird. Das Gesetz legt fest, daß den Affen »Klettermöglichkeiten« geboten werden müssen: ein alter Autoreifen, der an einer Kette von der Decke baumelt. Für auftretende Tiere wie die Affen schreibt das Gesetz eine Käfiggröße von zehn Quadratmetern vor. Beim letzten Mal, 1987, fand man sie in einem Käfig von sechs Quadratmetern Größe. Das Gesetz legt außerdem fest, daß der Käfig der Affen im Winterquartier den Zoobestimmungen entsprechen muß – Gesamtauslauf von 20 Quadratmetern – im Winterquartier von Olympia blieben die Tiere einfach in ihren Käfigwagen. Die Schimpansen trugen dicke Ketten, die der Besitzer von Olympia, Dominik Gasser, als »nicht störender als eine Halskette« bezeichnete. Sie lagen mit dem Gesicht nach unten im verschmutzten Stroh, als wollten sie sich vor ihrem Elend verstecken; sie saßen aneinandergedrängt in einer

25 Giraffen sind von Natur aus gesellige Bewohner offener Baumsteppen. Im Zirkus müssen sie einzeln und im kleinen Außengehege darben. Während der Reise liegen sie im Transportwagen. Der ist so niedrig, daß sie sich nicht aufrichten können.

Ecke des Wagens, schaukelten ziellos hin und her, ihre Augen waren entweder leer und ausdruckslos oder rollten grotesk hin und her. Einer von ihnen – sein Hals und seine Hände zeigten mysteriöse Wunden – kaute immer wieder an den Metallstäben.

Damit Zirkusse ihre Genehmigung, die jährlich vor Beginn der Saison erneuert werden muß, erhalten, müssen sie zunächst in ihrem Winterquartier von einem Kantonstierarzt überprüft werden, damit sichergestellt wird, daß die Tiereinrichtungen dem Gesetz entsprechen. Im Fall Olympia schien es nur einen Haken zu geben: Obwohl er in Derendingen im Kanton Solothurn registriert war, konnte man sein Winterquartier nirgendwo ausfindig machen.

Während der Tournee im Jahre 1987 entdeckte das Veterinäramt des Kantons Genf, daß die Schimpansen nicht auftraten und somit in ungesetzlichen Käfigen untergebracht waren. »Wir sagten den Verantwortlichen, daß die Käfiggröße dem Gesetz entsprechen müsse«, sagt der Kantonstierarzt Dr. Bernhard Walker, der den Ruf hat, auf den strengsten Kontrollen der Menagerien zu bestehen. »Wenn die Schimpansen in der Manege arbeiten«, erklärte er mir, »dann sind die gesetzlichen Bedingungen weniger streng. Aber weil diese Tiere nur im Käfig gehalten werden, forderten wir, daß die Größe dem Gesetz entsprechen muß. Ich finde, daß Tiere naturgemäß nicht dazu da sind, in einen Zirkus gesteckt zu werden. Das Schweizer Gesetz erlaubt es nun einmal, doch wenn die Bedingungen des Gesetzes nicht überwacht werden, dann bin ich nicht zufrieden.« Da Olympia jedoch aus einem anderen Kanton stammt, konnte Walker wenig tun, außer den Vorfall den Bundesbehörden zu melden. »Herr Althaus weiß über den Fall Bescheid«, beharrte Dr. Walker, »warum also arbeitet er nicht mit dem örtlichen Tierärztlichen Dienst zusammen, wo Olympia sein Winterquartier hat? Das muß er!«

Wieder in Bern, verkündete Althaus jedoch, dem es inzwischen gelungen war, das Winterquartier von Olympia in Bassecourt im Kanton Jura ausfindig zu machen, daß er »keine Ahnung« habe, ob die Schimpansen von Olympia arbeiteten oder nicht, und daß er daher nicht in der Lage sei, zu beurteilen, ob die Angelegenheit legal sei oder nicht. Auf die Frage, warum der Zirkus Derendingen verlassen habe, antwortete Althaus: »Ich glaube, sie sind dort nie gewesen. Das war nur eine Kontaktadresse.« In Wirklichkeit ist es das örtliche Postamt. Und doch glaubte das kantonale Veterinäramt von Solothurn mehrere Monate später immer noch, daß Olympia sich in Derendingen aufhalte. Wie sie selber zugaben, hatten sie diesem nicht-existierenden Zirkus Genehmigungen für »mindestens zwei Jahre« ausgestellt, die die Legalität seiner Tiereinrichtungen per Post belegten. Nachdem er diese Nachricht hörte, bestätigte ein geschlagener Althaus, daß Solothurn illegal gehandelt hatte. Aber selbst das setzte der ganzen Affäre noch kein Ende. Laut dem Veterinäramt im Jura, das die ganze Sache als »Durcheinander« bezeichnete, war der Zirkus im Dorf von Bassecourt nicht länger als sechs Monate lang gewesen und hatte seine letzte Genehmigung vom Kanton Basel-Land erhalten. Diese Information wurde offensichtlich durch Dominik Gasser an sie weitergegeben, der angab, daß sie – bevor sie nach Jura weitergezogen seien – ihr Winterquartier »mehr als zehn Jahre lang« in dem Baseler Distrikt

Schweizerhalle hatten. Dr. Jean-Pierre Siegfried, Kantonstierarzt von Basel-Land, erklärte jedoch, daß er Olympia das letzte Mal »vor drei Jahren« inspiziert habe. Das bedeutet, daß Olympia seine bequemen inspektionsfreien Genehmigungen von Solothurn erhielt, obwohl er im Kanton Basel-Land sein Quartier hatte. Althaus bezweifelt jedoch, daß dies auf eine absichtliche Umgehung des Gesetzes hinausläuft. Zudem ließ er durchblicken, daß das Bundesamt für Veterinärwesen (BVet) nicht gewillt sei, den Schimpansen zu helfen: »Wir wissen von einigen Schimpansen, die hier in der Schweiz gestorben sind, weil ihre Besitzer nicht das nötige Geld oder den nötigen Platz hatten. Es ist für einige Menschen leicht, zu sagen, daß ein Zirkus größere Käfige machen soll oder daß die Zirkustiere verschwinden müssen – sie fällen damit ein Todesurteil über diese Tiere. Das ist die Konsequenz. Wenn man zum Beispiel sagt, daß Zirkus Olympia diese Schimpansen loswerden muß, dann werden sie sie umbringen. Sie haben keine Möglichkeit, sie an jemanden anders zu verkaufen.«

Und so hat auch hier mal wieder das Image Vorrang vor der Substanz erhalten, als das Bundesamt für Veterinärwesen auf rein nominelle Maßnahmen zurückgriff, um eine »technische Verletzung« des Tierschutzgesetzes zu berichtigen. Der Vorgesetzte von Althaus beim Bundesveterinäramt, Dr. Peter Dollinger, besuchte am 9. März 1988 zusammen mit dem Kantonstierarzt den Zirkus Olympia, um ihn zu inspizieren und eine gültige Arbeitsgenehmigung auszustellen. Aber obwohl man dem Zirkus nicht die Genehmigung dazu gab, daß die Schimpansen mit auf Tournee gingen, wurden keine Zoo-Richtlinien – die ein Gehege von 20 Quadratmetern gefordert hätten – auferlegt. Diese zweite Übertretung des Gesetzes wurde damit gerechtfertigt, daß Dominik Gasser dabei war, eine Tierschau und einen Lunapark in seinem Winterquartier aufzubauen, die nach ihrer Fertigstellung den Schimpansen die gesetzmäßig vorgeschriebenen Käfigausmaße bieten würden. Die im Showgeschäft üblichen Täuschungen und Übertreibungen sind der Aufmerksamkeit der beiden Tierärzte wohl entgangen. Denn damals hatte Olympia noch nicht einmal die Baugenehmigung für seine Tierschau und seinen Vergnügungspark. Zur gleichen Zeit verhängten sowohl die Bundes- als auch die Kantonsbehörden, um einen Skandal wegen des Elends der Schimpansen abzuwenden, eigenmächtig eine Nachrichtensperre. Als ich nach Bassecourt zurückkehrte, sah ich, warum. Obwohl mir Althaus versichert hatte, daß man den Schimpansen »größere Käfige geben müßte«, fand ich die Tiere sogar in noch kleineren Käfigen als zuvor – ein Teil eines Käfigwagens, der nicht mehr als fünf Quadratmeter maß.

Interessenkonflikt?

Solche Methoden bei der Anwendung des Gesetzes überraschen Dr. Hans Huggel nicht, der Dr. Thomas Althaus beschuldigt, in einem »großen Interessenkonflikt« zu sein. Althaus, sagt er, »ist wirklich der schlechteste Mann für diese Arbeit. Er erzählt der Öffentlichkeit tatsächlich, daß das Wildtier in Gefangenschaft glücklich ist, und versucht zu beweisen, daß der Zirkus ein wichtiges Mittel ist, um jungen Menschen etwas über die Natur beizubringen. Er bekommt trotz seiner Position beim Bundesamt für Veterinärwesen, wo er für den Schutz von Zirkustieren verantwortlich ist, von Knie Geld. Wir finden das in jeder Hinsicht unmoralisch.« Althaus weist derartige Kritik zurück: »Das stört mich überhaupt nicht, denn ich betrachte Menschen, die gegen die Haltung von Zoo- und Zirkustieren arbeiten, als Menschen, die nicht wissen, wovon sie sprechen. Dieser Professor Huggel ist zum Beispiel ein sogenannter Biologieprofessor, aber wenn man es genauer betrachtet, dann findet man heraus, daß diese Leute sich mit Zellen und Enzymen und biochemischen Experimenten beschäftigen – sie haben keine Ahnung vom Leben der Tiere. Für mich sind Experten von lebendigen Tieren Leute, die mit lebendigen Tieren arbeiten – Menschen im Zoo, zum Beispiel, oder Tierlehrer im Zirkus.« Seine Beziehung zu Knie verteidigend – zu der auch seine Dozententätigkeit auf Wochenendseminaren über Tierdressur in der Manege gehören – sagt Althaus: »Wenn ich an einem Samstag bei Knie arbeite, dann bekomme ich dafür nur 200 Schweizer Franken für meine Auslagen – einschließlich der Fahrtkosten.«

Die internationalen Delphinhändler

Schon seit jeher gibt es eine starke und oft mystisch verklärte Freundschaft zwischen Mensch und Delphin. Im alten Griechenland wurde das Töten eines Delphins als Sakrileg gegen die Götter angesehen, das mit dem Tode bestraft werden mußte. Die enge Beziehung zwischen Mensch und Delphin, auf der dieses Edikt basierte, war der Wertschätzung der hohen Intelligenz und der Sanftmut dieser Tiere geschuldet. Diese enge Beziehung spiegelte auch eine Anerkennung der biologischen Verwandtschaft wider. Nicht nur, daß Aristoteles sie korrekterweise als Säugetiere identifizierte, sondern es herrschte allgemein der Glaube, daß diese »Meeresvettern« des Menschen einst auf dem Land gelebt hätten, zusammen mit den Vorfahren von Mann und Frau. »Nichts, das bisher geschaffen wurde, ist göttlicher als der Delphin«, schrieb der Poet Oppianus in *Halieutika* vor 1800 Jahren. »Sie tauschten das Land gegen das Wasser ein und nahmen die Gestalt von Fischen an.« In einem ähnlich glühenden Lobgesang verkündet der Philosoph Plutarch, daß die Delphine die einzigen Geschöpfe sind, die Freundschaft ohne jeden Gedanken an einen persönlichen Vorteil suchen. Griechische Legenden, Fresken und Mosaike zeigen diese Tiere häufig, wie sie gestrandete Seeleute retten, oder Kinder, die auf den Rücken von Delphinen reiten. Aber die größte Hommage des Menschen an den Delphin ist wohl die Legende um das Orakel von Delphi. Hier, wo die Kräfte des Universums zusammentrafen, war der gütige Delphin-Gott Apollo Delphinos der Vermittler zwischen seinem Vater, Zeus, und einer launenhaften Menschheit.

Doch während die alten Griechen Delphine verehrten, schlachteten die Römer sie einfach ab und aßen sie. Diese extrem unterschiedlichen Beziehungen gelten auch heute noch. Geschichten von Delphinen, die sich mit Menschen anfreunden und mit Kindern spielen, oder die Schwimmer retten, indem sie Angriffe von Haien abwehren, sind immer noch regelmäßig zu hören. Doch sie werden normalerweise durch die makaberen Berichte über Delphine, die von Fischern abgeschlachtet werden, überschattet. Der Delphin ist der Sündenbock für die Gier des Menschen, die Ozeane bis zur Erschöpfung zu befischen, und in vielen Teilen der Welt wird der Delphin als »Gangster« oder »Dieb« betrachtet, weil er die Netze beschädigt oder es wagt, Fische zu fressen, die dem Menschen »gehören«. Viele Jahre lang bezahlten die Regierungen von Frankreich, Griechenland und Japan sogar Prämien für jeden toten Delphin, den man an Land brachte, einfach weil man fand, daß das Tier in unfairer Konkurrenz mit der Fischindustrie stand. In anderen Gebieten leiden die Delphine, wenn sie in Fischernetze geraten oder sich in ihnen verfangen, oder sie werden durch die schweren Maschinen, die die Netze an Bord hieven, verstümmelt und verkrüppelt. In der ostpazifischen Thunfischindustrie, die seit 1959 für den Tod von fast sieben Millionen Delphinen verantwortlich ist, werden weiterhin jedes Jahr mindestens 125 000 Tiere abgeschlachtet, mit keiner anderen Rechtfertigung als der, Gewinne zu maximieren.

Vielleicht wäre es plausibel zu vermuten, daß all dies dazu führte, daß die alte Freundschaft zwischen Menschen und Delphinen nicht mehr auf Gegenseitigkeit beruht. Aber diese Schlußfolgerung würde von allen Delphinarien entschieden bestritten, die gerne so tun, als hätten sie ihre Delphine vor einem schrecklichen Schicksal in der Wildnis bewahrt. Und wenn man sich die Anzahl der Delphine in Zirkussen, Zoos und Vergnügungsparks weltweit heute anschaut, dann gibt es keinen Zweifel, daß die Faszination des Menschen durch die Intelligenz, die Sanftmut und den spielerischen Humor dieser Tiere nicht geringer geworden ist. Aber ist dies wirklich noch die altehrwürdige Freundschaft zwischen entfernten Vettern? Oder ist es nur noch die kitschige Illusion vom »knuddeligen« Disneyland, einer kommerziellen Traumfabrik, die die Delphine durchlaufen müssen, damit sie die klingelnden Kassen eines Industriezweigs füllen und die unersättliche Sehnsucht des Menschen nach Ablenkung und Unterhaltung befriedigen?

Der geheime Handel

Die schweizerische International Dolphin Show (IDS), eine »Brief-kastenfirma«, die in Liechtenstein registriert ist, ist nur eines von vielen Unternehmen, die in die Multi-Millionen-Dollar-Industrie des Delphinfangs, -verkaufs und -verleihs verwickelt ist. Wie diese Industrie arbeitet, wird geheimgehalten, zu einem guten Teil, weil die Ausbeutung von Delphinen in Zirkussen und Vergnügungsparks nur funktioniert, wenn die Öffentlichkeit glaubt, die Tiere seien trotz ihrer Gefangenschaft glücklich. Dafür, daß das Gegenteil der Fall ist, gibt es jede Menge Belege, trotzdem wird diese Illusion von den Werbefachleuten dieser Industrie weiter genährt. Von den vielen Arten der Delphine, die über alle Weltmeere verteilt leben, ist es der Große Tümmler, Tursiops truncatus, der die Gefangenschaft am längsten überlebt. Aber für die Besitzer ist es sicher auch ein Bonus, daß sein Maul auf besondere Weise nach oben gekrümmt ist, so daß man den Eindruck haben kann, das Tier lächele. Der Schmerz, das Elend und die häufigen Todesfälle von Delphinen in Gefangenschaft werden vor der Öffentlichkeit systematisch verborgen, um die riesigen Gewinne nicht zu gefährden.

Die Konkurrenz innerhalb der internationalen Delphinindustrie ist riesig. An der Spitze liegen die Vereinigten Staaten mit 9000 Vollzeitarbeitsplätzen und einem jährlichen Haushalt, der auf über 300 Millionen Dollar geschätzt wird. Gemäß der *American Association of Zoological Parks and Aquaria* (AAZPA) gab es in den USA 1975 1135 Meeressäuger in Gefangenschaft, wovon 359 Wale und Delphine waren. Diese relativ niedrige Zahl bot wahrscheinlich im Jahr mehr als 130 Millionen Besuchern oder 114 537 Besuchern pro Tier eine »pädagogisch wertvolle Vorstellung«. Bis 1983 war diese Zahl auf 1341 angewachsen, in der 27 Arten zusammengefaßt sind.

Zwischen 1938 und 1980 holten die USA mindestens 1500 lebende Delphine aus den Meeren, und in den letzten zehn Jahren hat alleine Japan 500 Delphine für verschiedene Vergnügungsparks gefangen. Alles in allem, so vermutet man, wurden weltweit

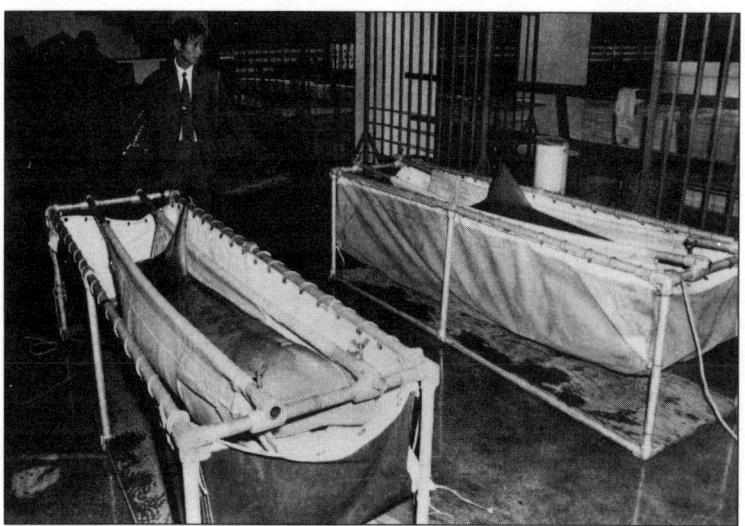

26 *Trauriges Bild hinter der gleißenden Fassade: Für den Transport werden die Zahnwale aus dem Wasser geholt und in Tragen oft unter starken Beruhigungsmitteln von Ort zu Ort verschickt.*

mindestens 2700 Große Tümmler gefangen, doch man weiß laut der *International Whaling Commission* (IWC; Internationale Walfangkommission) auch von 4500 anderen Zahnwalen in Gefangenschaft. Zu diesen gehören 300 Streifendelphine, 250 Kurzflossen-Grindwale, 150 Fleckendelphine, 120 Schwertwale, 100 Weißwale oder Belugas, Spinnerdelphine, Gewöhnliche Delphine und Gelbtümmler, mehr als 80 Kleintümmler und eine beschränkte Zahl von weiteren 20 Arten. Doch diese Statistiken sind sehr irreführend. Denn während der sechziger und siebziger Jahre wurden die Bücher nicht sehr exakt geführt, oder es gab gar keine. Außerdem sagen diese Zahlen nichts über die Zahl der illegalen Delphinfangaktionen aus. Und was noch wichtiger ist: Der Delphinfang bedeutet häufig auch für einige Tiere den Tod. Dieser »Verlust«, wie die Händler die Tatsache, daß während des Fangvorgangs Tiere verstümmelt werden, so beschönigend nennen, kann manchmal über 50 Prozent liegen, darunter tragende Weibchen und Kälber, die noch gestillt werden. Und hier, bei dem brutalen Fangvorgang in der Wildnis, wird die stillschweigende Verschwörung der Industrie zur Täuschung der Öffentlichkeit am deutlichsten. Die International Dolphin Show, zum Beispiel, die dem Schweizerischen Unternehmer Bruno Lienhardt gehört, hat sich seit Jahren auf den Fang von Delphinen spezialisiert, zumeist in Mexiko, Guatemala und Taiwan. Wie wir später sehen werden, endeten Lienhardts Fangeinsätze vor den taiwanesichen Penghu Inseln 1980 mit dem Tod von sechzig Delphinen, ohne daß man von den Behörden oder der Lobby der Delphinarienbesitzer, der European Association of Aquatic Mammals, auch nur ein Grummeln gehört hätte. Ähnliche Fangunternehmungen werden regelmäßig von verschiedenen Unternehmen in einer Vielzahl von Ländern, von Japan bis Mexiko, von Island bis Thailand, den Philippinen und Indonesien, durchgeführt. Es ist schlicht das Gesetz von Angebot und Nachfrage, denn da die Delphine in ihren engen Becken unvermeidlicherweise wegsterben, müssen sie entsprechend ersetzt werden.

Delphine, die den Fang überleben, müssen dann die beängstigende Tortur des Transports über sich ergehen lassen, der oftmals noch mehr Leben fordert. Die Tiere werden gewöhnlich in Aluminium- oder Holzkisten auf bewässerten Tragen transportiert, die an Gurten aufgehängt sind, um die lebenswichtigen Organe der Tiere etwas zu schützen, die besonders verletzlich werden, sobald man das Tier aus seinem natürlichen schwerelosen Lebensraum herausholt. Diese Trage kann, wenn sie hochgebunden wird, auch zu einer »Zwangsjacke« für Tiere werden, die in Panik geraten, so daß man häufig Valium, ein Beruhigungsmittel, gibt und so versucht, die Tiere zu beruhigen. Diejenigen, die den Transport überleben, kommen dann in einen Zoo, ein Delphinarium, einen Zirkus oder eine fahrende Show. Den Statistiken zufolge, die die Food and Agriculture Organisation der UNO (FAO) vorlegte, können Delphine in der Wildnis bis zu 30 Jahre alt werden, während ihre durchschnittliche Lebenserwartung in Gefangenschaft bei nur 5,3 Jahren liegt. Obwohl die Lebensdauer sich im Laufe der Jahre in einigen Einrichtungen verbessert hat, sind die Lebensbedingungen sehr unterschiedlich. Da gibt es fahrende Shows, die den Delphinen nur so primitiven Lebensraum bieten, daß sie nicht länger als eine oder zwei Saisons leben – lange genug, daß sich die Investition für die Besitzer rentiert hat.

»Ein Widerspruch in sich«

Es war der 1983 erschienene Bericht des Walspezialisten Professor Giorgio Pilleri, Direktor des Hirnanatomischen Instituts an der Universität Bern, Schweiz, der die Delphinindustrie der Welt in einen internationalen Streit verwickelte. Im Band XV seiner »Investigations on Cetacea« kommt Pilleri zu dem Schluß: Welche Anstrengungen man auch immer unternimmt, das Halten von Meeressäugern in Gefangenschaft wird immer Probleme aufwerfen, denn die Haltung von Geschöpfen unter beengten Bedingungen, die an riesige offene Weiten gewöhnt sind, ist ein Widerspruch in sich. Die Veröffentlichung seines Berichts erregte große Aufmerksamkeit, doch Pilleri schreckte davor eher zurück. Er ist ein sanftmütiger Mann in den Sechzigern, bei dem man eher an das typische Bild des geistesabwesenden Professors denkt, als an jemanden, der ein lukratives internationales Geschäft brandmarken will. Sein zwanzigjähriges Studium des Verhaltens und der Intelligenz von Delphinen – sowohl in Gefangenschaft, als auch in der Wildnis – brachten ihm weltweit wissenschaftliche Anerkennung, trotzdem sagte er sich schon bald von den Tierversuchen los, die Wissenschaftler häufig anwandten, um das Delphingehirn zu erforschen, und von den Bedingungen, unter denen Delphine in Gefangenschaft gehalten werden. »Es stimmt, daß ich Delphine hier im Institut gehalten habe«, erzählte Professor Pilleri mir. »Ich schäme mich dafür. Ich schäme mich für die Delphine, die ich verloren habe. Sie gehörten zu einer seltenen, in Flüssen lebenden Art aus Pakistan, bekannt als *Platanista minor*, Indusdelphin, einmalig, weil sie fast blind sind und in einer ganz schlammigen Umgebung leben. Sie waren nur ein Alibi für wissenschaftliche Forschungen, denn die Haltung von Delphinen unter künstlichen Bedingungen kann kaum mehr hervorbringen als künstliche wissenschaftliche Ergebnisse. Vier meiner Delphine starben – drei an Hautkrankheiten, verursacht durch das Chlor im Wasser und durch den Verzehr von mit Quecksilber und Parasiten verseuchtem Fisch. Einer starb, nachdem er sich das Rückgrat gebrochen hatte.« Doch auch wenn er immer noch mit Schmerz an die Delphine denkt, die er verlor, ist Pilleri fest davon überzeugt, daß seine Bemühungen schließlich zu einem dauerhaften Schutz der Flußdelphine in Pakistan führten, als man mit Hilfe des *World Wide Fund for Nature (WWF)* dort einen Nationalpark einrichtete.

»Delphine werden normalerweise von ortsansässigen Fischern gefangen«, erklärt Pilleri, »die entweder so arm sind, daß sie dringend ein Extra-Einkommen brauchen, oder aber sie betrachten die Delphine als Seuche und sind ganz versessen darauf, sie loszuwerden.« Aber wie vorsichtig man auch ist, fährt er fort, und welche Vorsorgemaßnahmen man auch trifft: es ist fast unvermeidlich, daß einige Delphine sterben. »Ich erinnere mich daran, daß, als die Fischer in Assam einmal versuchten, Ganges-Delphine, *Platanista gangetica,* zu fangen, alle sechs im Netz starben, einschließlich drei tragender Weibchen. Für die Industrie ist dies bei weitem keine Ausnahme. Nach dem Fang kommt die Tortur des Transports, mit den dadurch verursachten Krankheiten aller Art – denn Streß belastet das Immunsystem. Lärm – besonders Lärm auf hohen Frequenzen – ist für die Tiere sehr schmerzhaft. Viele werden wahrscheinlich während des Transports erkranken oder sterben, besonders wenn die zurückzulegenden Entfernungen sehr groß sind.«

Dr. Petra Deimer, Mitglied des Wissenschaftskomitees der Internationalen Walfangkommission und CITES-Sachverständige für Wale, kam zu demselben Schluß, als sie den Fang seltener schwarzweißer Commerson-Delphine oder *Jacobitas* untersuchte, die man nur in den Gewässern Patagoniens findet. Sie wies darauf hin, daß zwischen 1978 und 1983 wahrscheinlich 24 *Cephalorhynchus commersoni* in argentinischen Gewässern für ausländische Delphinarien gefangen wurden. Elf von ihnen waren für den Duisburger Zoo bestimmt – obwohl der Direktor, Wolfgang Gewalt, behauptet, daß es nur acht waren, und vier für ein Delphinarium in Japan. Das Schicksal der neun fehlenden Delphine blieb eins der vielen Rätsel in der Geschichte dieses Gewerbes, daß sich um Verantwortlichkeit nicht schert. Frau Deimer mutmaßt, daß es sehr gut möglich sei, daß sie beim Fang starben. Von den elf – oder acht – für Deutschland bestimmten Delphinen überlebten nur zwei, erzählte sie mir. Die vier Tiere – ein männliches und drei weibliche –, die für Japan bestimmt waren, erreichten niemals ihr Ziel. Sie wurden bei einem Zwischenstopp in New York beschlagnahmt, weil sie illegal in die USA eingeführt worden waren – sie hatten keine Genehmigungen.

184

Ein Weibchen war schon bei der Ankunft tot. Die anderen wurden zum Mystic Marinelife Aquarium in Mystic, Connecticut, gebracht, wo ein zweites Weibchen nach viereinhalb Stunden starb. Das Männchen starb nach acht Tagen. Die Autopsie ergab Lungenentzündung, Magen-Darm-Katarrh, Magengeschwüre und Bauchspeicheldrüsenfibrosis. Das vierte Tier – ein Weibchen – litt an einer chronischen Verformung der Wirbelsäule; es starb im Juli 1981 aufgrund »verschiedener Komplikationen«. Das verkrüppelte Tier konnte bis zu seinem Tode nur mit seinen Brustflossen schwimmen, und Frau Deimer führt Fakten an, die vermuten lassen, daß dies die Folge einer Verletzung war, die der Delphin auf seiner Transporttrage erlitten hatte. Sie bemerkte außerdem, daß der männliche Jacobita, der es geschafft hatte, acht Tage in Mystic zu überleben, von dem Moment an, wo er in das Becken gelassen wurde, typische Gefangenschaftsneurosen zeigte. Innerhalb weniger Minuten begann das Tier wie wild um sich zu schlagen und schlug dabei gegen die Wände des Behälters, bis man es mit Diazepam behandelte, einem Beruhigungsmittel.

Zirkusse mit Delphinen, ebenso wie ihre Gegenstücke unter dem Chapiteau, stellen ihre Tiere gern als gutangepaßte Wesen dar, die nur ihr natürliches Verhalten zeigen. Doch in Wirklichkeit gibt es wohl kaum etwas Unnatürlicheres als einen Delphin in Gefangenschaft; schon alleine deshalb, weil jedes einzelne Tier vom Moment der Gefangennahme an mit Hilfe von künstlichen Vitaminen, Breitspektrum-Antibiotika, pilztötenden Mitteln und Hormonen künstlich »flott gemacht« werden muß. Ohne diese Mittel würden sie nicht länger als ein paar Tage überleben. Sie würden ihren Infektionen oder Parasiten erliegen, denn Streß beeinträchtigt ihr Immunsystem. Einmal gefangen und eingesperrt, verlassen sie diese Alptraumwelt voller Streß und Unsicherheit nie mehr, außer durch die gnadenvolle Erlösung durch den Tod. Zu dem Trauma des Fanges kommt noch der Streß der Gefangenschaft selbst hinzu, der das hochentwickelte Sozialleben der Delphine oft auf eine primitive »Hackordnung« reduziert, wo die stärkeren und aggressiveren Tiere nicht nur Rangkämpfe gegeneinander austragen, sondern die schwächeren hetzen, bis sie sich unterwerfen, krank werden oder sterben. Zu der Tyrannei der eigenen Artgenossen kommt noch die des Showmasters, der Streß, fünfmal am Tag vor den Massen aufzutreten, und die rigorosen Dressurmethoden mit Futterentzug und Belohnung, die noch mehr Streß und Konkurrenzdruck erregen. Kürzlich durchgeführte Studien in den Vereinigten Staaten weisen darauf hin, daß eine überaus große Zahl von Delphinen in Gefangenschaft typischen streßbedingten Krankheiten wie Herzanfällen und Magengeschwüren erliegen. Es kann wohl kaum reiner Zufall sein, daß Millionen von Menschen, die langweilige und sich wiederholende niedere Arbeiten verrichten müssen, praktisch unter den gleichen Störungen leiden. Doch es ist nicht nur Aggression, die sich in dieser extremen und künstlichen sozialen Hierarchie zeigt. Einige Spezialisten für Meeressäuger, unter anderem auch Giorgio Pilleri, sagen, daß Aggression nur ein Symptom von vielen bei der Desozialisierung der Tiere ist. Während Delphine in Freiheit gemeinsam in Schulen jagen, Fische zusammentreiben und teilen, beobachtete man, daß sie in Gefangenschaft unsoziales Verhalten zeigten. In einem Ozeanarium in Florida, zum Beispiel, beobachtete man, wie einige Große Tümmler fortwährend einen kränkelnden Artgenossen vertrieben, um zu verhindern, daß er zu fressen bekam, sie gingen sogar so weit, daß sie ihm den Fisch aus dem Maul zogen. Dieses unsoziale Verhalten ging sogar dann noch weiter, als sich die »Diebe« bereits über die Maßen vollgestopft hatten. So eine ständige Einschüchterung verursacht bei dem Opfer unvermeidlich Streß, der seine Widerstandskraft schwächt, denn das Opfer hat einfach keine Möglichkeit, sich irgendwo zu verstecken. Physische Aggression wurde auch regelmäßig zwischen verschiedenen Arten beobachtet, die in enger Gefangenschaft miteinander lebten. Dazu gehören Fälle, in denen Große Tümmler Rissodelphine angriffen, Fleckendelphine, Gewöhnliche Delphine, Grindwale und Zwergpottwale. Ein ähnlicher Fall wurde auch von einem Schwarzen Schwertwal berichtet, der versuchte, einen jungen Grindwal zu töten, während in einer anderen Einrichtung ein Amazonas-Delphin einen kleineren Amazonas-Sotalia tötete. Manchmal ist dieses »natürliche Verhalten« von unnatürlich zusammengemischten Arten noch makaberer. In einem amerikanischen Delphinarium beobachtete man, wie ein Tümmlerweibchen ihr totgeborenes Junges wie rasend im Becken herumschob, vielleicht, um ihm Leben einzuhauchen, bis ein männlicher Grindwal ihr den kleinen Körper wegnahm, ihn eine halbe Stunde lang zwischen den Zähnen hielt und schließlich verschluckte.

Eine andere kaum beachtete Quelle von Anspannung und Angst ist die ständige Lärmbelästigung, gegen die die Tiere besonders empfindlich sind: der ständige Lärm der Filterpumpen, das rhythmische Hämmern von Rockmusik; die Vibrationen und Echos werden von den Stahl- und Betonkonstruktionen des Beckens so gut weitergeleitet, daß die Delphine wahrscheinlich fast ständig Schmerz erleiden. Die meisten Delphinarien tun so, als gäbe es dieses Problem nicht. Petra Deimer berichtet, daß der angesehene Dr. Klaus Hagenbeck vom Hamburger Zoo nach Absprache mit dem führenden Delphintierarzt David Taylor zu dem Schluß kam, daß es »im Meer auch Geräusche gibt«. Aber wohl kaum dieses konstante Dröhnen, dem man nicht entfliehen kann und das nachweislich manche Tiere in den Wahnsinn treibt. Delphine orientieren sich überwiegend durch geräuschliche Wahrnehmungen, daher ihre extreme Empfindlichkeit. Wissenschaftliche Experimente belegen, daß die Fähigkeit der Delphine, unter Wasser mit Hilfe von Hochfrequenzgeräuschen »zu sehen«, so gut entwickelt ist, daß sie mindestens zehnmal so effektiv sind wie jedes vom amerikanischen Militär entwickelte Sonarsystem. Einige Forscher glauben auch, daß Delphine mit Geräuschen Gefühle und sogar Gedanken ihrer Artgenossen erkennen. Ein Teil der Kommunikation unter Delphinen, so schreibt Carl Sagan in *The Dragons of Eden,* mag »eine geräuschliche Wiedergabe der Kennzeichen eines Objekts, das beschrieben wird, sein. So gesehen ›sagt‹ ein Delphin kein Wort für Hai, sondern übermittelt einen Satz von Klickgeräuschen, die dem Spektrum der geräuschlichen Wiedergabe entsprechen, daß man erhält, wenn man einen Hai mit den Geräuschwellen des Sonarmodus der Delphine abtastet. Diese Grundform der Kommunikation zwischen Delphinen wäre so gesehen eine Art von Lautmalerei, ein Entwurf von Lautfrequenzbildern – in diesem Fall für die Umrisse eines Haies. Wir können uns die Ausmaße einer solchen Sprache sehr gut vorstellen, vom Konkreten bis hin zu abstrakten Vorstellungen...«

Das gut ausgebildete natürliche Sonarsystem ist einer der Gründe, warum sowohl die amerikanische als auch die russische Marine in die Forschung mit Delphinen investiert haben, wobei sich die Tiere aus Sicht der Militärs nicht nur bei der Verbesserung von Radar und Sonar als wertvoll erwiesen haben, sondern sie wurden auch zu »lebenden Torpedos« dressiert.

Zu den weiteren Gefahren, denen ein Delphin in Gefangenschaft ausgesetzt ist, gehört die Aufnahme von giftigen Farbstoffen, mit denen das Becken beschichtet ist, ebenso wie eine erstaunliche Vielfalt von Fremdkörpern, die offensichtlich regelmäßig von Besuchern in das Becken geworfen werden – von Kamerataschen bis zu Handschuhen. Im flachen »Streichelbecken« des »Sea World« in Florida werden junge und alte Besucher sogar dazu ermuntert, die Delphine mit Fischen zu füttern, die man an einem Kiosk ganz in der Nähe erwerben kann. Da sie auf das Becken beschränkt sind und keine Möglichkeit haben, der lautstarken Aufmerksamkeit der menschlichen Besucher zu entkommen, verfallen die Delphine bald in ein nützliches Bettelverhalten. In den Mägen der Tiere findet man nicht nur Fische, sondern auch Geldmünzen, Hüte und Tennisbälle – Fremdkörper, die sich für die Delphine in den Ozeanarien der ganzen Welt regelmäßig als tödlich erweisen.

Die Toten werden gezählt

Oftmals können nicht einmal Medikamente einen Delphin länger am Leben erhalten, wie die Statistiken über Todesraten belegen. Professor Pilleris streitbarer Bericht *Cetaceans in Captivity* gibt einen Einblick in die Todesraten der Delphinarien in der ganzen Welt. Von den 21 Delphinen, die 1977 nach Europa gebracht wurden, so Pilleri, starben 18 innerhalb eines Jahres, 17 Delphine, die im Jahre 1979 eingeführt wurden, waren bis Weihnachten alle gestorben. Der Bericht schließt damit, daß Große Tümmler nach 24 Monaten der Gefangenschaft eine Todesrate von 50 Prozent, Gewöhnliche Delphine im gleichen Zeitraum eine von fast 99 Prozent haben. Der Bericht enthüllt weiter, daß von 1975 bis 1982 19 Delphine und ein Schwertwal in die Schweiz importiert wurden, von denen sechs starben und sechs weiterexportiert wurden. Dazu gehörte auch der Schwertwal, der an einen Vergnügungspark in Argentinien verkauft wurde. Daraus ergibt sich eine Todesrate von 30 Prozent, wobei die Tiere, die vielleicht nach dem Weiterexport oder beim

Fang starben, noch nicht einmal berücksichtigt sind. Infektionen verursachten im Laufe nur eines Jahres (1976) den Tod von 24 Delphinen in europäischen und südafrikanischen Delphinarien. Statistiken aus den USA bestätigen diese Zahlen und dokumentieren eine Todesrate von 40 Prozent beim Fang. In Neuseeland gab das Napier Marineland zu, daß die Zahl der Todesfälle bei ihnen in 12 Jahren (1956 bis 1968) bei 68 Tieren lag, dabei waren diejenigen, die beim Fang getötet oder verstümmelt wurden, nicht eingeschlossen. Die Todesrate von Schwertwalen war ähnlich erschreckend. Zwischen 1962 und 1973 wurden 50 Schwertwale für Ozeanarien in den USA und in Kanada gefangen, zwölf wurden beim Fang getötet. Nach zwei Jahren in Gefangenschaft lag die Todesrate bei 25 Prozent bei den noch nicht ausgewachsenen Tieren und bei 87 Prozent bei ausgewachsenen Walen.

Die Industrie widersprach Pilleris Statistiken zwar ständig, doch die Zahlen aus anderen Quellen sind genauso erschreckend. Nach dem russischen Wal- und Delphinforscher Awenir G. Tomilin starben alle 118 Delphine neun verschiedener Arten, die im Ozeanarium von Enoshima in Japan zwischen 1957 und 1965 gehalten wurden, 18 von ihnen daran, daß sie Fremdkörper geschluckt hatten. Auch Dr. Susan-Jane Owen zeigte in ihrem Bericht für Greenpeace von 1984, daß Japan zwischen 1972 und 1982 647 Delphine für 27 Aquarien gefangen hatte, von denen nur 293 überlebten. In Indonesien (1975 bis 1983) lag die Todesrate bei 39 Prozent und in Hongkong (1974 bis 1982) bei 96 Prozent für die Unterart *Tursiops truncatus gilli*. Für den Ocean Park in Hongkong wurden zwischen 1974 und 1982 insgesamt 110 Tiere gefangen, von denen zwölf freigelassen, acht weitergegeben wurden und nur neun am Leben blieben.

»In der Wildnis sind Delphine sehr gesellige Geschöpfe, und sie leben in Schulen zusammen und haben eine gutentwickelte soziale Struktur – etwas, das völlig zerstört wird, wenn sie in Gefangenschaft geraten«, erzählte mir Professor Pilleri. »Sie helfen einem verwundeten Artgenossen, indem sie ihn an die Wasseroberfläche halten und ihn betreuen, bis es ihm wieder besser geht. Manche Mitglieder einer Schule übernehmen sogar die Rolle einer Hebamme, um bei der Geburt eines Kalbes zu helfen. Es ist äußerst grausam, solche Gemeinschaften zu zerstören, indem man einzelne

189

Delphine und ihre Familienmitglieder tötet und während der Gefangennahme und des Transports verstümmelt. Das ist etwas, über das sich dieser Geschäftszweig keine Gedanken macht. Sie haben aus dem Delphin eine Walt-Disney-Figur gemacht, einen ständig lächelnden, glücklichen und lustigen Delphin, den man Flipper nennt. Aber ›Flipper‹ ist kein Delphin, ebensowenig wie ›Mickey Mouse‹ eine Maus ist.«

Für den Schwertwal, der gefangen wird, um ausgestellt zu werden, wie für die zersplitterten Familien, die im Kielwasser der Fangexpedition im Meer zurückbleiben, gilt das gleiche. Schwertwale leben in Gruppen von drei bis mehreren Dutzend Familienmitgliedern verschiedenen Alters. Sie schwimmen mit einer Geschwindigkeit von bis zu 55 Kilometern pro Stunde. Sie werden für noch intelligenter als die Großen Tümmler gehalten, und man glaubt, daß sie die einzigen nicht-menschlichen Säugetiere sind, deren Vokalisation ständig wechselnde regionale »Dialekte« aufweist. Der Schwertwal ist ein gnadenloser Jäger von Seehunden, Delphinen, Tümmlern und anderen Walarten, doch gegenüber dem Menschen genauso sanft wie sein Vetter, der Große Tümmler. In Gefangenschaft teilt er sogar friedlich ein Becken mit Tierarten, die eigentlich seine Beute sind. Doch wenn sie an die Grenzen des Erträglichen getrieben werden, sind sie, in Gefangenschaft, schon oft kurz davor gewesen, Menschen umzubringen. In der Wildnis haben männliche Schwertwale eine Lebenserwartung von 50 und Weibchen sogar von 100 Jahren. In Gefangenschaft ist es sehr unwahrscheinlich, daß sie länger als zehn Jahre leben. Bis zum Jahr 1984 war die durchschnittliche Lebenserwartung von Schwertwalen in Großbritannien sogar nur zwei Jahre und neun Monate.

Ein Spiegellabyrinth

Der ehemalige Wal- und Delphintrainer Doug Cartlidge ist in den letzten Jahren der schärfste und unverblümteste Kritiker der Delphinindustrie geworden. Seine Karriere begann vor zwanzig Jahren beim Marineland von Scarborough und im Flamingo Park Zoo in Yorkshire. Später, 1971, wurde er Cheftrainer im Windsor Safari Park und 1974 Kurator von Sea World in Australien. Schon in

27 *Die Aufmerksamkeit frisch gefangener Delphine wird weg von der Unterwasserwelt auf das Geschehen über dem Wasserspiegel gelenkt.*

Windsor wurde er zu einem kompromißlosen Kritiker der Behandlung von Walen und Delphinen in Gefangenschaft, und 1976 führte er einen Streik an, der gegen diese Bedingungen protestierte. Aber erst ein qualvolles Erlebnis beim Fang eines Delphins für Sea World vor dem Great Barrier Reef in Australien veranlaßte Cartlidge schließlich, seinen Job für immer aufzugeben.

»Wir fingen drei Delphine und wollten sie an Land bringen«, erinnert er sich. »Der erste, ältere, war für Showzwecke zu groß. Der nächste war voller Narben, ihn hatten wohl Haie verletzt, und auch er war zu groß, und so gingen die beiden wieder über Bord. Der letzte war ein wunderschöner, 1,80 Meter großer Delphin, der pikobello sauber war. ›Den nehmen wir‹, beschlossen wir und packten unsere Sachen zusammen. Dann sah ich die beiden Delphine, die wir gerade über Bord geworfen hatten, in ungefähr 90 Metern Entfernung. Sie sahen uns an. Ich weiß nicht, was es war, aber ich fühlte mich schuldig. Und dann plötzlich traf es mich. Ich er-

191

kannte, daß wir ihr zweijähriges Baby gefangen hatten. Den ganzen Weg zurück zum Hauptboot folgten sie uns. Ich war den Tränen nahe. Es war die Art, wie sie mich ansahen. Sie lagen nicht aufrecht im Wasser, sie lagen einfach auf der Seite und beobachteten uns mit einem Auge aus dem Wasser heraus.« Mehr als alles andere, sagt Cartlidge, sei es dieses Erlebnis gewesen, das ihn dazu brachte, sich gegen die Industrie zu wenden und an die Öffentlichkeit zu gehen. »Es ist kein Kreuzzug«, beharrt er. »Ich kann nur veröffentlichen, was an diesem Industriezweig schlecht ist, bis die Öffentlichkeit das selber sieht. Wenn das geschieht, haben sich zwei kinderlose Delphine draußen im Pazifischen Ozean schließlich doch noch durchgesetzt.«

Vehemente Verfechter dieses Industriezweigs, wie Professor Paul Schauenberg, Forschungsbeauftragter am Genfer Museum, machen sich über solche Kritik lustig und meinen, sie vermenschliche das Tier und sei nur emotional begründet. »Heute leben ungefähr 600 Delphine in Gefangenschaft, eine unbedeutende Zahl«, verglichen mit den Beständen in der Wildnis, behauptet er. Darüber hinaus stammten die meisten Delphine aus flachen Küstengewässern im Golf von Mexiko, wo die Wassertiefe kaum über vier oder fünf Meter hinausgehe, und so seien die Tiere »naturgemäß für die Anpassung an ein Leben im Aquarium wie geschaffen«. Über die räumlichen Bedürfnisse der Delphine in den anderen Dimensionen wird nichts gesagt und auch nichts über die unterschiedliche Qualität dieser beiden Lebensräume. Es ist der Delphin, der sich an das Aquarium anpassen muß, und nicht umgekehrt. Dieses Denken ist typisch für diesen Industriezweig und die Wissenschaft, die ihn unterstützt. In dem anthropozentristischen Denkschema wird das Individuum der Tierart untergeordnet, und daher sind die Rechte der Tiere automatisch entweder grundlegend beschnitten oder gar nicht existent.

Es wäre sicher logischer, davon auszugehen, daß wilde Bestände nicht gesichert werden können, solange die einzelnen Mitglieder nicht geschützt werden. Das Problem ist die Einstellung der Menschen gegenüber der Schöpfung im allgemeinen. Trotz Einschränkungen z. B. durch Quotenregelungen – eine konsumorientierte und dem Nützlichkeitsprinzip folgende Sichtweise kann kaum dazu beitragen, den Respekt des Menschen vor der Natur zu entwickeln – ganz abgesehen davon, daß die Menschen sich so auch nicht als Teil der Schöpfung sehen, sondern als etwas Außen- und Darüberstehendes.

Hinter der optischen Illusion von herumpaddelnder Fröhlichkeit in den Delphinarien steht die Tragödie eines hochempfindlichen und intelligenten Wesens, das eingesperrt wird, um dem Menschen Unterhaltung und Gewinne zu verschaffen. Wie beurteilen die Händler selbst die Intelligenz ihres Tierbesitzes? Einerseits schlagen sie aus der mystischen Aura dieser Tiere Kapital, so wie der Windsor Safari Park: »Sie werden sich fragen: ›Beobachte ich sie? Oder beobachten sie mich?‹« Solche Werbung suggeriert, die Delphine seien nicht nur mit ihrer Gefangenschaft zufrieden, sondern praktisch freiwillig dort. Eine andere Sichtweise repräsentiert Mike Riddell, der geschäftsmäßig und pragmatisch denkende Direktor des Marineland in Antibes, der den Delphin genauso betrachtet wie jedes andere Tier, daß sich der *Homo sapiens* zunutze macht. Er hat »die Nase gestrichen voll von Leuten, die den Delphin als superintelligent darstellen und als außerirdische Wesen, die von einer erleuchteten Zivilisation auf die Erde zu Besuch gekommen sind«. Andere, die weniger zynisch sind, wie z. B. Fredy Knie senior, vergleichen die Intelligenz der Delphine mit der von Hunden oder Affen.

Aber Delphine sind keine Schoßhunde. Sie müssen arbeiten, um zu überleben, und wenn sie sich weigern, müssen sie in vielen Fällen eben hungern. Tatsächlich ist ein wichtiger Bestandteil der Dressur, daß die Delphine ausreichend hungrig sein müssen, damit sie auf Kommando des Dresseurs ihre Kunststücke zeigen. Während der Vorstellung werden kleine Futterhäppchen verteilt, um das Tier anzuspornen, einen Trick erfolgreich zu absolvieren. Jeder aufmerksame Beobachter einer solchen Show wird feststellen, daß ein Delphin oder ein Seelöwe nach Vollendung eines bestimmten Tricks manchmal keine Belohnung erhält. Dies ist immer dann der Fall, wenn das Kunststück nicht zur Zufriedenheit des Dresseurs gezeigt wurde – vielleicht war der Sprung nicht hoch genug oder die Reaktion auf ein Kommando zu langsam. Wie ich von dem jungen Delphintrainer beim italienischen Ocean World Aquarium, Rocky Colombo, erfuhr, ist eine der Prioritäten bei der Zähmung eines frischgefangenen Delphins, seine Aufmerksamkeit von dem unter Wasser liegenden Lebensraum auf den »offenen Raum« der Bühne, auf den Trainer, die Requisiten und das Publikum zu lenken. Dafür wird das Tier – gegen seinen Widerstand und trotz seiner Angst – dazu ermutigt, aus dem Wasser auf die Bühne zu robben. Hunger und die verlockende Belohnung mit einem Fisch hilft dem Delphin bei der Entscheidung, den menschlichen Befehlen oder seinem Instinkt zu folgen. Zweifellos motiviert der gleichzeitige Entzug seines Unterwasser-Lebensraums den Delphin, größeres Interesse am »irdischen Leben« zu zeigen.

Vielleicht ist dies auch der Grund dafür, daß Ozeanarien sich beständig weigern, Becken zu entwerfen, die dem facettenreichen Lebensraum der Delphine unter Wasser ein wenig ähneln. Technisch wäre das machbar, doch der Delphin hätte dann wenig Anlaß, seiner chronischen Langeweile zu entfliehen und dem Publikum »Happy Birthday« vorzusingen. Bestrafung ist ebenfalls ein unerläßliches Mittel bei der Dressur, behauptet Doug Cartlidge: »Die Tiere zeigen ihre Kunststücke nicht, weil sie es gerne tun. Zunächst muß man herausfinden, wieviel sie fressen und trotzdem noch arbeiten. Danach kann man den Delphin so konditionieren, daß er bestimmte Handzeichen mit bestimmten Kunststücken assoziiert, woraufhin er einen Fisch bekommt. Dann muß man herausfinden, ob sie Einzelgänger sind oder lieber in Gemeinschaft leben, denn eine der Strafen dafür, daß sie nicht richtig arbeiten, ist, sie alleine einzusperren. Man sperrt sie in einen Verschlag und ignoriert sie einfach. Das ist wie psychische Folter.«

Doch auch der Dresseur erkennt, daß diese – ständig unter Streß stehenden – Geschöpfe nicht mehr die friedvollen Tiere sind, die einst aus dem Meer gefischt wurden. Sie zeigen ihre Wut, indem sie schnappen oder auf einen schwimmenden Dresseur losschwimmen, als wollten sie ihn rammen, um dann im letzten Moment auszuweichen. Mit einem Gedächtnis, das so gut ist wie das legendäre Gedächtnis der Elefanten, wartet der Delphin den rechten Zeitpunkt ab, um sich für einen Hieb oder eine offenkundige Ungerechtigkeit zu rächen. Conny Gassers Delphin Flipper (Nummer 1) hatte während der Tournee durch den Fernen Osten von seinem nervösen und überarbeiteten Trainer einen Schlag bekommen. Er wartete mehrere Wochen auf die ideale Gelegenheit, Rache zu nehmen. Der Augenblick kam während einer Vorstellung in

Indonesien, als der Trainer sich für den spektakulären Höhepunkt der Vorstellung gefährlich weit über den Pool lehnte. Der Delphin sollte aus dem Wasser schießen und sanft den Fisch fassen, den der Dresseur im Mund hatte. Flipper setzte sich über den normalen Ablauf der Nummer hinweg, schoß aus dem Wasser und stieß – den Fisch ignorierend – gegen den Kopf des Trainers, so daß dieser bewußtlos wurde.

Jeder einzelne Aspekt des Delphinlebens ist von seinem Wärter gesteuert, von der Zuteilung des Futters bis zur chemischen Zusammensetzung seines Lebensraums. Bekannt als »künstliches Meerwasser« ist es aus Wasser, Chlor, Salz und Salzsäure zusammengesetzt. Dazu Pilleri:»Salz ist teuer, besonders in den großen Mengen, die man benötigt, um den großen osmotischen Druck zu erhalten, der dem des natürlichen Lebensraums entspricht. Meistens erreichen die Zusammensetzungen kaum mehr als die von Brackwasser.« Doug Cartlidge geht sogar noch weiter:»Wenn ein Besucher im Zoo einen Schimpansen sehen müßte, dessen Haut abpellt, einen Tiger, dessen Augen fest verklebt sind, einen Elefanten, dessen ganzer Körper von dem chemischen Ungleichgewicht in seinem Lebensraum gereizt wäre, wie lange würde es dauern, bis man etwas unternähme? Gefangene Meeressäuger müssen all dies ertragen, ebenso wie viele weitere Unannehmlichkeiten aufgrund von Wasserproblemen. Leider verstehen nur sehr wenige Besucher diese Probleme.«

Doch der tödliche Feind des Delphins ist die Langeweile. Als »Beschäftigungstherapie« hilft die Dressur zweifellos, die abstumpfende Monotonie eines Lebens in einem Betongefängnis zu erleichtern. Aber so zu tun, als genössen die Tiere ihr Training und die Vorstellung, wäre dasselbe, als wenn man sagte, ein Gefangener genösse seine zweimal am Tag durchgeführten Hofgänge. Drei-, vier- oder fünfmal am Tag müssen die eingesperrten Tiere – egal welches Delphinarium man sich auch anschaut – die gleiche unsinnige Routine vorführen. Der führende Schweizer Delphin-Schausteller Conny Gasser sagt:»Eine Vorstellung am Tag wäre zu wenig – die Delphine müssen bewegt werden. Im Meer schwimmen sie Kilometer weit, wenn sie Schiffe auf ihrer Reise begleiten.«

»Delphine in Gefangenschaft wurden der Wildnis *gestohlen*«, beharrt Professor Pilleri.»Nichts gleicht mehr einer Folter, als wenn

28 *Steve S. Shieh, der Direktor der »China Diving Enterprise«, posiert mit einem frisch gefangenen jungen Delphin.*

man diese Tiere – die an die endlose Schönheit der offenen Meere gewöhnt sind und riesige Distanzen mit Geschwindigkeiten zurücklegen, die manchmal bei bis zu 60 Kilometern pro Stunde liegen – in winzige Beton- oder Metallbecken sperrt.« Die langweilige Uniformität des Lebensraumes eines Delphins in Gefangenschaft, fügt er hinzu, kennzeichne alle Delphinarien der Welt, von den hochentwickeltsten Einrichtungen in den USA bis zu den einfachsten fahrenden Shows. »Im Meer ist die Umgebung mehrdimensional«, erklärt Pilleri, »mit interessanten Pflanzen, Tieren und Landschaften. Im Becken ist buchstäblich gar nichts.« Pilleri glaubt, daß Gefangenschaft, zusammen mit der Zerstörung der gut entwickelten sozialen Strukturen »grundlegende psychische Störungen und neurotisches Verhalten« verursachen, »denen von Menschen vergleichbar, die in Einzelhaft gehalten werden«. Diese Symptome, fügt er hinzu, »verschlimmert durch die erniedrigenden Kunststücke, die die Tiere in Gefangenschaft zeigen müssen«, schließen den Verlust von Kommunikation ein, Verzweiflung, selbstmörderisches Verhalten und eine unnatürliche Aggression, die wahrscheinlich durch das Gefühl von Enge ausgelöst werden. »Solche Anormalitäten werden nicht nur in der Form von Zwangshandlungen deutlich, die auch für das Verhalten von Gefangenen typisch ist, sondern auch in eher unterschwelligen Verhaltensweisen, wie zum Beispiel der Weigerung, sich zu vermehren.«

Vor zwanzig Jahren kam der Meeresforscher und Filmemacher Jacques-Yves Cousteau zu ungefähr demselben Schluß, nachdem er gesehen hatte, wie seine gefangenen Delphine Selbstmord verübten. Diese Tiere, die man zu Studienzwecken hielt, stießen einfach mit dem Kopf gegen die harte Kante des Beckens, bis sie starben. Dies veranlaßte den verzweifelten Cousteau zu empfehlen, man solle diese Tiere in ihrer natürlichen Umgebung belassen: »Das Leben der Delphine im Becken führt zu einer Verwirrung des gesamten Wahrnehmungsvermögens, was wiederum bei einem derartig sensiblen Tier zu einer Veränderung des mentalen Gleichgewichts und des Verhaltens führt. Darüber hinaus wird durch die Zerstörung ihrer Sozialstruktur eine mentale Krise ausgelöst.« Selbstmord, der nichts mit dem massenhaften Stranden von Delphinen und Walen zu tun hat, wurde in der Wildnis niemals beobachtet, außer, wenn ein paar Tiere während des Fangvorgangs panisch reagieren und sich das Leben nehmen. In Gefangenschaft versuchen die Tiere manchmal auch, sich zu Tode zu hungern, so daß man sie zwangsernähren muß.

Eine von Pilleris umstrittensten Erkenntnissen ist, daß Meeressäuger in Gefangenschaft mit der Zeit stumm werden – sie erzeugen keine Hochfrequenz-Echogeräusche mehr, die normalerweise zur Orientierung und gegenseitigen Kommunikation ausgestoßen werden. Wie auch bei anderen wildlebenden Tieren, die man in Gefangenschaft hält, so behauptet er, fand man heraus, daß die Gehirne der Delphine bis zu 42 Prozent schrumpfen, wobei die Bereiche, die für die Kommunikation zuständig sind, am meisten betroffen sind. Wenn man einmal genau darüber nachdenkt, dann ist eine derartige Rückbildung unvermeidlich: Zunächst einmal brauchen die Delphine das Geräusch nicht mehr, um zu jagen, da man sie als Mindestlohn mit toten Fischen versorgt. Wie der russische Meeressäugetier-Forscher Awenir Tomilin 1974 berichtete, werden die angeborenen Verhaltensweisen bei der Jagd und das

Beutefangverhalten in Gefangenschaft so unterdrückt, daß die Tiere, selbst wenn sie hungrig sind, nicht den Versuch machen, lebende Beute in ihrem Becken zu fangen.

Zweitens macht die Uniformität ihrer Umgebung eine Echolokation nicht nur überflüssig, sondern man nimmt sogar an, daß die Hochfrequenzwellen, die von den Wänden einer runden Stahl- oder Betonwand abprallen, zu einer beängstigenden Desorientierung der Tiere führen können. Die Wal- und Delphinspezialistin Petra Deimer sagt: »Wenn die Tiere in einem normalen Delphinbecken ihr akustisches Auge einsetzen würden, dann kämen sie sich ganz sicher so vor, wie ein Mensch in einem Spiegellabyrinth.«

Vielleicht ist es gar nicht so überraschend, daß die Kommunikation zwischen Tieren, die in einer verkümmerten sozialen Struktur leben und tagein, tagaus die gleiche sinnlose Routine zeigen müssen, leidet. Wenn man es einmal aus der Sicht der Delphine betrachtet, dann gibt es vielleicht einfach nicht viel zu sagen über ein eintöniges Betongefängnis. Der holländische Kommunikationswissenschaftler Dr. Cees Kamminga der Technischen Universität von Delft bestätigte Pilleris Erkenntnisse in einer umfassenden Studie über die geräuschliche Ausdrucksform von Zahnwalen. Im Duisburger Zoo setzte Kamminga zum Beispiel ein Unterwasserhorchgerät ein, um die »Verbalisierung« von Weißen Walen oder Belugas aufzunehmen, die wegen ihrer einmaligen Gesänge auch als die »Kanarienvögel der Eismeere« bezeichnet werden. Doch trotz stundenlanger Versuche blieben die Tiere still. Der holländische Wissenschaftler bestätigte schließlich, was Delphinbesitzer so lautstark abstreiten: »Bei Zahnwalen in Gefangenschaft beobachtete ich einen ständigen Rückgang in der Quantität und Intensität ihrer Äußerungen.«

Auf der IWC-Konferenz »Whales Alive« (Es lebe der Wal) 1983 in Boston empfahlen Meeressäuger-Spezialisten, daß man die Delphinarien »sehr bald« durch Meeresküsten-Reservate ersetzen sollte – eine alte Idee von Professor Pilleri. Auch wenn sie vom offenen Meer abgetrennt sind, könnten die Delphine trotzdem kommen oder wegbleiben, wann sie wollen, und sie könnten sogar frei entscheiden, ob sie den Kontakt zum Menschen möchten.

Ihre einzige »Darbietung« vor dem Publikum wäre ihr natürliches und spontanes Verhalten untereinander. Ohne Show und irgendeine Künstlichkeit könnten solche Meeresparks sowohl den legitimen Bedürfnissen der Bildung als auch der Wissenschaft dienen. Leider sind wir von so einer Lösung noch weit entfernt, und als Realist, der lieber jetzt als zehn Jahre später Verbesserungsmaßnahmen sieht, ist Cartlidge bereit, seine Ansprüche etwas zurückzuschrauben. »Wenn sie Delphine halten müssen, dann sähe ich sie gerne in Einrichtungen wie der Living World Ausstellung in Florida«, sagt er. »Dort sind die Delphine von Unterwasserflora und -fauna umgeben, können fressen, wann sie wollen, denn im Becken wimmelt es nur so von Fischen, und revolutionäre Filtertechniken sorgen dafür, daß das Wasser kristallklar ist und frei von allen gefährlichen chemischen Zusätzen. Außerdem gibt es keine erniedrigenden Vorführungen, die Menschen können hingehen und die Delphine beim Spiel beobachten.«

Die internationale Gesetzgebung

Nachdem Flipper & Co. jahrelang einen lukrativen Handel ohne jede legale Beschränkung betreiben konnten, standen sie 1973 mit Inkrafttreten des amerikanischen Gesetzes über Meeressäugetiere vor einer schweren Krise. Amerikanischen Staatsbürgern wurde es verboten, irgendwo auf der Welt Delphine ohne Erlaubnis der US-Regierung zu fangen; der Fang von Delphinen in amerikanischen Gewässern unterlag nun der Überwachung durch die Meeressäugetier-Kommission des National Marine Fisheries Service (NMFS); Daten über alle Krankheiten, Todesfälle, Geburten und Transaktionen werden seitdem gespeichert und jährlich auf den neuesten Stand gebracht. Selbst ausländische Einrichtungen, die amerikanische Wale und Delphine einführen möchten, müssen den Mindestanforderungen in bezug auf Beckengrößen und medizinische Versorgung entsprechen. Auch wenn diese Anforderungen höchstens ein Anfang waren – ein Becken von 89,2 Quadratmetern und einer Tiefe von 1,83 Metern wurde immer noch für sechs Große Tümmler als angemessen angesehen – führte das Gesetz doch in den späten siebziger Jahren zum Verschwinden vieler der verrufensten »Delphin Cowboys« der Welt. Einige Unternehmen verließen sich allerdings auf die systematische Ausnutzung der Schlupflöcher

199

und den typischen bürokratischen Wirrwarr bei internationalen Gesetzen, besonders bei CITES. Einige retteten sich mit Hilfe korrupter Bürokratien in der Dritten Welt, andere durch Geschäftsbeziehungen mit russischen und osteuropäischen Delphinarien. Wieder andere haben eine bequeme Nische in Westeuropa gefunden und sind nicht mehr Leiter primitiver fahrender Shows, sondern stolze Manager glitzernder Delphinarien, die eine Fassade der Rechtschaffenheit aufrechterhalten, während ihre Keller sozusagen mit Delphinleichen vollgestopft sind. Selbst einige der verrufensten Delphinhändler der siebziger Jahre werden immer noch von selbstgefälligen Bürokratien, die sich beim Mißbrauch und der Ausbeutung von Delphinen blind stellen, gedeckt.

Obwohl die strengere Durchsetzung des Gesetzes eigentlich den offensichtlichsten Mißbrauch hätte stoppen müssen, hat es den illegalen Handel mit Delphinen eher gefördert. Seit 1973, als das Gesetz in Kraft trat, haben die US-Behörden mehrere Schmugglerringe geknackt, die zusammen Hunderte von Delphinen in der Karibischen See gefangen und für mehrere Millionen Dollar in die ganze Welt verkauft haben. Die Auseinandersetzung, die das städtische Delphinarium in Montreal 1980 erschütterte, legte noch andere Unzulänglichkeiten des Gesetzes offen. Als die Angestellten streikten und 21 Tage lang jeden daran hinderten, das Delphinarium zu betreten, verhungerten die vier Delphine. Der dann folgende Protest der Öffentlichkeit führte dazu, daß strengere Regeln für in US-Gewässern gefangene Delphine aufgestellt wurden. Und 1984 mußten sogar Delphindresseure aus Europa, die einen Antrag auf neue amerikanische Tiere stellten, eine eidesstattliche Erklärung unterzeichnen, daß sie niemals streiken würden.

Delphinhändler waren auch in Versicherungsbetrügereien verwickelt, wenn sie versuchten, Investitionen, die mit der empfindlichen Gesundheit der Delphine dahinstarben, zu retten. Es steht viel Geld auf dem Spiel: Ein dressierter Delphin ist seine 80 000 US-Dollar wert und ein Schwertwal sogar eine halbe Million. Obwohl mehrere große Versicherungsmakler sich inzwischen weigern, Delphine und Wale zu versichern, sind Policen in den USA offensichtlich leichter zu haben, und diese decken auch den europäischen Raum ab. Doug Cartlidge sagt:»Es scheint sicher, daß einige Besitzer die Versicherungsgesellschaften belogen haben. Wenn zum

Beispiel ein Delphin stirbt, dann kassieren sie die Versicherungs-
summe von der Versicherung, doch die hat keine Möglichkeit
herauszufinden, ob der tote Delphin auch wirklich der versicherte
Delphin war.« Ein Versicherungsstatistiker bei Lloyds in Zürich gab
zu, daß »dies eine Methode sein könnte, die Versicherungsgesellschaften zu betrügen«, besonders weil »ein Gesundheitszertifikat
von jedem qualifizierten Tierarzt ausgestellt werden kann und
nicht von einem unabhängigen Tierarzt stammen muß«.

Wie die umherziehenden Elefanten oder Schimpansen der Menagerien unter CITES, können die Delphine offiziell ebenfalls als
Zirkustiere angesehen werden, und ihre Besitzer werden mit vorübergehenden Einfuhr-Ausfuhr-Genehmigungen ausgestattet,
die das regelmäßige Herumreisen und Ausstellen erleichtern sollen. Der bürokratische Wirrwarr dieses Kreislaufs von Export-
Import-Weiterexport von Delphinen ist auch ein Grund für die
Verschleierung von Todesfällen. Selbst auf seiten der Behörden
gibt es einen großen Widerstand dagegen, exakte Statistiken über
die Anzahl von Delphinen, die in Gefangenschaft gestorben sind,
zu veröffentlichen. Oftmals kümmern sie sich nicht einmal genug,
um selbst informiert zu sein, und versuchen, mit formalen Argumenten berufliche Unzulänglichkeit zu vertuschen. Nach Aussage
einer Anzahl ehemaliger Delphintrainer werden tote Delphine
durch neuerworbene Artgenossen ersetzt, die vielleicht sogar denselben Namen tragen, um so Negativwerbung zu vermeiden. So ist
der »Flipper« oder die »Lady«, die das Publikum bei ihren Kunststücken im Delphinarium bewundern, in Wirklichkeit vielleicht
»Flipper Nummer 2« oder »Lady Nummer 3«.

In der Praxis scheinen gesetzliche Regelungen eher den Interessen der Delphinbesitzer zu nutzen als denen der Delphine. Das liegt
daran, daß Delphine grundsätzlich als »Privateigentum« angesehen werden – manchmal sogar als leblose Gebrauchsgegenstände.
Versuche, das Schicksal einzelner Delphine zu verfolgen, enden
regelmäßig bei der Weigerung der Behörden, Import-Export-Do-
kumente und Autopsieberichte ohne Genehmigung des Eigentü-
mers herauszugeben. Das Gesetz hat es ebenfalls nicht geschafft,
dem Wiederverkauf von Delphinen an Vergnügungsparks außerhalb Europas und den USA Einhalt zu gebieten; die Tiere gehen
manchmal in Unternehmen der Dritten Welt, deren Einrichtungen

so primitiv sind, daß die Exportgenehmigung in Wirklichkeit eine Todesgarantie ist.

Zumindest theoretisch sollten Gesetze zum Schutz von Haustieren den Mißbrauch von Delphinen in Gefangenschaft verhindern, doch in den meisten Ländern laufen sie auf archaische Anti-Tierquälerei-Regelungen hinaus, die entweder praktisch gar nicht durchsetzbar sind oder einfach keine Bedeutung haben. In Deutschland, zum Beispiel, gibt es keine Mindestanforderungen in bezug auf Beckengrößen, sondern Veterinärbeamte der einzelnen Länder sind für den Schutz der Tiere verantwortlich. Wie der Journalist Udo Tschimmel erklärt, sind diese Amtstierärzte zwar Experten für Vieh und Geflügel, aber nicht für Meeressäuger. Trainer, so berichtet er, machen sich darüber lustig, daß diese Tierärzte nicht einmal wissen, wo sie einem Delphin Blut abnehmen müssen, und die Diagnose daher lieber Spezialisten wie David Taylor und Andrew Greenwood überlassen, zu deren Kunden die meisten Delphinarien in Europa gehören. Dies kann zwar kaum der richtige Weg zur vernünftigen Anwendung des Gesetzes sein, aber Taylor und Greenwood haben wenigstens das Fachwissen, um Pilzerkrankungen, Lungenparasiten, Magengeschwüre und andere verbreitete Krankheiten zu erkennen, die die Delphine in Gefangenschaft heimsuchen.

Nach dem englischen Gesetz von 1981 zur Vergabe von Lizenzen an Zoos müssen Delphinarien Betriebsgenehmigungen haben, die von den lokalen Ratsversammlungen ausgegeben werden. Der Erlaß legt fest, daß die Genehmigung verweigert werden kann, wenn für die Tiere nicht angemessen gesorgt ist. Aber wie wir im folgenden Kapitel sehen werden, hat die verzögerte Anwendung dieses Erlasses wenig dazu beigetragen, das Wohlbefinden der englischen Delphine in Gefangenschaft zu verbessern.

Vielleicht ist es unvermeidlich, daß eine derartige Gesetzgebung von der Arroganz des Menschen, der sie entworfen hat, zeugt: von der Vorstellung vom Delphin als einem Gut, das man ausbeuten kann. Gesetze dieser Art, die sich mit kontroversen und emotional besetzten Themen befassen, sind wie Kinder einer unglücklichen Ehe, oder zumindest einer Zweckehe. So kommt es, daß vor dem Regierungsaltar der Bräutigam – wirtschaftliche Interessen – und die Braut – die etablierte Wissenschaft – zusammengebracht werden, wobei die Braut eine Mitgift von unschätzbarem Wert mitbringt – Glaubwürdigkeit, trotz ihrer zweifelhaften Moralvorstellungen, ihre Fixiertheit auf *Homo sapiens* und ihrer nur scheinbaren Objektivität. Spinnt man diese Analogie etwas weiter, kann man auch sagen, daß die keifenden und unerwünschten Schwiegermütter – die Tierschutzorganisationen – am Rande stehen, sich kaum beschwichtigen lassen und höchstens gerade noch toleriert werden. Später beginnt dann das peinliche und linkische Hochzeitsspektakel, wenn die Wissenschaft die merkwürdigsten Verrenkungen macht, um die Interessen der Wirtschaft zu befriedigen.

Das (lehrreiche) Abnormitätenkabinett

Das Gesetz ignoriert die hochentwickelte soziale Struktur der Delphine – was natürlich sehr bequem ist –, es reduziert die Tiere auf bloße Ziffern und statistische Daten, ihr bisheriges Leben, ihre Erfahrungen und Beziehungen kommen nicht vor. Derselbe systematische Entzug von Identität ist kennzeichnend für fast jedes Gefängnis, für Kasernen, Konzentrations- oder Gefangenenlager. Wenn die Öffentlichkeit – und ihr Gewissen – für derartige Ungerechtigkeiten sensibler wird, dann wird das Gesetz überarbeitet, d. h. man macht kleine kosmetische Korrekturen. Genau wie bei den bedrohten Tierarten im Zirkus wird die Heuchelei nirgendwo deutlicher als in der gesetzlichen Anforderung, die Darbietungen sollten möglichst »lehrreich« sein. Delphine, die übergroße Brillen tragen; Delphine, denen man die Zähne mit Klobürsten putzt; Delphine, die eine quietschende Version von »Happy Birthday« zum besten geben – das sind die üblichen Darstellungen von Delphinen. Sie sagen wahrscheinlich mehr über die Menschen und ihre Trennung von der Natur aus als irgend etwas über die Natur der Delphine.

Aber ist das verwunderlich, wenn schon die gesetzlichen Richtlinien moralisch bankrott sind? Wer das Geschäft mit Delphinen durch Gesetze und deren kosmetische Korrekturen grundsätzlich legitimiert, fördert – vielleicht ungewollt – den weiteren Mißbrauch der Tiere. Abgesehen von zusätzlichen Ausgaben – für größere Becken, bessere allgemeine tierärztliche Betreuung, kostspielige

»erzieherische Hilfsmittel« – kann der internationale Delphinhandel, jedenfalls im Moment, in eine recht gesicherte und glückliche Zukunft blicken.

Am 1. Januar 1984 trat die neue EG-Vorschrift – die Ratsverordnung 3626/82 – in Kraft, die das Washingtoner Artenschutzabkommen (WA=CITES) unterstützt. Delphine und Wale, die einst auf Anhang II von CITES dahinsiechten, wurden auf Annex C1 gesetzt, das Gegenstück der EG zu CITES Anhang I. Das bedeutet, daß Importgenehmigungen sowohl für Große Tümmler als auch für Schwertwale jetzt nur noch zu wissenschaftlichen Forschungszwecken, zu Lehrzwecken oder zur Zucht in Gefangenschaft ausgestellt werden dürfen. Das bedeutete einen großen Schritt in Richtung der Abschaffung von Dephinarien, doch es dauerte nicht lange, da hatte die Industrie genügend Schlupflöcher gefunden, um Tiere ihrer Shows ersetzen zu können. 1985 wurde der für die Überwachung des Wildtierhandels in Europa zuständige EG-Beamte, Dr. Willem Wijnstekers, gefragt, wie sich die neue EG-Verordnung auf die Delphinarien in den Mitgliedsstaaten auswirke. Er erklärte, daß »es Beweise dafür gibt, daß die Delphinarien jetzt ganz schnell erzieherische Pakete schnüren, nur damit sie im Geschäft bleiben können«.

Darauf dressiert, Walzer zu tanzen, »Flipperball« zu spielen, riesige Sonnenbrillen und Strohhüte zu tragen, sich die Zähne putzen zu lassen und ein Kind in einem Schlauchboot im Becken herumzuziehen – mit nur geringen Abweichungen sind die Kunststücke in der ganzen Welt gleich, trotz des vielbeschworenen »pädagogischen Werts« dieser Vorstellungen. Im Holiday Park in Hassloch zogen die Delphine statt eines Kindes einen kleinen Schimpansen mit Schwimmweste im Becken herum. In wärmeren Gebieten – zum Beispiel bei Adriatic Sea World in Riccione, Italien, oder im Pleasuramas Marineland auf Mallorca – tritt in der Vorstellung vielleicht auch eine Frau im Bikini auf, die auf zwei Delphinen »Wasserski fährt«. Es gibt bei der Art der Vorführungen auch keinen großen Unterschied zwischen den reicheren Einrichtungen, wie zum Beispiel Mike Riddells Antibes Marineland im Süden Frankreichs, und denen, die gar nicht verheimlichen, daß sie reine Show-Unternehmen sind, wie Franco Carrinis Florida Dolphin Show in Gardaland in Italien.

29 Kleiner Höhepunkt im großen Geschäft: Ein Delphin hat eine übergroße Sonnenbrille zu tragen. So ähnelt er einem Menschen. **Über das wirkliche Wesen der Delphine machen sich die Besucher derartiger Veranstaltungen kaum ein Bild.**

Die Spezialität des Cheftrainers Jon Kershaw in Antibes Marineland ist es, auf den Nasen von zwei Delphinen mit »fast 30 Kilometern pro Stunde« aus dem Wasser geschleudert zu werden. Carrinis Kunststück funktioniert praktisch genauso, allerdings mit nur einem Delphin. Alle Shows laufen nach dem gleichen Muster ab. Zunächst setzt laute Popmusik ein, während das Publikum noch durch die Sitzreihen strömt, um seine Plätze zu finden. Die Delphine werden sichtbar nervös und aufgeregt, springen aus dem Wasser und drehen unter Wasser schnelle Runden. Die Musik wird eigentlich gar nicht für das Publikum gespielt, sondern sie gehört zu einer Art Pawlowscher Konditionierung, die hungrigen Delphine assoziieren mit der Musik Futter, und die Aufmerksamkeit der Tiere wird darauf gelenkt, daß die Vorstellung bald beginnt.

Im Windsor Safari Park wird von dem Schwertwalweibchen Winnie erwartet, daß es seinen Trainer »küßt«, Trompete spielt und im

Becken mit einer riesigen Plastiksonnenbrille auf der Nase herumrutscht. »Natürlich gibt es da auch einen kommerziellen Aspekt«, räumt Andrew Haworth-Booth ein, der damals leitender Direktor von Windsor war und 1984 im *Observer* zitiert wurde. »Doch wenn es diesen Aspekt nicht gäbe, würde niemand jemals einen Delphin oder Wal zu sehen bekommen. Die Sonnenbrille von Winnie ist nichts weiter als ein Requisit. Ich finde nichts Falsches daran, daß man Delphine und Schwertwale dazu bringt, Kunststücke zu zeigen. Das alles trägt doch nur dazu bei, ihren Reiz zu vergrößern.« Wenn das alles irgendwie an den angeblichen erzieherischen Wert von Motorrad fahrenden Schimpansen, Auto fahrenden Bären und auf dem Seil tanzenden Elefanten erinnert, dann zeigt das nur, wieviel Zeit, Geld und Mühe die Industrie in die Werbung investiert hat. Man mag sich vielleicht über diese Heuchelei und Scheinheiligkeit wundern, doch die »pädagogisch wertvolle« Delphinshow hat ihre Legitimation gefunden, nicht nur durch einige angesehene Wissenschaftler für Meeressäugetiere, sondern auch durch internationale Statuten und nationale Gesetzgebung.

Schon 1973 schrieb John Burton, der spätere Geschäftsführer der »Fauna and Flora Preservation Society«, einer hochangesehenen Gesellschaft für Naturschutz, in der britischen Zeitschrift *Animals:* »Eines der größten Probleme der Delphinarien ist, daß sie alle gewinnorientiert arbeiten, und das merkt man in vielen Fällen. Viele der Vorstellungen sind reiner ›Zirkus‹ und haben absolut keine Beziehung zu den Delphinen als Wildtiere. Zum Beispiel kann man diese Weihnachten zum ersten Mal eine ›Delphinpantomime‹ sehen.« Seitdem hat sich nicht viel geändert und am wenigsten die wiederholte Forderung, es solle in den Delphinarien mehr Belehrung für das Publikum geben, als könnte so etwas die Ausbeutung dieser Tiere irgendwie rechtfertigen. Burton schrieb: »Schon indem man die Aufmerksamkeit der Öffentlichkeit auf die Tiere richtet – indem man zeigt, wie sie sich verhalten und wie sie aussehen – können die Delphinarien dem Schutz der Wale dienen. Aber es könnte noch viel mehr getan werden. Ich würde mir wünschen, daß in den Programmheften steht, daß 250 000 Große Tümmler jedes Jahr in den Netzen von Thunfischfischern ertrinken oder daß der Blauwal, weil er übermäßig gejagt wird, kurz vor der Ausrottung steht; oder etwas über die Methoden, mit denen man größere

Wale tötet. ›Die Öffentlichkeit würde das nicht wollen‹, ist der Hauptgrund, den man dafür anführt, daß man solche Tatsachen nicht veröffentlicht... Aber man sollte es den Menschen trotzdem sagen.« 13 Jahre nachdem dies geschrieben wurde, wiederholte Dr. Margaret Klinowska, Gutachterin bei der englischen Regierung, praktisch diese Gedanken, mit dem Erfolg, daß die neue Gesetzgebung in Großbritannien den Sklavenhandel mit Delphinen nicht etwa verbot, sondern nur hier und da ein paar kosmetische Veränderungen vornahm. So werden nicht nur die gefangenen Delphine und Wale, die Hüte und Sonnenbrillen tragen, lächerlich gemacht, sondern auch die Wissenschaft, Bildung und Arterhaltung – die drei Alibis für die anhaltende Ausbeutung von Walen und Delphinen.

Der Todeskuß

Zweifellos sind sich nur wenige der eifrigen Besucher von Delphinarien der Tatsache bewußt, daß sie dafür bezahlen, Tiere anzuglotzen, die zum frühen Tod verurteilt sind. Während Delphine in der Wildnis lebende Fische fressen, müssen sie im Delphinarium entweder tote Fische fressen oder verhungern. In der Wildnis leben Delphine in Schulen zusammen, in denen verschiedene Generationen wichtige soziale Rollen spielen; im Becken ist diese Gesellschaft auf ein Männchen und seinem Harem reduziert, die Sozialstruktur der Delphine ist verstümmelt und entstellt. In der Wildnis spielt und springt ein Delphin spontan vor lauter Ausgelassenheit und aus purer Freude am Leben; in Gefangenschaft wird das durch Dressur ersetzt – Teil einer aufgezwungenen Uhrwerkroutine.

Die Industrie beharrt auf dem angeblich möglichen Nutzen, den die wissenschaftliche Forschung aus diesem Lernprozeß ziehen kann, hütet aber Daten über Mißgeburten, Todesfälle, Krankheiten und Unfälle gleichzeitig wie Staatsgeheimnisse. Die Delphinarien bezeichnen die Dressuren gewöhnlich als natürliches Verhalten, gleichzeitig wird jedoch mit der für den Zirkus typischen Übertreibung so manches Kunststück als rekordbrechendes Spektakel angekündigt. Noch widersprüchlicher ist, daß kritischen Äußerungen immer wieder mit dem Argument begegnet wird, die Öffentlichkeit solle den Delphin nicht vermenschlichen oder übersentimental reagieren, während die typische Delphinshow immer noch solch natürliches Verhalten wie Twist-tanzen und »Flossen schütteln« zeigt. Jetzt behaupten Vertreter dieses Industriezweigs sogar – wie Wolfgang Gewalt in Deutschland –, daß Delphinarien eine wichtige Rolle bei der Arterhaltung spielen. Doch wenn sie wegen des Fangs von Delphinen kritisiert werden, ist die automatische Entgegnung:»Diese Tiere sind nicht gefährdet.«

Solche Widersprüche gibt es haufenweise. Vielleicht ist der Grund für den fauligen Fischgeruch in Delphinarien nicht die unhygienische Fischküche oder ein toter Delphin auf dem vielbenutzten Autopsie-Tisch, sondern einfach nur die unerbittliche Scheinheiligkeit dieses Industriezweiges. Und dann ist da noch der einfache, blanke Zynismus. Jeder Dresseur und jeder Delphinbesitzer weiß, daß Delphine in Gefangenschaft höchst empfindlich gegenüber ansteckenden Krankheiten sind, die vom Menschen übertragen werden. Sie wissen auch sehr gut, daß einige dieser tödlichen Infektionskrankheiten auf eine scheinbar so harmlose Art auf den Delphin übertragen werden, daß niemand auch nur im Traum dabei an eine Ansteckungsmöglichkeit denken würde. Es wird wohl ein Geheimnis bleiben, wie viele Delphine an einer Kinderkrankheit, an Grippe oder einer einfachen Erkältung gestorben sind. Sicherlich wird man es denen, die gerade eine »Bildungs-Vorführung« gesehen haben, nicht erzählen. Ebensowenig wie dem schüchternen und gleichzeitig faszinierten Kind, das man ermutigt, auf die Bühne zu kommen, und dessen liebevoller Kuß für den Delphin ein Kuß des Todes sein kann.

Von einer Industrie, die soviel zu verbergen hat, zu erwarten, daß sie eine klare, objektive und umfassende Information bietet, wie sie sich die meisten Eltern für ihre Kinder wünschen, zeugt von einer schon nicht mehr entschuldbaren Naivität. Zu solchen »pädagogischen Programmen« gehörten Fakten und Zahlen über Wal- und Delphinbiologie, über das Verhalten und – wie Burton es schon vor langer Zeit vorschlug – die Gefahren, die diese Tiere im Wildleben bedrohen. Aber erwarten wir wirklich von den Delphinarien, daß sie den Mißbrauch, die Todesfälle und das Elend der Delphine und Wale in Gefangenschaft offen mit uns diskutieren?

Nach einer Untersuchung, die im Auftrag der Zoological Society in London durchgeführt wurde, geht weniger als ein Prozent der Befragten in den Zoo oder das Delphinarium, um sich zu »bilden«. Offensichtlich sind sich alle, außer dem Gesetzgeber, darüber im klaren, daß Delphinarien ausschließlich Orte der Unterhaltung sind. Deswegen nutzt jede Diskussion über all die Für und Wider des »Bildungsthemas« nur der Industrie, denn es setzt etwas voraus, was in Wirklichkeit gar nicht vorhanden ist.

Die Wissenschaft – deren ethische Maßstäbe oft viel zu wünschen übriglassen – betrachtet Wale und Delphine in Gefangenschaft seit langem mit einem nüchternen klinischen Auge. Die große Mehrheit aller Forschungsprogramme – im allgemeinen schwache Vorhaben mit starker Alibifunktion – dient eigenen Interessen und nur manchmal am Rande dazu, die Lebensbedingungen der Tiere zu verbessern und somit auch das Investitionsrisiko der Industrie zu vermindern. Gelegentlich werden in Zusammenarbeit mit örtlichen Universitäten abgehobene Forschungsarbeiten, die reich an Fachvokabular, aber arm an greifbaren Ergebnissen sind, durchgeführt – eine Sache, die dem Delphinarium ein gutes Stück Glaubwürdigkeit verschafft, und sogar einen akzeptablen Vorwand für weitere Delphinimporte.

Und dann gibt es da noch die Wissenschaft, die der Industrie ein Greuel ist, weil sie im Laufe der Jahre dazu beigetragen hat, die physischen und psychischen Entbehrungen der Tiere in Gefangenschaft offenzulegen. Der mögliche Einfluß solch wissenschaftlicher Erkenntnisse auf die Gesetzgebung ist jedoch weiterhin gering. Nicht nur weil sich wirtschaftliche Interessen gewöhnlich lauter zu Wort meldet als die Ethik, sondern auch weil die einflußreichsten Wissenschaftler für Meeressäuger ihre ganze Karriere der Tatsache verdanken, daß sie die entstellte Karikatur eines Delphins in Gefangenschaft erforschen können. Das bringt uns schließlich zu den makaberen Experimenten, die in Forschungslaboratorien in der ganzen Welt mit hilflosen, gefesselten Delphinen durchgeführt werden – ein Delphin mit freigelegtem Gehirn in einem Labor in Paris zum Beispiel, wo unter dem »Operationstisch« eine Plastikwanne steht, um das Blut aufzufangen; oder Delphine, die lebend präpariert werden – ein Prozeß, den man im Englischen »vital profusion« nennt. Da Delphine sehr schwer zu narkotisieren sind, weil sie bewußt atmen, wurden schon so manchem Elektroden in seinen Schädel gehämmert, während er vollkommen bei Bewußtsein war. Doch Vivisektion an Delphinen findet nicht nur in diesen anonymen städtischen Stahl- und Betonbauten statt, wo so mancher Wissenschaftler vergeblich versucht, der Natur auf die Spur kommen. In den späten siebziger Jahren gab es in den USA immer mehr Forschungsabteilungen, die den größeren Delphinarien direkt angeschlossen waren. Das hatte nicht nur Steuervorteile, sondern sorgte auch für größeres Ansehen. Trainer wie Scott Rutherford, der damals im Sea Life Park in Hawaii arbeitete, befürchteten, daß Delphine als »totes Stück Fleisch« in diesen heruntergekommenen Labors enden würden, mit Elektroden und nicht sterilen Kanülen, die man in die Gehirne dieser Tiere treiben würde – Forschungen, die von Dr. John Lilly eingeführt wurden, der später der Liebling der New Age Bewegung in den USA werden sollte. Leider sind diese düsteren und mittelalterlichen Tage noch lange nicht vorüber, wie Willem Wijnstekers von der EG bestätigt: »In einer Reihe von Mitgliedsländern werden wissenschaftliche Programme mit Delphinen durchgeführt. Ja, dazu gehören auch Experimente mit Vivisektion.«

In Gefangenschaft geboren

Was das letzte der drei großen Alibis des Gesetzes angeht, die »Kunst der Aufzucht von Walen und Delphinen« – deren Fehlen John L. Adams schon 1972 beklagte – so ist man kaum weitergekommen. Für die meisten Ozeanarien war das ganz einfach aus Kostengründen nie machbar. Schon 1977 kam ein Bericht von Spezialisten zu dem Schluß, daß die zweite Generation von Delphinen in Gefangenschaft mehr als eine Million US-Dollar kosten würde, wenn man mit einer Kolonie aus einem Männchen und zwölf Weibchen beginnen würde. Auch die meisten der reicheren Ozeanarien in den USA und Japan haben nur Lippenbekenntnisse abgelegt, wenn es um die Zucht in Gefangenschaft ging. Zum Teil auch deshalb, weil sie ihr Zirkusimage gern gegen das Image eines angeseheneren wissenschaftlichen Meereszoos eintauschen würden. Statt nun aber lebensfähige Zuchtkolonien für eine Art zu schaffen und ihre Einrichtungen so zu verbessern, daß sie den sozialen Bedürfnissen dieser Tiere entsprechen, machen sie sich daran, den schon lange überholten Tierschauen des frühen zwanzigsten Jahrhunderts nachzueifern, mit Hauptaugenmerk auf Größe und Bandbreite der Tiersammlung, und ergänzen ihre Meeressäuger-Ausstellungen mit Robben und Pinguinen. Japan hat mit Gill Tümmlern und Rissodelphinen herumexperimentiert, während Südafrika den Großen Tümmler aus dem Indischen Ozean und den Dunklen Delphin hielt. Voller Pioniergeist haben die USA den Amazonasdelphin, den Commerson-Delphin, den Pazifischen Weißseitendelphin ebenso wie Belugawale, Grindwale und den Gewöhnlichen Delphin ausgestellt. Während Pilleri eine Todesrate von 90 Prozent bei Neugeborenen anführt, behaupten Befürworter der Industrie, daß die Richtlinien sich ja verbessert hätten, und daher auch die Überlebenszahlen von neugeborenen Delphinen. Das mag für die USA gelten, aber in der restlichen Welt sind die Zahlen immer noch düster.

Die erste Geburt in Gefangenschaft fand 1914 im Brighton Aquarium statt. Es war ein Kleintümmler, den man aus einem Fischernetz »befreit« hatte. Das Kalb – dessen Zeugung, wie auch heute noch bei so vielen Geburten in Gefangenschaft, noch in der Freiheit stattgefunden hatte – starb sofort. Dieser unglückliche Vorfall leitete förmlich eine Epidemie von Fehlgeburten, Totgeburten und hoher Sterblichkeit von Kälbern in den Delphinarien der ganzen Welt ein, die sowohl von Verhaltensstörungen der Tiere als auch von der Inkompetenz und Unerfahrenheit der Angestellten herrührte. Von 1965 bis 1986 wurden nach dem *International Zoo Yearbook* 134 Delphine verschiedener Arten in der ganzen Welt in Gefangenschaft geboren, von denen 106 starben.

Manchmal ist die Versuchung, die Öffentlichkeit mit einer »Phantomschwangerschaft« zu täuschen, unwiderstehlich. Eine Tatsache, die von Dr. Margaret Klinowska in ihrem von der Regierung in Auftrag gegebenen Bericht *A Review of Dolphinaria* bestätigt wird: »...›Schwangerschaft‹ deckt manchmal auch andere Gründe dafür, daß ein Tier nicht auftritt«, bemerkt sie boshaft, »zum Beispiel: wenn der Delphin woanders gebraucht wird, wenn ein Delphin nicht ausgetauscht werden kann, wenn er krank oder verstorben ist.« Professor Paul Schauenberger bleibt angesichts derartiger

Kritik unbeeindruckt. Bis zum heutigen Tage, so behauptet er, wurden ungefähr 180 Delphine in Gefangenschaft geboren, und die Überlebensraten haben sich entschieden verbessert, so daß die besten Delphinarien in den USA ihre Nachfrage bald selbst decken können. Das mag für den wilden Delphin als Art eine gute Nachricht sein, aber trotzdem trägt das wenig zum Schutz des einzelnen Tieres bei. Eine der möglichen Gefahren der Zucht in Gefangenschaft liegt darin, daß der Handel mit den Tieren nicht länger den internationalen Bestimmungen über den Handel mit gefährdeten Arten unterliegt. Und die haben zumindest den gröbsten Mißbrauch einschränken können.

Nach einer unerklärlichen Logik sind die in Gefangenschaft geborenen Tiere noch schlechter dran als die in der Wildnis gefangenen. Die Tiere der zweiten Generation – weder sie noch ihre Eltern haben jemals das Meer oder den Ozean kennengelernt – werden, wenn man die Industrie läßt, schließlich nicht mehr Rechte haben als ein Huhn in einer Legebatterie oder ein Schwein in einer Maststation.

Große Fortschritte in der Aufzucht und Züchtung, so schließt Schauenberger – trotz eines peinlichen Mangels an Beweisen – leiten eine vielversprechende Zukunft für die Industrie ein. Ganz ähnlich wie die Katze, der Hund, das Schwein, das Schaf und die Ziege vor mehreren tausend Jahren domestiziert wurden, wird heute der Delphin gezähmt und vom *Homo sapiens* domestiziert. So verkündet der »visionäre« Professor blauäugig: »Es gibt keinen überzeugenden Grund dafür, Experimente zur Zähmung neuer Tierarten zu verhindern... Irgendwann in der Zukunft werden wir Meeresfarmen haben, in denen der Mensch Fische zum eigenen Konsum züchtet. Dann werden die Delphine eine wichtige Rolle spielen. Sie werden, wenn wir das wünschen, die Schäferhunde der Meere sein!«

Selbst wenn man solch melodramatische Phantasien einmal außer acht läßt, können Anzeichen, daß die Industrie auf dem Rückzug ist, sehr leicht täuschen. Es wäre wahrscheinlich treffender, zu sagen, daß sie nach einigen Jahren der intensiven Belagerung jetzt ihre zukünftigen Strategien erarbeitet, zuversichtlich, daß sie mit einer Mischung aus Täuschung und politischen Beziehungen den EG-Rats-Bestimmungen 3626/82 entsprechen werden. Kein Zweifel, daß die Industrie fest damit rechnet, daß sie einer rigoroseren Tierschutzgesetzgebung genausogut standhalten könnte. Einige Delphinarien werden vielleicht aufgeben müssen, die Industrie als Ganzes wird überleben, allerdings nicht ohne skrupellose Strategien. Ein Teil der Strategie zielte darauf ab, die Verordnung 3626/82 abzuschaffen. Hinter den Kulissen protestierte die europäische Delphinindustrie und beschwatzte jede einflußreiche Persönlichkeit, um die Behörden davon zu überzeugen, daß die Bestimmungen sie erstickten und verhinderten, daß »angesehene« Delphinarien Zucht- und wissenschaftliche Forschungsprogramme aufstellten, und die weniger angesehenen Unternehmen daran hinderte, in neue Einrichtungen zu investieren. Den Druck, den man ausübte, um die Delphine von Annex C 1 auf Annex C 2 runterzustufen, bekam man zunächst in den Niederlanden zu spüren – wo damals auch die Heimat der Delphinindustrie-Lobby, der EAAM, war – und in Großbritannien, der Heimat des EAAM-Präsidenten David Taylor. So kam es, daß am 7. April 1987, Dr. B. M. Lensink, 2. Vorsitzender der niederländischen CITES/EG-Wissenschaftsbehörde an Claus Stuffmann von der Europäischen Kommission schrieb, daß 15 Arten der Delphine und Wale – an der Spitze unerklärlicherweise der Große Tümmler und der Schwertwal – »nicht als von der Ausrottung bedroht angesehen werden können«, und die niederländischen wissenschaftlichen Behörden schlugen vor, sie auf Annex C 2 runterzustufen. Ein vertraulicher Vorschlag, der in die gleiche Richtung ging, wurde »von einem Text von Dr. Margaret Klinowska übernommen« und im August 1988 den englischen CITES-Wissenschaftsbehörden vorgelegt. Etwas später im selben Jahr entschied sich die einflußreiche wissenschaftliche EG-CITES-Arbeitsgruppe, dem Ministerrat die Abstufung der Wale und Delphine gemäß den Vorschlägen von Lensink zu empfehlen. Da vor allem in Großbritannien gerade eine Welle der Sympathie für das Schicksal der gefangenen Delphine durch die Öffentlichkeit ging, kann man sich vorstellen, mit welcher Geheimniskrämerei solche hinter den Kulissen stattfindenden Manöver durchgeführt wurden. Dieser Schritt hätte zur Folge gehabt, daß die Delphine praktisch wieder völlig ungeschützt der Brutalität und Skrupellosigkeit des Handels ausgeliefert worden wären. Als Appendix-

II-Tiere stünde nicht einmal »pädagogischer Wert« im Wege. Pier Lorenzo Florio, Direktor der italienischen Zweigstelle von TRAF-FIC, sagt: »Selbst jetzt haben wir noch alle Hände voll zu tun, die Legitimität der Industrie und ihre Achtung oder Mißachtung des Tierschutzes zu prüfen. Sollten diese Maßnahmen tatsächlich ergriffen werden, wird das dem Handel mit diesen Tieren Tür und Tor öffnen, und wir hätten keine gesetzlichen Mittel mehr, die Flut aufzuhalten.«

Die weltweit operierende Industrie

Der amerikanische Traum

Seit die Nachkommen der *Pilgrim Fathers* in ihren Planwagen die Neue Welt und seine Ureinwohner mit Bibel und Gewehr eroberten, gehört dieses Wechselbad zwischen Träumen und Realität zur amerikanischen Psyche. Konfrontiert mit einer unbekannten und angstmachenden Wildnis, sehnten sich viele dieser ersten Siedler nach Bequemlichkeit – trotz aller zur Schau gestellten Tapferkeit. Sie lebten von den Mythen und Heldengeschichten und träumten von einer goldenen Zukunft. So entstand dieser merkwürdige, paradoxe amerikanische Traum – ein weiches, süßes Etwas mit hartem Kern, eine verführerische Illusion, die die harte Wirklichkeit umgibt, ein moralischer Altruismus, der nur allzuoft die erbarmungslose Konkurrenz um Reichtum und Erfolg verschleiert. Diese unstillbare Leidenschaft nach Illusionen existiert auch heute noch, und zwar überall; der Grund liegt in den alltäglichen Entbehrungen, der Monotonie am Arbeitsplatz, dem Streß des täglichen Konkurrenzkampfs.

In den USA wurden diese Illusionen zuerst zu einer Art nationalen Institution, sie wurden massenhaft produziert, um eine hungrige Welt zu füttern. Hier entstand diese einmalige Synthese aus Kommerz und Phantasie, wie sie sich in der »Hollywood Traummaschine« und den grenzenlosen Wundern von Disneyland zeigt. Kein Wunder, daß die Vorstellung von glücklichen Delphinen in winzigen Betonbecken hier einfach ein Erfolg werden mußte.

Der Pionier des Delphinariums der heutigen Form war der Zirkusimpresario P. T. Barnum, der 1860 in seinem New Yorker Abnormitätenmuseum Weiße Wale ausstellte. Wie die meisten seiner anderen »Ausstellungsstücke« waren auch die »Meerjungfrau«-Wale nicht mehr als ein Reklamegag. In winzige Metallbecken gesperrt, trug ihr schneller Tod noch zu ihrem Zauber und ihrer Mystik bei. Barnums Versuchen in der Wal- und Delphinhaltung folgten die der Marine Studios des Marineland in Florida, die, ebenfalls unter dem Vorwand der Bildung für die Öffentlichkeit 1938 begannen, kleine Zahnwale zu halten. Doch erst der 1962 gezeigte, zweitklassige Film *Flipper*, Regie: James B. Clark, mit Chuck Conners und seinem vom Miami Seaquarium engagierten Delphin, brachte den Durchbruch, dieser Film löste einen Nachfrageboom aus. Der Film, eine zweifellos schlechte Produktion, wurde nur durch einige attraktive Auftritte des Delphins gerettet. Er war »Adolph Frohn gewidmet, der vor 13 Jahren den ersten Delphin trainierte«. Das war in den Marine Studios in Florida. Obwohl der Film eine typische Hollywood-Illusion ist, verurteilt der Film mit beißender Ironie unabsichtlich die Vorstellung, man könne Delphine und Wale in Gefangenschaft halten. Als der 12jährige Sandy Ricks einen verwundeten Delphin findet, der an der Küste Floridas gestrandet ist, ist sein erster Gedanke, den Delphin an sein Skiff anzubringen, zu seinem am Wasser gelegenen Elternhaus zu bringen, gesundzupflegen und dann Delphinshows für die Kinder der Umgebung zu zeigen. Doch das Kernstück der Geschichte ist, daß *Flipper* freigelassen wird, weil Sandys strenger, aber fürsorglicher Papi, ein einfacher Fischer, der von dem ehemaligen Hollywood-Revolverhelden Chuck Conners gespielt wird, darauf besteht. Zunächst bricht ihm der Abschied das Herz, doch schon bald nimmt der Junge seine Beziehung zu *Flipper* wieder auf – diesmal in dem natürlichen Lebensraum des Delphins. Doch diese unbequeme Diskrepanz zwischen Realität und Phantasie entging sicher der Aufmerksamkeit des Filmpublikums, zumal der Film vorwiegend von Kindern gesehen wurde. Nur wenige haben wahrscheinlich die Wunden unter den Flossen des Delphins bemerkt, die von unvorsichtiger Behandlung beim Transport herrührten.

Der Film wurde ein derartiger Kassenschlager, daß Fernsehserien folgten, in denen noch unglaubwürdigere Abenteuer mit dem

Delphin gezeigt wurden. *Flipper*, der Hollywood-Star, überragte *Fury*, den schwarzen Hengst, und *Lassie*, den Collie, in den Herzen und Köpfen der Kinder. Dieser ganze Kitsch beflügelte natürlich auch die aufkommende Delphinindustrie. Das belegen die Hunderte von neu gefangenen Tieren, die man »Flipper« taufte. Die Todesfälle der Delphine waren nur allzu leicht zu vertuschen, erinnert sich Doug Cartlidge: »Wenn einer starb, wurde irgendwo ein anderer gekauft, in das Becken gesetzt und ›Flipper‹ genannt.« Die ganze Sache wurde bald international vermarktet, das Konzept der »Flipper-Show« wurde mit allem, was es hergab, zu Geld gemacht – Flipper-T-Shirts, Flipper-Schwimmflossen, Flipper-Badelaken. Neue Delphinshows schossen überall wie Pilze aus dem Boden, und da der Fang oder die Haltung in noch so primitiven Einrichtungen nicht verboten war, war das einzige Problem die konstant große Nachfrage zu befriedigen. Wie so häufig, wenn riesige Geldmengen auf dem Spiel stehen, steckt hinter dem amerikanischen Traum eine schmutzige amerikanische Realität: hinter den Plakatwänden der fahrenden Delphinshows, auf denen lächelnde Delphine zu sehen waren, wurden die Tiere so erbarmungslos ausgebeutet, daß sie massenhaft starben. Denn ihr ganzes Leben war auf nichts weiter reduziert, als die Haifischmünder der Registrierkassen dieses Industriezweigs zu füllen.

Wie bei jedem Goldrausch zog auch dieses Geschäft die unterschiedlichsten Menschen an – von Strandjungen über Profi-Ringer, Trapezkünstler, Fischer, Anlageberater zu New-Age-Anhängern. In dieser Subkultur gab es auch kriminelle Elemente, sogar mafiaähnliche Organisationen. Angeblich soll ein Delphinhändler sein totes Showtier mit Kokain gefüllt und von Südamerika nach Europa geschmuggelt haben. Den Zollbeamten versicherte er, daß das Tier nur »betäubt« sei.

Gerade im Delphinhandel wurden damals viele unseriöse Firmen auf eine zweifelhafte Chance hin gegründet. Doch sobald der Geldfluß und der Nachschub mit Delphinen versiegte, verschwanden diese Firmen wieder von der Bildfläche. Rudolph Jäckle, er war in Südafrika Delphinfänger während des Booms, sagte: »Nachdem der ›Marine Mammal Act‹ 1972 (Gesetz zum Schutz der Wale und Delphine) in Kraft getreten war, wurde es schwieriger – man konnte Delphine nicht mehr einfach wie Würstchen kaufen, wenn

Sie verstehen, was ich meine. Vor 1972 konnte man nach Amerika fahren und jeden beliebigen Delphin kaufen.«

Die meisten Delphinfänger ließen sich in den Keys von Florida nieder, um die Zirkusse und Vergnügungsparks in der ganzen Welt mit Tieren zu versorgen – Männer wie Jerry Mitchell, der die Marine Productions International Corporation gründete und während der Blütezeit in den späten sechziger Jahren einen Großteil Europas mit Delphinen versorgte. Oder Unternehmer wie Harvey L. Hamilton –»Delphinfänger und -trainer« mit »elf Jahren Erfahrung«, der auch heute noch Besitzer und Direktor der Floridas Ocean Attractions Inc. ist. Damals war der Delphinhandel, einschließlich der Im- und Exporte, so sehr damit beschäftigt, mit der Nachfrage Schritt zu halten, daß keine genauen Unterlagen über Todesfälle und den Ersatz von Delphinen geführt wurden. Statt dessen erkannte man schnell, daß das Überleben dieses Industriezweigs von dem ungetrübten Glauben der Öffentlichkeit an das Wohlbefinden und lange Leben der Delphine abhängig war. Mit Geheimhaltung und Täuschung wurde die einträgliche Lüge aufrechterhalten. Tatsächlich war das Ganze eine Fließbandindustrie mit Massenproduktion und -konsum, mit Händlern, denen Schwangerschaften, Mutterschaften, Krankheiten oder Zusammenbrüche bei den Tieren egal waren. Sie wurden einfach gefangen, so kurz wie möglich irgendwo zwischengelagert und dann versandt.

1967 exportierte Jerry Mitchell zum Beispiel sogar ein Weibchen mit ihrem Kalb von Key Largo nach Wales in eine Saisonvorstellung. Man versuchte, der Mutter gewaltsam Milch abzuzapfen, doch diese Versuche scheiterten, und das Kalb starb schon nach zwei Tagen. Noch acht Jahre später und trotz der Behauptung der Industrie von freiwilliger Selbstkontrolle und ständiger Verbesserung ihrer Methoden, gab der Forscher W. A. Walker bei den Fängen in Florida eine Todesrate von 40 Prozent an. Was diese hohe Todesrate bedeutet, wird deutlich, wenn man sich vor Augen führt, daß 1976 286 Große Tümmler und 17 Schwertwale alleine in den USA in Gefangenschaft lebten, neben 54 Individuen anderer Walarten. Die Geschichte von Schwertwalen in Gefangenschaft begann 1961, als das Marineland in Kalifornien ein verlassenes, ausgewachsenes Weibchen fing, das sich offensichtlich in den Hafen von Newport verirrt hatte. Es überlebte nur zwei Tage, aber es markierte den Anfang einer neuen Modeerscheinung –»Mörderwale« in Gefangenschaft. Vom November 1961 bis März 1976 wurden in amerikanischen Gewässern 303 Schwertwale lebend gefangen, sagt Professor Paul Schauenberger. 237 davon wurden wieder freigelassen, 56 wurden in Gefangenschaft gebracht und zehn starben während des Fanges oder beim Transport.

Der amerikanische Händler und Showman James W. Tiebor nutzte die »Flipperwelle« am geschicktesten, er war der erste, der Delphine von Florida nach Europa verschiffte, um sie 1966 dort auszustellen. Die exotischen Ausstellungsstücke fanden so großen Anklang, daß Tiebor bald Delphine in ganz Europa herumkutschierte, zu Ausstellungen, Landwirtschafts- und Handelsmessen. Die Todesfälle, die Entbehrungen und die Brutalität, die die Delphine in solchen fahrenden Vorstellungen erlitten, sind in den Augen einer Industrie, die diese Tiere nicht als Lebewesen, sondern als frei zur Verfügung stehende Bedarfsgüter mit begrenzter Haltbarkeit betrachtet, nicht mehr als kleine Unannehmlichkeiten. Die Delphine erlagen regelmäßig irgendwelchen Krankheiten, hatten Verletzungen oder brachten sich selbst um; doch Ersatz – häufig auf denselben Namen getauft, wie ihr Vorgänger – war nicht teuer und in den USA, in Südamerika und Südafrika leicht zu bekommen. Auf dem Höhepunkt in den sechziger Jahren herrschte eine fast euphorische Stimmung in der Delphinindustrie – alles schien möglich, der amerikanische Traum Wirklichkeit. Das Ergebnis war Selbsttäuschung und die Unfähigkeit zu erkennen, wo die Show-Illusion beginnt und wo sie aufhört. Häufig wurde das Leiden der Tiere nicht einmal bemerkt, und das ist vielleicht das Traurigste an der ganzen Sache.

Mit der Einführung strengerer gesetzlicher Regelungen der Fangpraktiken setzte eine Rezession für die Delphinindustrie ein, mit der Folge einer schweren Vertrauenskrise. Die Delphin-Cowboys, für ihre Großspurigkeit und Eitelkeit berühmt, waren verzweifelt, was sowohl alkoholisierte Schlägereien in Bars als auch illegale Fang- oder Schmuggelaktionen zur Folge hatte. Trotzdem – für den kleinen Unternehmer waren die Zeiten des fast uneingeschränkten Gewinns für immer vorbei. Die nicht ganz so gut dastehenden schwarzen Schafe unter den Delphinhändlern mußten leider feststellen, daß ein gesundes Bankkonto und die richtigen Verbindungen für das Ansehen einer Firma und das Selbstvertrauen, ganz zu schweigen vom geschäftlichen Überleben, Wunder vollbringen. Wie das Sprichwort schon sagt: Nichts ist so erfolgreich wie der Erfolg. Die größeren Unternehmen, mit besserem Management und längerer Kapitaldecke schluckten die kleineren Konkurrenten. Ihre Geschäftsführer stehen mit den Reichen, mit Bankiers und Politikern auf du und du. Deshalb findet man heute noch die Namen der bekanntesten Delphincowboys der sechziger Jahre in diesem Industriezweig – in schicke Anzüge gekleidet, sind sie jetzt Manager von Delphinarien und Vergnügungsparks, deren Ansehen auch schon angekratzt ist – eine Potemkin'sche Fassade, hinter der die gleiche alte Tretmühle von Ausbeutung, Tod und Ersatz von toten Tieren zu finden ist. Man muß wohl sagen, daß die härteren Gesetze zusammen mit der menschlichen Schwäche für Schönrederei und Täuschung unabsichtlich dazu beigetragen haben, daß diese Leute zu allgemeinem Ansehen gekommen sind. Heutzutage wird das Fangen von Delphinen als »wissenschaftlich begründet« und »human« bezeichnet, und die lebenslange Gefangenschaft dieser Tiere im Namen der Bildung der Jugend und der wissenschaftlichen Forschung als gerechtfertigt angesehen.

Vergleichsweise wenige spezialisierte Delphinfänger haben es geschafft, zu überleben. Und mit ihren Bundesgenossen in Japan, Zentral- und Südamerika, Neuseeland und Australien bedienen sie die ständige Nachfrage der weltweiten Industrie nach Delphinen. Dazu gehörte auch die International Animal Exchange, mit Sitz in Ferndale, Michigan, die vielleicht das größte Unternehmen der Welt ist, das sich auf den Handel mit exotischen Arten spezialisiert hat und Delphine an eine Vielzahl von Unternehmen in den USA und Europa liefert. In Key Largo, Florida, immer noch die Basis für viele Delphinfangaktionen, gibt es Dolphins Plus Inc., eine Firma, die von Lloyd A. Borguss geleitet wird. Ein weiterer bekannter Händler, Mobi Solangi, fängt nicht nur Delphine im Golf von Mexiko, sondern er unterhält auch eine Reihe von fahrenden Delphinvorstellungen. Ebenfalls in den Keys ist Dolphin Services International angesiedelt, das von Dr. Jay C. Sweeney geleitet wird, der sich selbst als »Tierarzt für Meerestiere für internationale Kunden und Sammler von Delphinen und Walen seit 1971« bezeichnet.

Sein befreundeter Direktorkollege, der gleichzeitig Kapitän der *Dolphin Doll* ist, eines der Schnellboote, mit denen Delphinschulen bis zur Erschöpfung gejagt werden, ist Gene Hamilton, ein »kommerzieller Fischer seit 1940 und anerkannter Delphinsammler seit 1964«. Einer von Hamiltons regelmäßigen Kunden ist die US-Marine mit ihrem jährlichen 30-Millionen-Dollar-Programm mit Delphinen und Walen. Im Verkaufsprospekt dieses Unternehmens wird den Interessenten ein professioneller Komplett-Service zugesichert, mit »persönlicher Betreuung«, einschließlich der »Vorbereitung von US-Genehmigungen« und »Vereinbarungen für den Transport: Transporter und Tragen, Logistik und schnelle Weiterleitung vom Miami International Airport an andere Orte«. Nur »Qualitätsdelphine« werden zum Verkauf angeboten, nachdem sie von einer »erfahrenen und vorsichtigen Crew« gefangen worden sind. Als wollten sie den Kunden beruhigen, heißt es weiter: »Gesunde, wache Delphine; herrliche Showqualität«; »Wir liefern nach Ihren Größen- und Geschlechtswünschen«; Anpassungsgehege in kristallklaren, natürlichen Ozeanlagunen«, in den Florida Keys; »Delphine, die daran gewöhnt sind, erstklassigen Fisch aus der Hand zu fressen«. Und natürlich, nur für den Fall, daß der Delphin, den Sie gekauft haben, doch nicht so gesund und wach ist, gibt es eine »90-Tage-Ersatzgarantie«.

Trotz einiger Verbesserungen ist der Fang von Delphinen immer noch genauso brutal, auch wenn die Ausgaben inzwischen enorm sind. Die meisten Delphine werden immer noch in den Küstengewässern des Golfs von Mexiko und in der Karibik gefangen. Heute, wo Zeit Geld bedeutet, wird eine Delphinschule zunächst aus der Luft lokalisiert. Dann werden mit Netzen ausgerüstete Boote mit starken Motoren eingesetzt, die die Delphinschule bis zur Erschöpfung jagen. Langsam aber sicher verlieren die Delphine durch das Brummen der Motoren die Orientierung, weil es die Sonarkommunikation unterbricht. Die verängstigten Tiere schwimmen schließlich in einem immer kleiner werdenen Kreis. Wenn man dann die Netze hochzieht, findet man vielleicht schon die ersten Opfer: Delphine, die sich verfangen haben und ertrunken sind oder sich verletzt haben, als sie versuchten zu entkommen. Manchmal reißen sie sich eine Flosse ab, wenn sie wie wild um sich schlagen. Dann kommt der anstrengende Teil. Die ausgewählten Tiere müssen an

Bord gehievt werden – selbst unter günstigsten Umständen eine schwierige und umständliche Prozedur, und so mancher Delphin muß mit schweren Lähmungen ins Wasser zurückgeworfen werden, nachdem seine Wirbelsäule verletzt wurde. Die Boote fahren dann zurück an Land, sie lassen Säuglinge zurück, die ohne fürsorgliche Mutter sterben werden, verletzte Delphine, die von ihren Artgenossen an die Wasseroberfläche gehalten werden, vielleicht tagelang, bis sie ihren letzten Atemzug tun. Die gefangenen Delphine erleiden ein ähnliches, nicht beneidenswertes Schicksal. Wenn sie dann in die Akklimatisationsgehege überführt werden, fangen die Tiere, die immer noch unter Schock stehen und mit Vitaminen, Antibiotika und Beruhigungsmitteln gestärkt werden, sofort an, sich zu Tode zu hungern. Damit nun diese lukrative Investition nicht gleich wegstirbt, werden häufig Mundsperren zur Zwangsernährung eingesetzt; nur langsam kann man sie dazu bringen, ihren instinktiven Widerwillen gegen das Fressen von toten Fischen zu unterdrücken.

Auch wenn das auf Wal- und Delphinfang spezialisierte Geschäft lange nicht mehr das ist, was es einmal war, Delphine und Wale sind immer noch so gefragt, daß die Leiter von Ozeanarien manchmal eigene Fangaktionen verstärken – entweder, um ihre eigenen Vorräte wieder aufzufüllen, oder um an andere Unternehmen zu verkaufen. Dazu gehören auch Leute wie Bob Wright und sein Sealand in Victoria, British Columbia, der für seine Fänge von Schwertwalen traurige Berühmtheit erlangte. Auch in Kanada handelt John Hickes – halb Schotte, halb Eskimo – mit Belugawalen. Die Jagd findet jeden Sommer statt, wenn die Weißen Wale in die wärmeren Gewässer von Manitoba wandern, wo sie in der Flußmündung des Churchill-Flusses ihre Jungen zur Welt bringen. Mit schnellen Motorbooten werden die Wale gejagt und zusammengetrieben. Dabei schlägt das Jagdteam von Hickes gegen die Bootswände, um die Tiere zu verwirren. Wenn ein Wal einmal in niedrige Gewässer getrieben wurde, wird statt eines Netzes ein Lasso über ihn geworfen. Dann springt einer der Fänger auf den Rücken des Tieres und – ganz ähnlich wie Stiere von Zureitern in Texas beritten werden – wird das erregte Tier so lange zugeritten, bis es sich schließlich ergibt. Dann prüfen die Jäger, ob ihr Opfer in Geschlecht, Alter und Größe den Anforderungen entspricht. Wenn es ihnen entspricht, wird es an Land gebracht und in einen rostigen Tank, der nicht viel größer als ein Kinderplanschbecken ist, gepfercht. Die Tiere, die für den Verkauf nicht geeignet erscheinen, werden einfach zurückgelassen. Eine Jagd im Jahr 1989 beschrieb der Journalist Kevin Toolis so:»Manche Tiere, die man zurückläßt, überleben nicht. Sie sterben, verstümmelt von den Booten, von denen sie immer wieder gerammt wurden.« Toolis zitiert Anne Doncaster von der *International Wildlife Coalition*:»Die Jäger lachen und schreien. Man könnte denken, sie hätten den Spaß ihres Lebens. Und sie haben dieses schreckliche Triumphgefühl, wenn sie den richtigen finden. Man könnte meinen, sie hätten den Mount Everest bezwungen, und nicht ein wehrloses Tier gefangen. Sie sagen, sie seien hinter heranwachsenden Tieren her, doch es ist eher wie das Stehlen acht Jahre alter Kinder.«

Hickes zeigte wegen seiner»Zureiterei«jedoch keine Reue.»Wir springen buchstäblich auf den Rücken des Wales und halten uns an ihm mit einem kleinen Stück Seil fest. Früher benutzten wir Netze und Fangschlingen. Das ist gefährlich und bedeutet für den Wal eine extreme Streßsituation. Er kann dabei ertrinken oder sich ernsthafte Schnittverletzungen zuziehen. Beim ›Zureiten‹ gibt es für das Tier ebenfalls einen Streßfaktor. Die Anzahl ihrer weißen Blutkörperchen steigt, aber man kann schwer sagen, wie das ist. Ich bin kein Wal. Ich kann Ihnen nicht sagen, wie er sich dabei fühlt.«

In San Diego, Kalifornien, gibt es das Sea World Incorporated, wahrscheinlich das angesehenste der amerikanischen Ozeanarien. 1973 fing Sea World unter dem Vorwand wissenschaftlicher Forschung zehn Schwertwale, die fünf Millionen Dollar wert waren. Die sich daraus ergebende Kontroverse endete damit, daß ein amerikanisches Gericht dem Vergnügungspark die Fanglizenz entzog – allerdings nicht für lange. 1976 machte sich Sea World wieder daran, Schwertwale zu fangen – dieses Mal vor Washington (dem Bundesstaat), in der Nähe von Seattle. Doch diese Fänge erregten soviel Aufsehen, daß das Ozeanarium gezwungen war, sie wieder freizulassen. Unbeeindruckt stellte Sea World 1983 einen Antrag zum Fang von 100 Alaska-Schwertwalen zu wissenschaftlichen Studienzwecken – unter anderem für Untersuchungen von Lebergewebe, das Ziehen von Zähnen und das Auspumpen des Magens. Gleichzeitig – und wie zufällig – würde man zehn der Tiere wieder

zu Sea World bringen. Obwohl die Genehmigung von den Bundesbehörden erteilt wurde, gab es in Alaska einen öffentlichen Auf-
ruhr. Man hatte allgemein den Verdacht, daß die Forschung nur
ein Vorwand für das kommerzielle Unternehmen war, um an zehn
Schwertwale heranzukommen – noch dazu ganz umsonst. Der
Gouverneur von Alaska wollte sich der Genehmigung durch die
Bundesbehörden nicht anschließen. Und obwohl dies keine rechtliche Bedeutung hätte, wollte selbst ein Unternehmen wie Sea World
nicht die Feindschaft Alaskas auf sich ziehen und gab sein Vorhaben auf. Doch auch dieser Vorfall beendete die Fänge von Walen
und Delphinen durch Ozeanarien nicht. Anfang 1984 versuchte
Sea World, 12 Commerson Delphine – in der Roten Liste der IUCN
als bedrohte Art aufgelistet – aus Patagonien zu importieren. Mindestens fünf dieser Tiere starben kurz danach.

Trotz seines beängstigend klingenden Namens gibt es keine Berichte darüber, daß ein »Mörderwal« jemals ohne Grund einen
Menschen angegriffen hätte. Daher ist das, was 1987 in Sea World
passierte, besonders bezeichnend. Trotz der vielgepriesenen
pseudo-wissenschaftlichen Forschung über die Kommunikation
zwischen Mensch und Wal in den amerikanischen Delphinarien
hatte man offenbar bei keinem der vier Schwertwale, die in dieser
Einrichtung gehalten wurden, eine Vorstellung, warum sie sich
gegen ihre beiden Trainer aufgelehnt und sie fast getötet hatten.
Diesmal konnte der Skandal nicht vertuscht werden, vielleicht deshalb, weil wesentlich mehr als nur die »Rechte der Tiere« auf dem
Spiel standen – die ja, gemessen an »Profiten«, nicht gerade ein
wertvolles Gut sind. Der Journalist Robert Reinhold schrieb im
International Herald Tribune, daß der 21jährige Trainer Jonathan
Smith am 4. März 1987, als er mit den Walen im Becken war, »von
einem männlichen Schwertwal auf den Rücken geschlagen wurde
und daß ein anderer Wal ihn mit dem Maul packte, herunterzog
und auf den Grund des 12 Meter tiefen Beckens schleuderte. Er
erlitt einen Leberriß, schwere innere Blutungen und andere Verletzungen.« Dann, am 21. November, wurde ein anderer Trainer,
der 21jährige John Sillick, angegriffen. Als er eine von Sea Worlds
Attraktionen vorführte – er ritt auf dem Rücken des sechs Tonnen
schweren Schwertwals –, rammte ihn eines der anderen Tiere, und
er erlitt einen Wirbelbruch, Hüft-, Becken-, Bein- und Rippenbrü-

che. Dieser Fall löste eine wahre Informationsflut aus. Man fand heraus, daß es in der letzten Zeit nicht weniger als 14 Unfälle gegeben hatte, bei denen Waltrainer von Sea World beteiligt waren. Doch um Image und Gewinne nicht zu gefährden, hatte man an den Vorstellungen, den Trainingsmethoden oder der Behandlung der Wale nichts geändert.

Damals war Harcourt Brace Jovanovich Inc., das Verlags- und Versicherungsimperium, mit Sitz in Orlando, Florida, das Mutterunternehmen von Sea World. Die Wale von Sea World, so berichtete Robert Reinhold, »sind die Superstars von drei – in Kürze vier – Marineparks, die der gewinnbringendste Teil des Unternehmens sind, das wegen seiner im letzten Jahr auf 2,7 Milliarden Dollar angestiegenen Schulden einen besonders großen Kapitalbedarf hat und letztes Jahr eine Übernahme durch Robert Maxwell, den englischen Verleger, gerade noch verhindern konnte.« Sea World zieht pro Jahr ungefähr vier Millionen Besucher an – Erwachsene müssen 19,95 Dollar Eintritt zahlen und Kinder 14,95 Dollar.

Es war vorauszusehen, daß das Management von Harcourt sehr schnell für eine »Schadensbegrenzung« sorgen würde, um sein Image zu retten und die Öffentlichkeit davon zu überzeugen, daß das Walspektakel eine ideale Familienunterhaltung ist. Und so entließ man die drei leitenden Direktoren von Sea World. Die Verlagsgruppe bestritt die Schuld an diesem Vorfall. Der Gewinnanspruch, den man an das Ozeanarium stellte, habe zu der zusätzlichen Belastung der Wale geführt und die Trainer dazu gezwungen, Risiken einzugehen und Fehler zu machen. Das anormale Verhalten der Wale, so sagt man, wurde besonders deutlich, kurz nachdem Harcourt – die einen Konkurrenten loswerden wollten und Hanna-Barberas Marineland in Rancho Palos Verdes bei Los Angeles übernahmen und schlossen – die Schwertwale dieses Unternehmens, Orky und Corky, nach San Diego verfrachtete, wo sie mit den Schwertwalen von Sea World zusammenleben sollten. Man vermutet, daß besonders die Ankunft von Orky, einem aggressiven Männchen, die Verwirrung in der Sozialstruktur der Tiere verursacht habe und die unerfahrenen Trainer nicht in der Lage gewesen seien, den drastischen Stimmungswechsel im Becken zu deuten. Doch Harcourt bestritt derartige Behauptungen. William Jovanovich übernahm es, trotz der immer heftiger werdenden Kontroverse, das Verlagsimperium aus dem Skandal herauszuhalten und auf die Inkompetenz des Präsidenten von Sea World, des Cheftrainers und des zoologischen Leiters hinzuweisen. »Die Untersuchung unseres Komitees zeigt, daß dort manches vernachlässigt wurde«, erklärte Jovanovich. »Es war kein Aufseher im Park in der Nähe der Becken, wie es eigentlich hätte sein müssen. Es stellte sich heraus, daß drei der Trainer eine derart schlechte Ausbildung hatten, daß es ein Wunder war, daß sie überhaupt die einfachsten Fertigkeiten beherrschten.« Laut *Los Angeles Times* ging Jovanovich so weit, die Trainingsmethoden des Cheftrainers David Butcher zu kritisieren und dessen Philosophie, eine persönliche Beziehung zu den Walen zu pflegen, als groben Fehler zu bezeichnen, der ganz im Gegensatz zu »traditionelleren Methoden von Belohnung und Bestrafung« stehe.

Diese Episode überschattete die ein Jahr dauernden Feierlichkeiten zum 25. Bestehen von Sea World, besonders weil Harcourt plötzlich mit spektakulären und riskanten Kunststücken nichts mehr im Sinn hatte. Die Show mit den Schwertwalen wurde umgestaltet, man ritt jetzt nicht mehr auf dem Rücken eines Wals oder legte seinen Kopf vertrauensvoll in die Walmäuler. Der neue Präsident von Sea World, Robert K. Gault jr., wurde so zitiert: »Wir zeigten einige sehr spektakuläre Kunststücke, die den Wert der Show steigerten, aber wir betonten den unterhaltenden Aspekt zu stark.« Doch erwartungsgemäß wurden die spektakulären Elemente der Show wieder gezeigt, als die Öffentlichkeit sich nicht mehr an den Skandal erinnerte. Sechs Monate später waren die Trainer wieder mit den »Mörderwalen« im Becken, und man ging zur Tagesordnung über. Im September 1988 starb Orky – nur 18 Monate, nachdem er vom Marineland herübergebracht worden war. Der Wal hatte fast nur noch ein Drittel seines ursprünglichen Körpergewichts. Man beschuldigte das Ozeanarium, daß das Tier sich »zu Tode gehungert habe«. Orky war seit 1965 der 14. Schwertwal, der bei Sea World in Gefangenschaft gestorben war.

Die Verhaltensprobleme der übrigen Schwertwale von Sea World wurden immer gravierender. Der Höhepunkt war im August 1989, ein schwerer Schlag für Sea Worlds Öffentlichkeitsarbeit: Damals starb das Schwertwal-Weibchen Kandu, nachdem es während einer Kindervorstellung mit hoher Geschwindigkeit mit ihrer Showpartnerin Corky kollidiert war. Zeugen erzählten, daß das Blut aus der Wunde des tödlich verwundeten Wals mehr als sechs Meter hoch in die Luft spritzte. Sein Kiefer war gebrochen, und Kandu verblutete schließlich, während man geschockte Eltern und Kinder aus dem Stadion führen mußte. Ein Zuschauer berichtete:»Ich sah einen Wal mit einer klaffenden Wunde an der Seite, als wäre er harpuniert worden. Er schnellte mit einem lauten Stöhnen aus dem Wasser. Ich wußte, daß das sein letztes Aufbäumen vor dem Tode war – und dann war da Blut, riesige Mengen Blut. Es verschmutzte das ganze Becken, man konnte das Wasser nicht mehr erkennen. Es war alles nur noch Blut. Die Frauen und Kinder schauten vor Entsetzen weg.« Ein Sprecher von Sea World spekulierte, daß Corky Kandu mit Absicht gerammt habe, weil sie auf die Aufmerksamkeit, die man dem männlichen Schwertwal Namu zukommen ließ, der zu dem Zeitpunkt eingesperrt war,»eifersüchtig« gewesen sei. Dieser Vorfall veranlaßte den Walexperten Erich Hoyt dazu, zu erklären, daß»kein Fall bekannt ist, bei dem ein Mörderwal einen anderen Mörderwal in Gefangenschaft oder in der Wildnis tötete.«

Und so war Sea World wieder einmal gezwungen, seine ganze Erfindungskraft einzusetzen und eine erneute Schadensbegrenzung vorzunehmen. In einem Bericht im *San Diego Union* stand: »Die Direktoren von Sea World ... haben ihre Mitarbeiter offensichtlich angewiesen, die Brutalität dieser ›blutigen Begegnung am Montag‹ herunterzuspielen. ›Das kam, weil zwei der Wale ein bißchen miteinander gespielt haben‹, sagte einer der Kassierer. ›Sie haben nicht gekämpft‹, sagte ein anderer mit einem Lächeln. ›Sie hatten eine kleine Auseinandersetzung‹.« Die endgültige offizielle Argumentationslinie war dann:»Der Ausgang dieses speziellen Falles war tragisch, doch der Vorfall ist typisch für das generelle Verhalten von Schwertwalen, das hatte nichts mit der Gefangenschaft zu tun, oder damit, daß man sie in Vorstellungen präsentiert, oder mit dem täglichen Training der Wale.« Auf die Beschuldigung hin, daß Profite bei Sea World wichtiger seien als das Wohlergehen der Tiere, sagte Jackie Hill, stellvertretende Leiterin der PR-Abteilung:»Sea World schämt sich nicht dafür, daß es ein Unternehmen ist, das Gewinne macht. Wir sind Teil der ökonomischen

Struktur eines freien Landes und geben die Gewinne an unsere Aktionäre weiter.« Darüber hinaus beschrieb sie die Versorgung der Tiere als »beispielhaft« und die Einrichtungen bei Sea World als »auf dem neuesten Stand der Technik«.

Nicht alle Trainer bei Sea World würden ihr jedoch zustimmen. In *The Killing Tanks*, einem Artikel des amerikanischen Journalisten Gary Hanauer, wurde ein ehemaliger Trainer zitiert, der Sea World verließ, nachdem er 1984 bei einem Unfall verletzt wurde. Er erklärte, daß man die Trainer angewiesen habe, »den Tieren Medikamente zu verabreichen, ohne zu wissen, was es war, oder Farbe auf den Stumpf einer amputierten Rückenflosse zu sprühen, damit die Wunde nicht auffiel. Und sie mußten einen toten Wal auf einer Trage hin und her schaukeln, damit es so aussah, als bewegte sich das Tier noch.« Wegen der vielen Tierschutzskandale wurde Harcourt, nach seinem Kampf gegen die Übernahme seines Unternehmens immer noch kapitalhungrig, immer medienscheuer und verkaufte das Unternehmen an die millionenschwere Brauerei Anheuser-Busch, die ihren Sitz in St. Louis, Missouri, hat.

Groß in Mode sind im Moment in Amerika sogenannte Schwimmprogramme, bei denen Delphine an Urlauber auf Hawaii und in Florida eine halbe Stunde für bis zu 65 Dollar pro Person vermietet werden. Der Tierarzt Dr. Jay Sweeney, der selbst Delphine fängt, betreibt seine Ausstellung im teuren Hyatt Regency Hotel in Waikoloa, Hawaii, wo in einer »High-tech-Lagune«, die dem »neuesten Stand der Technik entspricht«, sechs Delphine pro Tag sieben »Begegnungen« mit Hotelgästen haben. Diese neue Form der Unterhaltung ist so lukrativ, daß laut einem Sprecher des National Marine Fisheries Service »am liebsten jedes Hotel in Hawaii einen Delphin in sein Schwimmbecken setzen möchte«. Die Gefahren, die den Delphinen von Krankheitserregern drohen – ganz abgesehen von der Gefahr für die Schwimmer selbst, von Delphinen, die aus Panik wegen der Enge plötzlich aggressiv werden – wurden bisher ignoriert. Die Behörden sind offenbar bemüht, diese florierende Nebenschau zu regulieren, doch sie erweist sich als so beliebt, daß ein Verbot eher unwahrscheinlich ist.

Die offensichtliche Unzulänglichkeit des Gesetzes hatte auch zur Folge, daß der National Marine Fisheries Service – die Bundesbehörde, die das Gesetz zum Schutz der Delphine und Wale durchsetzen soll – in die Defensive getrieben wurde. Nancy Daves Hicks vom *Animal Protection Institute of America* (API) erklärte:»1988 wurden alle mit den Meeressäugern in Zusammenhang stehenden Gesetze überprüft, um festzustellen, ob die Bundesbehörden, die mit der Durchsetzung der Gesetze zum Fang und zur Haltung von Delphinen und Walen betraut sind, wirksam arbeiteten oder nicht.« API entdeckte, so Nancy Hicks, daß»der Genehmigungsprozeß so automatisch und so routinemäßig abläuft, das die Genehmigung nur verweigert wird, wenn eine Einrichtung auffällig schlecht ausgestattet ist oder wenn gegen eine Einrichtung ein Prozeß geführt wird. Von 261 Bewerbern für Ausstellungsgenehmigungen, die zur Überprüfung an die Kommission für Delphine und Wale weitergeleitet wurden, wurden nur acht abgelehnt.«

Südamerika

Mexiko, Argentinien, Venezuela, Guatemala und Kuba – diese Länder spielten für die Delphinindustrie eine zentrale Rolle, als das amerikanische Gesetz zum Schutz der Delphine und Wale in Kraft trat und der plötzliche Nachschubmangel ausgeglichen werden mußte. In Argentinien gab es bis in die frühen achtziger Jahre Avelino H. Cobreros American Fauna, in der Commerson-Delphine für 12 000 Dollar das Stück angeboten wurden. Diese Tiere waren, bevor sie verschifft wurden,»in Teichen gezähmt« worden, die nur 3 × 6 × 1 Meter maßen. Und Cobreros gab seinen Interessenten allen Ernstes den Rat, die Delphine entweder in»See- oder Süßwasser« bei Temperaturen von»8–19 Grad« zu halten, obwohl »auch andere Möglichkeiten akzeptabel sind«. In Arica in Chile lebt Lothar Schwark, ein Schweizer, der sich in letzter Zeit ebenfalls auf den Fang von Commerson-Delphinen spezialisiert hat. Der Commerson mit seiner wunderbaren schwarz-weißen Zeichnung auf dem Rücken wurde in den frühen achtziger Jahren in den europäischen Vergnügungsparks geradezu eine Modeerscheinung – bis man herausfand, daß die Tiere in Gefangenschaft nicht lange überleben, also unwirtschaftlich sind. Trotzdem nimmt man an, daß Schwark 1984 noch zwei Versuche unternahm, Commerson-Delphine nach Deutschland zu importieren.

*30 Regelmäßige Dressurvorführungen bringen etwas Abwechslung ins eintö-
nige Leben gefangener Delphine. Was die Zuschauer nicht sehen: Gefangene
Delphine sterben oft an schweren Erkrankungen, verblöden, ja sie nehmen sich
gelegentlich sogar das Leben.*

Bis vor kurzem lebte in Mexiko ein anderer Schweizer, Heinz
Hugentobler, der 1978 vier Delphine an Bruno Lienhardts Inter-
national Dolphin Show lieferte und einen an Heinz Pelzers Safari-
park in Groß-Gerau. 1985 war er an dem Verkauf eines viereinhalb
Tonnen schweren, dressierten Schwertwals aus Toronto nach Me-
xiko City, für die unglaubliche Summe von einer Viertel Million
Dollar, beteiligt. Einen neuen Pachtvertrag auf Lebenszeit für den
Delphinfang in Südamerika gab es in Fidel Castros Kuba, unter der
Schirmherrschaft des praktisch staatlichen Unternehmens Aguaria
Nacional. Der Trainer Rocky Colombo vom italienischen Ocean
World Aquarium, der zwei Delphine verlor, die ihm durch Aguaria
Nacional geliefert wurden, beschwerte sich: »Sie verschicken die
Delphine, ob sie krank oder gesund sind. Das ist ihnen egal.«

230

Großbritannien

Abgesehen vom Fang von fünf Weißen Walen als wissenschaftliche Kuriositäten in den siebziger Jahren des 19. Jahrhunderts und mehreren sogenannten »Rettungsaktionen« von gestrandeten Delphinen und Walen in den dreißiger Jahren, ging es mit der Delphinschau-Industrie in Großbritannien erst 1962 richtig los. Damals wurden zwei weibliche Große Tümmler aus »italienischen Lagerbeständen« per Landstraße und Luftfracht in ein Freibad nach Plymouth gebracht. Tony Soper brachte sie für die BBC-Kinder-Fernsehsendung *Animal Magic* dorthin, wo sie einen kurzen Auftritt in der Produktion *Ride a Dolphin* (Der Ritt auf dem Delphin) hatten, bevor sie am achten Tag ihrer Gefangenschaft starben – offensichtlich aufgrund falscher Ernährung.

Seitdem wurden bis zu dreihundert Große Tümmler und acht Schwertwale nach Großbritannien importiert – so ist es jedenfalls den Zahlen zu entnehmen, die Dr. Margaret Klinowska von der Cambridge Universität zusammengestellt hat. Keiner weiß wirklich, wie viele dieser Delphine während ihrer Gefangenschaft starben, ganz einfach, weil eine genaue Aufzeichnung über Transaktionen und Todesfälle bei Delphinen genauso selten war wie gesellschaftliche Verantwortung. Wir wissen allerdings, daß heute nur 13 Delphine und ein Schwertwal übrig sind.

1984 erklärte der Zoologe Charlie Arden-Clarke der in Oxford angesiedelten *Political Ecology Research Group*, daß seit 1960 mindestens 100 Delphine in Gefangenschaft in Großbritannien gestorben seien. In einem Bericht, der von *Greenpeace* in Auftrag gegeben worden war, schreibt er, daß die Delphine – während sie in Freiheit etwa 25 Jahre leben – in Gefangenschaft durchschnittlich nicht älter als 12 Jahre wurden. Ähnlich sei es mit der natürlichen Lebenserwartung von Schwertwalen, die bei 35 bis 100 Jahren liegen soll, in den englischen Delphinarien jedoch nur bei durchschnittlich zwei Jahren und neun Monaten liege. Die Industrie tat diesen Bericht als eine beispiellose Übertreibung ab, doch das *Watchdog*-Programm der BBC berichtete im Mai 1984 von einer Todesrate von 75 Tieren. Die Ermittlungen der Mitarbeiter wurden immer wieder dadurch behindert, daß die Industrie sich weigerte, Daten herauszugeben. Arden-Clarke entdeckte außerdem, daß von 1969 bis 1983 mindestens 57 Delphine und neun Schwertwale nach Großbritannien importiert worden waren. Von diesen blieben nur 17 Delphine und vier Schwertwale am Leben. Das Problem solcher Berichte ist, daß sie, bis sie geschrieben und veröffentlicht sind, schon nicht mehr auf dem neuesten Stand sind; die Delphine sterben einfach weiter.

Weitere Vorfälle dieser Art veranlaßten die britische Regierung schließlich, ein zeitweiliges Importverbot für gefangene Wale und Delphine auszusprechen und für 1985 eine Überprüfung der britischen Delphinarien durch das Umweltschutzministerium anzukündigen. Diese Überprüfung wurde in einem 250 Seiten langen Bericht von den Beraterinnen Dr. Margaret Klinowska und Dr. Susan Brown von der Forschungsgruppe für Meeressäuger-Ökologie und Fortpflanzung der Universität Cambridge zusammengefaßt. Die Studie, die als »Klinowska Bericht« bekannt wurde, gibt für die Zeit von 1965 bis 1985 127 Todesfälle bei Delphinen an. Aber diese Zahl stellt aus verschiedenen Gründen nur die Spitze des Eisberges dar. Zunächst einmal basiert die Schätzung von Dr. Klinowska zumeist nicht auf verifizierbaren Daten, sondern auf der Erinnerung von Leuten, die ein persönliches Interesse am Delphinhandel hatten oder immer noch haben. Um einmal zu verdeutlichen, wie einfach es ist, mit Gedächtnislücken offizielle Statistiken zu verändern, nehmen wir die Delphinimporte der jetzt nicht mehr existierenden Tierdressurschule und des Delphinariums in South Elmsall in der Nähe von Wakefield. Dr. Klinowska, die sich fast ausschließlich auf die Aussage der Händler selbst beruft, berichtet, daß zwischen 1973 und 1974 acht Delphine importiert wurden. Unterlagen, die kürzlich vom *Animal Protection Institute of America* in einer »alten Schachtel in einem Regierungsbüro in Florida« gefunden wurden, beweisen, daß während dieser zwei Jahre tatsächlich nicht weniger als 34 Delphine in die South Elmsall Einrichtungen versandt wurden. Darüber hinaus listet Klinowska nicht weniger als 81 weitere unbekannte Delphine auf, mit Fragezeichen versehen, weil ihr Schicksal nach dem Verkauf oder dem Bankrott ihrer Besitzer ungewiß ist. Und schließlich gibt es keine Unterlagen über das, was Klinowska beschönigend die »Anschlußkarriere« der Delphine und Wale nennt, die für den Weitertransport bestimmt waren. Doch selbst wenn man alle diese anonymen »Botschafter des

Tierreiches« hinzuzählt, beinhalten unsere Ad-hoc-Statistiken immer noch nicht die Tiere, die beim Fang oder beim Transport tödlich verletzt wurden, oder die Delphine, die von ihren Besitzern einfach vergessen wurden, oder Delphinbabys, deren Zeugung in der Wildnis stattgefunden hat, die jedoch in Gefangenschaft zur Welt kamen und entweder Totgeburten waren, von ihren Müttern vernachlässigt oder absichtlich ertränkt wurden.

In der Blütezeit dieses Industriezweiges gab es mindestens 36 verschiedene Delphinarien oder reisende Delphinvorstellungen in Großbritannien. »Die Besitzer und Leiter der angesehenen Delphinarien würden strengere Kontrollen begrüßen«, schrieb der Naturschützer John Burton 1973, womit er nicht nur die damalige pathetische Unterwürfigkeit der Naturschutzbewegung deutlich macht, sondern auch ihre seltsame Naivität. Gemessen an der brutalen Ausbeutung ihrer Delphine gab es für diesen Industriezweig offensichtlich keine moralischen Hemmungen. Und später wurde jedes Schlupfloch ausgenutzt, das das Gesetz bot. John Burton sagte weiter, daß »es unglaublich leicht ist, ein Delphinarium zu eröffnen«, und daß »es praktisch keine Importkontrollen gibt. Es ist schwieriger, eine Eule oder ein Eichhörnchen nach Großbritannien zu importieren als einen Delphin!« Ohne jede gesetzliche Kontrolle lagen die Bedingungen für die Delphine irgendwo zwischen »schlecht« und »erbärmlich«. Es gab alles, von tragbaren Plastikbecken, mit nur 1,50 Meter Tiefe und einem Durchmesser von 3,5 Metern, bis zu umgebauten öffentlichen Badeanstalten, den Vorläufern der heutigen festen Delphinarien. Die waren zwar etwas größer, doch die Becken dienten auch als Winterquartiere und »Zwischenlager« für die Tiere, die auf ihren Verkauf, ihre Vermietung oder ihren Transport zu Saisonvorstellungen warteten. Deshalb war es nicht ungewöhnlich, daß es in den Becken von Delphinen nur so wimmelte. Den meisten Händlern machte es damals nichts aus, wenn ein Delphin starb, so lange er ersetzt werden konnte, so daß keine Vorstellungen oder Verträge platzten. Verglichen mit dem möglichen Gewinn, den die Delphine einbrachten, waren sie spottbillig. 1976 konnte man einen Delphin schon für 450 Dollar von einem Händler in den Keys erwerben. Die Todesursachen waren immer die gleichen und vorhersehbar: Bauchfellentzündungen, Nierenversagen aufgrund von schmutzigem, infiziertem Wasser, Chlorvergiftungen, Herzversagen wegen Streß, Angriffe durch andere Delphine aufgrund der Überbelegung der Becken, Selbstmord durch permanentes Gegen-die-Bekkenwand-Schwimmen und das zwanghafte Verschlucken von Fremdkörpern. Bubbles in Clacton starb zum Beispiel, nachdem er eine Plastik-Spielzeugwindmühle verschluckt hatte, oder Sindbad erstickte an einer 2-Pence-Münze, die ihm ein Besucher ins Blasloch gesteckt hatte.

Obwohl man Große Tümmler auch in britischen Küstengewässern findet, berichtet Dr. Klinowska, daß es niemals ernsthafte Versuche gab, diese Tiere zu fangen. Einer der Hauptgründe hierfür scheint die Verwirrung über den gesetzlichen Schutz der »britischen« Delphine und Wale zu sein. Zunächst einmal gibt es das »Royal Fish Law« von 1324, das der Krone die ausschließlichen Rechte an allen Walen gewährt. Dann gibt es den »Whaling Industry Regulation Act« von 1934, der den Fang jeder Art von Delphin oder Wal im Umkreis von 200 Meilen vor der britischen Küste verbietet. Und schließlich ist das Töten, Verwunden oder Fangen von Großen Tümmlern, Gewöhnlichen Delphinen oder Kleintümmlern durch den »Wildlife and Countryside Act« von 1981 ausdrücklich verboten.

Natürlich wollte eine Industrie, die ständig mehr Delphine brauchte, nichts mit Genehmigungen und Stempeln zu tun haben, und deshalb waren mehrere englische Händler in den Delphinfang im Ausland verwickelt, wo es kaum Beschränkungen gab. Vorreiter dieses lukrativen Geschäftszweiges war Queens International Dolphins, das Keith R. Franklin und Louis D. Holloway gehörte und seinen Sitz in Kent hatte. Die Firma beschrieb sich selbst als »Lieferant, Sammler und Trainer von hochwertigen Delphinen, Walen und Seelöwen«, und während der zehnjährigen Lebensdauer dieses Unternehmens organisierte man Delphinfänge in Panama, Mexiko und Italien.

Die beiden ersten Delphine von Franklin und Holloway, Turk und Britt, kamen 1969 aus Florida. Mit ihnen eröffneten sie ihr Cliftonville Dolphinarium im Queen's Hotel in Margate. Es handelte sich dabei um einen umgebauten Swimmingpool, bei dem man von der Hotelbar aus ein Unterwasserpanorama betrachten konnte. Aber Franklin und Holloway gaben sich nicht mit so etwas

Drittklassigem im provinziellen Margate zufrieden, wo doch andernorts Erfolge so leicht zu erreichen waren. Klinowska führt 41 Delphine auf, die zwischen 1969 und 1979 durch Franklins und Holloways Hände gingen. Aber in Wirklichkeit ist die Zahl mehr als doppelt so hoch. Mit gemieteten Delphinen aus den Aquatic Mammals Enterprises, von dem Händler Joe Raber auf dem Battersea Jahrmarkt geleitet, gab das Queen's Entertainment Centre – eine weitere Filiale des Franklin-Holloway-Unternehmens – Vorstellungen in nördlichen Industriestädten wie Bradford und Liverpool, wo die Delphine einfach in die Freibäder gesetzt wurden. Auch den Ferientourismus im Sommer nutzten sie aus, mit Freiluftvorstellungen in transportablen Becken von 9 Metern Duchmesser am Pier von Southend-on-Sea und in Skegness in Lincolnshire. Diese beiden Geschäftsmänner waren damals in Sachen Delphinen in fast jeden Zweig dieses Geschäfts verwickelt, sie liehen nicht nur Tiere für den eigenen Gebrauch aus, sondern verliehen auch Delphine an Leute wie Jimmy Chipperfield zum Beispiel, für dessen West Midland Safari Park bei Bewdley in Worcester, und sie »lagerten« Delphine, die auf ihren Verkauf oder Transport in andere Shows warteten: das BBC *Watchdog*-Programm berichtete im Mai 1984, daß einmal elf Delphine in dem Becken in Margate lebten, das eigentlich nur für vier ausreichend Platz bot. Franklin schickte außerdem eine fahrende Flippershow in den Fernen Osten. In Indonesien wurden vier Menschen zu Tode gequetscht, als die begeisterte Menschenmenge vor der provisorischen Arena zusammenströmte.

Es wurde eine Spezialität von Queen's, Lücken in den internationalen Gesetzen zu finden und auszunutzen oder diese Gesetze anderweitig zu umgehen. Keith Franklin, der sich heute reumütig zeigt, sagt:»In den zehn Jahren, die wir im Geschäft waren, schleusten wir etwa 100 Delphine durch unsere Firma. Wir haben außerdem alle ›Vorabkommens‹-Delphine in den Vereinigten Staaten aufgekauft – diejenigen, die man vor Inkrafttreten des Gesetzes zum Schutz von Walen und Delphinen gefangen hatte. Dieses Gesetz beendete praktisch den Handel in den Vereinigten Staaten. Ich bin durch ganz Amerika gefahren, um diese Delphine aufzukaufen, und wir hielten und dressierten sie in New York und verkauften sie dann paarweise in die ganze Welt. Meine letzten beiden

Delphine – Bonnie und Clyde – verkaufte ich an Conny Gasser in der Schweiz.« Franklin hat tatsächlich einige Geschäfte mit dem ehemaligen Trapezkünstler gemacht. Dazu gehörte auch der Fang von Delphinen in Mexiko und Italien, um die Beschränkungen durch das Gesetz zum Schutz von Meeressäugern zu umgehen. Weil so viele Händler dringend Delphine brauchten und die Preise 1973 nach Inkrafttreten des Gesetzes von 900 auf 2300 Dollar in die Höhe geschnellt waren, konnten Delphinfänger in anderen Teilen der Welt – wie Zentralafrika, Hongkong, Japan und Taiwan – ein Vermögen machen. Selbst 1977/78 noch war Queen's – nach eigenen Angaben – an einer »sechsmonatigen großangelegten Delphin-Fangoperation in Panama« beteiligt, ein Projekt, das von Keith Franklin angeführt wurde, während Louis Holloway zu Hause die Geschäfte weiterführte.

Seit 1978 war Franklin außerdem der britische Repräsentant für einen der berüchtigtsten Delphinhändler der Welt, Bruno Lienhardt, den Besitzer der in Liechtenstein gemeldeten International Dolphin Show. Eine von Franklins ersten Transaktionen im Auftrag von Lienhardt war die Vermietung von zwei IDS-Delphinen an Don Robinsons Flamingo Park, die dann später verschifft wurden, um Touristen im spanischen Alicante zu unterhalten. Hier waren mindestens zwei Delphinarien mit ausländischen Besitzern schnellstens gegründet worden, um die Feriensaison auszunutzen: der Safari Park in Vergel bei Alicante und der Holiday Parque bei Benidorm.

Als der Delphinhandel in Großbritannien aufkam, waren Don Robinson und sein einstiger Partner Pentland Hick die unbestrittenen Herren dieser Branche. Der exzentrische Phantast Pentland Hick gründete 1959 die Zoologischen Gärten in Kirby Misperton in North Yorkshire, zusammen mit dem ehrgeizigen ehemaligen Ringer Don Robinson als seinem Partner. Er wurde von Dr. John Lilly begleitet, der später ein bekannter Guru der New-Age-Bewegung wurde und Pionier in Sachen »Kommunikation zwischen Mensch und Meeressäuger« wurde. Zwei Delphine, Flipper und ihr einjähriges weibliches Kalb Cookie, wurden aus Florida eingeflogen, sie wurden die neuen Bewohner von Flamingo Park. Sie trafen am 20. Juni 1963 ein, und so wurde Hicks Unternehmen das erste, das in Großbritannien Große Tümmler ausstellte – und vielleicht sogar das erste Unternehmen in ganz Europa. Sie lebten 24 bzw. sechs Monate und wurden schnell durch zwei andere ersetzt. Pentland Hick, der immer noch ein Gespür für Zukunftstrends hatte, gründete Associated Pleasure Parks, eine Firma, mit der sein Traum von der Vereinigung von Zoo und Jahrmarkt, mit Elementen aus der Disney-Welt, wahr werden sollte. Hicks Idee wurde mit dem Vorläufer der heutigen Vergnügungsparks mit einem bestimmten Thema, der Cleethorpes Marineland and Zoo, Wirklichkeit.

Associated Pleasure Parks organisierte auch primitive fahrende Shows, für die überzählige Delphine eingesetzt wurden, die im Flamingo Park aufbewahrt wurden. Im Winter 1966 zum Beispiel wurden die Delphine in runden Plastikbecken mit einer Wassertiefe von 1,52 Metern und einem Durchmesser von 3,66 Metern in einem alten Unterstand für Straßenbahnen in Queens Hall in Leeds ausgestellt. Obwohl die arg mitgenommenen Ausstellungsstücke dieser fahrenden Shows die Härte des reisenden Zirkuslebens oft nicht aushalten konnten, liefen diese gewinnbringenden Shows immer weiter. Die Delphine von Associated Pleasure Parks zogen während des Winters die Massen in anderen nördlichen Industriestädten an und im Sommer in Feriengebieten wie Bournemouth und Weymouth.

Dr. Klinowska beschreibt Hick als »sehr abenteuerlustig, nicht nur bezüglich seiner Transportmethoden, sondern auch bei der Suche nach neuen Tierarten, die er ausstellen könnte«. *Unbarmherzig* wäre wohl das bessere Wort dafür gewesen, denn der temperamentvolle und begeisterte Unternehmer »schickte seine Leute in die ganze Welt«, um die Tierarten einzufangen, die ihm plötzlich in den Sinn kamen. Dazu gehörten Weiße Wale oder Belugas aus Kanada, Pilotwale von den Shetlandinseln und ein Paar Gewöhnliche Delphine aus Riccione, italienische Adria, die durch die Reise so verängstigt waren, daß sie nur ein paar Tage überlebten. Manche dieser Warensendungen wurden nicht per Luft, sondern per Schiff verschickt, auch wenn die Tiere auf diese Weise noch länger unterwegs waren und die Reise für sie noch anstrengender war. Dr. Klinowska berichtet, daß »1965 vier Weiße Wale von Quebec per Schiff verfrachtet wurden und in Becken an Deck des Kreuzers *Arcadia* reisten. Zwei gingen in einem Sturm über Bord, als das Becken umkippte, einer starb, und einer wurde verletzt. Der überlebende Wal und das tote Tier wurden an Land gebracht. Der Überlebende wurde nach Cleethorpes gebracht, erlag dort jedoch im September 1965 seinen Verletzungen.«

Wenn wir uns hier an die Abenteuer von Pentland Hick erinnern, dann stoßen wir auch auf eine andere Persönlichkeit im internationalen Handel mit Delphinen und Walen der damaligen Zeit: David C. Taylor, der unerschrockene, umherziehende Tierarzt, der viele der Ozeanarien in der ganzen Welt besuchte, der Berater für die Circus Proprietors Association war, Autor, gefeierter Fernsehstar und Vorsitzender der European Association of Aquatic Mammals (Europäische Vereinigung für Meeressäuger). Ein Mann aus Yorkshire mit scharfem Verstand und großem Ehrgeiz, der gerne im Licht der Öffentlichkeit stand. In den frühen sechziger Jahren verließ Taylor die ruhigere Aufgabe in seiner Praxis und wurde freiberuflicher Tierarzt, der exotische Tiere der Zoos, Zirkusse und Delphinarien behandelte. Er begann seine neue Karriere als Berater des Belle Vue Zoos in Manchester und kam dann zu Hick und Robinson, wo er schließlich den Job des Leiters des Flamingo Parks bekam, dessen Direktor Reg Bloom war. Während der sechziger Jahre arbeitete hier auch Mike Riddell, der später Direktor des Antibes Marineland an der französischen Mittelmeerküste wurde, nachdem er die Tochter von Roland de la Poype geheiratet hatte – dem Tabakbaron, der das Ozeanarium in Antibes gründete.

Visionäre Menschen kann man bewundern, doch Hick realisierte seine leidenschaftlichen Ideen leider immer auf dem Rücken der wehrlosen Tiere seiner großen Tierschau. David Taylor erinnert sich, daß er auf Hicks Geheiß einmal sogar nach Grönland geschickt wurde, um dort einen Narwal zu fangen, wahrscheinlich weil das schöne und mystische Einhorn des Meeres Hick so gefiel. In seinem 1976 erschienen Buch *Zoo Vet* beschreibt Taylor auch eine Reise nach Pakistan, wo er Zwergpottwale fangen wollte, und obwohl es ihnen gelang, ein neugeborenes Tier in Karachi in ein Becken zu treiben, starb das Tier, offenbar, weil irgendein Witzbold einen Feuerwerkskörper in seinen Anus gesteckt hatte. Dr. Klinowska bemerkt bitter, daß »normale Pottwale ihnen wohl zu groß erschienen, selbst Herrn Hick«.

Während Hick sich immer mehr in seine Träume und Ticks

238

verstieg, wurde der realistischere Robinson mit den Geschäftspraktiken immer vertrauter. Der schroffe Mann aus Yorkshire, der sich mit Zähnen und Klauen von den rußigen Straßen des industriellen Nordens zu den exklusiven Anwesen der Neureichen hochgearbeitet hatte, wurde für seine Konkurrenten in der englischen Delphinindustrie schnell zu einem ernsthaften Gegner. Als Pentland Hick schließlich aus finanziellen Gründen aufgeben mußte, stand Don Robinson bereit, um das Geschäft zu übernehmen. Innerhalb weniger Jahre umfaßte die Holding von Don Robinson, die ihren Sitz in Scarborough hatte, mehr als 50 Firmen, wovon mehrere Firmen in der Delphinindustrie tätig waren. Firmen wie Scotia Investments – die sich in erster Linie mit Bingo-Hallen und Pauschalurlaub beschäftigten – kauften 1969 Flamingo und Associated Pleasure Park auf sowie das Trident Television in Yorkshire. Die Holding kontrollierte so mehrere Zoo-Delphinarien: Flamingo Park, Scarborough Marineland, Blair Drummond, Crick Castle in Wales, Dudley Zoo, Cleethorpes und später, 1977, Morcambe Marineland.

Robinson – unterstützt von seiner »rechten Hand« Tom Hanson, einem ehemaligen Ringer – nutzte fast jede Gelegenheit, um seine Geschäfte in praktisch jeden Zweig der Delphinindustrie auszudehnen – Fang, Verkauf und Vermietung.

1970 zeigte Robinsons Scotia Investments eine oder zwei Saisons eine Delphinvorstellung in Gwrych Castle bei St. Asaph in Nordwales. Die einzige »Filterung« des Wassers erfolgte durch ein ständiges Leck in dem winzigen, freistehenden, tragbaren Becken, das allerdings auch dazu führte, daß die unglückseligen Delphine mehrere Male auf dem Trockenen lagen. Solche fahrenden Shows erwiesen sich als so lukrativ, daß auch andere Unternehmen schließlich mit zerlegbaren Becken und Käfigwagen mit Delphinen auf bewässerten Tragen im Land herumzogen. Sie erinnerten an das fahrende Volk im Mittelalter mit ihren Tanzbären. Aus den späten sechziger und frühen siebziger Jahren gibt es Berichte von Delphinvorstellungen in kleinen Zelten und unter aufblasbaren Kuppeldächern auf dem Battersea Fun Fair, auf der Golden Mile in Blackpool, im Belle Vue Vergnügungspark in Manchester und in den Schwimmbädern in Bristol und Bredford. Delphine von saisonalen Spielstätten wurden auch an weit entfernte Vorstellungsorte versandt: Malta, Gibraltar, Mauritius und Südafrika.

»Wir fingen mit dem Kauf von zwei Delphinen von Jerry Mitchell
an, aber einer starb schon auf dem Weg hierher«, erzählte mir Don
Robinson in seinem Büro im Royal Opera House in Scarborough.
»Später fingen wir in Florida unsere eigenen Delphine, weil die
Delphine, die wir von Mitchell bekamen, in einem sehr schlechten
Zustand waren. Er belieferte ganz Europa mit Delphinen, und
bevor sie verschifft wurden, blieben sie nur eine Woche bei ihm.
Und wenn sie nicht innerhalb von zwei Tagen fraßen, dann wurden
sie zwangsernährt.« Doch da sein Unternehmen ständig expan-
dierte, mußte Robinson schließlich Delphine aufkaufen, wo immer
welche angeboten wurden – auch von Europas führendem Delphinhändler James W. Tiebor, der seinen Firmensitz in München
hatte. Später bekam er seine Delphine über den International Animal Exchange in Michigan. Auskünfte über seine derzeitigen Geschäftsverbindungen wollte er nicht geben. Gefragt, ob er immer
noch im Delphingeschäft tätig sei, antwortete er sogar:»Nun, das
ist rein hypothetisch, warum wollen Sie das wissen?« Als man ihn
weiter befragte, sagte er:»Wir sind nur im Ausland tätig, und ich
bin nicht bereit zu sagen, wo.«
 Die Firma ist jedoch in irgendeiner Form mit dem Marineland in
Palma Nova auf Mallorca verbunden, einem Mitglied der Pleasurama Gruppe, bekannt durch ihren Delphinhandel in den siebziger
Jahren, als Robinson Direktor dieses Unternehmens war. Das Marineland ist, ähnlich wie der Flamingo Park, teils Zoo, teils Zirkus
und teils Jahrmarkt, mit Seelöwen-Vorstellungen und einem Papa-
geienzirkus. Die exotischen Vögel fahren in der Vorstellung Rollschuh oder mit einem Einrad über ein Drahtseil. Eine Zeitlang
traten bei Marineland auch die»Polynesischen Taucherinnen« auf.
Sie waren aus Japan importiert worden, und die Hochglanzbroschüre des Marinelands warb damit, daß»Perlenaustern in unsere
Perlenlagune gebracht wurden, wo sie zuschauen können, wie unsere Taucherinnen sie zu Ihrer Unterhaltung herausholen«.
 »Wir haben in verschiedenen Unternehmen im Ausland investiert, wobei uns Handelsbanken und Rentenfonds unterstützt haben«, erzählte mir Robinson.»Wir haben einen Kapitalwert von
mehr als 18 Millionen Dollar. Sie sehen also, daß unser Unternehmen keine Eintagsfliege ist.« Wie viele seiner Mitbewerber ist auch
er gegen öffentliche Kritik an der Delphinindustrie allergisch und

verteidigt eisern seine Tierschutzrekorde. »Vor einigen Jahren noch hatten wir mehr Delphinarien in Großbritannien als jedes andere Unternehmen«, erklärte er. »Wir waren in Dudley, Cleethorpes, Scarborough, Blair Drummond in Schottland und in Crick Castle in Wales, und wir haben weniger Delphine verloren als jedes andere Unternehmen im Land.«

Doch in Wirklichkeit war Robinson damals das »schwarze Schaf«; zum Teil auch deswegen, weil seine Delphine in den kleinsten Becken im ganzen Land untergebracht waren. Die RSPCA (der englische Tierschutzverein) berichtete, daß seine Einrichtungen gerade groß genug waren, um die Tiere am Leben zu erhalten – nicht mehr. Doch es waren wohl die langen Reisen, die Robinsons Tieren vor allem zu schaffen machten. Die Delphine wurden nicht nur zwischen Scarborough und Flamingo Park hin und her gekarrt, sondern während des Winters auch nach Malta, Südafrika und in Robinsons kanadisches Delphinarium in Hemingford, Quebec. Bis 1974 waren seine Hauptbestände jedoch in Flamingo, und ganz im Sinne von Pentland Hick hatte er eine riesige Sammlung von Tieren, mehr als eintausend, darunter so exotische wie Eisbären, Elefanten, Orang-Utans und »die Herrlichkeit der Großkatzen«.

Die Park-Broschüre, auf deren Titelseite man lustige Abbildungen von lächelnden Elefanten, Schimpansen, Löwen, Krokodilen, Schlangen und Delphinen sieht, rät dem Besucher: »Nehmen Sie ein Zambesi Flußboot und machen Sie eine Dschungel-Kreuzfahrt. Ihr weißer Jäger wird Sie durch wildes Krokodilland, an den Zulu-Dörfern und einer Palette von lebensechten Dschungelszenen vorbeiführen. Sie können dort sogar Tarzan und ein prähistorisches Ungeheuer bewundern.« Natürlich waren auch hier die Delphine nicht von Geschäftemacherei und Reklametricks ausgenommen. In der Broschüre heißt es weiter: »Schauen Sie sich die fabelhaften dressierten Delphine in Ocean World an. Vom ersten Moment bis zum letzten Abschiedswinken werden Sie von den Possen dieser lebenslustigen Meeresgeschöpfe begeistert sein. Sie springen durch Reifen, schieben kleine Boote durch das Becken, gehen auf dem Schwanz – all das gehört zum täglichen Vergnügen eines Delphins.« Systematisch verschleiertes Leiden – das war und ist das Schicksal der Delphine in Gefangenschaft.

Nach den Schätzungen von Klinowska starben allein in Flamingo von 1972 bis 1978 elf Delphine – eine Todesrate von 35 Prozent. Bequemerweise fehlen in diesen Statistiken jedoch 21 Delphine, deren jeweilige Schicksale in Vergessenheit gerieten, die inzwischen jedoch mit ziemlich großer Wahrscheinlichkeit alle tot sind. Auf die Frage, wie viele Delphine er während der Zeit, die er jetzt schon im Geschäft ist, wirklich importiert hat, sagte Robinson mir: »Ungefähr zehn oder zwölf, und wir wissen über jeden einzelnen Bescheid.« Was wiederum nur zeigt, wie schlecht die Erinnerung von Leuten in der ausbeutenden Tierindustrie sein kann. Insgesamt kamen von 1968, als Flamingo öffnete, bis 1978, als Scotia Investments das Unternehmen an A. Gibb verkaufte, mindestens 87 Delphine durch Flamingo, was nur zeigt, in welchem Ausmaß dieses Unternehmen in den Tierhandel verwickelt war. Die meisten dieser Delphine, wenn nicht gar alle, sind jetzt tot. Manche überlebten nur einige Tage, manche eine Saison und andere lange genug, um sie immer wieder an jeden beliebigen »Künstler« in der ganzen Welt weiterzuverkaufen, wie zum Beispiel an Mike Riddell in Antibes oder Conny Gasser in der Schweiz. Ein weiterer wichtiger Besitz von Robinson war das Scarborough Marineland and Zoo. Durch dieses Unternehmen gingen während seines 17jährigen Bestehens von 1968 bis 1985 nicht weniger als 36 Delphine, von denen mindestens fünf »Flipper« hießen. Dies war eines von Robinsons letzten Delphin-Unternehmen, das nach amerikanischem Vorbild verändert wurde, wobei die unerwünschten, überflüssigen Tiere zum Windsor Safari Park verfrachtet wurden.

In Cleethorpes Marineland and Zoo in Lincolnshire, wo der Fiberglas-Pool nur 2,44 Meter tief war, erging es den Tieren von Robinson wohl kaum besser. Klinowska führt an, daß in Cleethorpes nicht nur Delphine, sondern auch Weiße Wale, ein Pilotwal und sogar Robinsons zweiter Schwertwal, genannt Calypso, gehalten wurden. Hier versuchte auch der Tierarzt David Taylor, den unglückseligen Wal mit Sperma von Cuddles, Robinsons Schwertwal in Flamingo Park, zu befruchten. Man meinte wohl, daß ein Babywal sich besonders gut für die Werbung mache, doch Taylors Bemühungen erwiesen sich als aussichtslos. Schließlich starb Calypso in Antibes, und Cuddles, der an so schlimmen Darmgeschwüren und inneren Blutungen litt, daß das ganze Becken blutrot gefärbt war, wurde zum Dudley Zoo auf dem Castle Hill gebracht.

Doug Cartlidge, der während der siebziger Jahre für Robinson gearbeitet hatte und später Delphin- und Schwertwaltrainer im Windsor Safari Park wurde, sagte, daß die entsetzlichen Einrichtungen in Dudley zweifellos zu Cuddles' frühem Tod beigetragen hätten.»Wochenlang haben wir Cuddles 24 Stunden am Tag im Flamingo Park betreut. Und als Robinson mir sagte, daß er ihn nach Dudley bringen wollte, da sagte ich ihm, daß ich gehen würde, wenn er das täte. Und ich bin gegangen. Cuddles war in einem sehr schlechten Zustand, doch ich weiß, daß er Robinson im Dudley Zoo wahrscheinlich angegriffen hat.« Dort war das arme Geschöpf in ein Becken gesperrt worden, das »kaum groß genug war, damit es sich umdrehen konnte« – aber groß genug, um darin zu sterben. Das birnenförmige Freiluftbecken war gerade 15 Meter lang, 6 Meter breit und 3,5 Meter tief, während der Schwertwal von Kopf bis zum Schwanz mehr als 6 Meter maß und somit fast halb so groß wie sein Lebensraum war.

Der Mann aus Yorkshire machte sich keine Illusionen über den »erzieherischen« Nutzen seiner Delphinvorstellungen.»Die Kinder finden es ganz toll«, wurde Robinson 1984 im *Observer* zitiert. »Diese Vorstellungen bieten einfach gute Unterhaltung. Es ist eher ein Vergnügen als eine pädagogisch wertvolle Vorstellung. Aber was ist falsch daran, den Leuten Vergnügen zu bieten?«

Das vielleicht erbärmlichste Beispiel für die Ausbeutung von Delphinen war eine Nummer in Pleasurama, jetzt einer von Robinsons Partnern in Spanien, damals jedoch von dem Parlamentsabgeordneten Sir Harmar Nicholls geleitet. Die Eröffnung des Delphinariums in London war 1971. Es war eine exklusive Striptease-Show, bei der tanzende »Meerjungfrauen« mit mehreren Delphinen in einem Becken von drei Metern Tiefe, 14 Metern Länge und fünf Metern Breite auftraten. In seinem Buch *Doctor in the Zoo* schreibt David Taylor, daß man die männlichen Delphine mit Anti-Androgenen behandeln mußte, damit sie sich den meerjungfräulichen Show-Mädchen nicht allzu aufdringlich näherten. Im Gegensatz zu einer ähnlichen Show im Moulin Rouge war das Londoner Delphinarium kein großer finanzieller Erfolg, schon 1973 schloß es wieder. Immer optimistisch, berichtet Klinowska, daß dort auch »experimenteller Unterricht und Vorführungen für Schulen« stattgefunden haben – allerdings wohl ohne die Meerjungfrauen.

In der Zeitschrift *Animals* schrieb der Journalist Nigel Sitwell, daß er von dem, was er bei der Eröffnungsgala des Delphinariums sah und hörte »geschockt« war. »Der Tiefpunkt des Abends war, als der Parlamentsabgeordnete Sir Harmar Nicholls, Vorsitzender von Pleasurama Ltd., erklärte, ›das einzige Ziel von Pleasurama Ltd. sei, für seine Aktionäre Gewinne zu erwirtschaften‹. Diese erstaunliche Bemerkung wurde mit Zustimmung und Applaus aufgenommen. Dieser Ausspruch gibt natürlich einen guten alten Geschäftsgrundsatz wieder – und man kann bei vielen Geschäftsbereichen durchaus dieser Meinung sein. Aber ich gebe doch zu bedenken, daß das nicht der Fall sein sollte, wenn es zum Geschäft gehört, Tiere in Gefangenschaft zu halten.« Sitwell mokierte sich weiter über die Showeffekte und den Glitter in dem Delphinarium sowie das völlige Fehlen von Bildungselementen, Tierschutzbemühungen oder wissenschaftlicher Forschung. Eine Beobachtung, die auch heute noch zutrifft:»Begleitende Kommentare sind erschreckend selten und meistens kitschig. Ich glaube, daß auch die Umgebung wichtig ist. Im Falle des Londoner Delphinariums muß man sich seinen Weg durch eine Reihe von Ständen bahnen, die alle Arten von schwachsinnigen Andenken verkaufen. Die ganze Atmosphäre vermittelt den Eindruck dubioser Verkaufsmethoden – es ist nun einmal das Land des schnellen Geldes –, und ich glaube, daß es einfach falsch ist, Tiere – und besonders Delphine – in einer derart unwürdigen Umgebung zu halten.«

Im März 1974 öffnete eine ähnliche Nackt-Parade, eine Idee des Softporno-Impresarios Paul Raymond, im Londoner Royalty Theatre. Diese Show wurde nach sechs Wochen jedoch wegen ungünstiger Publicity wieder geschlossen. Klinowska schreibt, daß »der berühmte ›Delphin-Striptease‹ offenbar dadurch erreicht wurde, daß man die Tiere darauf dressiert hatte, auf Schnellverschlüsse zu drücken und die Schwimmerinnen sich im Wasser in der richtigen Position bewegten; und nicht dadurch, daß die Bikinis vorher in Fischfutter eingeweicht oder Fischstücke in den Kostümen versteckt wurden«. Allerdings belegt Klinowska diese Behauptung nicht, und es gab ständig Gerüchte, daß es anders war, besonders im Moulin Rouge. Auf jeden Fall steht außer Frage, daß die Delphine in Paris so wenig zu fressen bekamen, daß sie halb verhungert waren, damit sie ihre Kunststücke zeigten. Doch dieser Aspekt der

Tierdressur – Futterentzug und Belohnung – ist etwas, das Klinowska immer vergißt zu erwähnen.

Eine andere prominente Persönlichkeit der Blütezeit der Delphin-Unterhaltungsindustrie ist Terry Nutkins, der zur Zeit Generaldirektor des Windsor Safari Parks ist. Nutkins ist ein langjähriger Delphinbesitzer und -händler, der seine Finger bei unzähligen Geschäften im Spiel hatte. 1971 war er schon bei Pleasurama als stellvertretender Generaldirektor angestellt und maßgeblich an der Gründung des Londoner Delphinariums und seiner »Revue der Meerjungfrauen« beteiligt. Von 1970 bis 1983 war Nutkins außerdem Generaldirektor von vier Trust House Forte Delphinarien, die während seiner Amtszeit mindestens 12 Delphine verloren.

Reg Bloom ist ein weiterer harter Praktiker bei der Ausbeutung von Delphinen mit fast einem Vierteljahrhundert Erfahrung. Er war früher Direktor von Don Robinsons Flamingo Park in Yorkshire und ist seit 1978 Berater der neuen Besitzer dieses in Flamingo Land umgetauften Park-cum-Zoos. Gemeinsam mit seinem Sohn Peter Bloom ist er außerdem Mitbesitzer von Dolphin Services, einer Tochter von Bloom UK, die feste Verträge mit verschiedenen Einrichtungen hat, an die sie Delphine liefern – einschließlich Flamingo Land, wo Peter Bloom Leiter des Delphinariums und Cheftrainer ist. Peter Bloom hat durch seine Arbeit bei Clacton und Windsor, in Hongkong und in zwei Delphinarien in Spanien seit mehr als elf Jahren Erfahrung in diesem Industriebereich. Er wurde sogar damit beauftragt, ein Delphinarium in Manila von Grund auf aufzubauen – von der Konstruktion des Beckens und dem Fang von Delphinen in Taiwan bis zur Ausbildung von Personal und Tieren.

Von 1971 bis 1985 leitete Reg Bloom die hochgestochen North Sea World Training Dolphins School genannte Einrichtung am Pier von Clacton on Sea in Essex, das einmal ein Freibad war. Es wurde zwar in erster Linie dazu benutzt, Delphine aufzubewahren, aber Blooms Delphinschule war auch eine Dressureinrichtung, in der viele Tiere auf dem Transfer von einem Spielort zum anderen untergebracht wurden. Bloom war außerdem an Fang, Erwerb und Transport von Delphinen für andere Unternehmen beteiligt, auch für Sir Harmar Nicholls »Revue der Meerjungfrauen«. 1969 reiste er zu den Florida Keys, um mit Jerry Mitchell Delphine zu fangen. Fünf Tiere schafften es, den Fang und den Transport zu überleben und endeten schließlich im Windsor Safari Park, der damals der Billy Smart Organisation gehörte. Später lebten in Blooms Delphinbecken in Clacton drei junge Schwertwale, Nemo, Neptune und ein anderer, der keinen Namen hatte, und die alle dem International Animal Exchange gehörten. Sie waren im Oktober 1981 von Helgi Jonassons Tierhandelsfirma in Island, Fauna, gefangen worden. Sie vegetierten in dem Pool am Meer dahin, und ihr Elend machte *Greenpeace* aufmerksam, die dann eine Kampagne starteten, die man »Free The Clacton Three« (Freiheit für die Drei in Clacton) nannte. Doch innerhalb von Tagen – nur zwei Monate, nachdem man ihn gefangen hatte – starb das namenlose Männchen an einem traumatischen Schock, Folge von schweren Verletzungen der Bauchwand und der Nieren. Diese Verletzungen waren entweder Folge eines Unfalls beim Transport, eines versuchten Selbstmordes oder der Aggressionen seiner Artgenossen im schräg abfallenden 2,40 bis 3,20 Meter tiefen ehemaligen Freibad. Neptune starb acht Monate danach an Bauchfellentzündung, so daß *Greenpeace* seine Kampagne schließlich »Free The Clacton One« (Freiheit für den Einen in Clacton) nennen mußte.

Ohne Versicherung hätten diese Todesfälle für International Animal Exchange einen einschneidenden finanziellen Verlust bedeutet. Doch so, wo man ja sowieso keinen Käufer für die Tiere finden konnte, waren diese Todesfälle vielleicht sogar finanziell ein Vorteil, da die Wale jeweils 30 000 englische Pfund an Versicherungsprämien und Futter – sie fraßen 220 Kilo Fisch pro Tag – kosteten. Nemo vegetierte weitere drei Jahre in Clacton dahin. *Greenpeace* hatte 45 000 englische Pfund gesammelt, um den Wal zu kaufen, ihn für das Leben in der Wildnis vorzubereiten und ihn schließlich in seine Heimatgewässer zu entlassen, damit er sich wieder seiner Familie oder seinem Schwarm anschließen konnte. Doch weder Nemos Besitzer, die International Animal Exchange, noch der Direktor von Clacton Pier, Frank McGinty, wollten mit *Greenpeace* verhandeln – schon gar nicht öffentlich. Das Wiederaussetzen in der Wildnis hätte einen Präzedenzfall dargestellt, und manche Wissenschaftler, die es eigentlich besser wissen müßten, waren schnell dabei, den Plan als unsinnig, brutal und lebensgefährlich zu verurteilen. Den Fang oder die Gefangenschaft von Walen würden sie niemals mit derartigen Ausdrücken belegen. McGinty hat behauptet, daß Nemo mindestens 250 000 Pfund koste, und trieb den Preis des kränklichen Wales in die Höhe, damit er weit über dem lag, was *Greenpeace* hätte ausgeben können. Ein hinter den Kulissen stattfindender Versuch, den Wal an ein Delphinarium in Mexiko zu verkaufen, scheiterte. Das Umweltschutzministerium weigerte sich, für den Wal eine Exportgenehmigung auszustellen, weil Mexiko nicht Mitglied von CITES ist. Dieser ganze Nervenkrieg endete schließlich nicht damit, daß Nemo in die Wildnis entlassen wurde, wie *Greenpeace* es ich so leidenschaftlich gewünscht hatte, sondern damit, daß er in den Windsor Safari Park verlegt wurde – und zwar aus »humanitären« Gründen. Hier mußte der Wal, der siebeneinhalb Meter lang war und mehr als eine Tonne wog, ein winzig kleines Becken von 26 × 14 × 3,5 Metern Größe mit einem weiblichen Schwertwal, genannt Winnie, und sieben Großen Tümmlern teilen. Dazu kamen dann während der Vorführungen noch die Seelöwen und eine Vorstellung von Turmspringern.

Nemos lange Einzelhaft in Clacton und das Schicksal seiner Artgenossen hatte in der Öffentlichkeit erhebliche Kontroversen ausgelöst. Und es war tatsächlich das Elend dieses einen Schwertwals, das schließlich im Herbst 1985 die Regierung veranlaßte, eine offizielle Untersuchung über die Delphinarien in Großbritannien in Auftrag zu geben, die dann von Dr. Margaret Klinowska durchgeführt wurde. »Für den Wal, dessen Schicksal alles in Gang gebracht hat«, schrieb Kieran Mulvaney von der *Whale and Dolphin Conservation Society* (Gesellschaft zum Schutz der Wale und Delphine), »ist die Zukunft der Delphinarten in Großbritannien bedeutungslos. Kurz nachdem Nemo nach Windsor gebracht worden war, sah ich ihn dort zum ersten Mal. Ich sah, wie er seinen Kopf gegen ein Fenster in der Beckenwand legte, Laute von sich gab und sanft von einer Seite zur anderen schaukelte. Während ich ihn still beobachtete, kam eine Gruppe von Schulkindern und versuchte, seine Aufmerksamkeit zu erregen, indem sie höhnisch lachten und laut gegen das Glas klopften, nur wenige Zentimeter von seinem Kopf entfernt. Doch wenigstens mußte Nemo diese Erniedrigungen nicht mehr lange ertragen. Ende 1986 erkrankte er ernsthaft an

Krebs. Bis seine Trainer irgendwelche Symptome entdeckten, war es zu spät, um noch etwas dagegen zu unternehmen. Innerhalb weniger Tage starb er.«»Krebs« war jedenfalls die offizielle Todesursache – man hat nie Gewebeproben für unabhängige Analysen zur Verfügung gestellt.

Bis 1986 hatten es nur fünf Delphinarien geschafft, den unvermeidlichen Prozeß von Rezession und Konsolidierung zu überleben. Das hing zum Teil damit zusammen, daß die Öffentlichkeit immer empfindlicher auf die gnadenlose Ausbeutung der Meeresvettern der Menschen reagierte. Folgende Unternehmen überlebten: das Brighton Aquarium and Dolphinarium, das Flamingo Land in Yorkshire, der Knowsley Safari Park bei Liverpool, das Morecambe Marineland in Lancashire, der Whipsnade Park und der Windsor Safari Park Ltd.

Das Brighton Aquarium and Dolphinarium gehört der Aquarium Entertainments Ltd. Das Hauptbecken war von der Brighton Corporation geliehen und hatte eine Länge von 22 Metern, eine Breite von neun und eine Tiefe von drei Metern. Normalerweise wurden darin drei oder vier Delphine gehalten. Obwohl schon 1872 von Prinz Arthur eröffnet, wurde erst 1968 das Schaubecken gebaut, in dem zwei Große Tümmler untergebracht werden sollten, die in Miami gefangen worden waren. Auch Brighton hatte nichts dagegen, hin und wieder einmal ein bißchen mit Tieren zu handeln. 1977 wurden in einer gemeinsamen Aktion mit Don Robinson, sechs mexikanische Delphine bestellt, ihr Ziel sollte das Scarborough Marineland sein. Fünf der Tiere überlebten den Fang lange genug, daß sie in Holzkisten im unbeheizten Frachtraum eines Flugzeugs nach London verfrachtet werden konnten. Völlig durchgefroren wurden die kränkelnden Tiere dann zur Betreuung nach Brighton gebracht, doch vier von ihnen starben. Der überlebende Delphin erholte sich und wurde nach Scarborough verschickt, wo er schließlich nur eine weitere anonyme Zahl in der Todesstatistik wurde.

Dann, 1979, wurden sechs Tiere in Zusammenarbeit mit dem überall mitmischenden Reg Bloom vom Ocean Park Delphinarium in Hongkong erworben. Sie hatten die sogenannte »Treibfischerei« in Taiwan überlebt, wo Delphine abgeschlachtet werden – entweder zur Fleischgewinnung oder weil die Fischer meinen, die Tiere seien eine Seuche und würden ihre Fischgründe dezimieren. Ungefähr zwei Monate lang ließ Reg Bloom die sechs Delphine in einem umfunktionierten Schwimmbad in Worthing zwischenlagern. Von dort aus gingen vier Tiere an Kunden in Spanien, das übriggebliebene Pärchen wurde nach Brighton gebracht. Einer der beiden Delphine lebte noch drei oder vier Monate, der andere starb ein Jahr später. Insgesamt spricht Margaret Klinowska von 14 bis 17 Delphinen, die hier zwischen den Jahren 1968 und 1985 gestorben sind, obwohl sie betont, daß man »in Brighton keine systematischen Unterlagen über die Tiere führte, und die tiermedizinischen Unterlagen von vor 1983 verschwunden sind«.

Die Beckengröße bei Flamingo ist heute nicht größer als 1968, als die von Reg Bloom 1966 erstellte Konstruktion in die Form einer Acht gebracht wurde, um dort den unglückseligen Schwertwal Cuddle unterzubringen. Die drei damaligen »Bewohner« dieses Beckens mußten sich mit einer Welt von 24 Metern Länge, 12 Metern Durchmesser und einer Tiefe zwischen 2,74 und 4,27 Metern zufriedengeben. Doug Cartlidge betont sarkastisch, daß man hier während der Vorstellung – ganz gemäß der neuen »pädagogischen Rolle« – erzählt, die Tiere würden in der Wildnis niemals in Gewässern schwimmen, die weniger als drei Meter tief seien.

Der Knowsley Safari Park in Prescot bei Liverpool gehört dem Earl of Derby und wurde 1971 für die Öffentlichkeit zugänglich. Man folgte damit dem Beispiel anderer vornehmer Häuser, die zwischen Bankrott und einer Invasion von Tagesausflüglern wählen mußten. Der 18. Earl of Derby entschied sich für das letztere, vielleicht inspiriert durch seinen außergewöhnlichen Vorfahren, den 13. Earl, der sich Anfang des letzten Jahrhunderts in Knowsley eine eigene Tierschau mit seltenen und exotischen Tierarten zugelegt hatte. Jedenfalls gründete der Earl mit dem Zirkusbaron Jimmy Chipperfield eine Gesellschaft, um den Safari Park zu leiten. Das Delphinarium dieses Parks, das vertraglich unter der Leitung von Trust House Forte stand, wurde 1972 eröffnet. Die Hotelkette entschied sich dann 1983 – vielleicht, um ihren guten Ruf zu wahren –, den Vertrag zu lösen. Wahrscheinlich wegen der – wie Margaret Klinowska es ausdrückt – »Schwierigkeiten und Kosten, Ersatzdelphine zu bekommen«. Während der zehn Jahre hatte Trust House Forte alleine in Knowsley mindestens sieben Delphine verloren. Und das schadete nicht nur den Gewinnen, sondern auch dem Image. Der Earl und der Zirkusdirektor Chipperfield riefen Reg Bloom zu Hilfe, der prompt die Genehmigung erhielt, zwei Ersatzdelphine aus den USA zu importieren. Der erste dieser beiden Delphine, der vom Marineland in Palos Verdes, Kalifornien, gekauft wurde, kam im März 1983 an, erkrankte Weihnachten an einer Venenentzündung und starb im folgenden Februar an Leberversagen. Die Show ging weiter, diesmal mit zwei neuen Delphinen, Sooty und Clyde. Sie wurden von Terry Nutkins geliefert, der sie Blair Drummond abgekauft hatte, als Trust House Fortes' Interesse an Delphinen nachließ. Doch letzten Endes wurde auch Knowsley ein Opfer finanzieller Schwierigkeiten, des Drucks der Öffentlichkeit und nicht zuletzt dessen, daß ihm die Tiere wegstarben. 1987 schloß das Delphinarium für immer seine Türen.

Whipsnade Park mit seiner Delphin- und Walausstellung gehörte zur Zoological Society of London (ZLS). Diese Gesellschaft ist eine eingetragene wissenschaftliche und pädagogische gemeinnützige Einrichtung, was irgendwie komisch anmutet, weil eine Reihe von Lehrern befand, das kein englisches Delphinarium einen pädagogischen Wert hätte, auch Whipsnade nicht. Die ZLS wurde 1826 gegründet und hat eine stolze Vergangenheit. Es ist jedoch fraglich, ob diese Vergangenheit nicht sehr geschönt ist. Die meiste Zeit war es ein Herrenklub, und die Gründungsidee war wohl, so viele unbekannte und exotische Kuriositäten zu sammeln, wie man im Tierreich finden konnte.

Schon 1860 unternahm die ZLS Versuche, Kleintümmler im Regents Park zu halten. Doch von den 14, die dort ankamen, starben drei an den Folgen des Fangs, und die restlichen Delphine gingen in Gefangenschaft zugrunde, ein Präzedenzfall, der leider keine Beachtung fand. Erst 1972, als ZLS eine sehr große Bandbreite exotischer Arten im Whipsnade Park zeigen konnte, wurde eine »Meeressäuger-Sammlung« eröffnet, um Wissenschaft und Bildung gerecht zu werden. Vorwände für den Kauf von fünf ängstlichen, von der Reise erschöpften Delphinen, die – mit den üblichen Methoden – gerade gefangen worden waren, die man zwangsernährt hatte und die schließlich durch die Marine Animal Productions Inc. verschickt worden waren – eine Firma, die von Mobi Solanga geleitet wurde, einem weiteren Delphinfänger in

Florida. Trotz der angeblich hervorragenden Tierhaltung in Whipsnade verendete ein Tier innerhalb einer Woche. Doug Cartlidge berichtete, daß »dieses Tier eine Anzahl entzündeter, eitriger Wunden hatte, die durch das Scheuern der Schlingen während des Transports verursacht worden waren... In keinem Teil des Körpers fand man Fettpolster... Streß und Angst wurden ebenfalls als Todesursachen aufgeführt. Daher scheint es wahrscheinlich, daß das Tier verhungerte und transportiert worden war, obwohl es krank war«. Zwei der anderen eingeführten Delphine starben 1974, der dritte 1979, der letzte Delphin hatte das Glück oder das Pech, bis 1984 zu leben. Ein Junges, das im Mai 1984 geboren wurde, lebte nicht einmal 14 Tage.

1985 bestand die Gattung der Cetaceae in Whipsnade nur aus zwei Delphinen, obwohl man ursprünglich vorgehabt hatte, andere Arten von Delphinen und Walen zu halten und eine Zuchtkolonie einzurichten. Doch hinter dieser wissenschaftlichen Angeberei stand in Wirklichkeit die pure Unterhaltung. Doug Cartlidge kritisiert in seiner Studie von 1988 diese ehemals bedeutende und renommierte Einrichtung aufs schärfste. »Die Größe des Beckens ist für den Zweck, für den es ursprünglich geplant wurde, völlig unzureichend: als Becken für eine Zuchtkolonie von Delphinen... Dieses Becken erfüllt nicht einmal die Normen, die 1985 von der European Association of Aquatic Mammals eingeführt wurden, in der in erster Linie Besitzer und Direktoren von Delphinarien organisiert sind.«

Cartlidge war auch von Whipsnades vielgerühmten hohen Standards in der Tierzucht nicht beeindruckt. »Das Verhalten der Mitarbeiter dieser Einrichtung gegenüber ihren Tieren hat mich erschreckt«, schreibt er. Er berichtet, daß man sogar ein Netz im Delphinbecken gelassen hatte. »Ein Videofilm zeigt ganz deutlich, daß beide Tiere ohne Überwachung im selben Becken mit dem Netz waren. Selbst ein unerfahrener Zuschauer würde die mögliche Gefahr erkennen. Wenn eines der beiden Tiere sich in dem Netz verfangen hätte, wäre es ertrunken, bevor man ihm zu Hilfe hätte kommen können. Wie ›qualifiziertes‹ Personal so unverantwortlich handeln kann, ist mir unbegreiflich.«

Cartlidge beschreibt das Elend von Samson, einem Tier, das psychisch durch seine Gefangenschaft zerstört worden war. »Seit

251

mehreren Jahren zeigt das Männchen Samson jetzt ernsthafte mentale und psychische Störungen. Es läßt sich in fast psychotische Trance-Zustände fallen, und es hat gelegentlich sogar schon die Unterwasserschaufenster gerammt. Es kann über längere Zeiträume hinweg nicht auf Signale oder Anreize reagieren.« Klinowska führt in ihrem Bericht für die Regierung ebenfalls Samsons unberechenbares Verhalten an, doch mit Erklärungen, die schamlos anthropozentristisch sind. »Er fing an, die Unterwasserschaufenster ›anzugreifen‹«, schreibt sie. »Das häufte sich bis zu neunmal im Monat, und er verletzte sich dabei am Maul und dem darüberliegenden Höcker, der sogenannten *Melone*. Man dachte, er greife unter Wasser Lichtreflexe an, und versuchte, diese Reflexe zu verringern, indem man die Lichtverhältnisse veränderte. Doch leider ohne großen Erfolg. Man bot ihm verschiedene ›Spielzeuge‹ und zusätzliche Spielstunden mit den Pflegern an, doch ebenfalls vergeblich. Wir stellten 1985 während einer Beobachtung zunächst keine ›Angriffe‹ fest, doch als man ihn unabsichtlich (durch einen fallengelassenen Kugelschreiber) erschreckte, stieß Samson um 13.15 Uhr mit dem Kopf gegen das Glas und verursachte ein (für uns) neues, sehr lautes, ›krachendes‹ Geräusch, das sich in immer kürzeren Abständen wiederholte und fast zehn Minuten dauerte.« Klinowska schreibt, daß seine Verhaltensprobleme anfingen, als zwei von Samsons Artgenossen 1983 starben, und sie erklärte weiter, daß die Entscheidung von Whipsnade, einen Ersatzdelphin namens Lady in das Becken zu setzen, eine »vernünftige Lösung für das Problem war«. Der wissenschaftliche Beweis für diese Schlußfolgerung war offensichtlich, da »in den sechs Monaten seit Lady dort ankam, die Attacken am Fenster nur dreimal vorkamen«.

Der Whipsnade Zoo schloß im Juni 1988 trotz all der glänzenden Pläne für ein großes Zuchtzentrum sein Delphinarium, das Frau Klinowska während ihrer Regierungsuntersuchung so beeindruckt hatte. Samson kämpfte immer noch mit dem Wahnsinn und wurde nach Spanien verfrachtet, damit er aus dem Blickfeld kam; Lady mußte ihre letzten Tage im schmutzigen und verkommenen Morecambe Marineland verbringen.

Das armselige, heruntergekommene Morecambe Marineland in Lancashire gehört Ocean World (Marine) Ltd., einer Yachtbau-

und Ausstattungsfirma, die das Unternehmen 1983 von Don Robinsons Trident Television übernahm. Einst erklärte man dort stolz, das »erste Ozeanarium Europas« zu sein, doch jetzt besitzt das Unternehmen nur noch einen einzigen männlichen Delphin, der Rocky genannt wird. Er ist der letzte von mindestens dreizehn, die anderen sind seit der Eröffnung von Morecambe 1964 entweder gestorben oder für sie war das Delphinarium nur Zwischenstation auf dem Weg in ein ungewisses Schicksal. Das Unternehmen hatte mit Delphinen nie viel Glück: Nach dem BBC *Watchdog*-Programm von 1984 starben hier sieben von acht Delphinen innerhalb von zwei Jahren. Es ist schon verrückt: Rocky hat das tiefste Delphinbecken im ganzen Land – 5,5 Meter – doch alles für sich allein. Vier Jahre lang wurde das Tier praktisch in Einzelhaft gehalten – mit nur zwei kurzen Unterbrechungen: Vom Liverpool Knowsley Safari Park erwarb man Sooty, die aber innerhalb von zwei Monaten verendete. Lady, die im Juni 1988 vom Whipsnade Park gekauft wurde, um Rockys Showwert etwas zu erhöhen und ihm ein bißchen Gesellschaft zu leisten, starb ein Jahr später nach einer Fehlgeburt. Obwohl Organisationen wie *Zoo Check* gegen die angekündigte Überführung Ladys protestierten, reagierte die Regierung nicht, bis man den Handel abgeschlossen, die Verträge unterzeichnet und Lady geliefert hatte. »Man muß sich fragen, ob es klug war, Rocky und Lady zusammenzubringen«, schreibt Cartlidge. »Obwohl man beim Umweltschutzministerium vorstellig wurde und Gründe dafür angab, warum man die Überführung nicht genehmigen sollte, entschied man sich dort in seiner großen Weisheit dazu, sie zu genehmigen. Wenn Lady nach der Ankunft im Morecambe stirbt, dann ist das Umweltschutzministerium teilweise dafür verantwortlich.« Nach einem Besuch kurz nach Ladys Ankunft in Morecambe erklärte Cartlidge: »Sie fraß nicht, war ganz lethargisch, und ihre Haut pellte sich stark. Später entdeckte man, daß das System, das die chemische Zusammensetzung des Wassers regelt, nicht richtig funktioniert hatte, was zu schweren Verbrennungen führte. Ihre Nahrungsverweigerung ist möglicherweise ein Hinweis auf streßbezogene Probleme nach dem Transport.« Der Delphin hat sich nie wieder völlig erholt.

Der Windsor Safari Park in Berkshire, der jetzt John Rigbys Themes International plc. gehört, war ursprünglich einmal die

Idee des Zirkusbarons Billy Smart und wurde 1970 von Prinzessin Margaret eröffnet.

Billy Smart hatte schon 1965 einige Erfahrungen mit Walen und Delphinen gesammelt, als 30 offenbar verirrte Pilotwale in der Themse schwammen. Da er immer eine gute Nase hatte, machte sich Smart mit Mitarbeitern von Don Robinsons Flamingo Park gleich daran, eine Fangaktion durchzuführen. Doch nach fünf Tagen und Kosten in Höhe von tausend Pfund teilte ihnen die Polizei mit, daß der Walfang in der Themse illegal sei. Er verstieß gegen das »Royal Fish Law« von 1324, nach dem alle Wale Eigentum der Krone sind. In seinem 1982 erschienen Buch *Next Panda, Please* erzählt der unerschrockene Tierarzt David Taylor, wie er Garry Smart, den Enkel des Zirkuszaren, der einer der Direktoren von Windsor Safari Park ist, nach Malta begleitete. Doch versuchten sie, zwei Baby-Pilotwale zu retten, die drei Tage lang bei einem Fischhändler auf dem Fußboden dahinsiechten. Taylor versorgte sie notdürftig und ließ sie in ein örtliches Freibad setzen, während er und Smart losgingen, um für die geretteten Wale eine Transportgenehmigung nach Windsor zu bekommen. Als sie wieder zum Schwimmbecken kamen, entdeckten sie, daß die Tiere einen akuten Sonnenbrand hatten. Die Leute, die sie versorgten, waren offenbar davon ausgegangen, daß die Wale die Sonne genossen, und man hatte sie sogar mit Sonnencreme eingerieben. Daraufhin entwickelten die Wale sofort infektiöse Wundblasen und starben kurz darauf.

Die ersten Delphine von Billy Smart kamen im Sommer 1969 aus den Vereinigten Staaten. Sie waren von Jerry Mitchell und dem überall mitmischenden Reg Bloom vor Florida gefangen worden. Der finanziell angeschlagene Billy Smart verkaufte 1977 an Don Robinsons Trident Television, sechs Jahre später wechselte Windsor Safari Park wieder den Besitzer und kam in den Besitz von Southbrook and City Holdings. Der letzte Besitzer ist der Unternehmer John Rigby, der den Park im Januar 1989 für 23 Millionen Pfund erwarb.

Insgesamt – von der Gründung bis heute – haben mindestens 24 Delphine die Becken des Windsor Safari Parks gesehen, und mindestens vierzehn sind gestorben – zehn während der sechsjährigen Leitung unter Trident Television. Aber auch diese Schätzungen können weit unter den tatsächlichen Zahlen liegen, denn Margaret Klinowska berichtet – und meint das offenbar nicht sarkastisch: »Bei den Besitzerwechseln scheinen im Windsor Park Unterlagen verlorengegangen zu sein.«

Als die Kontroverse über die Delphine 1984 zum ersten Mal richtig heftig wurde, behauptete der leitende Direktor von Windsor Safari Parks, Andrew Haworth-Booth, daß die Delphinarien ständig verbessert würden und man dort wertvolle Erfahrungen in der Aufzucht sammelte. Zehn oder fünfzehn Jahre früher soll er gesagt haben, daß es möglicherweise begründete Proteste gegen den Mißbrauch von Tieren gegeben haben könnte. »Es liefen damals einige dubiose Typen herum. Sie kamen angereist, buddelten ein Loch in einen Parkplatz und setzten ein paar Delphine hinein. Kein Wunder, daß sie nicht lange lebten. Aber solche Leute gibt es in diesem Industriezweig nicht mehr.« Wenn das nur stimmte! Heute, unter der Leitung des Generaldirektors und erfahrenen Delphinhändlers Terry Nutkins, hat Windsor die überfülltesten Becken in ganz Großbritannien. Das rechteckige Hauptausstellungsbecken ist 26 Meter lang, 14 Meter breit und 3,5 Meter tief. Fünf erwachsene Große Tümmler und zwei Kälber leben darin sowie ein Schwertwal, der der größten Tierhandelsfirma der Welt gehört – International Animal Exchange. Eine Seite des Beckens hat vier Buchten: zur »Aufbewahrung« der Tiere während der Vorstellung, beim Training, bei Verhaltensstörungen, zur Strafe oder zur Pflege. Sie sind nur 2,6 × 3,5 × 1,5 Meter groß. Doug Cartlidge, der hier einmal der leitende Trainer war, sagte, daß »man beobachten konnte, daß Tiere in die Buchten eingesperrt waren, selbst wenn keine Vorstellung, kein Training und auch sonst keine Aktivitäten im Hauptbecken stattfanden«. In einigen Fällen sei das Einsperren der Delphine in diese winzigen Buchten kein Versehen der Trainer gewesen, sondern der mutwillige Versuch, die Tiere zu bestrafen. Cartlidge schreibt: »Ich bin darüber informiert worden, und man hat mir Beweise gebracht, daß Tiere für schlechte Leistungen etc. bestraft wurden, indem man sie in die Buchten sperrte. Außerdem war Nahrungsentzug eine regelmäßig angewandte Bestrafungsmethode.«

Während Margaret Klinowska ihre Untersuchung durchführte, berichteten alle Delphinarien von ehrgeizigen Plänen, ihre Einrichtungen zu modernisieren und zu verbessern. Das war kaum verwunderlich, denn die Industrie war nach Jahren negativer Schlagzeilen und kritischer Überprüfung durch Organisationen wie *Greenpeace* oder RSPCA stark in die Defensive geraten. Doch es war eher der Stil als der Inhalt ihrer Vorschläge, der Neugier weckte. Es war, als seien sie maßgeschneidert worden, um die amtlichen Gutachter zu besänftigen und zu beeindrucken, die im Rahmen ihrer beruflichen Möglichkeiten sowieso schon eine gewisse Vorliebe für das Konzept von Delphinen in Gefangenschaft hatten, es mußte nur im Namen von Wissenschaft oder Bildung zu rechtfertigen sein. Die Aufgabe der Industrie war es, Klinowska – und somit die Öffentlichkeit – zu überzeugen, daß die Brutalität der Vergangenheit angehörte und selbst damals nicht beabsichtigt war – und daß sie keinesfalls Folge der Tatsache war, daß Delphine sich nicht für ein Leben in Gefangenschaft eignen. Die Beschönigungen und Anmaßungen erreichten einen weiteren Höhepunkt, als die Leiter der Delphinarien sich als »Direktoren von zoologischen Aquarien« bezeichneten, von verantwortungsbewußten Einrichtungen, die bei Bildung, Wissenschaft und Arterhaltung eine wichtige Rolle übernehmen würden. Indem man sich ihr gegenüber einsichtig und hochanständig zeigte, hoffte man in der Delphinindustrie zu verhindern, daß Margaret Klinowska die härtesten Mittel gegen die Industrie empfahl – wie sie es vielleicht hätte tun müssen. Denn hinter der schönen Fassade sind diese zoologischen Aquarien immer noch nichts anderes als Vergnügungsparks.

Das ganze Gerede über Delphinarien-Wissenschaft war nirgendwo leichter zu durchschauen als in Whipsnade Park, doch Margaret Klinowska war erfolgreich getäuscht worden. »In Whipsnade würde man gerne einen großen Zuchtkomplex bauen«, schwärmte sie. »Man möchte dort Tiere unterbringen, deren Altersstruktur der von sozialen Gruppen in der Wildnis entspricht. Der ganze Komplex soll in der Nähe der alten Becken liegen, und das alte Becken soll weiterhin für Vorstellungen benutzt werden.« Victor Manton scheint Autor dieser Idee gewesen zu sein. Als »Direktor« der Meeressäuger-Ausstellung in Whipsnade, der seit der Gründung des Delphinariums dort in allen möglichen Positionen beschäftigt war, ist er auch ein angesehenes Mitglied der European Association of Aquatic Mammals (EAAM), und seit 1972

Herausgeber der Verbandszeitschrift *Aquatic Mammals.* »Ich mag kommerzielle Ausbeutung nicht«, sagte Manton 1984, als die Kontroverse über die Delphine Schlagzeilen machte. »Ich bin nicht dafür, daß man die Delphine dazu bringt, ›Happy Birthday‹ zu singen, oder sie in witzige Kleider steckt.« Allerdings verteidigte er die Haltung von Delphinen für wissenschaftliche Zwecke und behauptete, daß nicht abschließend belegt sei, daß Delphine in Gefangenschaft frühzeitig sterben. »Keiner weiß, wie lange ein Delphin in der Wildnis lebt«, soll er gesagt haben. »Die Behauptung, daß manche Delphine 40 Jahre leben können, ist ohne Beweiskraft.« John May zitierte Manton im *Observer*: »Wir sind nicht kommerziell tätig. Wir sind Teil eines wissenschaftlichen und pädagogischen Unternehmens, dessen Aufgabe es ist, der Öffentlichkeit neue und interessante Tierarten vorzustellen. Das ist unsere wichtigste Rechtfertigung. Trotz dieser Selbsteinschätzung wurde dort, bevor man im Sommer 1988 die Pforten schloß, genau das gleiche gezeigt wie überall.

Aus Angst, das Importverbot für Delphine könnte noch weiter ausgedehnt werden, nahmen sich fast alle Delphinarien vor, »Zucht- und Aufzuchteinrichtungen« zu bauen. Dabei waren sie sich sehr wohl der Tatsache bewußt, daß, wenn Dr. Klinowska eine Delphinzucht haben wollte, sie empfehlen würde, das Importverbot aufzuheben, damit die Einrichtungen zunächst einmal lebensfähige Zuchtpopulationen bilden können. Man gibt vor, die Zucht zugunsten der wilden Bestände zu betreiben, sie kann aber auch – wie heute schon, wenn ein Delphinkalb geboren wird – als Beleg dafür, daß die Tiere in Gefangenschaft glücklich sind, mißbraucht werden. Vielleicht glaubte Dr. Klinowska als Pragmatikerin, daß sie die Delphinindustrie dazu ermutigen sollte, sich neu zu formieren, indem sie mit Verordnungen und Versprechen arbeitete. Doch ist das wirklich Pragmatismus und nicht bloß falsche Hoffnung? Delphinarien sind nach wissenschaftlichen und pädagogischen Kriterien unhaltbar, und nicht einmal Dr. Klinowska – obwohl sie es ständig versucht hat – kann die Quadratur des Kreises bewerkstelligen. Einmal ganz abgesehen von Pilleris »Widerspruch in sich«, Tiere unter engen Lebensbedingungen zu halten, die an riesige Weiten gewöhnt sind, müssen der fortgesetzte Mißbrauch, die Ausbeutung und systematische Täuschung von seiten der Industrie, diese automatisch für jede Rolle in Bildung und Wissenschaft disqualifizieren. Etwas anderes vorzutäuschen bedeutet, die Wirklichkeit auf den Kopf zu stellen, und das war tatsächlich – während der Regierungsuntersuchung – die Starnummer im Delphinzirkus. Wiederholt wurde gegen Klinowska der Vorwurf erhoben, sie unterliege einem »Interessenkonflikt«. Der langjährige Naturschützer und europäische Koordinator des *International Fund for Animal Welfare* (IFAW), Ian McPhail, erklärte: »Von Anfang an behauptete die Regierung, die Leiterin dieser Untersuchung sei unabhängig und unparteiisch. Margaret Klinowska war für diese Aufgabe in hohem Maße ungeeignet. Fast ihre ganze Karriere basierte auf Forschungen über Delphine in Gefangenschaft, und so war es höchst unwahrscheinlich, daß sie Vorschläge zur Abschaffung oder Beschränkung dieses Industriezweigs machen würde – egal wie stark die Fakten für solche Maßnahmen sprächen. Wir legten bei Waldegrave Protest gegen diese Wahl ein, doch ohne Erfolg.«

Als die Untersuchung lief, wurde mehr und mehr klar, daß Dr. Klinowska die eigentliche Fragestellung derentwegen diese Untersuchung in Auftrag gegeben worden war, umging; nämlich: Können Import und Ausstellung von Walen und Delphinen in bezug auf Bildung, Wissenschaft und Zucht in Gefangenschaft gerechtfertigt werden? Diese Vorgaben wurden insbesondere wegen der EG-Ratsverordnung 3626/82 gemacht, die speziell den Import von Delphinen und Walen in Mitgliedstaaten zu rein kommerziellen Zwecken verbietet. Man muß betonen, daß Klinowskas Bemühungen, das Los der bereits in Gefangenschaft gehaltenen Delphine und Wale zu verbessern, weit über die in ihrem Bericht erwähnten Vorschriften hinausgingen. Doch dadurch, daß sie ihre Aufmerksamkeit auf Todesraten, optimale Beckengrößen und Wasserbedingungen richtete, wurde das Fortbestehen der Delphinarien – trotz strengerer Kontrollen – ein Fait accompli.

Obwohl Klinowska den Schluß zieht, daß »es schwierig sein werde, die englischen Delphinarien aus pädagogischen, wissenschaftlichen oder Zuchtgründen zu rechtfertigen«, könnten – bei bestimmten Verbesserungen – »solche Einrichtungen *sehr wohl* auf allen drei Gebieten ein professionelles Niveau erreichen und von erheblichem Nutzen sein«. Und das, obwohl die beratenden Pädagogen erhebliche Zweifel an dem Bildungswert solcher Institutionen äußerten. Dem Bericht ist folgende Stellungnahme einer der Berater zu entnehmen: »Die Behauptung, daß bestimmte Darbietungen, die kommerzielle Interessen fördern und erhalten sollen, besondere und wertvolle erzieherische Aspekte hätten, sollte mit Vorsicht aufgenommen werden. Die brutale und erniedrigende Verwendung von Musikuntermalungen in Flamingo Land und der reißerische Kommentar drücken deutlich ... einen Mangel an Sensiblität für den Wert und den Rang der Natur aus und entwürdigen die Beziehung zwischen Mensch und Tier.« Klinowska gab zu, daß »die Experten besorgt sind, daß die unnatürliche und anthropomorphe Darstellung von Tieren als Künstlern, den meisten Zuschauern bloß zeigen, daß die Existenz der Tiere nur dadurch gerechtfertigt wird, daß sie dem menschlichen Anspruch auf Unterhaltung gerecht werden.« Trotz dieser Expertenaussage zog Klinowska den Schluß, daß »es keine Gründe dafür gibt, warum professionelle Unterrichtung über die Tiere, ihren Lebensraum und ihren Schutz nicht durch Delphinarien geleistet werden kann«.

Doch Klinowska ist aus einem ganz einfachen Grund im Unrecht, der von einem der Pädagogen deutlich ausgesprochen wurde: »Eine wahrhaftige Aufklärung in einem Delphinarium würde es ja selbst ad absurdum führen, denn die Kinder würden erkennen, daß der Import, die Gefangenschaft, die schlechte Behandlung und die Ausbeutung von Delphinen und Walen zu Unterhaltungszwecken gegen die Natur ist.«

Bildung im Delphinarium ist eine reine Täuschung – ein Fastfood-Cocktail, in dem ein paar rosige Fakten und Zahlen widerwillig in eine Zirkusdarbietung hineingemischt werden, bei der Delphine Strohhüte und Sonnenbrillen tragen. Nehmen wir zum Beispiel einmal die Show im Knowsley Delphinarium, das von M. Klinowska als »repräsentatives Beispiel« angeführt wurde, »weil es das breiteste Spektrum an Informationen vermittelt«. Der Kommentar, der von den normalen banalen Delphinkunststücken unterbrochen wird, ist eine Farce, die engagiert für die Belange der Industrie wirbt: »Sooty, unser jüngstes Mitglied, ist neun Jahre alt. Sie trat mit Terry Nutkins in einer Fernsehserie auf, die *Animal Magic* hieß. Vor drei Jahren brachte Terry Sooty aus Japan mit. Damals wurden Delphine von japanischen Fischern geschlachtet, und wenn Sooty nicht gerettet und in Gefangenschaft gebracht worden wäre, wäre sie wohl als Delphinfleisch verspeist worden.« Klinowska setzte ähnliche Standards für wissenschaftliche Methodik, als sie empfahl, daß wissenschaftliche »Forschung ein integrierter Teil der Haltung von Walen und Delphinen« sein sollte. Und das trotz vieler Fakten, die die Ansicht von Pilleri stützen, daß die Erforschung von Delphinen, die unter künstlichen Bedingungen gehalten werden, nur künstliche Forschungsergebnisse liefern können.

Darüber hinaus gab M. Klinowska niemals eine angemessene Erklärung dafür, wie solche tiefgründigen wissenschaftlichen Untersuchungen in einen sowieso schon hektischen Zeitplan integriert werden könnten. Einige Einrichtungen veranstalten schließlich bis zu acht Delphinvorstellungen am Tag. Neben ungefährlicheren Forschungen, die sich mit Aspekten von Verhalten und Nahrungsaufnahme beschäftigen, schlug Klinowska tiefgreifende Studien vor. Indem sie den möglichen Einfluß des Tierschutzgesetzes (insbesondere den Abschnitt über wissenschaftliche Verfahren) erörterte, vertrat sie die Auffassung, daß »solche Versuchstiere in dafür vorgesehenen und genehmigten Einrichtungen gehalten werden müssen und unter Umständen am Ende eines Experiments nach anerkannten Tierschutzrichtlinien getötet werden müssen«.

Nach den Statistiken von CITES wurden allein von 1980 bis 1983 157 lebende Wale und Delphine zwischen den einzelnen Ländern gehandelt, um den Forschergeist der Wissenschaft zu befriedigen. Obwohl einige dieser Delphine – ihre Besitzer nutzten Lücken in den CITES-Verordnungen nach Belieben aus – vielleicht nur Zirkustiere geworden sind, fanden andere ihr Ende zweifellos in Laborbecken und speziell konstruierten Zwangsjacken, die verschiedene Methoden der Vivisektion ermöglichen. Man muß sich nur die Karriere von Professor René Guy Busnel ins Gedächtnis rufen, der sich mit seinen Pariser Labors einen Namen machte, in denen er »Delphine wie Würste aufschnitt« und pro Jahr mindestens zehn Tiere für seine letztlich erfolglose Suche nach dem Geheimnis der Sonarfähigkeiten der Delphine opferte. Etwas freundlicher mutet da vielleicht der Frankenstein mit Namen »Kuri« an, den die Wissenschaft in einem Aquarium im Bezirk Kanagawa, südlich von Tokio, erschuf. Angekündigt als »der einzige hybride Nachkomme eines Wals und eines Delphins in der ganzen Welt« wurde dieser künstliche Sonderling der Natur im Mai 1985 geboren und fand beim Publikum großen Beifall – nur wenige Tage später starb er an einer Lungenentzündung.

Auf die gleiche außergewöhnliche Weise, nämlich ihre eigenen Beweise zu ignorieren, kam M. Klinowska auch zu der Auffassung, Delphinarien seien mögliche erfolgreiche Zuchteinrichtungen. Obwohl sie einräumte, daß »die Zucht von Walen und Delphinen in Gefangenschaft nirgendwo in der Welt besonders erfolgreich oder zuverlässig war«, führte sie das Überleben von drei Kälbern in Windsor als Beweis für erhebliche Verbesserungen bei der Zucht an. Und dies trotz der Tatsache, daß von 24 bekannten Geburten in Großbritannien – mindestens acht davon waren vor der Gefangennahme gezeugt worden – 22 als Fehl-, Tot- oder Frühgeburten oder innerhalb weniger Wochen nach einer Krankheit starben oder von ihren Müttern ertränkt wurden. Darüber hinaus ignorierte man fundierte wissenschaftliche Berichte, die zu dem Schluß kamen, daß es Millionen kosten würde, mit einer Mindestgruppe von einem Männchen und zwölf Weibchen eine zweite Generation zu produzieren. Eine Summe, die nicht einmal die reichsten Delphinarien in Europa aufbringen können.

Die Macht der Lobby

Die wichtigste Bühne für das bemerkenswerte Kunststück des Delphinzirkus, die Realität bei der Regierungsuntersuchung auf den Kopf zu stellen, war die European Association of Aquatic Mammals (EAAM). Obwohl sie regelmäßig als das Beispiel für Ehrbarkeit genannt wird – selbst von dem berühmten Mitglied Margaret Klinowska –, ist die EAAM in Wirklichkeit kaum mehr als eine Lobby der Delphinindustrie. Im Laufe der Jahre haben sich die gewitzteren Mitglieder dieser Gesellschaft für die Annahme weltweiter Richtlinien eingesetzt, um der Regierung zuvorzukommen, falls diese versuchen sollte, strengere Richtlinien einzuführen. Gleichzeitig hofften sie, daß die weniger angesehenen Händler und die Showleute, die dem Ansehen der ganzen Branche schadeten, so vom Markt vertrieben werden könnten. Die »Standards for Establishments Housing Bottlenose Dolphins« (Richtlinien für Einrich-

tungen, die Große Tümmler halten) der EAAM empfehlen zum
Beispiel Mindestbeckengrößen und geben Ratschläge für Hygiene,
Fütterung und Gesundheit. Margaret Klinowska hat die Annahme
von Teilen dieser EAAM-Richtlinien empfohlen. Zum großen
Kummer der Gesellschaft hat sie – das muß man eingestehen – die
Wunschliste nicht ganz erfüllt, die man ihr so hoffnungsvoll vorgelegt hatte. So beschwerte sich Mike Riddell, der Geschäftsführer
von EAAM bitter, als er hörte, daß die Bildungsinhalte der Vorstellungen erheblich verbessert werden müßten: »Es erscheint uns
falsch, den Durchschnittsbürger dazu zu zwingen, eine pedantische
Vorlesung mit Diagrammen, Tabellen, etc. durchzustehen und
dabei das unvergeßliche Erlebnis außer acht zu lassen, ein anderes
lebendiges Geschöpf zu sehen, zu hören und zu riechen, wie z. B.
den Delphin oder Mörderwal... Dieser intellektuelle Snobismus
sollte die Delphinarien nicht davon abhalten, dem Laien die Wissenschaft näherzubringen, ohne sich dabei in langweilige Klassen-
zimmer zu verwandeln.«
  Man muß nicht viel weiter als bis zu Riddells Antibes Marineland
schauen, um zu erkennen, was der Meister der Manege meint. Dort
wird die Vorstellung der Schwertwale mit lauter Rockmusik unter-
legt, während die kombinierte Delphin- und Seelöwenvorstellung
wahrscheinlich diejenige in ganz Europa ist, die die Tiere am meisten vermenschlicht. Dabei stehen die algenbesetzten Becken – bei
manchen blättert schon die blaue Farbe ab – im krassem Gegensatz
zu der bunten Bühnenkulisse, die eine romantische Märchenland-
schaft darstellt. Die schelmischen Possen des Seelöwen Slicky werden von einem affektierten Kommentar begleitet, fast so wie in
Disney-Zeichentrickfilmen. Dagegen steht die kühle, gefühllose
und fast militärische Effektivität der Marineland-Verwaltung – mit
Walkie-talkie ausgerüstete Trainer und Wachen patrouillieren auf
dem Gelände. Doch das Marineland, das von dem Zigarillo-Baron
Roland de la Poype gegründet wurde, hat Tierschutz und Wissenschaft nicht vergessen. In seiner Hochglanzbroschüre steht: »Unsere Delphine werden nicht harpuniert oder als Tierfutter verwendet, und unsere Seelöwen werden nicht zu teuren Pelzmänteln oder
flauschigen Spielzeugtieren verarbeitet – aber andere schon.
Splash, Kim, Chou-Chou und ihre Brüder danken Ihnen für das
Interesse, das sie ihren Problemen entgegenbringen.«

Als »einziger Meereszoo in Europa« hat Marineland im Laufe der Jahre versucht, immer mehr Tierarten in seine Tierschau aufzunehmen. Vor einigen Jahren war Roland de la Poype von wissenschaftlichen Forschungen, die offenbar zeigten, daß der mediterrane Große Tümmler sensibler und intelligenter als sein Vetter aus dem Golf von Mexiko sei, völlig fasziniert. Doch die verschiedenen Versuche von Marineland, Tiere in den Meeresengen von Malaga und Gibraltar zu fangen, schlugen fehl. »Es war ein Versuch«, sagte Roland de la Popye später, »wir sind davon ausgegangen, daß Delphine mit höherer Intelligenz gelehriger seien.« Fünf Delphine wurden offensichtlich ohne Schwierigkeiten gefangen und schnell nach Malaga transportiert, um von dort weiter nach Nizza geflogen zu werden. Zu diesem Zeitpunkt waren die empfindlichen Tiere schon in einer Art Schockzustand; sie zappelten und rollten in ihren Transportschlingen hin und her, schlugen heftig mit den Flossen und japsten nach Luft. Der Trainer Martin Padley gab ihnen Beruhigungsmittel, doch für einen der Delphine war es bereits zu spät, er starb. Als die überlebenden Delphine schließlich in eines der Becken von Marineland gesetzt wurden, waren sie von der Reise sehr geschwächt. Einige Tage später schwammen die Tiere lustlos im Becken herum und hatten sich immer noch nicht an ihre neue Umgebung gewöhnt. Nach langem Zögern entschied sich die Leitung des Marineland, die Tiere wieder ins Meer zu setzen, aus Angst, daß man bald vier tote Delphine in den Becken haben würde, und auch aus Furcht vor dem Skandal.

Heute gehören zu der Tierschau im Marineland nicht nur zwei Schwertwale und sieben Delphine, sondern auch zwei See-Elefanten und andere Robbenarten. Wie ich schon in *The Monk Seal Conspiracy* geschrieben habe, war Mike Riddells größter Ehrgeiz – und er wurde von der französischen Regierung und der EG-Kommission unterstützt –, die stark bedrohten Mittelmeer-Mönchsrobben zu fangen, angeblich zu Zuchtzwecken und um sie im Marineland auszustellen. Es war zwar kein Fall einer erfolgreichen Züchtung von Mönchsrobben in Gefangenschaft bekannt, doch der Plan würde, erst einmal in die Tat umgesetzt, dem Marineland die Reputation verleihen, ein ausgewachsener Zoo zu sein, und nicht, wie der Spielplatz und die Wasserrutsche nebenan vermuten ließen, einfach ein hochgejubelter Vergnügungspark.

Die jährlichen Versammlungen der EAAM finden jedesmal in einem anderen Delphinarium oder Vergnügungspark statt – von Duisburg bis Loro Parque auf Teneriffa. Hier treffen sich viele europäische Delphinbesitzer, -händler und -trainer ebenso wie verschiedene Wissenschaftler, die so angesehene Einrichtungen vertreten wie die Universität von Cambridge, die von Münster, St. Hilda's College in Oxford und ein Max-Planck-Institut in Deutschland. Hier treffen sich auch die Vertreter der größten europäischen Versicherungen, die für astronomische Summen immer noch bereit sind, Lebensversichungen für Wale und Delphine abzuschließen. Selbstverständlich kommen auch die bekannten Delphinbesitzer – Persönlichkeiten wie James Tiebor aus München, der europäische Vertreter des International Animal Exchange und Leiter der Delphinshow in Florida; Wolfgang Gewalt, der unerschrockene Delphinfänger und Direktor des Duisburger Zoos. Außerdem der Delphinhändler René Duss der Ocean Life Company; Peter Bössenecker und seine Société Biologique des Caraïbes; Terry Nutkins vom Windsor Safari Park, der »mit Genehmigung der Regierung« Delphine fangende Tierarzt Jay Sweeny von Dolphin Services International und der berüchtigte Conny Gasser von Connys Flipper Show in der Schweiz.

Neben dem üblichen wissenschaftlichen Programm, der Party und der Führung durch das jeweilige Delphinarium oder den Vergnügungspark sind Geschäftstreffen ebenfalls fester Bestandteil der Konferenz. Obwohl die Konferenz-Sitzungen öffentlich sind, sind diese inoffiziellen Treffen, die natürlich zur selben Zeit stattfinden, weder für Zuschauer noch für die Fördermitglieder der Gesellschaft zugänglich. Kritiker bezeichnen die Organisation oft als »Galerie der Gauner« und meinen, ihr Hauptziel liege darin, ein vordergründiges Ansehen für den Delphinhandel herzustellen, während gleichzeitig Geschäftsinteressen koordiniert würden. Eine immer wieder auftauchende Beschwerde lautet zum Beispiel, daß die Präsidentschaft von David Taylor und seine Aktivitäten in allen Bereichen der Delphinindustrie – einschließlich Kauf und Verkauf – ihn möglicherweise in einen Interessenkonflikt mit seiner Hauptbeschäftigung bringen könnten – sich um die Gesundheit und das Wohlergehen der Delphine und Wale in Gefangenschaft zu kümmern –, was auch einschließt, daß er Gesundheitszertifikate ausstellt, die als eine Art Garantie beim Handel benutzt werden. Sowohl Taylor als auch sein Mitarbeiter Andrew Greenwood streiten regelmäßig jede Teilnahme am Delphinfanggeschäft ab. Aber in seinem 1985 veröffentlichen Artikel in *GEO* schrieb Udo Tschimmel, daß der Partner von Taylor und Greenwood schriftlich eine Fang- und Exportgenehmigung für mexikanische Delphine beantragt habe. Auf dem Briefkopf habe man als Mitglied der International Zoo Veterinary Group auch die Namen Taylor und Greenwood lesen können. Tschimmel behauptete auch, daß Taylor regelmäßig von Lloyds Provisionen für neue Lebensversicherungspolicen für einen Wal oder Delphin erhalte, und daß er zusätzliche Gebühren für Vermittlungen von Käufen und Verkäufen von einem Delphinarium zum anderen einnehme. Als ich mit ihm telefonierte, sagte mir David Taylor, daß er höchstens schriftliche Fragen beantworten würde, und auch nur dann, wenn sie rein technischer Natur wären.»Wenn Ihre Fragen allerdings mit persönlichen und besonderen Problemen meiner Kunden in Zusammenhang stehen, dann würde ich das ebensowenig ausplaudern, wie ein Arzt Informationen über einen Patienten bekanntgeben würde, einfach weil Sie das nichts angeht.« Das sind tatsächlich hohe moralische Ansprüche, bis man feststellt, daß er nicht die Intimsphäre seiner *Patienten* schützt, sondern die der Besitzer seiner Patienten. Diese haben natürlich ein großes Interesse daran, auf Vertraulichkeit zu dringen – zum Beispiel, um zu verschleiern, warum einer der Wale in Gefangenschaft an bösartigen Frostbeulen leidet oder warum ein Delphin, nachdem er in einer nach Zirkusart herumziehenden Show herumkutschiert worden war, verendete.

Der Fluch der Ethik

Eine Kontroverse in der EAAM führte dazu, daß sich die Organisation 1987 spaltete und die Wissenschaftler und Tierschützer, die befürchteten, daß die EAAM immer mehr unter den Einfluß der Delphinlobby gerate, der neugebildeten European Cetacean Society beitraten, die von dem angesehenen portugiesischen Cetologen Paul de Santos gegründet wurde. Ihr Ziel ist, die Erforschung und Erhaltung von Delphinen und Walen in ihrem natürlichen Lebensraum zu fördern.

Zweifellos war der Bericht von Klinowska durch seine gründlichen Nachforschungen über Schicksale einzelner Delphine, die seit den frühen siebziger Jahren in englischen Delphinarien gehalten wurden, beeindruckend – ebenso durch die Aufdeckung von Mißbräuchen der Tiere und der pädagogischen und wissenschaftlichen Bedeutungslosigkeit solcher Einrichtungen. Doch bei den Schlußfolgerungen und Empfehlungen legte Margaret Klinowska den gleichen Anthropozentrismus an den Tag, der für die heutigen reduktionistischen Ansätze der Wissenschaft so charakteristisch ist, und gab damit den quantitativen Gesichtspunkten vor den qualitativen den Vorrang. Der »Pragmatismus« – das Leitprinzip in Klinowskas Untersuchung und ein Lieblingswort von Regierung, etablierter Wissenschaft und Geschäftswelt – führte zu kaum mehr als einem Alibi für fortgesetzte Ausbeutung. Moralische Erwägungen werden fast als Fluch angesehen, einfach deshalb, weil – wie Klinowska es ausdrückt – »ethische Aspekte nicht durch wissenschaftliche Methodik gemessen werden können«. Daher werden sie einfach ganz außer acht gelassen. Ihr fast 250 Seiten umfassender Bericht widmet sich auf nur zweieinhalb Seiten dem Thema »Ethik«.

Die Tierschützer waren außerdem darüber entsetzt, daß ein großer Teil der beeindruckenden Beweise, die im Klinowska-Bericht angeführt werden, keinen Niederschlag in den letztlich gezogenen Schlußfolgerungen fanden. Das Herumjonglieren mit Statistiken, um »zu beweisen«, daß die Todesraten von Walen und Delphinen in Gefangenschaft denen in der Wildnis ähneln, ärgerte die Tierschützer besonders, weil selbst Klinowska zugab, daß hier sehr viele Unbekannte und Unsicherheitsfaktoren im Spiel waren – nicht zuletzt ihre Weigerung, die vielen anonymen Delphine miteinzubeziehen, deren Schicksal unerforscht blieb –, so daß solche Zahlen nicht zuverlässig sind. Doch wenn das so ist, warum werden dann solche Zahlenspiele als wissenschaftliche Erkenntnisse weitergegeben? Kieran Mulvaney, der damalige Direktor der *Whale and Dolphin Conservation Society*, erklärte: »Frau Klinowska hat aus einigen der vorliegenden Beweise nicht die richtigen Schlußfolgerungen gezogen – unter anderem aus einigen Daten, die zu belegen scheinen, daß zum Beispiel die Todesrate von Schwertwalen in Gefangenschaft ungefähr zehnmal höher liegt als in der Wildnis. Dies wäre ein starkes Argument für ein völliges Verbot der Haltung von Walen und Delphinen in Gefangenschaft.«

In bezug auf Beckengrößen zeigte sich Klinowska nicht kompromißbereit. Nach der Veröffentlichung ihres Berichts im Juli 1986 erklärte der Umweltminister William Waldegrave, daß die sechs Delphinarien in Großbritannien geschlossen würden, wenn nicht die Beckengrößen verdoppelt, Zuchtprogramme in Gefangenschaft festgelegt, der Bildungswert erheblich verbessert und wissenschaftliche Forschung besser koordiniert würde. Diese Maßnahmen sollten von der Industrie bis November 1991 durchgeführt werden. Bis dahin würde der Import von Walen und Delphinen weiter verhindert werden. Die Becken für bis zu fünf Delphine, so schloß der Bericht, sollten mindestens ein Volumen von 1000 Kubikmetern haben. Kein Becken sollte schmaler als sieben oder flacher als 3,50 Meter sein, und wenigstens ein Drittel des Beckens sollte mindestens sieben Meter tief sein. Bei Schwertwalen sollten die Becken für bis zu fünf Tiere mindestens ein Volumen von 20 000 Kubikmetern haben. Kein Becken sollte schmaler als 15 oder flacher als 7,5 Meter sein. Und wenigstens ein Drittel des Beckens sollte mindestens 15 Meter tief sein.

Solche Erklärungen waren für die Industrie ein schwerer Schlag. Trotz ihrer Versuche, auf Klinowska einzuwirken, standen sie plötzlich vor enormen finanziellen Ausgaben für diese Umbaumaßnahmen. Die Delphin-Industrie in ganz Europa war beunruhigt, denn man befürchtete, daß diese Empfehlungen Eingang in die Gesetze aller EG-Mitgliedstaaten finden würden. Tatsächlich schienen die Aussichten plötzlich sehr düster. Einige Delphinarien erfüllten oder übertrafen bereits die Anforderungen an die Beckenvolumina, doch keines entsprach den neuen Anforderungen für die Tiefe der Becken. Andrew Haworth-Booth, damals Leiter des Windsor Safari Parks, sagte:»Wir betrachten die Empfehlungen bezüglich der Beckenvolumina und -tiefen als völlig unrealistisch. Sie übertreffen bei weitem die von der European Association of Aquatic Mammals festgelegten.« Die Verärgerung von Haworth-Booth war sehr verständlich, denn der Park in Windsor hätte sein kombiniertes Delphin- und Schwertwalbecken einreißen und um weitere 3,5 Meter vertiefen müssen. Außerdem hätten sie noch ein nagelneues Becken für die Wale bauen müssen. »Wir werden beim leitenden Ausschuß im Umweltministerium vorstellig werden«, sagte Haworth-Booth. Er war nicht der einzige. Der leitende Ausschuß, man kann das als Teil eines Rituals bezeichnen, war schließlich gezwungen, die sowieso schon sehr verwässerten Forderungen von Klinowska noch weiter abzumildern.

Zunächst hatten die Tierschutzorganisationen den Bericht von Margaret Klinowska begrüßt, nicht weil er sich angemessen mit dem Elend der Wale und Delphine in Gefangenschaft auseinandersetzt, sondern weil sie sicher waren, daß die strengen Empfehlungen in bezug auf Beckengrößen die meisten Delphinarien aus dem Geschäft vertreiben würden. Diese Annahme schien sich zu bestätigen, als Knowsleys Delphinarium 1987 schloß, gefolgt von der Meeressäuger-Ausstellung in Whipsnade im Sommer 1988. Während die Tierschützer geschäftig ihre vermeintlichen Erfolge zählten, arbeitete der leitende Ausschuß emsig daran, die Konsequenzen aus Klinowskas Argumenten zu mildern, zugunsten der Geschäftsinteressen, nicht des Wohlergehens der Tiere. Das Ergebnis war, daß die Aspekte des Berichts, die für die Industrie sprachen, verstärkt wurden, besonders die nachweislich falsche Aussage, daß Delphinarien für die Bildung und bei der Zucht eine wichtige Rolle spielen könnten. Während der Bericht des leitenden Ausschusses, der im August 1988 veröffentlicht wurde, die von Klinowska vorgeschlagenen Mindestbeckengrößen für Delphine unterstützte, wurden die für Schwertwale drastisch von 20 000 auf nur 12 000 Kubikmeter reduziert. Außer den finanziellen Erwägungen der Industrie wurden keine weiteren Begründungen hierfür angegeben. Darüber hinaus behauptete der leitende Ausschuß, daß »das Wohlergehen von Tieren in Gefangenschaft in Großbritannien ausreichend durch die nationale Gesetzgebung gesichert ist«. Und das trotz wiederholter Verstöße gegen den »Zoo Licensing Act« von 1981 und fortgesetzten Mißbrauchs der Tiere – von Delphinen, die in Einzelgefangenschaft gehalten werden, bis zur Beimischung von ungelösten Chemikalien im Beckenwasser. Bei der Diskussion des heiklen Themas Bildung rekurierte der leitende Ausschuß auf die entschieden unwissenschaftliche Äußerung von Klinowska, daß es »etwas ganz Besonderes ist«, einem lebenden wilden Tier nahe zu sein – ein Gefühl, das man angeblich nur auf diese Weise herstellen kann – und kommt zu dem Schluß, daß Bildung »weniger das Ergebnis formaler Aufnahme von Wissen und Erfahrungen ist, sondern des wirklichen Erlebens lebender Tiere in einer Ausstellung«. Das allein würde dazu führen, daß Delphinarien unter die Ausnahmeregelung der EG-Verordnung 3626/82 fielen, obwohl Untersuchungen zeigen, daß Besucher der Delphinshows die Vorstellung mit der Meinung verlassen, daß Delphine Fische seien. Mit der unglaublichen und willkürlichen Behauptung, daß »ein Großteil der Besorgnis über das physische und psychische Wohlbefinden der Tiere ... nicht wohlbegründet ist«, könnten die Delphinarien damit zur Tagesordnung übergehen, wenn sie erst einmal ihre Becken umgebaut haben. Kurz gesagt, um sich für weitere Lieferungen ihrer leicht sterblichen Ware zu qualifizieren, müßten die Delphinarien in Großbritannien ihre Fassade von Bildung, Wissenschaft und Zucht nur etwas aufpolieren.

Island

In Reykjavík betreibt Helgi Jonasson seine Tierhandelsfirma Fauna. Bis zum Frühling 1988, als seine Aktivitäten zu einem internationalen Skandal wurden und er bei der Öffentlichkeit in Ungnade fiel, hatte er ein lukratives und exklusives Unternehmen aufgebaut, das mit Schwertwalen handelte. Vierzehn Jahre lang hatte Fauna den europäischen Markt praktisch beherrscht. Diese Firma lieferte Tiere an Ozeanarien in Großbritannien und auf dem europäischen Festland – einschließlich Windsor Safari Park, Conny Gassers Flipper Show und Mike Riddells Antibes Marineland in Südfrankreich. Jonasson ließ die Wale vor der isländischen Küste fangen und lagerte sie, bis sie einen Käufer fanden, in dem bankrotten Saedyrasafnid Zoo, wo sie dressiert wurden, um ihren Preis auf dem internationalen Markt in die Höhe zu treiben. Nach den 1988 vom Marine Research Institute in Reykjavík vorgelegten Statistiken – das Institut »reguliert« zusammen mit dem Fischereiministerium den Handel mit lebenden Schwertwalen – wurden von 1975 bis 1988 84 Schwertwale gefangen, von denen 19 für amerikanische und kanadische Ozeanarien bestimmt waren. Zwischen

1975 und 1988 stellte man dem Direktor des Saedyrasafnid Marine Zoos, Jon Kr. Gunnarsson, und seinem Nachfolger Helgi Jonasson von Fauna Lebend-Fanggenehmigungen für 64 Tiere aus. Von den meisten Tieren nimmt man an, daß sie jetzt tot sind. Alleine 1980 starben mehrere an Erfrierungen, weil das Wasser im Becken des Zoos zu flach war, um sie zu schützen. Es gab auch kein Dach, das die Tiere vor den schlimmsten Winterwinden hätte schützen können; bei Temperaturen unter null Grad war die empfindliche Haut der Wale mit schmerzhaften Rissen und Fisteln übersät. Trotz des Protestes der Öffentlichkeit arbeitete Fauna mit stillschweigender Billigung der isländischen Regierung weiter, die viele Jahre Wale einfach als eine zusätzliche »Fischquelle« betrachtet hat.

Als ein Zusammenschluß von Tierschutzgruppen gegen den von Marine World Africa USA von Redwood City in Kalifornien gestellten Antrag zur Einfuhr von zwei Schwertwalen von Fauna protestierte, kam die Antwort schnell und fiel recht scharf aus: In einem vierzehnseitigen Dokument versuchte man, die Beschuldigungen, die isländischen Aktionen seien brutal und nachlässig durchgeführt worden, zu widerlegen. Das amerikanische Ozeanarium erklärte, daß nicht fünf, sondern zwei Wale an Erfrierungen gestorben seien. Um ihre Argumente und ihren Antrag auf Importgenehmigung zu unterstützen, ließen sie von dem englischen Tierarzt David Taylor Beweise vorlegen, und der bezeugte: »Von so etwas habe ich vorher noch nie gehört. Was wir aus diesem Fall lernen, ist, daß wir das Walbecken überdachen müssen, eine bauliche Maßnahme, die wir bisher bei Mörderwalen nicht für nötig gehalten haben ... Eine intensive Therapie beseitigte bei den drei überlebenden Walen alle Folgeprobleme, sie fraßen zwar gut (bis zum 15. Februar waren es 30 Kilo Fisch täglich), doch ihre Haut war noch großflächig geschädigt, auch wenn sie nicht mehr schmerzte. So entschied man, die drei Wale – nachdem alle medizinischen Behandlungen abgeschlossen waren – wieder freizulassen, damit ihre Haut sich unter natürlichen Bedingungen erholen konnte. Glücklicherweise können wir mit Sicherheit sagen, daß wir aus diesem Fall gelernt haben und so etwas in zukünftigen Fangperioden nicht mehr vorkommt.«

Doch wie *Greenpeace* in der Veröffentlichung *Outlaw Whalers* bemerkt, klang die Aussage von Taylor zwar überzeugend, doch eine anschließende Untersuchung in Island brachte einige Widersprüche ans Tageslicht. Wenige Tage, nachdem man die kränklichen und unverkäuflichen Wale, die im Brennpunkt der Öffentlichkeit standen und für Fauna zu einer immer schwereren Bürde wurden, freigelassen hatte, wurde nicht weit vom Saedyrasafnid Zoo ein toter Schwertwal an den Strand gespült, dessen Körper mit Frostbeulen übersät war. Da es »unwahrscheinlich ist, daß es den anderen Schwertwalen besser ergangen ist«, erklärte *Greenpeace,* »sind wahrscheinlich doch fünf gestorben – genau wie man vorher berichtet hatte. Offensichtlich war die ›intensive Therapie‹ nicht besonders wirkungsvoll gewesen«.

Bis 1988 wurden in diesen bankrotten Zoos weitere vier junge Wale gehalten, die in dem fauligen und schlecht beleuchteten Bekken entweder auf ihren Verkauf oder auf ihren langsamen Tod warteten. Ein halbes Jahr zuvor waren sie noch mit ihren Müttern im offenen Meer herumgeschwommen, zusammen mit den Familienmitgliedern ihrer eng zusammenlebenden Herde. Auf Jonassons Anordnung wurden sie im Oktober 1987 in einer geheimen Operation von der Besatzung des in Island registrierten Schiffes *Gudrun* vor der isländischen Küste gefangen. Sie hatten praktisch das Monopol für den Fang von lebenden Walen auf dem europäischen Markt. Jedem der zehn Besatzungsmitglieder zahlte man 1500 englische Pfund, um die vier Schwertwale zu fangen. Sie benutzten Heringsnetze, um die jungen Wale von ihren Müttern zu trennen, dann wurden sie in Schlingen an Bord gehievt, wo ihre Körper feuchtgehalten wurden, bis sie die Küste erreichten – eine Reise von mindestens fünf Stunden Dauer. Nachdem sie an der Ostküste gelandet waren, wartete eine noch strapaziösere Reise auf die gefangenen Tiere – eine zwanzigstündige Fahrt mit dem Lkw zum schmutzigen und verfallenen Zoo in Hafnarfjördur in der Nähe von Reykjavík. Von einer vorangegangenen Fangoperation berichtet man, daß ein fünfeinhalb Meter langer Schwertwal, der immer noch im Fangnetz hing, am Schwanz aus dem Wasser gehievt worden war. Obwohl seine Wirbelsäule beim Fang brach, wurde er nach Hafnarfjördur gebracht. Drei Wochen später rief der Saedyrasafnid Zoo den örtlichen Zahnarzt an, der ihn erschoß.

Nach sechs Monaten in Gefangenschaft erregten die Wale die Aufmerksamkeit der Weltpresse. Einige europäische Journalisten, die einen exklusiven Bericht über Tierquälerei witterten, zapften ihre großzügigen Spesenkonten an und machten sich in Begleitung ihrer Informanten aus der Tierschutzbewegung auf den Weg nach Reykjavík. Vor dem Zoo wurden sie von einem ausgeblichenen Schwertwal mit gezwungenem Lächeln, der auf das verfallene Hauptgebäude gemalt worden war, begrüßt – ein stummes Zeugnis der besseren Zeiten dieses Zoos, als noch Wochenendtouristen in die Vorstellungen kamen, um etwas Spektakuläres zu sehen. Zusammen mit den verlassenen Tiergehegen und dem verhangenen Himmel muß das ein trostloser Anblick gewesen sein. War man erst einmal in dem Ozeanarium, dann verstärkte sich dieser Eindruck noch durch die irgendwie unheimlich klingenden Unterwasserrufe der vier eingesperrten Wale. Diese traurigen Klänge hallten in dem verlassenen Gebäude mit einem beängstigend niedrigen Asbestdach und sechs kleinen schmutzigen Fenstern, die das graue Tageslicht filterten, wider. Bei der Zusammenkunft mit den Journalisten zeigte Jonasson keinerlei Schuldbewußtsein. »Ich sehe nichts Falsches darin, Mörderwale zu verkaufen«, sagte er. »Sie sollten gefangen werden, wie jede andere Fischart auch.« Er beharrte darauf, daß die Wale »glücklich und gesund« seien und »regelmäßig vom staatlichen Tierarzt untersucht« würden. Obwohl die Wale bereits seit sechs Monaten zum Verkauf standen, war er sicher, einen Käufer für sie zu finden. Er wollte nur auf das beste Angebot warten – mindestens 65 000 Pfund pro Tier.

Ihr Trainer, der ehemals bei Sea World in San Diego gearbeitet hatte, war Jeffrey Foster, alias Jim Jefferies. Er war bei Fauna angestellt, um den Walen Zirkuskunststücke beizubringen – und zwar zuerst, wie man um Futter bettelt. Die vier Schwertwale Miß Piggy, Bubba, Stella und Wolfie waren in ein Becken gesperrt, das 40 Meter lang, neun Meter breit und 4,90 Meter tief war. Eine englische Zeitung schrieb, daß die Wale zwischen drei und fünf Metern lang seien, und daß die Unterbringung so sei, als »hielte man vier Erwachsene sechs Monate lang in einem Möbelwagen«. Das Becken enthielt nur 2000 Kubikmeter Wasser, das direkt aus dem Meer hineingepumpt wurde. Zum Vergleich: Klinowska empfiehlt ein Minimum von 20 000 Kubikmetern Wasser für gefangene Schwertwale. Die Filtereinrichtung schien nicht richtig zu funktionieren, und das Wasser war vom Abfall so trübe, daß man den

Grund des Beckens nicht sehen konnte und eine Schaumkrone die Beckenwände bedeckte. Nach dem starken Chlorgeruch zu urteilen, wurden bei dem Versuch, das Wasser zu sterilisieren, ausschließlich chemische Mittel verwandt. Als der ehemalige Zoo-Tierarzt Bill Jordan die Schwertwale besuchte, sagte er, daß das Becken eine Brutstätte für Bakterien und Krankheiten sei. »Ich war beim Anblick des Beckens schockiert. Das Beckenwasser ist eines der schlechtesten, das ich je gesehen habe. Wenn die Wale noch länger unter diesen Bedingungen gehalten werden, könnten sie daran sterben – die Gefahr, daß eine Krankheit ausbricht und alle tötet, ist groß.« Jordan, Berater von *Zoo Check* und Mitglied der englischen Delegation bei der *International Whaling Commission,* gab weiter an, daß die ganze Einrichtung »den Anforderungen in Größe und Qualität nicht gerecht wird. Es ist zu klein und zu voll, die Wale schwimmen immer im Kreis. Diese Wale sind zu einem langsamen Tod verurteilt.« Die Gefangenschaft verursachte bereits einige Verhaltensstörungen bei beiden jungen Männchen, die sich an Bißwunden und Kratzern, die von Kämpfen herrührten, zeigten.

Einige Tage später wurden die vier Wale trotz der weltweiten Proteste an Kamogawa Sea World in Japan verkauft und in ein Becken gesetzt, in dem erst vor kurzen mehrere Schwertwale verendet waren. Im November 1989 wurden trotz internationaler Proteste noch vier weitere Schwertwale im Alter von einem bis fünf Jahren von Fauna gefangen. Zwei wurden später an Mike Riddells Antibes Marineland verkauft, wo sie mit den beiden anderen Schwertwalen dieses Parks zusammengebracht wurden, die anderen beiden sollten nach Japan verkauft werden.

Bundesrepublik Deutschland

Die Zoo-Agentur in Hohenstadt, berüchtigt wegen ihres skrupellosen Handels mit exotischen Tierarten für Zirkus, Zoo und Haustierhandel, erlangte 1984 noch größere Bekanntheit. In der Mai-Ausgabe der *Geflügelbörse* warb die Zoo-Agentur damit, daß sie eine ungenannte Zahl von seltenen Commerson-Delphinen aus Patagonien einschließlich angeblich echter CITES-Papiere zu einem Preis von DM 40 000 pro Stück zu verkaufen hätte. Die Zoo-Agentur gehört dem internationalen Tierhändler Walter Sensen, der von einem ehemaligen Delphintrainer als »harte und zwielichtige Gestalt, die nur an Gewinnen interessiert ist«, beschrieben wird. Am Telefon erklärte Sensen gereizt, sie hätten da einen Mann in Südamerika, der ihnen diese Delphine angeboten habe, und sie versuchten, Kunden für sie zu finden. Aber er sei nicht der richtige Mann, über den ich schreiben sollte. Dann hängte Sensen ein, wohl um nicht noch mehr Fragen über seine Rolle im Delphinhandel beantworten zu müssen. Für die bundesdeutschen Behörden scheint Sensen bereits praktisch eine Persona non grata zu sein, wenn es um die Einfuhr gefährdeter Tierarten geht, doch das hat seine lukrativen Transaktionen kaum eingeschränkt. Dr. Rainer Blanke, Leiter des Wissenschaftsausschusses von CITES beim Land- und Forstwirtschaftsministerium, erklärte: dieser Tierhändler werde niemals eine Einfuhrgenehmigung erhalten, um Delphine nach Deutschland zu bringen.

Dr. Wolfgang Gewalt, der selbstbewußte Direktor des Duisburger Zoos, betrachtet sich als »Pionier« in der Haltung von Walen und Delphinen in Gefangenschaft, zum Teil auch deshalb, weil er seit 1965 Delphine und Wale fängt, einschließlich der seltenen Orinoco Flußdelphine.

Wenn er über die Fangexpedition am Orinoco schreibt, legt Gewalt die gleiche Sensibilität für die örtliche Kultur an den Tag wie für die Delphine, die er dort tötete. Er bezeichnet sich als den unternehmerischen Forscher, der sich durch den Dschungel schlägt. Er sagt, der Glaube der Einheimischen verbiete es ihnen, Flußdelphine zu fangen oder zu jagen. Ihre Weigerung, so erklärt Gewalt, scheine in ihren Legenden zu liegen, die von allen möglichen geheimen Kräften der *Inia geoffrensis* erzählen. Zum Beispiel heiße es, daß derjenige, der in das Licht einer Lampe hineinsieht, die mit dem Öl des *Inia* brenne, blind werde.« Doch als »vernünftiger und objektiver Wissenschaftler«, der über derartig primitivem Aberglauben steht, ging die Jagd auf den Orinoco Delphin weiter. Nach Tagen der Frustration und des erfolglosen Wartens, so berichtet er, wurde in dem flachen Wasser endlich ein Orinoco Delphin gefangen: Der Flußdelphin Nummer 1 war an Bord! Man könne fast darauf wetten: Wer erst einmal einen Orinoco Flußdelphin gefangen habe, werde auch noch mehr bekommen. Die Methode sei klug, aber nicht besonders christlich. Sie bänden den Süßwasserdelphin mit einem Handtuch um den Schwanz fest und befestigten ihn in der Mitte des Flusses an einem Stock. Der Delphin stoße dann mit seinem Ultraschall »SOS-Signale« aus, und es sei nur eine Frage der Zeit, bis der erste Delphin am »Unfallort« erscheine, und mit ihm noch zwei oder drei weitere. Ein Netz wurde quer über den Fluß geworfen, und man erzählte uns, daß Gewalt sogar einen der Delphine mit eigenen Händen gefangen habe und der sofort mit Beruhigungsmitteln und Antibiotika behandelt wurde. Am Ende der Expedition hatte man schließlich noch zwei weitere Delphine gefangen – darunter eine Mutter mit Kalb – mit der gleichen Methode.

Seine Tierschaukollektion, zu der auch Weiße Wale und Commerson-Delphine gehören, ebenso wie die üblichen Großen Tümmler, wird als eine der exotischsten in ganz Europa bezeichnet. Was ist so Besonderes an diesen Wundertieren? soll Gewalt gegenüber dem Journalisten Udo Tschimmel geäußert haben. Es sei einfach unverständlich, warum sie nicht in einem Zoo gehalten werden sollten. Andererseits ist seine Empfindlichkeit in dieser Sache schon verständlich. Schließlich geriet sein Name 1979, 1980 und 1984 in die Schlagzeilen, als nach drei Fangexpeditionen in der Magellan-Meerenge von Patagonien 14 von 17 Commerson-Delphinen starben. Darüber hinaus hatte sein Zoo mit exotischen Walen und Delphinen keine Zuchterfolge, sondern verlor während dieser Jahre einige seiner Tiere aufgrund von Krankheiten und beengten Unterkünften.

Nach seiner Expedition nach Patagonien 1984 wurde Dr. Gewalt zur Zahlung einer Strafe von DM 4000 verurteilt, weil er gegen EG-Einfuhrbestimmungen verstoßen hatte. Während des Winters 1983/84 reiste Gewalt nach Kap Hoorn und fing sechs Commerson-Delphine, um sie nach Duisburg zu bringen. Von diesen sechs überlebte nur einer die Tortur des Fangs und des Transports. Gewalt importierte ihn, ohne dafür von den deutschen Behörden die Genehmigung erhalten zu haben. Nach seiner Aussage wollte der Duisburger Zoo seine Commerson-Delphine nicht von einem Händler in Chile erwerben, sondern durch seine Verbindung mit Sea World in Santiago. In dem kleinen Gebiet, wo sie die vier für den Duisburger Zoo gefangen hätten, gebe es 4000 Jacobita Delphine, so erzählte mir Dr. Gewalt und reduzierte dabei unerklärlicherweise die Anzahl der gefangenen Tiere. Sie hätten mit ihrer kleinen Operation wohl kaum eine Tierart gefährdet. Nun ja, sie hätten Transportprobleme gehabt. Die chilenische Luftwaffe habe versprochen, die Tiere per Luftfracht zu befördern, aber in letzter Minute einen Rückzieher gemacht, und sie hätten eine andere Lösung finden müssen. Das habe leider zu vielen Verzögerungen und einem unerwarteten Zwischenstopp in Santiago geführt, wo die Delphine vorübergehend in ein Lagerbecken hätten gesetzt werden müssen, und es sei sehr, sehr heiß gewesen. Am Ende seien alle bis auf einen gestorben. Das sei schade, aber nicht dramatisch, trotz des Aufschreis, der durch die Presse gegangen sei. Dann fügte er noch hinzu, er habe gehofft, ein paar Weibchen für die drei Männchen zu bekommen, die er hier in Duisburg habe, aber schließlich habe er mit drei Männchen dagestanden. Naja, so sei das Leben eben.

Nach den damaligen Presseberichten starben die Commerson-Delphine – eine Tierart, die man erst vor knapp einem Jahrhundert entdeckt hat – an streßbedingten Herzanfällen und einer Schwächung des Immunsystems. In *Das Tier* rechtfertigte Dr. Gewalt die Todesrate der Jacobiter damit, daß alles Teil eines zoologischen Lernprozesses sei. Die Probleme, auf die man zur Zeit bei einigen Meeressäugern stoße, seien die gleichen, die unsere Großväter mit Orang-Utans oder Okapis gehabt hätten. Aber man habe über diese Tiere soviel gelernt, daß man sie jetzt fast wie Haustiere züchten könne.

Es schien überhaupt keinen Grund zur Beschwerde zu geben, selbst dann nicht, als Gewalt gegen das Gesetz verstieß, weil er keine Zeit hatte, um die nötigen Anträge für eine Einfuhrgenehmigung auszufüllen. Statt dessen informierte er die Behörden nach der Aktion nur telefonisch und stellte sie vor vollendete Tatsachen. Gewalt bemerkte, daß sogar die Regierung und die Minister wegen der Einfuhr von sechs Jacobitern aktiv wurden. Laut der verärgerten und blamierten CITES-Behörde in Deutschland sollte »dieser Fall Wellen schlagen«. Ein »kleines Geplätscher« wäre wahrscheinlich das richtigere Wort gewesen. Obwohl nach den EG-Richtlinien geschmuggelte Tiere von den Behörden beschlagnahmt werden müssen, wurden diese Regeln im Falle von Dr. Gewalt nicht angewandt. Dr. Rainer Blanke erklärte, daß dies für sie ein großes Problem gewesen sei. Nur einer der Commerson-Delphine sei noch am Leben gewesen, aber in einem sehr schlechten Zustand. Was hätten sie mit ihm anfangen sollen? Sie hätten viele verschiedene Möglichkeiten in Erwägung gezogen, einschließlich der, den Delphin wieder nach Chile zu bringen. Doch sie hätten bezweifelt, daß er eine weitere Reise überleben werde. Am Ende hätten sie gemeint, es sei das beste für das Tier, wenn es in Duisburg bleibe, und sie hätten Dr. Gewalt Anweisungen gegeben, die Delphineinrichtungen zu verbessern, wozu auch die Vergrößerung der Becken gehörte. Später, so erzählte Dr. Blanke, sei Dr. Gewalt mit seinen Rechtsanwälten gekommen und habe gesagt, daß die Gefahr bestehe, daß der Delphin wegen des Lärms sterben könnte, wenn sie das Becken umbauen müßten. Sie hätten schließlich einwilligen müssen, aber sie hätten deutlich gemacht, daß er nie wieder legal einen dieser Delphine importieren dürfe. Er müsse zugeben, daß die Strafe unbedeutend gewesen sei.

Ebenfalls in der Bundesrepublik Deutschland, in München, hat der langjährige amerikanische Tierhändler James »Captain Jim« Tiebor seinen Sitz. Er ist Leiter der Florida Dolphin Show, die immer noch eine Reihe von europäischen Vergnügungsparks mit Delphinen versorgt. Tiebor organisierte Europas erste umherziehende Delphin- und Walshows für Jahrmärkte und Karnevalsveranstaltungen, einschließlich dieses entsetzlich primitiven Spektakels auf dem Münchner Oktoberfest. Neben dem bemitleidenswerten Schwertwal, den er einfliegen ließ, um ihn 1971 auf dem Oktoberfest auszustellen, lieferte Herr Tiebor auch Schwertwale an andere Einrichtungen – ein Tier vermietete er 1981 für angeblich eine Viertelmillion Mark sogar an den berühmten Hagenbecks Tierpark in Hamburg. Auch Delphin-, Seelöwen- und Papageiendressuren lieferte er an verschiedene Einrichtungen – einschließlich den Kinderzoo von Knie in der Schweiz und Adriatic Sea World in Riccione in Italien. Er vermietete Delphine an den riesigen Europa-Park in Baden-Württemberg, an den Heide-Park – zum Preis von DM 300000 pro Jahr für zwei Tiere – und an den Safaripark in Gänserndorf bei Wien. Die einzige reumütige Bemerkung Tiebors wegen der toten Delphine, die ihm ein Vermögen eingebracht hatten, war, daß »wir schließlich merkten, daß das nicht in Ordnung war. Wir hatten mehr kranke Tiere und mehr Verluste als heutzutage«. Aber wie die meisten seiner Kollegen war Tiebor nicht bereit, diese Verluste zu spezifizieren.

Er weigerte sich, über seine derzeitigen Geschäfte Auskunft zu geben, obwohl bekannt ist, daß er weiter seine eigenen Delphinshows an den Meistbietenden verkauft, daß er Geschäftsverbindungen zu Delphinarien in Spanien hat. Man sagt ihm nach, daß er Österreich, als Nicht-EG-Mitglied, für Delphin-Lieferungen aus Südafrika benutzt und europäischer Vertreter von Ferndales International Animal Exchange ist.

Abwechselnd in der Bundesrepublik Deutschland, in Italien, Spanien und Mexiko hat die Ocean Life Company ihren Sitz, die dem Schweizer Delphinhändler und Showman René Duss gehört, einem ehemaligen Trainer von »Captain Jim« Tiebor. Zu seinem Bestand gehören auch Seelöwen, Seebären, Papageien und Schimpansen. Nach Berichten von ehemaligen Trainern leitete Duss früher das heruntergekommene Ocean World Delphinarium in Viareggio bei Pisa. Er verhinderte weitere Verluste und schloß das Delphinarium, als alle fünf Delphine an einer mysteriösen Krankheit starben, die ihre Körper mit Eiterbeulen übersät hatte. Es wird behauptet, daß er die Kadaver nicht zur Autopsie freigab, sondern schnell einäschern ließ. Auf die Frage nach dem Schicksal der Delphine von Viareggio, sagte Herr Duss:»Ich weiß, auf was Sie hinauswollen, und das mag ich nicht. Ich bin nicht bereit, am Telefon Auskünfte zu geben.« Nach beharrlichem Weiterfragen erklärte der Schweizer Showman dann:»Wie jeder andere Mensch machen auch wir Fehler, und wir lernen aus unseren Fehlern. Ich habe in Viareggio fünf Delphine verloren – das stimmt. Aber es wurden Autopsien durchgeführt. Der erste Delphin, der starb, wurde in die Universität von Pisa gebracht.« Die anderen Behauptungen bezeichnete Duss als »einen Racheakt eines ehemaligen verärgerten Mitarbeiters«. Auf die Bitte, etwas darüber zu sagen, warum die fünf Delphine unter so schäbigen Bedingungen gehalten wurden, entgegnete er:»In unserem Geschäft ist niemand ein Engel. Wenn man anfängt, macht man keine Kompromisse. Aber ich habe die Delphine dort nicht einfach hingebracht, um sie auszubeuten. Wir hatten keine andere Möglichkeit, weil unser Becken in Deutschland beschädigt war.«

1984 erhielt Duss zwei Delphine von Peter Bössenecker, dem Inhaber der Société Biologique des Caraïbes, eines Unternehmens, das früher in einem Wohnwagen beim örtlichen Zoo in Rhenen, Niederlande, seinen Sitz hatte und das seine Delphinfangaktionen auf einer der karibischen Antillen durchführte. 1984 hatte Bössenecker mindestens zehn Delphine in Guatemala gefangen, wo, trotz der Kontrollen durch CITES, internationale Exportpapiere immer noch leicht erhältlich sind. In der Praxis wird der Geist von CITES immer wieder verletzt, nicht nur von den Tierhändlern, sondern auch von den kleinen Beamten, die die Fang- und Exportanträge bearbeiten. Ein Brief, der vom 4. Februar 1983 datiert und dessen Absender das Landwirtschaftsministerium in Guatemala ist, bezieht sich auf die Anfrage von Peter Bössenecker nach einer Genehmigung zum Fang und Export von 20 Großen Tümmlern.

Bössenecker, der damals Direktor des Ouwehand Delphinariums in Rhenen, Niederlande, war, fügte seinem Antrag, wie es das Gesetz erfordert, vier Zeugnisse bei. Alle bestätigten seinen einwandfreien Charakter und seine Kompetenz als Delphinfänger. Doch wo kamen diese hervorragenden Referenzen her? Ganz einfach, von Bösseneckers Kunden aus der Delphinindustrie. Zeugnis Nummer 1 zum Beispiel kam von Koninklijke Maatschappij voor Dierkunde van Antwerpen, Belgien. Diese angesehene Institution, die Königliche Zoologische Gesellschaft von Antwerpen, bestätigte, daß Bössenecker ein erfahrener Delphinfänger und Mitglied der EAAM ist. Als wichtigster Delphinfänger der Société Biologique des Caraïbes, so heißt es in dem Brief weiter, hat Bössenecker bereits viele Delphine an »angesehene Zoos und Delphinarien« geliefert, die alle Mitglied bei EAAM sind. »Unsere Gesellschaft erhielt 1977 drei Guyana Delphine und im März vier Große Tümmler, die von Bössenecker gefangen worden waren und immer noch sehr gesund sind.« Das Zeugnis ist von Pieter De Block unterschrieben, dem Direktor des Delphinariums der Königlichen Zoologischen Gesellschaft. Referenz Nummer 2 kam vom Ouwehand Animal Park, Aquarium, Delphinshow und Campingplatz in Rhenen, Niederlande. »Wir bestätigen gerne, daß Herr Bössenecker viele Jahre für unser Delphinarium gearbeitet hat«, heißt es in dem Brief. »Unter anderem lieferte er uns *Tursiops gilli, Tursiops truncatus* und *Sotalia guianensis*. Alle Tiere, die er lieferte, waren gut versorgt worden, auch auf den Flügen von Japan, Südamerika und dem Golf vom Mexiko. Darüber hinaus würden wir gerne weiterhin die Dienste von Herrn Bössenecker in Anspruch nehmen und wissen von den jährlichen Konferenzen des EAAM, daß alle Mitglieder sich gerne des Wissens und der Fähigkeiten von Herrn Bössenecker bedienen.« Die Unterschrift auf dieser Referenz ist unleserlich.

Das dritte Zeugnis stammt vom Delphinarium Harderwijk, das auch ein »Unter-Wasser-Panorama« hat, eine Seelöwenshow und eine »Wissenschaftliche Forschungsabteilung für Meeressäuger«. Es bestätigte, daß »Herr Bössenecker mehrmals an das Delphinarium Harderwijk Delphine – *Sotalia* – geliefert hat. Diese Lieferungen waren immer zu unserer vollsten Zufriedenheit, und wir hoffen auch, daß wir uns seiner Dienste auch in Zukunft bedienen können.« Der Brief ist vom Direktor des Delphinariums, F. B. den Herder, unterschrieben. Last but not least kommt die vierte Referenz über seinen einwandfreien Charakter vom Nürnberger Tiergarten. Sie bestätigt, daß in einem Zeitraum von sechs Jahren mehrere, teilweise komplizierte und ausgedehnte Geschäfte mit Tieren durch Bössenecker durchgeführt worden seien, der unter anderem Große Tümmler, Guyana Delphine, Seekühe und Tapire geliefert habe. Bössenecker, so heißt es in dem Zeugnis weiter, habe sich während aller Transaktionen als verläßlicher Geschäftspartner erwiesen, mit dem die Zusammenarbeit immer vertrauensvoll sei. In Südamerika hätten sie feststellen können, daß Herr Bössenecker sich ein erhebliches Spezialwissen über Meeressäuger angeeignet habe, das ihn für den Fang und Transport dieser Tierarten besonders befähige. Herr Bössenecker sei auch Mitglied von EAAM und nehme regelmäßig an den Treffen dieser Organisation teil. Sie seien überzeugt, daß Herr Bössenecker sich während seiner weitreichenden Fangexpeditionen ein großes Wissen angeeignet habe. Diese Referenz wurde von Dr. Manfred Kraus, dem Direktor, unterschrieben.

Die CITES-Behörden in Guatemala betrachteten derartige Zeugnisse offenbar als absolut ausreichend, um Bösseneckers Antrag zu entsprechen. Ein daraufhin vom Landwirtschaftsministerium ausgestelltes Dokument besagt, daß Bössenecker und die Société Biologiques des Caraïbes wegen der positiven Antwort vom

Fischereidirektoriat von Guatemala und der guatemaltekischen Gesellschaft für Naturgeschichte die Genehmigung erhält, 20 Große Tümmler in atlantischen Gewässern zu fangen. Wie viele tatsächlich gefangen wurden, ist nicht bekannt, doch zehn davon wurden später nach Europa exportiert.

René Duss wollte zwei dieser Tiere für ein neues Delphinarium im Hansaland bei Lübeck importieren, das er damals zusammen mit seiner Frau Julia leitete. Doch als zehn Delphine am Luxemburger Flughafen ankamen, wurde die Einfuhr von den Zollbehörden verweigert. Sie wurden dann nach Spanien gebracht. Am Sonntag, den 22. April um drei Uhr morgens landete das kleine Transportflugzeug auf dem Flughafen von Valencia mit Großen Tümmlern als Fracht. Die Zollbehörden waren nicht informiert worden, und deshalb waren auch keine Vorbereitungen getroffen worden. Obwohl es keine CITES-Importpapiere gab, wurden die Tiere entladen und in das Zollgebäude gebracht. Der illegale Import brachte die Zollbeamten in eine mißliche Lage: Es war offensichtlich, daß die Delphine nach der langen Reise von Guatemala und dem Zwischenstopp in Luxemburg bald sterben würden, wenn man sie nicht ins Wasser setzte. Deshalb ignorierten sie die bestehenden Gesetze, und die Delphine blieben vorübergehend in Spanien, obwohl die spanischen Behörden offensichtlich Zweifel an der Echtheit der Exportgenehmigung aus Guatemala hatten. Nach stundenlangen hitzigen Diskussionen kamen die Delphine in die beiden Delphinarien – in der Provinz Alicante, wo sie in Aufbewahrungsbecken gehalten wurden. Die lange und anstrengede Reise hatte inzwischen schon ihren Tribut gefordert. Einer der Delphine starb am darauffolgenden Tag im René Duss' Safari Park in Vergel, ein anderer wenig später in Walter Mosers Delphinarium in Elche. Moser, ein Schweizer, gehörte früher die Firma Sea Artist Enterprises in Rapperswil, er hatte einen Vertrag mit dem berühmten Schweizer Zirkus Knie, die Delphinshows zu organisieren – bis die Delphine Knies gutes Image bedrohten, indem sie einfach starben.

Trotz der Todesraten in Spanien gab es immer noch so viele überlebende Delphine, daß Bössenecker einen bescheidenen Gewinn aus dem unheilvollen Unternehmen ziehen konnte. Zwei gingen für einen Spottpreis an Walter Moser, vier der übriggebliebenen Delphine aus Guatemala wurden an einen bulgarischen Vergnügungspark am Schwarzen Meer verkauft, um die strengeren Vorschriften in westlichen Ländern zu umgehen, ein neuer Trend im Delphingeschäft. So blieben Bössenecker zwei Delphine, mit denen er seine vertraglichen Verpflichtungen gegenüber Duss erfüllen mußte. Diese Tiere waren Ersatz für ein anderes Paar, das im Jahr davor von der Ocean Life Company gekauft worden war, aber starb, bevor die einmonatige Garantiezeit vorüber war. Als die beiden neuen Delphine aus Guatemala in Spanien automatisch in Duss' Besitz übergingen, betrachtete Bössenecker seinen Teil des Vertrages als erfüllt. Doch Duss brauchte diese Delphine dringend im Hansaland. Trotz der Weigerung der deutschen Behörden, der Einfuhr zuzustimmen, gab es einige Monate später plötzlich zwei junge Delphine im Hansaland. Zollbeamte, so wird berichtet, vermuten, daß Duss die Tiere in einem Privatflugzeug nach Deutschland geschmuggelt hat, denn das Gesetz sieht hier nur eine unbedeutende Strafe vor, und das Risiko, daß die Tiere beschlagnahmt werden könnten, ist gering.

Duss bestritt in einem Telefongespräch, daß die Delphine illegal nach Deutschland eingeführt worden seien. Zu sagen, daß er die Tiere mit einem Privatflugzeug nach Deutschland eingeschmuggelt habe, sei eine absolute Verleumdung, sagte er. Die offiziellen Papiere seien alle in Ordnung. Es sei die Presse, die gelogen und alles durcheinandergebracht habe. Doch Duss weigerte sich, Informationen, die die Vermutungen über Identität und Herkunft der Delphine im Hansaland überzeugend hätten widerlegen können, zu liefern. Die Kontroverse über die Behauptung des Schmuggels wurde in den darauffolgenden Monaten nur noch schärfer, als die deutschen CITES-Behörden erklärten, daß eine sorgfältige Untersuchung des Falles von der Zollpolizei durchgeführt werden würde. Letztlich wurde die Untersuchung aus Mangel an Beweisen eingestellt. Dr. Rainer Blanke erklärte, sie hätten nie herausgefunden, woher diese Delphine gekommen seien. Soweit sie wüßten, seien zehn in Luxemburg angekommen, von denen einige nach Spanien geschickt worden seien. Es gebe den Verdacht, daß Duss zwei mit einem Privatflugzeug nach Deutschland geschmuggelt habe, aber die Zolluntersuchungen seien ergebnislos geblieben.

Es mag natürlich sein, daß die Unzulänglichkeit des Gesetzes und seiner Anwendung zumindest teilweise für die Verwirrung verantwortlich waren. 1988 versuchte Bösseneckers alter Stammkunde Ouwehand Zoo und Delphinarium in Rhenen, Niederlande, unerklärlicherweise einen dieser Delphine vom Hansaland wieder zurückzuführen. Im Rechtsstreit gegen Duss behauptete der Zoo, daß für den Delphin, den man an Hansaland vermietet habe, noch Zahlungen ausständen. Sie beschuldigten Duss außerdem, den Delphin nach Ablauf des Vertrages nicht zurückgegeben zu haben. Der Direktor von Ouwehand erklärte: »Wir hatten ursprünglich 1983 einen Vertrag geschlossen, einen Delphin vorübergehend an Duss zu vermieten – für zehn Monate –, bis er ihn durch einen seiner eigenen Delphine ersetzen konnte. Der Vertrag lief aus, und das Tier wurde zurück nach Rhenen gebracht. Dann wurde dasselbe Tier wieder für acht Monate an Duss vermietet und kam wieder zurück nach Deutschland. Es sollte im Oktober 1984 wieder hier sein, aber er brachte das Tier nicht zurück und stellte auch die Zahlungen ein.«

Der Zoo distanzierte sich trotz seiner vorherigen ausgezeichneten Referenzen für Peter Bössenecker jetzt von ihm. »Wir sind ein wissenschaftlicher Zoo, und wir machen jetzt keine Geschäfte mit Bössenecker mehr«, erklärte der Direktor des Ouwehand Zoos. »Wir halten nichts von dieser Art des Tierhandels.« Der Zoo gewann in der ersten Instanz, doch Duss legte sofort Widerspruch gegen das Urteil ein. Zu der Zeit – obwohl er immer noch vertraglich verpflichtet war, für die Saison 1989 Delphine an Hansaland zu liefern – erschien Duss dort unerklärlicherweise nicht mehr. Man entdeckte bald, daß zwei Delphine fehlten, und die Mutmaßungen über den Schmuggel keimten wieder auf. Diesmal hatte sich Duss illegal mit zwei Delphinen nach Spanien abgesetzt – einschließlich des Tieres, das dem Ouwehand Zoo gehörte. Ein tiermedizinischer Beamter in Schleswig-Holstein, wo Hansaland liegt, erklärte, Duss habe, da es ein Transfer innerhalb der EG gewesen sei, keine Genehmigung benötigt, doch was er benötigt hätte, wäre ein Dokument von CITES gewesen, das belegt hätte, daß Duss der rechtmäßige Besitzer dieser Delphine sei. Dieser Export sei daher illegal gewesen, denn Duss habe sich mit einem Delphin davongemacht, der ihm nicht gehört habe.

Duss behauptete jedoch weiterhin, daß er der rechtmäßige Eigentümer des Delphins sei, er berief sich auf eine strittige Übereinkunft zwischen ihm und Ouwehand, nach der der Zoo ihm einen Ersatz für das Tier, daß vor Ablauf der Garantiezeit starb, liefern mußte. »Ich glaube, es war 1985, als Peter Bössenecker uns drei Delphine verkaufte, die über Luxemburg kamen«, erinnerte sich Duss. »Einer der Delphine, die hier ankamen, war ein Baby – ich meine, es war nicht mehr als ein paar Monate alt. Es starb in meinen Armen ein oder zwei Stunden, nachdem es hier ankam. Es war ein absolut krimineller Delphinverkauf. Das ist der Grund, warum der Ouwehand Zoo sich von Bössenecker getrennt hat – Fang-, Export- und Transportdokumente der Delphine trugen alle den Namen von Ouwehand. Doch im Vertrag war festgelegt, daß, wenn sie uns im Garantiefall keinen Ersatzdelphin liefern könnten, der gemietete Delphin dann in unseren Besitz übergeht.« Duss mußte zwar einräumen, daß die deutschen Gerichte seiner Interpretation nicht folgten, weigerte sich aber zuzugeben, daß er den Delphin gestohlen habe – den er später in Spanien verkaufte – und beschuldigte sowohl Ouwehand als auch Bössenecker des Betrugs.

Neben den drei »wissenschaftlich geführten« Einrichtungen – Gewalts Zoo in Duisburg, Hagenbecks Tierpark in Hamburg und der Tiergarten in Nürnberg, der einer der wenigen Zoos ist, der seine Delphine aus Guyana bekam – gibt es in Deutschland noch sechs weitere Delphinarien, die rein kommerziell sind: Holiday Park bei Haßloch in der Pfalz, mit fünf Delphinen in zwei kleinen Becken, die sechs Vorstellungen pro Tag für eine Million Zuschauer im Jahr geben; Phantasialand in Brühl bei Köln; Hansaland in Sierksdorf an der Ostsee, das jetzt von Edi van Stijn vom Phantasialand geleitet wird; Heide-Park in Soltau; Europa Park bei Lahr im Schwarzwald und der Allwetterzoo in Münster.

Manchmal gehen »Erziehung«, »Zucht« und »Unterhaltung« in derartigen Einrichtungen Hand in Hand. In seinem 1984 in *Natur* veröffentlichten Artikel, berichtete Udo Tschimmel, daß während einer Vorstellung im Holiday Park eine sanfte Stimme aus dem Lautsprecher verkündete: Im Haßloch Delphinarium fand die Zeugung von Deutschlands erstem Delphinbaby statt, das auch hier geboren wurde. Wir sind sehr stolz darauf, weil das zeigt, daß unsere Delphinhaltung beispielhaft ist. Was sie nicht sagte, bemerkte Tschimmel sarkastisch, war, daß das Kalb wenige Tage nach seiner »historischen Geburt« starb.

Italien

Am einst so bezaubernden acht Kilometer langen adriatischen Küstenstreifen, der jetzt durch Betonhotels, Nachtklubs, Diskotheken, Bars und Restaurants verschandelt wurde, das Meer durch Öl, Pestizide, Plastik und Abwässer verschmutzt, liegen drei der sechs italienischen Delphinarien, die alle um das Geschäft mit Tourismus konkurrieren. Da ist zunächst einmal das Rimini Aquarium, dessen grüngekachelter Delphinpool irgendwie einer öffentlichen Toilette an einer italienischen Autobahn ähnelt. Für beide muß man Eintritt bezahlen. Doch während die Toiletten normalerweise von Leuten saubergehalten werden, die ihr halbes Leben damit verbringen müssen, in eine Schüssel voller Einhundert-Lira-Münzen zu starren, sieht man im Rimini Aquarium, wenn man durch die kleinen Löcher in die trüben Tiefen des Pools schaut, daß die Delphine in ihren eigenen Exkrementen schwimmen. Hier wird die Delphinshow, trotz des dazugehörigen heruntergekommenen und verstaubten Meeresmuseums, mit einer derartig unverhohlenen Primitiviät geführt, daß der einzige erzieherische Wert wohl darin liegt, daß man hier menschliche Selbstgefälligkeit und Ignoranz studieren kann.

Der Mann, der dort die Show vorführte, zeigte für die Tiere nicht das geringste Mitgefühl. Er schien sie zu verachten und ermutigte sie, so hoch wie möglich zu springen und beim Eintauchen ins Wasser Wasserfontainen über das kreischende Publikum zu spritzen. Wie man sich denken kann, interessierten sich Touristenscharen, die das Rimini Aquarium besuchten, für den Delphin als freilebende Tierart sowenig wie für den Tierschutz im allgemeinen. Als ich das Aquarium 1988 besuchte, schien keiner zu bemerken, daß einer der vier Delphine, der unter seinen Flossen offene Wunden hatte, kränkelte, lethargisch war und nicht am Geschehen teilnehmen wollte. Wahrscheinlich waren das dieselben Delphine – Speedy, Chico, Alpha und Beta –, die 1984 und 1987 ins Land gebracht worden waren. Keiner weiß, was vorher war, weil die italienische Regierung erst seit 1984 die Einfuhr von Delphinen registriert.

Nach weiteren acht Kilometern entlang der Betonküste kommt man zum Aquatic World in Cattolica, das mit finanziellen Problemen zu kämpfen hat – nicht nur wegen des harten Konkurrenz-kampfs, der zwischen den drei benachbarten Delphinarien herrscht, sondern sie schienen – wie man in der Delphinindustrie sagt – »kein Glück mit Delphinen« zu haben. Als zwei der Delphine von Aquatic World – einer davon ein Adriatischer Großer Tümmler – starben, nachdem sie von einem aggressiven Männchen mit Namen Clyde angegriffen worden waren, wurde man mit dem Erlaß der Behörden in Rom konfrontiert, der die fahrenden Shows von Aquatic World, die während der Wintermonate mit dem italienischen Zirkus Medrano herumziehen, verbot. Diese Tourneen brachten sie traditionsgemäß nach Florenz, Rom, Bologna und Nervi bei Genua. Der Trainer bei Viareggios Ocean World, Rocky Colombo, berichtete, daß ein anderer Delphin, genannt Bonny, 1987 in Nervi starb, als der Wind Blätter einer naheliegenden Bahnstrecke in das Becken wehte. »Sie wurde vergiftet, da die Böschung an der Bahnlinie mit Pestiziden behandelt worden war«, erklärte Colombo. Jetzt hatte Aquatic World nur noch einen Delphin und wollte dringend Ersatz importieren. Man war daher gezwungen, Kompromisse einzugehen. Pier Lorenzo Florio von TRAFFIC, der die Auflagen, die man Aquatic World auferlegte, entscheidend mitgestaltet hatte, sagte: »Diese Delphine wurden während der Wintermonate mit einem italienischen Zirkus im Land herumkutschiert. Bis 1987 haben sie weiter ihre Delphine herumgefahren, trotz all unserer Proteste. Aber jetzt hat man versprochen, diese Tourneen einzustellen, als Gegenleistung für die Genehmigung, zwei weitere Delphine als Ersatz für die verstorbenen zu erwerben.« Aquatic World hatte beim zuständigen Ministerium 1988 die Genehmigung beantragt, zwei Adriatische Delphine zu fangen und zu halten, doch der Antrag wurde aufgrund von Protesten von WWF und TRAFFIC abgelehnt.

Zwischen den beiden Aquarien von Rimini und Cattolica liegt Adriatic Sea World in Riccione, das als Italiens führendes Delphinarium angesehen wird. Es wird von dem warmherzigen und überschwenglichen Leandro Stanzani geleitet und ist eine der ganz wenigen Institutionen in Europa, bei dem die Begriffe »Bildung« und »Forschung« nicht nur eine Alibifunktion haben, um Delphine zur Unterhaltung halten zu können. Seine Kollegen geben wäh-

31 Höchste Perfektion im Delphin-Zirkus: Zwei Zahnwale schleudern ihre Trainerin in die Luft. Gelegentlich greifen aber mißhandelte Delphine ihre Herren lebensbedrohend an.

rend der Vorstellung widerstrebend ein paar magere Fakten und Zahlen ans Publikum weiter, damit sich ihre Delphinarien für die Ausnahmeregelung unter den EG-Richtlinien qualifizieren, die die Einfuhr von C1-Tierarten, wie den Großen Tümmler, zu rein kommerziellen Zwecken verbieten. Stanzani scheint jedoch wirklich zu glauben, daß Delphinarien bei Bildung und Forschung eine wichtige Rolle spielen können. Adriatic Sea World erreicht mit den in Zusammenarbeit mit dem WWF-Italien erarbeiteten Videokassetten, Dias und Schulunterlagen jährlich 150 000 Kinder. Im Bereich der Forschung organisierte Sea World das allererste Symposium über Wale und Delphine in Italien. Hier wurde auch das angesehene Zentrum für Forschungen über Wale und Delphine in Mailand ins Leben gerufen – eine Organisation, der es jetzt gelungen ist, ein internationales Netzwerk aufzubauen, um die schnelle und wirksame Rettung von Delphinen und Walen zu ermöglichen, die gestrandet sind oder sich in Fischernetzen verfangen haben – Unternehmungen, bei denen Stanzani häufig selbst anwesend war.

Was Stanzani von seinen Kollegen unterscheidet, ist etwas, was sich in seinem Verhalten ausdrückt: ein natürliches und herzliches Mitgefühl für seine Delphine. Die Skrupellosigkeit, die in anderen Delphinarien so deutlich sichtbar wird, fehlt hier. Hier gibt es keine Rock-, Pop- oder zirkusartige Blasmusik, die die Show anheizen soll. Sondern die Musik schafft hier eine ruhige, würdevolle Atmosphäre. Es scheint auch nichts auszumachen, wenn die Kunststücke der Delphine einmal danebengehen oder länger dauern. Geduld und Interaktion, in Kombination mit der ansteckenden Leidenschaft Stanzanis für seine Delphine, scheinen das Publikum dazu zu bringen, sich an dem Wesen der Tiere selbst zu erfreuen und nicht an ihren Dressurkunststücken. Das soll nicht heißen, daß die Delphine nicht auch hier Kunststücke zeigen, die genauso erniedrigend sind wie überall – aber Adriatic Sea World ist wohl eines der ganz wenigen Delphinarien, die wirklich versuchen, dem Publikum die Echogeräusch-Fähigkeiten der Delphine zu zeigen. Das erreicht man, indem man einem Tier mit weichen Augenbinden aus Latex die Augen verbindet und es dann veranlaßt, einen gesunkenen Gummiring zu finden, den Stanzani in das Becken, das einen Durchmesser von 25 Metern hat, geworfen hat. Kritiker können jetzt natürlich anmerken, daß der Delphin so an sein trostloses Betongefängnis gewöhnt ist, daß er gar nicht anders kann, als dieses Kunststück richtig auszuführen. Und doch, selbst wenn das teilweise stimmt, muß man es Stanzani doch anrechnen, daß er dieses zeitraubende Kunststück in das Repertoire seiner Delphine aufgenommen hat.

Doch trotz all der Fürsorge und Aufmerksamkeit, die Adriatic Sea World seinen Tieren widmet, um ihr Wohlergehen zu verbessern und echte Forschungs- und Lehrprogramme einzurichten, bleibt der Satz von Professor Giorgio Pilleri, daß man Tiere, die an riesige Weiten gewöhnt sind, nicht unter beengten, künstlichen Bedingungen halten kann. Lange gab es keine Geburten bei den Delphinen, und die Tiere scheinen in Gefangenschaft überall den gleichen Gefahren und Gesundheitsrisiken ausgesetzt zu sein. Während meines Besuchs im Herbst 1988 war der einzige männliche Delphin, Bravo, ernsthaft erkrankt, weil er einen Plastikball verschluckt hatte, der in seinem Darmkanal steckengeblieben war. Unfähig zu essen oder zu verdauen, wurde das Tier sichtbar schwächer, und Stanzani hatte bereits den englischen Tierarzt David Taylor kommen lassen, um das Leben des Delphins zu retten.»Wir versuchten verschiedene Sachen«, sagte Stanzani.»Wir wollen jetzt versuchen, mit weichen Handtüchern das Maul des Delphins geöffnet zu halten, damit zwei Basketballspieler mit besonders langen Armen hineingreifen und versuchen können, den Ball herauszuholen. Er wird nicht unbedingt sterben. Vielleicht wird er nur einfach ein schwaches Tier, das nicht in der Vorstellung zu gebrauchen ist.« Jeder Besuch von Dr. Taylor oder seinem Partner Andrew Greenwood koste Adriatic Sea World mindestens zweitausend Dollar, fügte Stanzani hinzu.»Taylor und Greenwood kommen nur, wenn sie bezahlt werden. Das ist sehr teuer, weil sie mit dem Flugzeug reisen, möglichst schnell, und der erste Flug ist immer der teuerste. Dann sind da noch all die Taxi- und Hotelrechnungen.« Es ist also nicht verwunderlich, daß viele Delphinbesitzer es sich nicht leisten können, die Dienste dieser Tierärzte für Meerestiere in Anspruch zu nehmen.

Auch wenn es sehr nachlässig ist zuzulassen, daß ein Delphin unbeaufsichtigt mit den Requisiten der Show spielen kann, ist der Ruf von Sea World doch intakt. Stanzani hat viel erreicht, und dies sollte seine Mitbewerber beschämen, ganz besonders deshalb, weil er am Anfang seiner Karriere in schlechte Gesellschaft geraten war. Es war im Sommer 1973, erinnerte sich Stanzani. »Ich hatte bereits ein gutes Gefühl für Delphine, denn ich hatte sie schon sowohl in der Wildnis als auch in Shows gesehen. Und hier, an dieser Küste, versuchten im Sommer alle jungen Menschen, einen Job zu finden, um in ihrer Freizeit etwas Geld zu verdienen. Ich war Student und suchte Arbeit. Da weckte Conny Gasser mein Interesse am Fang von Adriatischen Delphinen.« Abgestimmt mit dem »Expertenrat« der englischen Tierärzte Taylor und Greenwood, sah der Plan von Gasser vor, 25 Adriatische Delphine von örtlichen Fischern fangen zu lassen und je nach Verkauf in einem Kanal am Meer in der Nähe von Cesenatico aufzubewahren. »Eine ähnliche Operation wurde ein Jahr zuvor von ein paar Spaniern durchgeführt, glaube ich. Jeder sagte ihnen, daß die Delphine sterben würden, weil sie nicht wüßten, was sie mit ihnen machen sollen, und deshalb dachten wir, wenn wir dort mit Spezialisten hinfahren, würde das nicht passieren. Da kamen Greenwood und Taylor ins Spiel.« Um den Tieren »Zeit der Gewöhnung« zu geben und sicherzustellen, daß »ein Höchstmaß an tierärztlicher Versorgung für jedes einzelne Tier garantiert wird«, sollten pro Monat nur vier Delphine gefangen werden. Doch, so erzählte Stanzani, die Fischer fingen alle Delphine innerhalb von zehn Tagen, und die Einrichtungen in Cesenatico waren einfach noch nicht fertig. Stanzanis Weigerung, die Anzahl der Delphine, die daraufhin starben, anzugeben, scheint das Schlimmste zu bestätigen. »Ich glaube, daß das mangelnde Wissen über den Adriatischen Delphin und das unmögliche Verhalten der Fischer die Gründe für dieses . . . sagen wir: Töten war«, sagte er, ohne zu zögern. »Selbst Taylor und Greenwood, die an dieser Fangoperation beteiligt waren, wußten nichts über diese Delphine. Außer dem Kanal in Cesenatico wurden auch zwei tragbare Becken verwandt. Aber die Adriatischen Delphine waren schwächer als die Großen Tümmler aus dem Golf von Mexiko. Die amerikanischen Delphine sind an flachere Gewässer gewöhnt, doch diese hier waren Tiefen von 30 bis 40 Metern gewöhnt. Also litten sie darunter, in einem begrenzten Raum zu leben.« Am Kanal von Cesenatico wurde schließlich ein kommunales Delphinarium eingerichtet, und Stanzani erinnerte sich, daß es eigentlich einer der besten Plätze hätte sein können, völlig natürlich, mit 300 × 50 Metern Raum, doch die Delphine dort starben wegen der Verschmutzung mit Abwässern, und zuletzt wurden die, die überlebten, zurück ins Meer gesetzt.

Trotz seiner kurzen Erfahrung mit dieser dunkleren und dominanten Seite der Delphinindustrie scheint Stanzani immer noch von etwas überzeugt zu sein, was man am besten als unveräußerliches Recht der Wissenschaft auf mehr Wissen bezeichnet – egal wieviel Leiden das für die Tiere bedeutet. »Ich weiß nicht, ob ich noch einmal versuchen würde, Adriatische Delphine zu fangen«, sagte er. »Aber wenn es nötig wäre, Forschungen mit diesen Tieren zu betreiben, dann muß man sie wieder in Gefangenschaft bringen. Ich weiß, daß das erste Jahr das schlimmste ist. Wenn sie das erste Jahr durchstehen, dann sind sie ganz normal, auch wenn sie etwas schwächer sind. Aber ich finde immer noch, daß es ganz reizende Tiere sind. Es gibt unterschiedliche Charaktere. Ich werde mich immer an einen der Adriatischen Delphine erinnern, den wir hier vier Jahre lang hatten – er starb vor einigen Jahren. Sie sind nicht ruhiger, aber sie nehmen viel mehr teil an dem, was Sie tun. Ich würde sagen, sie haben mehr ›Herz‹.« Er räumte ein, daß es sehr gut sein könne, daß es für eine Delphinschule schlecht ist, wenn man Tiere entfernt, die Teil einer eng verknüpften Gemeinschaft sind, doch er ist ehrlich genug zuzugeben, daß er »sehr wenig über Delphine in der Wildnis« weiß. Das ist ein Eingeständnis, das die meisten Delphinbesitzer lieber für sich behalten.

Stanzani ist auch einer der wenigen Delphinarienleiter, die soviel Anstand und Mut haben zuzugeben, daß, trotz der grundlegenden Meinungsverschiedenheiten, Professor Giorgio Pilleris Arbeit über gefangene Delphine verdienstvoll ist. »Er ist ein netter Mann, und er weiß sehr viel«, sagte Stanzani. »Aber ich glaube, daß er mit seinen eigenen und mit den Delphinen im Duisburger Zoo in Deutschland die falschen Erfahrungen gemacht hat. Damals war die Todesrate hoch, aber wir haben seitdem eine Menge gelernt. Was er darüber sagt, daß das Gehirn eines Delphins in Gefangenschaft kleiner wird, ist Unsinn. Aber ein Teil seiner Arbeit ist sehr wertvoll. Ich glaube schon, daß Delphine psychische Probleme haben. Wir können nicht behaupten, daß das nicht so ist – aber vielleicht haben sie auch in der Wildnis psychische Probleme. Wir müssen versuchen, diese Probleme so gering wie möglich zu halten. Die Vorschriften können sich nicht nur auf Beckengrößen beschränken – es ist viel mehr als das. Das Wichtigste ist ein gutes Verhältnis zu den Tieren und das Wissen darüber, wie sich die Gruppe zusammensetzt. Sie müssen ihr eigenes soziales Leben haben – und in dieser Hinsicht hat sich auch unsere Haltung geändert. Früher kamen Menschen hierher und sagten: ›Wir möchten zusammen mit den Delphinen schwimmen‹, und wir sagten dann: ›Okay.‹ Und hinterher begriffen wir, daß das Becken das Zuhause der Delphine ist, und wenn man mit ihnen schwimmen will, dann muß man *sie* fragen und nicht uns. Mit anderen Worten: Man muß die Tiere vorher kennenlernen und eine Art Verhältnis zu ihnen aufbauen.«

Stanzani bestritt auch nicht, daß Delphine in Gefangenschaft unter Anspannung, Nervosität und Langeweile leiden, denn die Mittel, die man einsetzen kann, um diese Leiden zu verringern, sind natürlich so begrenzt wie ihr künstlicher Lebensraum. »Genau wie wir«, sagte er, »leiden diese Tiere an Streß und Langeweile, besonders wenn der Sommer zu Ende ist. Nicht, daß sie körperlich erschöpft sind, sie sind geistig ermüdet, weil sie immer die gleichen Sachen machen müssen, und daher versuchen wir, ihr Interesse zu wecken, indem wir ihnen etwas anderes beibringen. Das sind Dinge, die ihnen helfen, ein glücklicheres Leben zu führen.«

Italienische Delphinarien – wie die in allen anderen EG-Ländern – müssen sich an die Verordnungen halten, die Importe nur zum Zweck der Forschung, Lehre oder Zucht in Gefangenschaft erlauben, und genau hier endet der gesetzliche Tierschutz. Ein Schutz für Tiere in Gefangenschaft ist praktisch nicht vorhanden. Es gibt keine Regeln über Beckengrößen und kein Verfahren, nach dem jemand, der einen Tiermißbrauch beobachtet hat, Beschwerde bei den Behörden einlegen und eine Untersuchung in Gang setzen könnte. »Es wird alles dem gesunden Menschenverstand überlassen«, bedauerte Stanzani, doch der fehlt in einer Reihe von Instanzen in der italienischen Delphinindustrie, leider.

Dicht an den Ufern des Gardasees liegt der Disney-ähnliche Vergnügungspark Gardaland, dessen Attraktionen – von Draculas Schloß bis zur Achterbahn und zu Rio Bravo, dem Nachbau eines Dorfes aus dem Wilden Westen mit Saloon-Pizzeria – jedes Jahr zwei Millionen Menschen anziehen. Fast in der Mitte des Parks liegt die Florida Dolphin Show, die von dem langjährigen italienischen Delphintrainer Franco Carrini und seinem Sohn Oscar geleitet wird. »Es ist eine reine Zirkusshow«, erklärte Pier Lorenzo Florio von TRAFFIC, selbst Leandro Stanzini, der normalerweise zu diplomatisch ist, um seine Kollegen offen zu kritisieren, sagte, daß in so einer Show nicht so sehr die Delphine im Mittelpunkt stehen, sondern eher das Duo Carrini mit all dem Rumtata und zirkusüblichen Exhibitionismus. Das wichtigste Kunststück Oscar Carrinis ist es, auf der Nase von einem der beiden Delphine aus dem Wasser geschleudert zu werden. Obwohl gerade dieses Kunststück auch in vielen anderen Delphinarien zu sehen ist, ist es hier wohl am spektakulärsten, ganz einfach, weil dies hier zweifellos eines der kleinsten Delphinbecken in ganz Europa ist. Es wurde von dem ehemaligen Besitzer von Adriatic Sea World in Riccione übernommen, 1962 für eine fahrende Show gebaut und 1973 zusammen mit einem zirkusähnlichen »großen Zelt« an das Gardaland verkauft. »Kleines Zelt« wäre wohl treffender, denn das runde Becken im Mittelpunkt des Zelts hat einen Durchmesser von nicht mehr als acht und eine geschätzte Tiefe zwischen drei und vier Metern. Es gibt kein Ruhebecken, und andere Standardausrüstungen – außer den wichtigsten Show-Requisiten wie Zahnbürste und Gummiboot – sind entweder primitiv oder gar nicht vorhanden. Vielleicht paßt es besonders gut, daß die beiden Delphine Romeo und Julia heißen, weil ihre unvermeidliche Tragödie immer und immer wieder gespielt wird, vor einem Publikum, das nichts bemerkt.

Das fünfte Delphinarium in Italien ist im Zoo Safari in Fasano, bei Brindisi. Seine vier Delphine, Sandy und Lola, Speedy und Cubie, wurden im Rahmen eines langfristigen Mietvertrages von Conny Gasser geliefert. Mit der für die Zirkuswelt so typischen Übertreibung erklärte Matteo Colucci, der Besitzer des Zoo Safari, am 17. November 1988, daß die 15jährige Lola ein Kalb geboren habe, und er veranlaßte die lokale Presse zu berichten, dies sei ein »phänomenales Ereignis von weltweitem Interesse«. Dabei sind Geburten von Delphinen in Gefangenschaft keinesfalls außergewöhnlich, sondern nur ihr Überleben bis zum Erwachsenenalter. Doch Colucci wollte offensichtlich einen großen Pressewirbel. Das Kalb, so erklärte er der Presse, sei auf den Namen Katia getauft worden,»zu Ehren der Sopranistin Katia Ricciarelli, die den Wunsch geäußert hatte, persönlich bei der nächtlichen Geburt anwesend zu sein«.

Im März des vorangegangenen Jahres hatten sich die Hoffnungen auf einen Medienrummel nicht erfüllt: Cubies neugeborenes Kalb verendete, weil die Mutter sich weigerte, ihr Junges an die Wasseroberfläche zu halten, damit es seinen ersten Atemzug tun konnte.»Normalerweise, in der Wildnis, würden andere Delphine bei der Geburt helfen«, erklärte Florio,»aber die Leute bei Zoo Safari hatten keine Ahnung, wie sie der Mutter helfen sollten.«

Das ärmliche Ocean World Aquarium am Lido Camaiore am Rand von Viareggio war jahrelang umstritten, nicht nur wegen des Mißbrauchs von Tieren, sondern auch wegen anscheinend schäbiger Geschäfte. In den letzten Jahren wurden die Delphinshows von René Duss geliefert, dessen Tiere in Viareggio alle plötzlich an irgendeiner Krankheit gestorben waren. Nach ihm kam Bruno Lienhardt, der nachts in das Aquarium einbrach und seine eigenen Delphine stahl. Nach diesem Fiasko wurde das Delphinarium von Umberto Riva übernommen, einem Mitglied der Riva Zirkusdynastie. Doch die Skandale rissen nicht ab. Wie viele der italienischen Showleute im Delphingeschäft erhielt di Riva – der unerklärlicherweise auch ein Büro in Las Vegas unterhält – seine ersten drei Delphine 1987 von dem quasi staatlich geführten kubanischen Aguaria Nacional. Innerhalb weniger Wochen war ein Weibchen gestorben, und so waren Fidel und Malu die einzigen Bewohner des Beckens.

Damals hatte Riva den jungen Amerikaner Rocky Colombo zum leitenden Delphintrainer befördert, nachdem er kurz zuvor Giuseppe Cohen, der ehemals bei Ricciona angestellt war, gefeuert hatte.»Cohen war ein hoffnungsloser Trainer«, erzählte mir Colombo,»und schlecht für die Tiere. Ich würde nicht raten, ihn in die Nähe eines Delphins zu lassen.« Eines der Kunststücke, die in Viareggio gezeigt wurden, so erklärte Colombo, war, daß die Delphine sich am Rande der Bühne auf den Rücken legen mußten, der Trainer klopfte dann mit einem großen Gummihammer sanft erst dem einen und dann dem anderen der beiden Delphine auf den Bauch, so daß die Tiere mit den Schwänzen schlugen, als würden sie eine Art Kniesehnenreflex zeigen. Der Höhepunkt des Kunststücks ist es, wenn der erste Delphin genau dann mit dem Schwanz schlägt, wenn man auf den Bauch des Artgenossen klopft.»Ich war während einer der Trainingseinheiten kurz hinausgegangen«, erinnerte sich Colombo.»Als ich wiederkam, sah ich, daß Cohen offenbar die Geduld verloren hatte und wirklich mit dem Hammer auf einen der Delphine einschlug. Ich lief zu ihm und schrie: ›Was zum Teufel machen Sie da eigentlich?‹ Kurz danach gelang es mir, Riva zu überzeugen, sich von Cohen zu trennen, und er wurde gefeuert.«

Colombo schien ein naives, unerschütterliches Vertrauen in den guten Willen der Riva-Brüder zu haben.»Viareggio ist nicht das beste der Welt, aber es ist mein erstes großes Ding«, erklärte er.»Ich wäre lieber mit den Delphinen da draußen«, sagte er und zeigte auf das Meer,»und würde mit ihnen in der Wildnis arbeiten. Ich weiß, daß sie eigentlich nicht gerne hier im Becken sind.« Als er mit Fidel und Malu die Kunststücke durchging und mit ihnen das Repertoire für die kommende Saison übte, zeigten die beiden Delphine beeindruckende Synchron-Leistungen – vielleicht, weil sie erst kurz zuvor gefangen worden waren und ihre Kommunikationsfähigkeiten noch nicht durch die Gefangenschaft beeinträchtigt waren. Colombo, genau wie Stanzani, liebt seine Delphine, aber Ehrgeiz kann mit Liebe in Konflikt geraten und sie schließlich verfälschen. Auf die Frage, ob es stimme, daß Riva die Delphine an einer zirkusartigen fahrenden Show teilnehmen lassen wolle, entgegnete Colombo:»Die Rivas haben große Pläne für die Zukunft – einschließlich eines ganz neuen Delphinariums, wo sie noch weitere vier Delphine brauchen werden. Hier muß das Becken total renoviert werden, das ist der einzige Grund dafür, warum sie eine Genehmigung zur Verlegung der Delphine beantragt haben – nicht für eine fahrende Show.« Doch entweder log Colombo, oder er wurde in seinem Überschwang und seiner Naivität irregeführt.

Für seine ehrgeizigen Zukunftspläne, die Sommersaison besser auszunutzen, hatte Riva – sehr zur Verärgerung von Pier Lorenzo Florio – bereits einen Antrag auf Einfuhr eines weiteren Delphinpärchens gestellt.»Ich war und ich bin unwiderruflich gegen die Einfuhr von Delphinen durch Riva«, erklärte Florio unnachgiebig. »Die ersten drei Delphine wurden unter falschen Voraussetzungen importiert. Bevor sie die Erlaubnis zur Einfuhr gaben, hatten die wissenschaftlichen Behörden von CITES gefordert, daß Riva die Einfuhr wissenschaftlich oder pädagogisch rechtfertigen müsse.

Später stellte sich heraus, daß Professor Romagnoli, der Direktor des Instituts für Tiermedizin an der Universität Pisa, der auch eines der vier Mitglieder der wissenschaftlichen Behörden war, ausgetrickst worden war. Die wissenschaftliche Studie, die im Delphinarium durchgeführt werden sollte, um die Einfuhrgenehmigung zu erhalten, und für die er Unterschrift und Zustimmung gab, war gefälscht. Professor Romagnoli sagt jetzt, daß er das Papier unbedacht unterschrieben haben muß, ohne es sich überhaupt anzusehen.«

Einer der wichtigsten Vorbehalte, den Florio gegenüber dem ersten Import hatte, war der Verdacht, daß Riva versuchen würde, mit den Tieren auf Tournee zu gehen. Es war ja auch nicht das erste Mal, daß ein italienischer Zirkus große Pläne für eine fahrende Flipper-Show hatte. Trotz der EG-Bestimmungen ging der Circo Medrano, auch als Circo Italiano bekannt, im Ausland auf Tournee und hatte 1985 die Frechheit, eine Importgenehmigung für zwei Große Tümmler zu beantragen; mit der Begründung, daß die Tiervorstellung im Zirkus pädagogisch wertvoll sei. Der Antrag wurde von den wissenschaftlichen Behörden von CITES abgelehnt, doch die Plakate von Medrano – die so typisch für die italienische Zirkuskunst sind – zeigten weiter Abbildungen von dressierten Delphinen, bis 1988.

Wie wir schon gesehen haben, lag das daran, daß Medrano das Gesetz umgangen hatte, indem er eine lukrative Geschäftsvereinbarung mit Cattolicas Aquatic World eingegangen war, wohin er in den Wintermonaten außerhalb der Saison zwei Showdelphine liefern sollte. Florios Verdacht, was Rivas Motive anging, bestätigte sich, als Fidel und Malu im Dezember 1988 nach Livorno gebracht wurden, um dort in einer Weihnachtsvorstellung aufzutreten. Dort starb Fidel. Rocky Colombo erklärte:»Wir ließen bereits ein Notbecken in Livorno bauen, so daß wir die Delphine zeitweise dort hineinsetzen konnten, während das Becken in Viareggio renoviert wurde. Aber die Regierung erlaubte uns nicht, die Delphine woanders hinzubringen. Und da hatten wir dann ein echtes Problem. Das Becken hatte ein großes Leck, und mit dem Wasser verloren wir auch Tausende Kilo Salz. Das war schlecht für die Delphine, denn wieviel Salz wir auch hineinstreuen – und die Rivas gaben ein Vermögen für Salz aus –, wir konnten den Salzgehalt und den osmotischen Druck nicht hoch genug halten. Beide Tiere litten an stark abschälender Haut und Geschwüren über den Augen. Wir riefen David Taylor an, der uns sagte, daß wir entweder den Salzgehalt sofort steigern oder die Delphine woanders unterbringen müßten. So entschlossen wir uns, sie woanders hinzubringen, und wir hatten nicht einmal Zeit, es der Regierung zu sagen.«

Trotz solcher Unschuldsbeteuerungen bleibt es eine Tatsache, daß die Delphine gerade passend verlegt wurden, um in der vorher abgesprochenen Weihnachtsvorstellung in Livorno auftreten zu können. Das hohe Metallbecken – wohl zehn Meter im Durchmesser und vier Meter tief –, das auf Fidel und Malu wartete, stand in einem zirkusähnlichen Zelt für 100 Zuschauer am Rande der Stadt. Obwohl die Delphine beide krank waren, wurden dort zwei Weihnachtsvorstellungen gegeben. »Dann, eines Morgens, ging ich zum Becken und fand Fidel tot«, sagte Colombo. »Die Grünen und die Umweltschützer – sie alle sagten, der Grund sei die Belastung der Tiere durch den Transport gewesen, anschließend gab es vor den Toren des Delphinariums Demonstrationen. Aber David Taylor hat gesagt, daß es nichts mit Belastung zu tun hatte. Er unterstützte uns bei der Verlegung der Delphine. Das Ganze dauerte nur eine halbe Stunde – es gab keinen Streß, nicht wie bei der fahrenden Show von Cattolica, die jedes Mal fünf Stunden lang auf der Landstraße ist.«

Erwartungsgemäß übten die Rivas jetzt Druck auf die Regierung aus, um die Genehmigung für den Import der Ersatzdelphine zu bekommen. Sie lenkten Aufmerksamkeit und Mitleid auf das Elend des einsamen Weibchens und nannten es Tierquälerei, das Tier ganz allein zu lassen. »Sie braucht einen Gefährten«, beteuerte Colombo, obwohl er auch einräumte, daß es für einen Trainer schwer sei, eine »gute Show mit einem einzigen Delphin« zu machen. Doch die Behörden blieben angesichts der Tatsache, keine rechtlichen Mittel gegen weitere zirkusähnliche fahrende Shows der Rivas zu haben, eisern. »Ich glaube, daß sie von den anderen Delphinarien bezahlt werden, die so viele Delphine bekommen können, wie sie wollen«, beschwerte sich Colombo bitter. »Sie wollen uns aus dem Geschäft treiben. Schauen Sie sich einmal Riccione an. Sie hatten dort einmal sechs oder acht Delphine. Was geschah mit ihnen ? Warum fragt niemand danach? Oder Rimini, oder Cattolica. Man beschwert sich darüber, daß hier Zirkusleute beteiligt sind, aber die Typen da drüben waren früher Rettungsschwimmer und Strandjungs!«

Doch Colombo blieb optimistisch, er ließ sich von amerikanischen Kollegen beraten und bereitete einen Vorschlag für eine wissenschaftliche Studie vor, die er als »Dynamit« bezeichnete, jedoch absolut geheimhielt, damit sie nicht von einem Konkurrenten sabotiert würde. Auf die Frage, wie eine wissenschatliche Studie mit einem fahrenden Zirkus zu vereinbaren sei, beteuerte Colombo – einmal mehr –, daß die Delphine nicht bewegt würden. »Das ist jetzt langfristig unser Becken«, sagte er. »Wir werden nicht mehr zurück nach Viareggio gehen.« Florio andererseits blieb bezüglich Rivas Chancen pessimistisch. »Jetzt, nachdem man so ausgetrickst wurde, ist es unwahrscheinlich, daß die wissenschaftlichen Behörden Riva die Genehmigung erteilen, weitere Delphine zu importieren«, sagte er. »Man hört sogar Gerüchte, daß man ihm die Lizenz ganz entziehen will. Auf jeden Fall erzählte mir Professor Romagnoli von der Universität Pisa, daß diese Genehmigung nur über die Leichen von Wissenschaftlern aller Instanzen ausgestellt werden würde.« Von Schmuggel einmal abgesehen, sagte Florio, Riva wird warten müssen, bis die EG die Delphine von Annex C1 auf Annex C2 herabsetzt. »Dieser Fall demonstriert deutlich, was passiert, wenn die Abstufung tatsächlich vorgenommen wird«, warnte er. »Die wissenschaftlichen Behörden werden wenig oder keinen Einfluß auf weitere Delphinimporte haben und somit nicht in der Lage sein, auch nur die Minimal-Bedingungen zu stellen. Erinnern Sie sich, wie es vor 1984 war, bevor die EG-Bestimmungen in Kraft traten? Damals hatten wir nicht einmal Importunterlagen für Delphine. Das würde unsere Möglichkeiten total begrenzen.« Und Rocky Colombo stimmte zu. »Dann hätten sie wirklich Grund zur Sorge«, sagte er schadenfroh. »Dann würden hier in Italien eine Menge Delphin-Shows eröffnen.«

Nicht lange danach war Riva wieder auf der Straße und verlegte seinen einzigen überlebenden Delphin nach Marina di Pisa, zehn Kilometer außerhalb der Stadt in Richtung Livorno. Der Zirkus beantragte, dort ein ständiges Becken zu bauen. Obwohl die gesamten Baumaterialien schon vor Ort waren, stand die Zustimmung der örtlichen Behörden, die mit Protesten des WWF-Italien und anderer Naturschutzgruppen bestürmt wurden, noch aus, und fürs erste wurde der Delphin Malu wohl oder übel in das Schwimmbecken der benachbarten Bar und Pizzeria gesetzt.

Schweiz

Obwohl es in der Schweiz heute nur zwei ständige Delphinarien gibt, ist die Schweiz tiefer in den Delphinhandel verwickelt, als es zunächst den Anschein hat. Die strengeren EG-Verordnungen für den Handel mit bedrohten Tierarten interessieren weder in der Schweiz noch in Liechtenstein – gut bekannt für ihre Nummerkonten und Briefkasten-Firmen –, deshalb haben zwei der berühmtesten Delphinhandelsfirmen der Welt hier ihren Sitz: Conny Gassers Flipper Show im Kanton Thurgau und Bruno Lienhardts International Dolphin Show in Vaduz.

Obwohl man sich damit brüstet, das fortschrittlichste Tierschutzgesetz in Europa zu haben, werden die Aktivitäten von Bruno Lienhardt und Conny Gasser von den schweizerischen Behörden toleriert. Dr. Peter Dollinger, Chef der Abteilung internationaler Verkehr und Tierschutz beim Bundesamt für Veterinärwesen, ist, zusammen mit dem Zirkusfan Dr. Thomas Althaus, verantwortlich für die Überwachung des schweizerischen Delphinhandels. Die praktische Durchführung der Tierschutzgesetze liegt jedoch bei den Kantonsbehörden, und Dollinger gibt zu, daß »diese Kontrollen nicht besonders streng sind«. Außer wenn sie ihre Delphine aus Amerika bekommen, sind die Besitzer »nicht verpflichtet, die Behörden über jeden Todesfall zu informieren, doch sie müssen Unterlagen darüber führen, die eigentlich jedes Jahr überprüft werden sollten«.

In der Praxis läßt das Gesetz nachweislich viel zu wünschen übrig: Ein Verwandter von Conny Gasser berichtete, daß »ein Inspektor des Kantonstierarztes hin und wieder einmal vorbeischaut, aber nur auf einen Drink«.

»Das frühere Connyland war kein gutes Unternehmen, wegen des schlechten Niveaus seiner Einrichtungen«, räumte Dollinger ein.»Außerdem wurden regelmäßig Delphine transportiert, was jetzt in der Schweiz verboten ist, obwohl wir nicht verhindern können, daß sie ins Ausland gebracht werden. Bis zum 1. Juli 1975, als CITES wirksam wurde, hatten wir keine gesetzliche Basis, um den Handel zu steuern. Die einzigen Mittel, den internationalen Handel mit lebenden Tieren zu kontrollieren, war die Gesetzgebung über die Gesundheit der Tiere, die nicht auf Delphine anwendbar ist. Es ist nur in einigen *taxa* anwendbar, die Krankheiten auf Menschen oder Haustiere übertragen können.«

Trotz des Inkrafttretens von CITES bestätigte Dollinger, daß »es schwierig ist, Buch zu führen« über das Import-Export-Karussell mit Delphinen, »aber ich glaube nicht, daß es einen illegalen Handel mit Delphinen gibt. Der Transport ist so kompliziert, daß es mehr oder weniger unmöglich ist, einen Delphin über streng kontrollierte Grenzen zu schmuggeln. Auch wegen des großen Arbeitsaufwands, einen Delphin zu dressieren, haben die Besitzer ein berechtigtes Interesse daran, ihre Tiere zu behalten und so gesund wie möglich zu erhalten.« Obwohl Conny Gasser an regulären Import-Export-Aktivitäten beteiligt war, »waren es immer dieselben Tiere«, versicherte Dollinger. Als man ihn nach den offiziellen Importpapieren fragte, die seine Aussage belegen könnten, nahm Dollinger schnell zu der Standardausrede von Bürokraten Zuflucht.»Aufgrund der schweizerischen Gesetzgebung haben Sie kein Recht, diese Informationen zu bekommen«, erklärte er schroff.»Was ich Ihnen mündlich mitgeteilt habe, ist im Prinzip schon zuviel. Darüber hinaus fordern die Bestimmungen nicht, daß die einzelnen Namen der Delphine auf den offiziellen Papieren angegeben werden müssen.« Als man ihn darüber informierte, daß Belege vermuten lassen, daß die Namen von toten Delphinen auf neu erworbene übertragen werden, sagte Dr. Dollinger:»Das kommt immer wieder vor. Diese Delphine haben häufig zwei Namen; einer ist offiziell und einer für die Öffentlichkeit.« Die gleiche blauäugige Erklärung hatte auch Dr. Margaret Klinowska, die meinte, daß dieses Herumjonglieren mit der Identität von Delphinen nur deshalb betrieben werde »weil es unbequem und teuer ist, Prospekte und anderes Material immer wieder neu zu drucken, wenn ein Tier ausgewechselt wird«. Doch Conny Gasser zum Beispiel beharrte darauf, daß sein Delphin Flipper seit 15 Jahren bei ihm ist, trotz der Tatsache, daß Flippers Lebensspanne in Wirklichkeit die von drei Tieren ist. Wenn Klinowska diese verbreitete Praxis des Herumjonglierens als so unverdächtig ansieht, welche Auswirkungen hatte das dann wohl auf ihre Statistik über Todesfälle, auf die sie ihre Schlußfolgerungen weitestgehend aufgebaut hat?

Wie in den meisten anderen Ländern auch dienen die Verordnungen in der Schweiz in der Praxis eher den Interessen der Delphinbesitzer als denen der Delphine. Darüber hinaus wurden Versuche, die Schicksale einzelner Delphine von Conny Gasser und Bruno Lienhardt zu verfolgen, durch die Weigerung des Tierspitals des Kantons Zürich behindert. Man wollte ohne Genehmigung der Eigentümer keine Autopsieberichte herausgeben, weil die Delphine als »Privatbesitz« angesehen werden, fast wie leblose Handelsware.

Knies Kinderzoo

»Ein Paradies für Jung und Alt«, so beschreibt Zirkus Knie seinen Kinderzoo in Rapperswil, wo die fünfmal am Tag stattfindende Vorstellung die Hauptattraktion für jährlich 350 000 Besucher ist. Die Gebrüder Knie führten 1965 die erste kommerzielle Delphinvorstellung auf dem europäischen Festland ein – den Prototyp des heutigen Delphinariums. »Captain Jim« Tiebor, der europäische Pionier dieses Industriezweigs, lieferte für zwei Saisons eine Show mit einem Pärchen der von Jerry Mitchell gefangenen Delphine, Skipper und Sindbad. Knies Pressechef Chris Krenger sagte: »Wir hatten nie Delphine mit im Zirkus, aber 1966 oder 1967 hatten wir eine fahrende Delphinshow. Doch die Delphine gehörten uns nicht; sie wurden nur in einem von Knies Zelten präsentiert. Am Ende entschieden sich die Gebrüder Knie gegen weitere umherreisende Vorstellungen, weil der Transport der Delphine zu kompliziert und die Becken zu klein waren.« Er hätte auch noch hinzufügen können: Und die Delphine starben uns einfach weg.

Die Öffentlichkeit reagierte mit soviel Begeisterung auf diese einmalige Art der Unterhaltung, daß die Gebrüder Knie gerne den Bau eines permanenten Delphinariums in Auftrag gaben, das Tiebors kleine fahrbare Becken ersetzen sollte. 1970 war die Eröffnung – mit nicht weniger als sieben Delphinen. Doch für Tiebors Unternehmergeist war Rapperswil bald zu provinziell, denn die Delphinindustrie stand weltweit unmittelbar vor einem »Goldrausch«. Daher schloß Knie mit Tiebors ehemaligem Partner Walter Moser einen Vertrag. Der hatte die Firma Sea Artist Enterprises gegründet, um seine eigene fahrende Flippershow zu vermarkten. Während Tiebor Delphine aus den USA lieferte, blieb Moser einige Jahre bei Knie unter Vertrag, bis eine ganze Reihe von Todesfällen bei den Delphinen, aufgrund von Wasserverschmutzung und nachlässiger Behandlung, Knies sorgfältig gepflegtes Image bedrohten. Das Inkrafttreten des Gesetzes zum Schutz von Walen und Delphinen 1972 bedeutete für Händler wie Moser und Tiebor – die bereits gelernt hatten, daß die Nachfrage das Angebot selbst auf einem freien Markt schnell übersteigen kann – größere Beschränkungen für ihre Delphinlieferungen. Sie waren gezwungen, ihre Aktivitäten zu »rationalisieren« – wie man das in diesen Kreisen nennt. So kam es, daß Moser, der unzählige Delphine in primitiven fahrenden Shows hatte sterben sehen, 1978 nach Spanien zog. Rudolf Jäckle, der für Sea Artist Enterprises arbeitete, sagte: »Moser zog nach Spanien, um an der Costa Blanca sein eigenes Delphinarium aufzubauen. Er hatte Pech mit den Delphinen und Pech mit den Trainern.« Damals begann die Knie-Dynastie, die eine lukrative und günstige Gelegenheit witterte, ihre eigenen Vorstellungen mit Jäckle als leitendem Trainer zu organisieren.

Heute erwirbt Zirkus Knie seine Delphine normalerweise von International Animal Exchange, von Ricky Borguss oder Harvey L. Hamilton. Da Knie seine Delphine am liebsten aus den USA bezieht, unterliegt er auch den strengen Regelungen des Gesetzes zum Schutz der Wale und Delphine, die letztlich festlegen, daß Delphine aus den USA eher vermietet werden dürfen als verkauft. Das Gesetz verbietet den Handel, den Transport und selbst den Austausch von Delphinen ohne amerikanische Genehmigung. Diese Beschränkungen des Gesetzes erklären, warum die weniger angesehenen Delphinarien ihre Tiere lieber von Händlern in Dritte-Welt-Ländern erwerben – »Dort stellt man keine lästigen Fragen.«

Laut Jäckle sind Delphine, die nach den amerikanischen gesetzlichen Bestimmungen geliefert werden, »genau verzeichnet – von dem Tag an, an dem der Delphin aus dem Meer geholt wird, bis zum Tag seines Todes«. Doch trotz dieser gutgemeinten Maßnahmen wäre es ein Trugschluß anzunehmen, daß das Gesetz das Wohlbefinden oder die Lebensdauer der Delphine in Gefangenschaft in irgendeiner Weise sichern kann. Besonders dann nicht, wenn es von Delphineinrichtungen als bequemes Alibi benutzt wird, um Ansehen zu erwerben oder zu erhalten. Knie ist ein solcher Fall, besonders weil er internationales Renommee hat. Zu Hause genießt der Zirkus ungefähr die Hochachtung wie Wilhelm Tell oder die allgegenwärtige rot-weiße Flagge, doch in seinen überfüllten Delphinbecken im Kinderzoo in Rapperswil am Züricher See kam es zu Todesfällen und Verhaltensstörungen bei den Delphinen.

Letztlich ist das Eidgenössische Veterinäramt in Bern für die Delphine bei Knie verantwortlich, aber theoretisch könnte auch ein amerikanischer Inspektor in die Schweiz geschickt werden. Je nach den Ergebnissen der Untersuchungen, könnte der »Mietvertrag« sogar rückgängig gemacht werden. Natürlich hat ein derartiger Besuch in der Praxis noch nie stattgefunden, trotz der Befürchtungen über die Bedingungen, unter denen Knie seine Delphine hält. Eine nationale Institution wie Knie, mit Freunden in höchsten Positionen, genießt einige Privilegien. Das Eidgenössische Veterinäramt steckt voller »Realisten«, die zufällig auch große Zirkusfans sind oder glauben, daß die Haltung von Tieren in Gefangenschaft ein unbestreitbares Recht des Menschen – der »Alpha-Art« – sei.

Unter solchen Umständen ist es vielleicht verständlich, daß jede echte Besorgnis über die Unterbringung und Haltung von Knies Delphinen sich in ein leises Winseln verwandelt. Dr. Peter Dollinger, zum Beispiel, betrachtet – mit diplomatischem Understatement – Knie »im Prinzip mit Zustimmung«. Doch obwohl er offen seine Unzufriedenheit mit der Größe des Delphinbeckens im Kinderzoo zugab, behauptete die Knie-Familie, daß sie nie von einer solchen Beschwerde der Behörden gehört habe. Knies Delphinbekken faßt nur 700 Kubikmeter Wasser, das absolute Minimum für die vier Delphine, die man – ungeachtet der Todesfälle, des vorzeitigen Austausches und der vorübergehenden Unterbringung von Delphinen – dort ständig halten möchte. 1988 waren fünf Delphine ein halbes Jahr lang in dieses winzige Betongefängnis gesperrt gewesen – mit Wissen und Unterstützung der Bundesbehörden.

Während er zugab, daß das Becken für »zwei Tiere passend« wäre, betonte Rudolf Jäckle, daß »die Größe des Beckens für die Tiere nicht wirklich wichtig ist, wenn sie gut zusammenpassen. Naja, man muß natürlich eine Mindestgröße haben, aber selbst wenn Sie einen Delphin in einen einhundert Meter langen Pool setzen, ist er immer noch gefangen.« Das Problem ist, daß die Delphine bei Knie nie gut zusammenpaßten, es sei denn, man stellt sich sowas wie Sardinen in einer Büchse vor; und das haben Schweizer wie auch amerikanische Behörden jahrelang gewußt.

Natürlich bildet sich Knie – wie alle anderen Zirkusse und Delphinarien auch – auf das Niveau seiner Tierzucht, die Fähigkeiten und das Engagement seiner Trainer und Pfleger einiges ein. Das Image, das man so sorgfältig für die Öffentlichkeit gepflegt hat, hält einer genaueren Überprüfung aber nicht immer stand. Offensichtlich ließ auch die Delphinhaltung bei Knie eine Menge zu wünschen übrig. Der in Südafrika geborene Rudolf Jäckle kam 1978 als leitender Delphintrainer zu Knie. Davor war er der kommende Mann des jungen Delphingeschäfts in Südafrika gewesen, offenbar ein Protegé des europäischen Gespanns Tiebor und Moser. Es wird berichtet, daß Jäckles Dunkle Delphine starben, während sie per Lastwagen von einer Landwirtschaftsausstellung zur anderen gekarrt wurden, von Johannisburg bis Rhodesien. Jäckle war auch intensiv am Delphinfang beteiligt, bis seine Aktivitäten zu einem öffentlichen Skandal und zeitweiligen Fangverbot führten. Die *Cape Times* vom 8. März 1976 griff die Geschichte auf: »Erschreckte Zuschauer beobachteten gestern in der Hout Bay, wie einige Fischer drei Delphine, die aus mehreren Wunden bluteten, für eine kommerzielle Delphindressur-Organisation aus den Netzen zogen.« Eingewickelt in ein »blutgetränktes Laken«, so heißt es in dem Artikel weiter, wurden die Delphine in einen Lastwagen verladen, der von einer wütenden Menschenmenge umzingelt war. »Ein blutbespritzter Seefischerei-Inspektor, der beim Verladen der Tiere half, erzählte der *Cape Times,* daß der Fang den ›Bestimmungen seiner Behörde ganz und gar entsprochen habe‹.« Er bestätigte, daß die Männer, die von Jäckle und seinem amerikanischen Assistenten Ricky Borguss angeführt wurden, eine Genehmigung zum Fang von drei Delphinen hatten, vorausgesetzt, daß sie länger als einen Meter und nicht tragend waren. Die Zeitung berichtete, daß fünf der Dunklen Delphine mit den Fischernetzen gefangen worden waren, nachdem man sie von einer Schule getrennt hatte, die in der Bucht jagte. Zwei wurden freigelassen, nachdem die Delphine in Panik gerieten. Als die Menschenmenge immer wütender wurde, wollten die Männer ihre Arbeit schnellstmöglich beenden. So schrieb die *Cape Times*:»›Los, Los‹, drängte ein Helfer seine Kollegen auf Afrikaans. ›Die Leute werden sauer!‹ Ein Mann, den der Kampf der blutenden Tiere in Wut gebracht hatte, hob die Hand und rief: ›Wollen Sie denn alle hier herumstehen und diese Männer hier laufen lassen?«

»Der Lieferwagen fuhr sofort, nachdem die Tiere verladen worden waren, los, und hinterließ eine lange Blutspur. Ein Arzt, der mit seiner Familie hinter dem Fahrzeug fuhr, erzählte der *Cape Times* später, daß die Blutspur ganz bis Constantia Nek reichte und auch dann nur aufhörte, weil der Lastwagen bergab fuhr.« In dem Artikel heißt es weiter, daß die Operation von der einzigen Person auf der Halbinsel organisiert wurde, die eine Erlaubnis zum Fang von Delphinen hat, Rudolf Jäckle. Er sollte die Tiere an ein Schweizer Delphinarium liefern – wahrscheinlich an Knies Kinderzoo in Rapperswil. Damals war Jäckle bereits lange im Delphinfang-Geschäft. Innerhalb von acht Jahren hatte er mehr als 30 Tiere über das Tiebor-Moser-Gespann an europäische Delphinarien geliefert.

Ungefähr eine Stunde nach dem Fang starben zwei der Delphine an einem Schock, lagen aber immer noch hinten in dem Lieferwagen. Daraufhin wollte Jäckle Ersatzdelphine fangen, damit der letzte überlebende Dunkle Delphin Gesellschaft hätte, der vorübergehend in einem Außentank mit sieben Metern Durchmesser in Jäckles Hauptquartier in Strand untergebracht worden war – man hatte ihn zynisch »Solitaire« genannt. Doch er hatte nicht mit dem Protest der Öffentlichkeit gerechnet, die wegen seiner Aktivitäten in der Hout Bay Petitionen an die Regierung zum Verbot aller Delphinfänge in diesem Gebiet und böse Briefe an örtliche Zeitungen und Politiker schickten. Innerhalb von zwei Tagen wurden nach einer Untersuchung der Todesfälle der Hout-Bay-Delphine Fang, Transport und Haltung von Delphinen von der Regierung verboten. Alle schon erteilten Genehmigungen wurden sofort annulliert, der Delphinfänger und sein Schweizer Kunde waren plötzlich in einer schwierigen Situation. Jäckle, der bei den örtlichen Behörden und der Presse nicht besonders angesehen war, gab gegenüber der *Cape Times* zu, daß der Fang »schlecht ausgeführt« worden sei, doch er sei wegen der Anwürfe der Umstehenden zur Eile gezwungen worden. Ein Mann, so erklärte Jäckle, habe sogar gedroht, ihn in ein Netz zu werfen und unter Wasser zu halten – und all das während er versuchte, die drei Delphine zu beruhigen, die man gerade an Land gebracht hatte. »Normalerweise spreche ich mit den Delphinen«, sagte Jäckle, »gehe mit ihnen in flaches Wasser, streichle sie und beruhige sie, so daß sie aufhören zu zappeln... Wenn sie nicht mehr zappeln, kann ich sie wegbringen, aber wenn sie zu sehr in Panik geraten, dann habe ich mir angewöhnt, sie freizulassen. Ich habe schon mehr als 35 Delphine gefangen, ohne einen einzigen Todesfall.«

Susan Jäckle war noch offensiver, sie schreckte nicht einmal davor zurück, ihre Kollegen im Delphingeschäft anzuprangern, um Jäckles Ruf zu verbessern: »Vergleichen Sie unsere Berichte mit denen des Port Elisabeth Ozeanariums, das seit der Eröffnung bis zu 40 Delphine verloren hat«, erklärte sie. Doch ihr Mann, durch das vorübergehende Regierungsverbot von Delphinfängen offensichtlich unsicher geworden, entschuldigte sich fast. »Es ist mein Fehler«, gab er zu. »Ich hätte sie zurück ins Meer setzen sollen.«

1984 importierte Knie zwei neue Delphine, George und Angel, um die beiden verstorbenen zu ersetzen. Ein Weibchen im Alter von neun Jahren, Star, war an einer chronischen Lungeninfektion gestorben, und ein 23 Jahre altes Männchen, Stormy, war einem Herzanfall erlegen. Jäckle machte natürlich nur vage und zurückhaltende Aussagen, als es darum ging, Todesfälle von Delphinen unter seiner Obhut zu erörtern. Nach längerem Drängen gab er aber zu, daß auch ein neugeborener Delphin verstorben war, was auch ein Licht auf den Tod von Stormy wirft. »Eines der Weibchen hatte im März 1984, glaube ich, eine Geburt«, erinnerte sich Jäckle. »Ich weiß nicht, wann das Baby zur Welt kam, es muß mitten in der Nacht gewesen sein, und etwas war mit dem Baby nicht in Ordnung – die Mutter wollte es nicht und ließ es nicht trinken.« Obwohl dies der dritte Todesfall eines neugeborenen Delphins bei Knie war, widersprach Jäckle Professor Pilleris Behauptung, daß Delphine in Gefangenschaft ihre Jungen nicht erfolgreich aufziehen. Er stritt außerdem energisch alle Behauptungen ab, die sich aus meinen Informationen ergaben, nämlich, daß das Männchen so unruhig wurde, daß »Jäckle in Panik geriet und dem Delphin Beruhigungsmittel gab, die eigentlich für Pferde bestimmt sind«, und daß dies zu einer Koronarthrombose führte. Knies Cheftrainer gab jedoch zu, daß der weibliche Delphin »die ganze Zeit« von dem Männchen bedrängt worden war und daß sie getrennt werden mußten. »Aber ich will damit nicht sagen, daß das Männchen daraufhin in einen Zustand geriet, der einen Herzanfall auslöste – ich weiß es nicht!«

Als man ihn nach der Intelligenz von Delphinen fragte, wurde aus Jäckles Antwort auch deutlich, daß Delphine mit Absicht hungrig gehalten werden, damit ein Fisch in der Vorstellung eine attraktive Prämie für ein erfolgreich vorgeführtes Kunststück ist. »Wenn man einen Delphin mit dem füttert, was er braucht, dann ist er so frech und so voller Energie, daß er sich wie ein Kerl benimmt, der sein Geld sowieso bekommt und sich fragt, warum er noch arbeiten soll.«

Auf die Bitte, etwas zu den Ergebnissen der wissenschaftlichen Forschungsarbeit von Professor Pilleri zu sagen, meinte Jäckle: »Ich habe seinen Bericht gelesen. Ich habe mit dem Mann diskutiert, aber er hat sich seine Meinung gebildet, und das ist seine Sache. Es gibt einige Punkte, wo ich zugeben muß, daß er recht hat. Aber er ist immer so negativ. Die Sache ist, daß seine Worte ernster genommen werden, weil er ein Professor ist und ich nur ein dummer Delphintrainer. Und obwohl wir Delphintrainer die meiste Erfahrung mit Delphinen haben, werden wir selten, wenn überhaupt, zu Rate gezogen. Doch was mich bei Pilleri ärgert, ist, daß er nicht einmal mit uns sprechen will. Er sagt, daß Delphine in Gefangenschaft ihre Kommunikationsfähigkeiten verlieren. Ich habe ihm gesagt, kommen Sie nach Rapperswil und stecken Sie Ihren verdammten Kopf in das Becken, und Sie werden hören, wie sie kommunizieren. Aber nein, er hätte das alles schon in Duisburg gemacht, sagt er. Ich sage, wir sind *nicht* Duisburg, Duisburg hat einen sehr schlechten Ruf, und ich möchte nicht mit diesem Zoo in Verbindung gebracht werden. Wenn Pilleri bei seiner Kritik konstruktiver wäre – und nicht sagen würde, daß Delphine in Gefangenschaft wie Menschen in Konzentrationslagern leben –, dann könnten wir wirklich etwas tun, um die Einrichtungen zu verbessern. Vielleicht sollte er sich mehr damit beschäftigen, was mit den Delphinen im Meer passiert. Das ist schrecklich. Ich kann Ihnen sagen, es ist unglaublich, was sie dort mit den Delphinen machen – besonders in Südafrika. Es ist im Moment sehr modern, gegen Zoos und Delphinarien zu sein, aber wenn das Abschlachten in der Wildnis so weitergeht, dann werden dies irgendwann die einzigen Orte sein, wo man überhaupt noch einen Delphin sehen kann.«

Doch in einem Punkt scheinen Jäckle und Pilleri übereinzustimmen, nämlich daß das beste Delphinarium – und das seltenste – eines ist, das direkt mit dem Meer verbunden ist, wie in Panama, Hawaii und Florida, wo die Delphine in natürlichen, abgesperrten Lagunen gehalten werden. »Die Delphine sind dort viel glücklicher«, gab Jäckle zu. »Ich weiß nicht, ob man sie täuschen kann, indem man ein Becken so wie das Meer gestaltet – da ist dann immer noch eine Mauer.« Jäckle erinnerte sich, daß er, als er in Florida war, um George und Angel zu holen, »eines morgens dort hinunterging, und da waren die beiden Lümmel hinter dem Zaun. Sie sprangen immer in den Kanal und dann hinaus ins Meer. Aber sie kamen immer zum Fressen zurück.« Sie wußten offenbar nicht, daß sie in Knies Badewanne in Rapperswil enden würden.

Das gleiche könnte man wahrscheinlich von den Delphinen Amit und Reut sagen, die 1986 aus dem israelischen Delphinarium in Tel Aviv importiert wurden – auch mit rechtlicher Genehmigung. Innerhalb von zwei Tagen starb Amit an Herzversagen. Doch diesmal erregten die Vorgänge bei Knie beim National Marine Fishery Service (NMFS), der Regierungsbehörde, die die Durchsetzung des Gesetzes zum Schutz der Wale und Delphine überwacht, Verdacht. Nachdem die Gebrüder Knie im Oktober 1986 die Genehmigung zum Fang und zur Haltung von zwei weiteren Delphinen von der Westküste Floridas beantragt hatten, sagte Ann D. Terbush vom NMFS: »Bei der Überprüfung des Antrags ... bemerkte die Marine Mammal Commission, daß zwischen Mai 1984 und April 1986 in den Einrichtungen des Antragstellers einige Delphine verstorben waren, größtenteils im Zusammenhang mit sozialen Verhaltensstörungen.« Knie wurde eingeladen, sich mit Experten über Lösungen des Problems zu beraten und einen Bericht über die Ergebnisse vorzulegen. Bis zum September 1988 wurde der Antrag jedoch aufgrund der »unzulänglichen Reaktion auf die Einwände der Marine Mammal Commission über mögliche Verhaltensprobleme bei Knies Tieren« nicht genehmigt. Dazu trugen auch Gerüchte bei, daß ein Delphin so aggressiv geworden sei, daß selbst sein Trainer, wenn er mit ihm im Wasser war, nicht mehr sicher gewesen sei. Schließlich zimmerte man mit dem NMFS einen Kompromiß zusammen, bei dem Knie zustimmte, daß Victor Manton aus Whipsnade eine Untersuchung einleitete, um den Grund für die Verhaltensstörungen der Delphine in Rapperswil herauszufinden. Sarkastisch bemerkte Doug Cartlidge dazu: »Dies war der Mann, der Samsons selbstmörderisches Verhalten, als er immer wieder gegen die Sichtfenster unter Wasser schwamm, dadurch bekämpfen wollte, daß er ihn mit einem Netz von den Fenstern fernhielt!«

Erwartungsgemäß stellte Victor Manton dem Delphinarium in Rapperswil ein sauberes Gesundheitszeugnis aus. Dazu Cartlidge: »Die Bestimmungen im Gesetz zum Schutz der Wale und Delphine waren und sind immer noch sehr leicht zu ›umgehen‹. Es ist das gleiche wie beim ›Zoo Licensing Act‹ in Großbritannien. Sogenannte ›unabhängige Inspektoren‹ sind häufig welche mit Interessen an der Industrie.«

Bis zum Januar 1989 hatte Rudolf Jäckle seine Verluste erheblich verringert und ging nach Amerika, wo er sich Dolphins Plus Inc. in Florida anschloß, die von seinem alten Kumpel Ricky Borguss geleitet wurde.

Connys Flipper Show

Wie die Gebrüder Knie hat auch die Gasser-Familie eine lange und bewegte Tradition in der Zirkuswelt. Conny Gasser und seine Frau Gerda waren Trapezkünstler, sie traten als *The Flying Tongas* auf und bereisten mehr als zehn Jahre lang von Zirkus zu Zirkus die ganze Welt. In den frühen siebziger Jahren nahmen sie Abschied vom Trapez und planten ihre zukünftige Karriere in der Tierdressur. Nachdem sie eine Delphinshow in Florida gesehen hatten, sahen Conny und Gerda Gasser darin ihre Chance und reisten schließlich mit ihrem Zelt und ihrer Flippershow in der halben Welt herum. »Wo immer wir mit unseren Delphinen auftraten, wurden bald feste Delphinarien gebaut«, erinnerte sich Conny.

Bis vor wenigen Jahren hatte der heruntergekommene Royal Circus, der 1955 von Connys Vater Ludwig gegründet wurde und jetzt von seinem Bruder Bruno geleitet wird, sein Winterquartier in Lipperswil im östlichen Kanton Thurgau. Es ist in erster Linie ein Familienunternehmen, und so sind Conny, Gerda, ihr Sohn Robbie und ihre Tochter Nadja alle selbst an den Dressuren mit Seelöwen und Delphinen beteiligt. »Wir sind im Zirkus geboren«, sagte Conny Gasser stolz. »Mein Vater, mein Großvater und selbst mein Urgroßvater hatten einen Zirkus. Und heute sind wir ein wirklich internationaler Zirkus, mit Seelöwennummern, die in der ganzen Welt berühmt sind, selbst in Australien. Mein Sohn war mit seiner Seelöwen Show in New York, Las Vegas, Monaco und Paris. Unsere anderen Seelöwendressuren sind zum Zirkus Krone in Deutschland gekommen und zum Scala Nachtclub in Barcelona.« Gassers größter Stolz ist jedoch sein glitzerndes Delphinarium und der Vergnügungspark Connyland, den er 1985 eröffnete und der jetzt das kleine Dorf Lipperswil beherrscht. Erstaunlich, wie ein bißchen Glas und Chrom eine düstere Vergangenheit vergessen lassen können und einem Unternehmen, das immer noch von der gnadenlosen Ausbeutung von Tieren lebt, ein gewisses Ansehen verleihen können. In den siebziger Jahren war Conny Gassers Flipper Show, ursprünglich als Miami Dolphin Show bekannt, eine Sammlung von Zirkuswagen auf einem offenen Feld bei Lipperswil. Wie viele seiner europäischen Freunde erhielt auch Conny Gasser seine ersten beiden Delphine Flipper und Lady von Jerry Mitchells allseits bekannten Marine Productions International Corporation in Florida. 1971 gingen die Delphine mit Peter Moses als Cheftrainer in Österreich, in dem riesigen englischen Belle Vue Vergnügungspark in Manchester, der damals der Trust House Forte Hotelkette gehörte, und selbst in Israel auf Tournee. Sie traten in einem Becken auf, das einen Durchmesser von nur acht Metern hatte und zwei Meter tief war. Es stand in einem Zirkuszelt, das 1500 begeisterten Zuschauern Platz bot. Das größte Kunststück der Delphine war, durch einen brennenden Reifen zu springen. Im Jahr darauf starb Lady in Deutschland und wurde schnell von Lady (Nummer 2) ersetzt. Im Januar 1973 trat Debbie Steele aus England ihre Stelle als Assistenztrainerin im Winterlager der Flipper Show in Lipperswil an. »Wir gingen in diesen alten Schuppen, stießen die Tür auf, und da war ein Becken – fast wie ein Kinderschwimmbecken – mit zwei Delphinen drin. Weiter drinnen war noch ein anderes Becken in den Boden gelassen, in dem zwei weitere Delphine schwammen. Das Wasser war abgestanden und dunkelgrün. Ich war schockiert. Als ich darum bat, den Raum zu sehen, wo der Fisch vorbereitet wurde, zeigte Herr Gasser auf eine Kiste mit Fisch, die auf dem schlammigen Boden stand, und einen alten Wasserhahn, durch den das Wasser hineintropfte. Mitten in der Nacht kam jemand und hämmerte an meine Wohnwagentür und rief: ›Ein Delphin ist tot!‹ Das war mein erster Tag bei Gasser.«

Noch bis vor kurzem konnte man den Schuppen, den Debbie Steele beschrieben hat, in Lipperswil besichtigen. Doch wahrscheinlich weiß niemand außer Gasser, wie viele Delphine wirklich in den Becken verendet sind, die fünfmal kleiner waren, als die heutigen Mindestanforderungen vorschreiben. Der Schuppen ist nun durch Gassers neues drei Millionen Franken teures Delphinarium, Restaurant und Discothek mit Unterwasserpanorama ersetzt worden. Verschwunden sind auch die alten Wohnwagen, hier stehen jetzt Attraktionen wie Karussells, eine Miniatureisenbahn, ein »Mondspaziergang«, eine Las Vegas Zaubershow, ein paar Tierschautiere und bald auch See-Elefanten und eine Wildwasser-Rutsche. Um sein Image weiter aufzupolieren und den »pädagogischen Wert« zu betonen, werden regelmäßig spezielle Führungen für Schulkinder im Delphinarium veranstaltet. Das heutige Connyland zeigt nur, wie gut die Delphine zu Gasser und seinem Bankkonto waren.

Nachdem sie im März 1973 in Siegen und Koblenz auf Tournee waren, flog Debbie Steele nach Tokio, um die beiden anderen Trainer von Conny Gasser, Ingrid Killer und Peter Moses, zu begleiten, die dort eines der lukrativsten Unternehmen des Schweizer Delphinhändlers leiteten – eine fahrende Show durch den Fernen Osten unter Bedingungen, für die die Bezeichnung »primitiv« noch geschmeichelt wäre. Mit den Delphinen Flipper und Lady (Nummer 2) reiste die Show durch die Philippinen, Taiwan, Japan, Korea und Indonesien, während eine ähnliche Delphinmenagerie durch Südafrika reiste. Damals war Moses bereits ein erfahrener

32 *In fahrenden Delphinschauen stehen den Meeressäugetieren Bassins zur Verfügung, die kaum größer und tiefer sind als ein Gartenteich.*

Delphintrainer. Er hatte 1971 bei Gasser angefangen, nachdem er knapp drei Jahre bei »Captain Jims« Florida Dolphin Show gearbeitet hatte, zunächst als Ansager und Fischzubereiter bei Tiebors Vorstellungen in Riccione, dann, 1969, als »Mädchen für alles« in den Winterquartieren in München. Seine erste Aufgabe bei Gasser war, in Amerika die ersten beiden Delphine des Schweizer Impresarios – Flipper (ursprünglich Mr. Bingo genannt) und Lady – von dem legendären Jerry Mitchell in den Florida Keys zu erwerben.

»Alle Delphine, die Ingrid, Peter und ich dort kannten, sind jetzt tot«, erzählte mir Debbie Steele. »Die Delphine wurden normalerweise mit Lastwagen, Zügen und Bussen transportiert, doch bei den fahrenden Shows im Fernen Osten lud man sie buchstäblich auf alles, was sich bewegte, selbst auf offene Lastwagen. Wenn man einen Delphin auf eine Trage legt, dann gerät er manchmal in Panik und versucht, sich zu befreien. Für diesen Fall hat man diese besonderen Zwangsjacken, die man zusammenbindet, damit die Delphine sich nicht bewegen können. Die Rekord-Reisezeit eines

312

Delphins, der von der Schweiz in den Fernen Osten gebracht wurde, waren 120 Stunden, doch das war keine Ausnahme. Selbst für den Transport des Delphins Didi von Belgien nach Manila über Hongkong brauchten wir mit einigen Verzögerungen 28 Stunden. Und natürlich kann man sie dann nicht gleich ins Wasser setzen. Man muß das Wasser langsam in das Becken einlassen und sie festhalten, weil sie vorübergehend gelähmt sind und bei manchen der Schockzustand tagelang anhält.«

»Wir können ehrlich sagen, daß die Bedingungen im Fernen Osten die schlechtesten waren, die man sich vorstellen kann, die schlechtesten, die wir je gesehen haben«, sagte Debbie Steele. Gasser lehnte jede Verantwortung für diese fahrenden Shows ab. Er schöpfte nur die Profite ab und besorgte Ersatzdelphine, denn er hatte alles, einschließlich der Delphine, Trainer und Ausrüstungsgegenstände, an Butz Promotions vermietet, eine Firma mit Sitz in München. Nachdem Lady (Nummer 2) in Surabaya in Indonesien gestorben war – offensichtlich an einer Lungenentzündung –, wurde sie später durch den Delphin Didi ersetzt. »Doch zwei Monate lang hatten wir nur Flipper für die Vorstellung«, erinnerte sich Ingrid Killer. »Und Flipper war schrecklich unruhig wegen des Todes von Lady Nummer 2. Nach zwei Wochen wurde er vor Trauer fast verrückt und versuchte, sich selbst zu töten, indem er Kopf und Nase gegen die Wände des Beckens stieß.«

Tatsächlich scheint der Tod von Lady Nummer 2 praktisch unvermeidlich gewesen zu sein. Gasser hatte den Delphin vom Windsor Safari Park in Großbritannien erworben, der damals Don Robinsons Trident Television gehörte. Der ehemalige Delphin- und Waltrainer Doug Cartlidge, der beim Verkauf des Delphins anwesend war, sagte: »Gasser war ganz scharf auf Delphine, als er nach Windsor kam – das kann nur die Erklärung dafür sein, daß er diesen Delphin kaufen wollte, es sei denn, er wußte nichts über seine lange Krankheitsgeschichte. Der Delphin hatte einen chronischen Husten und war lange Zeit mit Medikamenten behandelt worden.« Debbie Steele: »In den siebziger Jahren wurden regelmäßig kranke Delphine verkauft, und so war es auch mit Lady Nummer 2. Der Delphin wurde mit einer einmonatigen Garantie an Conny Gasser verkauft. Anschließend wurde er in den Fernen Osten verschickt. Doch das Problem war, daß Gasser ihm wegen des

Gesundheitszertifikats keine Medikamente mehr gab, und bis zu dem Zeitpunkt, als wir herausfanden, wie krank Lady wirklich war, war es schon viel zu spät.«

Auch der allzu unachtsame Transport bedrohte die Delphine – eine Sache, die in der Delphin-Unterhaltungsindustrie immer wieder für Probleme sorgt. »Als Didi im Fernen Osten ankam, sahen ihre Wunden schrecklich aus«, erzählte mir Peter Moses. »Ich habe nie zuvor so etwas gesehen, und wegen des Klimas und der äußeren Umstände dauerte es lange, bis sie verheilten.« Doch schließlich beruhigte sich Flipper wieder, der ja jetzt einen neuen Artgenossen bekommen hatte.

Sigward Glotzbach war der Agent für Butz Promotions im Fernen Osten. Jede Vorstellung wurde an örtliche Sponsoren wie Banken, Autowerkstätten, Zigaretten- und Eishersteller verkauft. »Das Problem mit diesen Vereinbarungen«, sagte Debbie Steele, »war, frisches Wasser zu bekommen, Eis, um es zu kühlen, Salz, Fisch, Chemikalien und Medikamente. Dafür mußten wir mit drei verschiedenen Arten von Leuten herumstreiten, und häufig bekamen wir diese Dinge nicht, wenn wir sie nicht selbst bezahlten.«

In Djakarta, schätzt man, mußten die Sponsoren bis zu 20 000 Dollar pro Tag hinblättern und in Taiwan sogar noch mehr, bei 10 000 Besuchern pro Vorstellung und sechs Vorstellungen pro Tag. Doch, so erzählte Ingrid Killer, als Butz merkte, wieviel die Sponsoren verdienten, erhöhte er den Preis und verlor jedes Interesse am Wohlergehen der Delphine. »Er verkaufte die Vorstellung an jeden, der seinen Preis bezahlen konnte, und ohne Übertreibung kann man sagen, daß sie sich als echte Mafiatypen entpuppten. Zu diesem Zeitpunkt verließ Glotzbach das Unternehmen, weil er mit Butzs Methoden nicht mehr einverstanden war. Und so hatten wir plötzlich niemanden mehr, der uns die nötigen Materialien lieferte. Es war ein ständiger Kampf, irgend etwas von den neuen Sponsoren zu bekommen. Zwei Wochen lang weigerten sie sich sogar, uns frisches Wasser zu geben, weil das bedeutete, daß wir auch Tonnen von Salz kaufen mußten. Als das Wasser schließlich ankam, war es braun und dreckig. Einige der Lastwagenfahrer, die es brachten, hatten versucht, uns zu betrügen, sie hatten das Wasser aus den Abflußkanälen entnommen.«

Daheim in der Schweiz koordinierte Conny Gasser seine vielen anderen Unternehmungen und strich riesige Gewinne aus der Fernost-Show ein – laut Ingrid Killer mindestens 5000 Schweizer Franken pro Woche. Aber er lernte auch, daß Delphine eine »verderbliche Ware« sind, eine hochriskante Investition, trotz ihres Spottpreises in den Keys. In einem Brief an Ingrid Killer und Peter Moses in Taiwan im Februar 1973 beklagte sich Gasser: Ich war in England und kaufte zwei Delphine... Während ich im Krankenhaus war, starben beide Delphine, so daß ich wieder nur noch zwei habe. Ich könnte kotzen. Ich habe eine Menge Geld verloren und kann nirgendwo Delphine bekommen. Ganz Asien kann diesen Schaden nicht wiedergutmachen.

Doch in Wirklichkeit erwiesen sich die Vorstellungen im Fernen Osten finanziell als so erfolgreich, daß Gasser und andere europäische Händler bald weitere Teams aussandten, einschließlich Keith Franklin von Queen's International Dolphins. Es war wohl eher so, daß Gasser auf diese Weise versuchte, sich gegen Forderungen nach Gehaltserhöhungen für seine Fernost-Trainer und unerwartete Rechnungen für sauberes Wasser, frischen Fisch und die Reparatur der Kläranlagen zu schützen.

In seinem 1976 erschienen Buch *Zoo Vet* erinnert sich David Taylor, wie er nach Bandung im Bergland Javas gerufen wurde, wo er zwei kränkelnde Delphine in einem tragbaren Plastikschwimmbecken vorfand, von denen einer an Hepatitis erkrankt war. Taylor nennt die Show nicht, aber es war Franklin's Far East Flipper Cirkus, und es war hier in Bandung, wo zwei Tage vor Taylors Besuch mehrere Zuschauer zu Tode getrampelt worden waren, als die Massen schoben und drückten, um noch in die bereits überfüllte Spielstätte hineinzukommen. »Das Wasser war braun und enthielt eine hohe Konzentration an Partikelchen. Es sah aus wie Ochsenschwanzsuppe, und es roch wie vergammelter Fisch«, schrieb Taylor. Abschließend sagte er: »Für die Delphine war der Ferne Osten in letzter Zeit wie die Teufelsinseln für französische Sträflinge. Wenn man einmal dort ankam, kehrte man selten lebend zurück.«

Nicht nur Gasser, sondern auch andere Händler waren ganz wild auf Delphine. Moses sagte, daß, nachdem Franklin alle seine Delphine im Fernen Osten verloren hatte, er und Conny Gasser Vorbereitungen trafen, um Delphine in Mexiko zu fangen. Wenige Jahre später ließ Gasser die ehrgeizige Operation zum Fang von Adriatischen Delphinen in Cesenatico nördlich von Rimini durchführen, wo »zwölf Delphine während des Fangs und des Transports starben«. Er hatte diese Aktion zusammen mit Leandro Stanzani, dem damals arbeitslosen Burschen, der später Direktor von Adriatic Sea World in Riccione werden sollte, durchgeführt. Dokumente zeigen, daß weitere sechs Adriatische Delphine nach Queen's International Dolphins in Großbritannien transportiert worden waren. In der Schweizer Zeitung *Tagesanzeiger* zitierte man im Juni 1974 Gasser mit der Bemerkung, daß die Beschränkungen durch das amerikanische Gesetz zum Schutz der Wale und Delphine die europäischen Delphinarien zwar dazu gezwungen hätten, im Mittelmeerraum nach möglichem Nachschub Ausschau zu halten, doch diese Tiere seien viel sensibler und wahrscheinlich nicht so für die Dressur geeignet. Nach dem Fang in Italien, so sagte Moses, traf Franklin mit Bruno Lienhardt ein Abkommen, um Delphine in Mexiko zu fangen. Franklin wollte seine Delphine, die im Fernen Osten verendet waren, ersetzen, und Lienhardt, der ein kleines Vermögen im Safariland in Deutschland verloren hatte, weil seine Delphine »gestreikt« hatten und nicht vor den Ostertouristen auftreten wollten, war ebenfalls sehr daran interessiert, Ersatz zu finden. Nach dem Fang wurden mehrere Delphine nach Safariland gebracht und über Franklins Margate Delphinarium im Queen's Hotel zum Flamingo Park in Yorkshire. »Zwei dieser Delphine wurden an Gasser verkauft«, sagte Moses. Tatsächlich können wir aus dem Klinowska-Bericht sehen, daß Ende 1976 oder Anfang 1977 zwei Delphine mit Namen Baby und Speedy aus Mexiko importiert worden sind. Sie wurden von Gasser Ende 1978 weiterexportiert. Baby ist wahrscheinlich schon lange tot, und Speedy (wenn es nicht schon Speedy Nummer 2 oder 3 ist) ist immer noch am Leben und wurde an das Delphinarium in Fasano, Italien, vermietet.

Eine zweite fahrende Show, die Conny Gasser im Fernen Osten organisiert hatte, mußte kurzfristig abgesagt werden, weil einer der Delphine in Manila starb. Da weigerte sich Ingrid Killer, mit Flipper, Didi und Butz Promotions weiterzumachen. »Nach den Vorstellungen in Indonesien wollten sie, daß wir nach Saigon fuhren«, sagte sie, »aber ich habe mir geschworen, daß ich Flipper lebendig in die Schweiz zurückbringe.«

1974 gab Gasser in seinen Winterquartieren in Lipperswil mit Flipper, Didi, Skipper und einem neuen Delphin, den er »Lady« nannte – jetzt Nummer 3 – Vorstellungen. Gegenüber der Schweizer Öffentlichkeit war es wichtig, die Illusion vom glücklichen Delphin aufrechtzuerhalten – schließlich war es ja sein Heimatpublikum – aber 1974 wurde für seinen Ruf ein schlechtes Jahr. Als die vier Delphine plötzlich an Blutvergiftung erkrankten und Flipper starb, mußten die übrigen Vorstellungen kurzfristig abgesagt werden. Innerhalb von Tagen waren zwei weitere Delphine gestorben, und der einzige, den man retten konnte, war Skipper. Gasser stand plötzlich im Licht der Öffentlichkeit und so machte er einen verzweifelten Versuch, das Gesicht zu wahren. Doch es entpuppte sich ganz schnell als eine Farce, daß man einen anonymen Saboteur beschuldigte, die Tiere absichtlich vergiftet zu haben. Die Schlagzeile des Sensationsblatts *Blick* lautete: »Drei Flipper starben qualvoll: Besitzer vermutet Giftattacke!« In dem Bericht stand, daß die Delphine im Todeskampf an Nieren- und Darmblutungen litten. Aber Conny Gasser scheue keine Kosten, um seine Lieblinge zu retten, versicherte die Zeitung ihren leichtgläubigen Lesern. Er habe Tierärzte aus London und Deutschland einfliegen lassen. Deshalb habe wenigstens Skipper überlebt. Als Vorsichtsmaßnahme, so fügte *Blick* hinzu, erstattete Gasser bei der Polizei Anzeige gegen Unbekannt. Doch es gibt eine weitere, vielleicht wahrscheinlichere Erklärung für die Vergiftung. Debbie Steele sagte: »Von dem, was Ingrid und ich über den Fall wissen, war es das Chlor, das mit einer neu aufgetragenen künstlichen Gummilösung und der Farbe des Beckens reagierte, wodurch ein Gift entstand.« Kurz danach erschien Flipper Nummer 2 auf der Bildfläche, doch schon Ende des Jahres erkrankte auch er. Um diese Pechsträhne auszugleichen, schickte Gasser seine neu zusammengeflickte Flippershow wieder in der Schweiz auf Tournee. Diesmal mit vier neuen Delphinen, die er Sonny, Blacky, Poco und Chico nannte. In einem Zeitungsbericht stand damals, daß die 25 Wagen von Connys Flipper Show nach drei Wochen, in denen sie auf der Straße waren, nun nicht mehr herumreisten. Denn drei der vier Delphine seien unter mysteriösen Umständen erkrankt, und Gasser müsse seine Tournee abbrechen und in die Winterquartiere in Lipperswil zurückkehren. Sonny und Blacky litten an Hautpilz und

Poco an einer Infektion. Nur Chico scheine immer noch gesund zu sein. Sie schienen plötzlich nicht mehr springen zu wollen, habe Gasser erklärt. Natürlich hätte er sie zum weiteren Training zwingen können, aber es sei für die Tiere besser, wenn sie jetzt ein wenig Ruhe hätten.

Erst vor relativ kurzer Zeit entschied sich Gasser, ganz mit seinen fahrenden Delphinshows aufzuhören – teils auf Veranlassung seiner Frau, damit das neue, respektable Image von Connyland nicht gefährdet würde, und teils wegen der immer enger werdenden gesetzlichen Schlinge.»Es ist jetzt zu schwierig, sie zu transportieren«, erzählte mir Conny Gasser.»Wir haben gute Kisten und all das, aber es gibt so viele Probleme, wenn man mit ihnen durch den Zoll will.« Willem Wijnstekers von der EG sagte, daß selbst 1984 Conny Gasser, der offensichtlich ein paar»überzählige« Delphine hatte, die Genehmigung für eine fahrende Show durch Holland verweigert wurde. Obwohl das die Entschlossenheit auf seiten der Behörden in den EG-Mitgliedstaaten bei der Einschränkung der schlimmsten Formen der kommerziellen Ausbeutung von Delphinen zeigt, bleibt die Wiederholung der Vorstellungen im Fernen Osten eine unheilvolle Alternative.

Als ich 1985 im Connyland kurz vor der Gala-Eröffnungsvorstellung mit Gasser sprach, erklärte er:»Wir sind Zirkusleute. Wir kennen uns mit Tieren aus. Wir haben jahrelang mit Löwen, Tigern, Elefanten, Pferden, Robben und Delphinen gearbeitet. Wir halten die Tiere wie Kinder. Meine Frau würde nicht einmal zulassen, daß man eine Maus im Zirkuswohnwagen tötet – sie würde sie lieber dressieren lassen!« Außerdem sagte mir Gasser, daß Flipper »zwölf oder vierzehn Jahre lang« in seinem Besitz gewesen sei und »nicht einen einzigen Tag in seinem Leben krank war«. Meinte Gasser den Flipper, der 1971 importiert wurde und vier Jahre später starb, oder Flipper Nummer 2, der schon im September 1973 kränkelte?»Ich habe immer noch dieselben Delphine«, sagte Gasser.»Natürlich habe ich ein oder zwei verloren, aber ich habe auch meinen Vater und meinen Großvater verloren, und das ist ganz normal.«

Er führte den Fall von Flipper an und behauptete, daß seine Delphine, die»bei Lloyds für sehr hohe Prämien versichert sind«in Gefangenschaft sehr alt werden können.»Sie können gut 20 bis 25

318

Jahre alt werden«, erzählte mir Gasser. »Sie haben hier ein viel leichteres Leben als in der Wildnis, wo sie ums Überleben kämpfen müssen – mit Haien, die sie angreifen, und Schiffsschrauben, die sie verletzen können. So möchte ich auch leben – einfach den Mund öffnen, wenn man fressen will. Meine Delphine haben hier Ärzte und erstklassiges Futter aus Holland. Sie sind hier glücklich – Sie können es in ihren Augen sehen und in der Art, wie sie spielen. Wenn ich einen wilden Delphin bekomme, dann sind die Augen leer, trübe, weit entrückt. Und wenn man anfängt, mit ihnen zu arbeiten, dann können Sie sehen, wie sich ihre Augen öffnen, wie sie Sie beobachten und wie sie lernen und immer schlauer werden.«

Bevor es Connyland gab, hatte Gasser sogar einen Schwertwal, der in den winzigen Betonbecken in »Flipperswil« dahinvegetierte. Er war ursprünglich von Helgi Jonassons Fauna in Island gekauft worden. Wohin die Spekulationen mit intelligenten Lebewesen führen, scheint völlig gleichgültig zu sein. »Sie haben Glück, wenn Sie einen Mörderwal für 100 000 Dollar bekommen«, sagte Gasser. »Drei Jahre lang hatte ich einen hier in Lipperswil, aber wir hatten damals noch keine Genehmigung, dieses Haus hier zu bauen, und so mußte ich ihn nach Südamerika verkaufen. Aber ich bin daran interessiert, wieder einen Mörderwal hierherzuholen.«

Doch was ist mit den Behauptungen von Professor Giorgio Pilleri gegen die Delphinindustrie? »Er ist der Schlimmste!« sagte Gasser sehr erregt. »Er hatte ein winziges Becken im Keller, es gab keine Filteranlagen, es gab kein Tageslicht, die armen Tiere – Ganges-Delphine – bekamen kein Licht, und jeden Monat starb einer. Sie schwammen in ihrer eigenen Scheiße herum, und er pflanzte sogar Drähte in ihre Gehirne. Und jetzt beschwert er sich über uns, doch er war es, der die Delphine verloren hat!« Und was ist mit den Behauptungen, daß Delphine in Gefangenschaft psychische Probleme haben? »Natürlich wurden die Delphine in einem solchen Becken verrückt! Sie konnten sich in dem Tank nicht einmal umdrehen. Aber schauen Sie sich die Tiere hier an – sie sind nicht verrückt!« Die weitausladende Geste mit dem Arm, um meine Aufmerksamkeit auf die großzügigen Ausmaße des neuen runden Beckens von Connyland zu lenken, bricht vor dem Aufbewahrungstank ab. Hier wurden manchmal zwei oder auch vier von Bruno Lienhardts Delphinen vorübergehend »aufbewahrt«. Unter den Flossen hatten sie Wunden, und die Tiere waren kaum in der Lage, sich umzudrehen. Sie wurden aus finanziellen Gründen hier eingesperrt: Gasser fürchtete, daß Lienhardt einen Teil der Einnahmen fordern würde, wenn er sie in das Hauptbecken setzte. Erwartungsgemäß unternahmen die Bundesbehörden unter der Leitung von Dollinger und Althaus nichts, und so endete es damit, daß die Delphine drei Jahre lang in dieser Badewanne dahinvegetierten. Gasser erwähnte auch nicht, daß erst vor zwei Wochen ein weiblicher Delphin verendet war, nachdem er brutal von anderen Delphinen angegriffen worden war – ein Phänomen, das in der Wildnis nicht bekannt ist.

Als ich Connyland Ende 1984 zum ersten Mal besuchte, war das Drei-Millionen-Franken-Delphinarium mit Selbstbedienungsrestaurant und Bar/Discothek mit Unterwasserpanorama fast fertig. Die Idee von einer Discothek, von der aus man durch eine große Glasplatte in das Delphinbecken hineinsehen kann, löste eine Kontroverse aus. Professor Giorgio Pilleri hielt das für eine »Perversion höchsten Grades«, besonders weil die Fenster und Betonwände des Beckens die Musik und Schwingungen direkt in das Wasser leiten würden, was für die Delphine möglicherweise sehr qualvoll ist, weil sie besonders geräuschempfindlich sind. Außerdem sorgten schlecht isolierte Wasserpumpen für noch mehr Unterwasser-Lärmbelastung. Obwohl der Bundesveterinärbeamte Peter Dollinger die Kritiker beschwichtigte und sagte, daß »es nicht erlaubt ist, daß man dort laute Musik spielt und aufblinkende Lichter verwendet«, dauerte es nicht lange, bis in der Discothek von Gasser Rock- und Pop-Bands live auftraten – bis drei Uhr morgens. Gasser beteuerte, daß seine Delphine »es lieben, zur Musik herumzuspringen und zu tanzen! Natürlich nicht die ganze Nacht durch, aber sie haben Zeit genug, sich zu entspannen.«

Conny Gasser entwarf sein neues Delphinarium in Zusammenarbeit mit David Taylor – jedenfalls behauptete er das. »Wir haben ein fantastisches System«, sagte Gasser voller Begeisterung und Stolz. »In drei Stunden können wir das Wasser im ganzen Becken austauschen – eineinhalb Millionen Liter Wasser mit automatischer Chlorzugabe, automatischer PH-Wert-Kontrolle und einem höheren Salzgehalt als im Meer – aber es ist gut für die Haut der Delphine«. Gasser meinte zwar, daß all dieses Connyland zu »einem der modernsten Delphinarien in Europa macht«, doch die körperliche Verfassung der Delphine konnte diese Ansicht nicht bestätigen. Neben Lienhardts kränkelnden Delphinen Nemo, Girl, Missy und Leo mit den Wunden unter den Flossen – Verletzungen, die sie sich beim unvorsichtig durchgeführten Transport zugezogen hatten – waren da noch Gassers Delphine Sandy und Lola, von denen einer sich weigerte zu fressen. Seine Augen waren geschwollen und halb geschlossen.

Conny Gasser wiederholte seine Behauptung, seit 1971 nur zwei Delphine verloren zu haben, doch selbst Zeitungen berichteten von drei Delphinen, die alleine im Jahr 1973 in Lipperswil starben. Gassers 1985 gemachte Aussage, daß er »einen Delphin hier habe, der seit 14 Jahren bei mir ist«, scheint höchst unwahrscheinlich, denn seine ersten Delphine, die er 1971 importiert hat, sind beide tot. Flippers Langlebigkeit umfaßt mindestens die Lebensdauer dreier Tiere – ein Herumjonglieren mit Identitäten, um die Öffentlichkeit zu täuschen. Seit 1971 gehörten Gasser mindestens 36 Delphine, von denen 24 gestorben sind oder deren Schicksal sich nicht verfolgen läßt. Man weiß, daß zwei Delphine an einen Vergnügungspark in Holland verkauft wurden und zwei weitere an ein Delphinarium im Fernen Osten, daß vier Delphine im Rahmen eines langfristigen Pachtvertrages in Fasano, Italien, gehalten werden und weitere vier in Connyland. Doch das läßt immer noch offen, was mit Lady Nummer 1, 2 und 3 passierte, mit Flipper Nummer 1 und 2, mit Didi, einem unbekannten Delphin, der in Manila starb, Skipper, dem es offensichtlich gelang, den Winter 1973 in Lipperswil zu überleben, als drei andere starben, Bonnie und Clyde, die 1980 aus Großbritannien importiert worden waren, und Sonny, Blacky, Poco und Chico, von denen man im Sommer 1974 berichtete, daß sie krank waren. Außerdem ist da noch das unbekannte Schicksal von Gassers Schwertwal, der an einen Vergnügungspark in Argentinien verkauft worden war.

Im Klinowska-Bericht steht, daß Gasser darüber hinaus noch folgende Delphine aus Großbritannien erworben hat: Pebbles und Sonny Boy, die er 1972 von Franklin und Holloway kaufte – beide Delphine sollen 1977 in der Schweiz gestorben sein – Cleo, den man 1977 in Morecambe kaufte (vielleicht der namenlose Delphin, der in Manila starb?) und Baby, Speedy (Nummer 1) und Windy, den man 1978 von Don Robinsons Flamingo Park kaufte. Klinowska spekulierte – und in der Delphinindustrie ist alles möglich –, daß das bereits kränkelnde Tier, das Gasser 1972 mit einem Gesundheitszertifikat von David Taylor vom Windsor Park kaufte und ein Jahr später in Surabaya in Indonesien als Lady (Nummer 2) starb, in Wirklichkeit ein männlicher Delphin mit Namen Flipper war! Last but not least führt Klinowska zwei anonyme Delphine an, die Gasser Anfang 1973 in Großbritannien kaufte und die innerhalb von zwei Monaten starben. Das sind nur einige von Gassers Delphinen, die einfach verschwunden sind, was ihm selbst im weit entfernten England und Amerika den Spitznamen »Conveyor Belt Gasser« (Fließband-Gasser) einbrachte – auf dem einen Ende des Bandes waren die Delphine lebendig und am anderen Ende tot.

Der merkwürdige Fall von Bruno »Houdini« Lienhardt

Während der Jahre, die Bruno Lienhardt aus Einsiedeln in der Schweiz im Geschäft ist, hat er sich die fragwürdige Ehre erworben, einer der bekanntesten Delphinhändler der Welt zu sein. Er ist ein knallharter Unternehmer, kann aber auch mit einem hervorragenden Zirkusmann verglichen werden, der es geschafft hat, sich – wie der große Entfesselungskünstler Houdini – völlig unbeschadet aus einem Tierquälerei-Skandal nach dem anderen herauszuziehen. Seine ersten beiden Delphine erhielt er 1971 von Walter Mosers Sea Artist Enterprises, die damals unter Vertrag standen, eine Flipper Show an den Schweizer »National Zirkus« der Gebrüder Knie zu liefern. Im Oktober 1984 wurde die Lienhardt's International Dolphin Show von der französischen Zeitung *Libération* als Europas führender Spezialist im Fang von Delphinen bezeichnet, eine besondere Position, die sie mit Peter Bösseneckers Société Biologique des Caraibes teilte.

Debbie Steele, Ingrid Killer und Peter Moses haben alle irgendwann einmal für die IDS (Lienhardt's International Dolphin Show) gearbeitet. Nach dem Fiasko im Fernen Osten trennten sich Ingrid und Peter von Gasser und kamen vom Regen in die Traufe, als sie 1974 vereinbarten, auf drei Delphine der Lienhardt Show im Bois de Boulogne in Paris aufzupassen. Moses hat später in Taiwan weiter Delphine für Lienhardt gefangen. Für Debbie Steele kam 1982 die Anstellung bei Lienhardt völlig unerwartet, als der Chef sie persönlich zur leitenden Trainerin einer IDS-Delphinshow im riesigen Walibi Vergnügungspark in Wavre in Belgien, 22 Kilometer von Brüssel, machte. »Inzwischen«, sagte Debbie Steele, »muß Lienhardt ein Vermögen gemacht haben. Er hatte Delphine beim Moulin Rouge, bei Viareggio in Italien, im Safariland in Deutschland und bei Walibi in Belgien.«

Als sie ankam, um ihre Arbeit als leitende Trainerin in Walibi aufzunehmen, wurde Debbie Steele mit den schäbigen Einrichtungen dort konfrontiert. »Das Wasser war wie Erbsensuppe, und zwei von drei Filtern waren kaputt. Die Temperatur war 6 Grad und sollte zwischen 19 und 24 Grad sein. Beide Delphine, Boy und Missy, waren sehr krank. Sie waren die ganze Zeit mit Makrelen gefüttert worden, einer hatte Magengeschwüre, und der andere eine Makrelenvergiftung. Die Makrelen hatten 14 Monate in der Tiefkühltruhe gelegen und hätten dort nur drei Monate lang gelagert werden dürfen. Wir konnten sie wieder gesundpflegen, doch als ich mich bei Lienhardt über den schlechten Fisch beschwerte und darauf bestand, daß man den Delphinen guten Fisch kaufen sollte, sagte er mir, daß das zu teuer sei. Schließlich – nur sechs Monate, nachdem ich dort angefangen hatte – befahl er mir, meine Sachen zu packen und zu gehen. Zehn Tage nachdem ich gegangen war, hörte ich, daß Boy an einem Leistenbruch gestorben war, weil man die Sprünge noch um einen weiteren Meter erhöht hatte.«

Die Geschäftspolitik von IDS wird von Bruno Lienhardts Haus in Einsiedeln in der Schweiz aus gesteuert. Offiziell hat die Firma ihren Sitz jedoch in Vaduz, Liechtenstein, doch sie ist praktisch eine Briefkastenfirma. Bis 1987 wurde sie von der Fundationsanstalt Vaduz von Dr. Peter Marxer geleitet, der auf dem Papier als Direktor der IDS fungierte. Nachdem es Krach wegen der Verträge gab, wechselte die IDS zu einer anderen Briefkastenfirma in Vaduz, die von Dr. Horst Marxer geleitet wurde. Streitigkeiten über Geld und Verträge sind normal bei Lienhardt-Unternehmungen – von dem Fall, wo er in Italien seine eigenen Delphine stahl, bis zu dem Fall, wo er seine Tiere in einem Hotelschwimmbecken in Kairo alleine ließ. Ingrid Killer: »Man sollte Lienhardt nicht in die Nähe von Delphinen lassen. Er ist einfach nicht für ihre Haltung geschaffen.

Er hat für Tiere überhaupt kein Gefühl. Er ist ein reiner Geschäftsmann, und es ist ihm egal, wie viele Delphine er verliert.«

Moulin Rouge

Bruno Lienhardt machte sich einen Namen – und auch einen großen Teil seines Vermögens –, indem er 14 Jahre lang Delphine an den *Bal du Moulin Rouge* am Boulevard Clichy vermietete. In diesem romantischen Pariser Nachtlokal traten die IDS-Delphine in der gefeierten Striptease-Revue *Girls Girls Girls* auf – »eine einmalige und sehr beliebte Attraktion« sagte Lienhardts ehemalige Freundin und Vertraute, Heidi Bader. Unter den Plüschvorhängen und der opulenten Bühnenausstattung des Moulin Rouge lag der schmutzige, dunkle Keller, wo die drei IDS-Delphine – einer als Notbesetzung – bereitgehalten wurden, eingesperrt in einen Tank, den man hoch- und runterlassen konnte und der nur 4 × 5 Meter groß war. Auf dem Höhepunkt der Show und unter riesigem Applaus wurden die halbverhungerten Delphine schließlich auf die Bühne gehievt, wo sie, vom Fischgeruch angezogen, aus dem Wasser sprangen und den Tänzerinnen die Büstenhalter wegrissen.

Lienhardt bestritt allerdings, daß dieses Kunststück nur dann erfolgreich gezeigt werden kann, wenn die Delphine nicht ausreichend gefüttert werden. Wie die meisten Trainer von Wildtieren beharrte er darauf, daß nur Standhaftigkeit und freundliche, liebevolle Behandlung nötig sind. 1984 mußte die Revue schließen; und man glaubt, daß viele Delphine wegen der beengten und primitiven Bedingungen dort gestorben sind. Damals gehörten Lienhardt mindestens zehn bekannte Delphine, die heute fast alle tot sind: Boy, Kiki, Tiny, Speedy, Missy, Zoe, Jelly, Jilly, Bobby und ein Tier, das man Nobody nannte. Debbie Steele, die damals für Lienhardt in Belgien arbeitete, berichtete, wie sie einen Ersatzdelphin an das Moulin Rouge liefern sollte:»Ich verbrachte zwei Tage in Paris und kam dann nach Belgien zurück. Der Name des Delphins war Kiki, ein kleines Weibchen, das nur vier oder fünf Jahre alt war. Es war unglaublich nervös und haßte es, angefaßt oder transportiert zu werden. Es wurde im Laderaum des Lastwagens schier verrückt und sprang einfach aus der Trage. Ich hielt es während der ganzen

Fahrt fest, weil man es mit Valium beruhigen wollte – aber ich würde bei Delphinen niemals Beruhigungsmittel anwenden.« Trotz des Erfolgs der Show des Moulin Rouge gab es auch eine Reihe von Beschwerden. *Greenpeace* erhob gegen die Polizeipräfektur Anklage, weil sie nicht gegen die ungesetzlich kleinen Tanks, in denen die Delphine gehalten wurden, eingegriffen hatte. Das Management stellte die Auftritte sofort ein.

Damals, 1984, war ein Delphin an Lungenentzündung gestorben, und ein weiterer kränkelte bereits. Die französischen Behörden, denen man bereits Gefühllosigkeit und Inkompetenz vorgeworfen hatte, taten nichts, um ihr angeschlagenes Image zu retten. Ein offizieller Veterinärbeamter sprach von den Delphinen ziemlich verächtlich als »diese Fische«. Rechnungen vom IDS zeigen, daß jeder einzelne Delphin für 5000 DM pro Monat an das Moulin Rouge vermietet worden war. Heidi Bader, Lienhardts ehemalige Freundin und persönliche Sekretärin, zuckte zusammen, als man sie über den Gesundheitszustand der Delphine im Moulin Rouge befragte. »Wir hatten mit den Delphinen nie irgendwelche Probleme«, erzählte sie mir trotzig. »Sie waren immer gesund und wurden regelmäßig ausgetauscht. Die ausgetauschten Delphine konnten sich dann in Südfrankreich oder irgendwo, wo es warm und sonnig war, ausruhen.« Also starb nicht ein einziger Delphin im Moulin Rouge? »Einer erkrankte an Lungenentzündung.« Und starb er? »Ja«, gab sie widerstrebend zu. Heidi Bader ist Mitarbeiterin bei der Schweizerischen Kreditanstalt in Zürich, aber gleichzeitig immer noch eine der Direktoren von IDS in Liechtenstein. Sie wurde im Laufe der Befragung wütend und erklärte, daß während der vierzehn Jahre »wenn ein Delphin starb, er durch einen anderen ersetzt wurde«. Die Ersatzdelphine kamen normalerweise aus Zentralamerika und wurden dort bei einer der vielen Expeditionen von Bruno Lienhardt nach Mexiko und Guatemala gefangen. »Herr Lienhardt fängt seit vielen Jahren Delphine in Mexiko«, erzählte mir Heidi Bader. »Nach den Statuten der Firma darf nur Herr Lienhardt Delphine fangen. Die Fischer vor Ort wissen normalerweise, wo man sie findet und fangen sie mit ihren Netzen.« Ein undressierter Delphin, sagte sie, bringe bis zu 20 000 Dollar, »ein dressierter mehr als das Doppelte, manchmal bis zu 80 000 Dollar«.

Diese Geschichte von den Moulin-Rouge-Delphinen erklärt, warum viele der weniger auffälligen Händler Lienhardt nicht schätzen. Es ist nicht nur eine Frage des Images, sondern auch des Profits. Nehmen Sie zum Beispiel die Meinung von Mike Riddell, dem selbsternannten »Kurator« des Antibes Marineland. Riddell sagt, daß es Lienhardts Aktivitäten in der Pariser Striptease-Revue waren, die die französische Regierung dazu gebracht habe, den Delphinarien rigorose und kostenintensive neue Beschränkungen aufzuerlegen – und sie heißen in Frankreich wirklich die »Moulin Rouge Standards«. Sie wurden 1981 eingeführt und bestimmen, daß die Becken, in denen die Vorstellungen stattfinden, eine Mindeswasseroberfläche von 800 Quadratmetern und eine Tiefe von eineinhalb mal die Länge der Tiere haben müssen. Sie verpflichten die Besitzer auch dazu, ihre Delphine zu Identifikationszwecken zu kennzeichnen. »Bruno Lienhardt gehört erschossen«, knurrte Riddell. »Er schadet dem Ansehen der ganzen Industrie.« Starker Tobak, doch als Geschäftsführer des EAAM – einer Lobby, die viel Zeit und Mühen investiert hat, diesem Industriezweig das Image einer fürsorglichen, wissenschaftlichen und pädagogischen Einrichtung zu verschaffen – hatte der Leiter des Antibes Marineland nur zu gut erkannt, daß Bruno Lienhardt zu einer Bombe geworden war, die jeden Moment in die Luft gehen konnte. Was Riddell in seiner Tirade gegen seinen ehemaligen Verbündeten nicht erwähnte, ist, daß es 18 Jahre gedauert hat, bis die oberen Etagen der Industrie Lienhardts Aktivitäten verurteilten. Es gab kaum einmal Protest, bis Journalisten die grausigen Einzelheiten von Lienhardts Delphinmißbrauch recherchierten und veröffentlichten. Und was noch wichtiger ist: Solche Anwürfe sind ausschließlich für die Öffentlichkeit bestimmt, eine Art letzter Möglichkeit, die Unterscheidung zwischen guten und schlechten Delphinhändlern zu verdeutlichen. Und es stimmt noch etwas an dieser Tirade nicht: Ohne die fortgesetzte Unterstützung durch einen Großteil der Industrie hätte Lienhardt nicht überleben können.

Als die Striptease-Revue eingestellt wurde, war im Moulin Rouge nur noch ein Delphin übrig, ein kleines Weibchen mit Namen Niki. Es hatte eine labile Gesundheit und wurde nach Walibi gebracht, zu Lienhardts anderen Delphinen, Missy und Leo. Alle drei wurden dann am 9. Oktober 1984 in die Schweiz importiert, wo sie einem anderen Pärchen von IDS, Girl und Nemo, Gesellschaft leisten sollten, die vorübergehend im Connyland untergebracht waren.

Das Massaker von Taiwan

Obwohl er bereits riesige Gewinne in Paris machte, stellte Bruno Lienhardt bald fest, daß dies nichts im Vergleich zu dem wäre, was er verdienen könnte, wenn er einen großangelegten Delphinfang aufzöge. Die Einfuhr von 30 Delphinen nach Europa brächte ihm mehr als eine halbe Million Dollar. Einen Teil seiner Träume teilte er mit Heinz Pelzer, dem Besitzer und Leiter des Safarilands in Groß-Gerau bei Frankfurt, des Pelzer Tier- und Freizeitparks. Pelzer war Lienhardt damals freundschaftlich verbunden. Er machte gern Geschäfte mit ihm. Dazu gehörte auch, daß er mit ihm die Gewinne aus vorangegangenen Delphinfängen teilte – Erträge von Lienhardts Raubzug nach Mexiko – sowie die Gewinne der zum Safariland gehörenden IDS Flippershow, die von dem Cheftrainer des Unternehmens, Peter Moses, geführt wurde.

Anfang 1980 hatte er Aufträge für Delphine in ganz Europa gesammelt und wollte auch seine eigenen schrumpfenden Bestände auffüllen. Lienhardt entschied, eine Fangunternehmung auf die Beine zu stellen, um in Taiwan Große Tümmler zu fangen, und er rief Moses zu Hilfe, der für den Transport der Tiere verantwortlich sein sollte. Die erste Phase des Fangs wurde in Zusammenarbeit mit dem französischen Wissenschaftler Professor René Busnel organisiert, einem Kunden von Lienhardt, der versuchte, bis zu zwanzig Delphine für Nato-Forschungen zur militärischen Anwendung des Delphin-Sonars zu kaufen. Busnel, der sich jetzt in Fontainebleau zur Ruhe gesetzt hat, war damals Direktor des Laboratoire d'Acoustique Animale in der Ecole Pratique des Hautes Etudes in Jouyen-Josas bei Paris. Die Fangoperation in Taiwan war für Busnel und Lienhardt so wichtig, daß beide Männer persönlich dabei waren, um die Abläufe zu überwachen.

Laut Moses starben »mindestens 60 Delphine während oder als Folge der Taiwan-Operation«. Die Tiere wurden bei den Penghu-Inseln vor der Ostküste Taiwans gefangen. Wenn es neblig war, so erinnerte sich Moses, trieben Schwärme von Tintenfischen in Rich-

33 *Sprünge aus dem engen Becken in luftige Höhen. Futterentzug und Einzelhaltung machen die meisten Delphine für solche Höchstleistungen gefügig.*

tung der nördlichen Küste der Inseln, die von einer Schule jagender Delphine verfolgt wurden. Im Januar und Februar wurden örtliche Fischer zweimal dafür bezahlt, daß sie mit ihren Booten hinaus durch die Riffe fuhren und die Delphine zu den Inseln trieben. Sie riefen laut und schlugen mit Bambusstangen gegen die Boote, um die Tiere zusammenzutreiben, so konnten sie sie in einem kleinen Kanal zwischen den Riffs einkesseln, der dann mit Netzen versperrt wurde. Die Delphine wurden dann nacheinander aus dem Wasser gehoben und auf offenen Lastwagen zur Hafenstadt Makung gebracht, wo sie vorübergehend in provisorischen Gehegen im Hafenbecken untergebracht wurden.

Als während der ersten Fangphase 30 Delphine starben, ordnete der wütende Lienhardt weitere Fangversuche an und rief Moses vom Safariland dorthin, um die Operation zu koordinieren und den Transport für die überlebenden Delphine zu organisieren. Die Delphine, die man in provisorischen Gehegen untergebracht hatte, starben jedoch bald in den schmutzigen Gewässern des Hafens von Makung. Als Moses dort ankam, entdeckte er, daß »nur zwölf Delphine in den Gehegen noch lebten« und daß das »Projekt so schlecht organisiert war«, daß er sich verpflichtet fühlte, das Kommando zu übernehmen, nachdem der Chef sich aus dem Staub gemacht hatte. Er machte sich daran, umfangreiche Checklisten für jeden einzelnen Delphin zu entwerfen, der gefangen wurde.

Auf Lienhardts Befehl hatte die IDS sich an den Service der China Diving Enterprises in Taipei gewandt, eine Firma, die schon einen anderen katastrophalen Delphinfang für Hongkongs Ocean Park organisiert hatte. Mit Hilfe der China Diving Enterprises wurden weitere achtzehn Delphine vorübergehend in fünf Gehegen in die Bucht gesetzt. Der Vorsitzende von China Diving, Steve S. Shieh, »garantierte, daß es keine verletzten Delphine geben würde« und »keine Brutalität« gegenüber den Tieren. Obwohl diese Aussage geschrieben wurde, nachdem mindestens 40 Delphine so verstümmelt wurden, daß sie starben, lieferte sie für Lienhardt und Busnel ein bequemes Alibi für ihre Verhandlungen mit den Behörden. Während dieser zweiten Phase starben mindestens acht Delphine vor dem Transport, einschließlich eines Kalbs. Mit an den Schwänzen befestigten Tauen wurden sie an Land gezogen und schlamm- und blutbedeckt abtransportiert.

Moses Unterlagen zeigen, daß im März, als sich die Delphine immer noch in den Gehegen befanden, ein Delphin – der offensichtlich dem Streß der Gefangenschaft nicht mehr gewachsen war – die Taucher angriff und daß danach allen Tieren regelmäßig Valium verabreicht wurde. Über Telefon und Telex gab Prof. René Guy Busnel Moses direkt aus Paris medizinischen Rat. Sie blieben während der ganzen Operation in engem Kontakt, wie das folgende Telex, das man dem Professor am 4. März schickte, belegt: »Tiere sehen gut aus; vorsichtig Vitamine und Mineralien verabreicht; Fisch nicht der beste, aber brauchbar; gestern 15 neue Delphine gefangen, Gesamtzahl der Delphine jetzt 27.« Von Paris aus spielte Busnel auch bei der Organisation des Transports eine Schlüsselrolle und versicherte Moses wiederholt, daß Frachtflüge gebucht und bestätigt seien, um die Tiere nach Europa zu bringen.

In einem hastig organisierten Treffen am 15. März in Taipei informierte Busnel Moses, daß der Transport der Delphine für den 31. März geplant sei und alle 22 Tiere auf einmal geflogen werden sollten. Sie gingen auch noch einmal den Gesundheits- und Allgemeinzustand der Tiere durch, und der Professor gab Moses Ratschläge über Wärme, Antibiotika, Hormone, Vitamine, Mineralien und Beruhigungsmittel. Als Moses am darauffolgenden Tag nach Makung zurückkam, entdeckte er, daß Delphin Nummer 14 tot war und daß die Taucher ihn zwar aus dem Gehege genommen hatten, ihn jedoch einfach in der Nähe in das trübe Wasser des Hafenbeckens fallengelassen hatten. Moses schreibt, daß er sich bitter wegen einer möglichen Infektion beschwerte, doch »sie nicken nur und zeigen kein Verständnis für das, was ich meine. Einer von ihnen sagte: ›Seit wir hier zum ersten Mal Delphine gefangen haben, machen wir das so.‹« Moses erfuhr dann, daß der Transport, der für den 31. März geplant war, abgesagt worden war. Ergebnis einer Reihe von Vorfällen, die wieder einmal die Inkompetenz zeigen, mit der die ganze Operation durchgeführt wurde. Er blieb vor Ort, um so gut wie möglich für die Delphine zu sorgen, war jedoch durch die unzulängliche tiermedizinische Versorgung und die Schwierigkeiten bei der Beschaffung wichtiger Materialien behindert. Er mußte sich sogar mit einer Lieferung verfaulter Fische zufriedengeben, die als Futter für die Delphine gedacht waren. In seinem Bericht schreibt er, daß einige der Delphine trotz der regelmäßigen Verabreichung von Antibiotika einen eitrigen Hautausschlag bekamen. Da er immer noch nichts Neues aus Paris oder der Schweiz gehört hatte, wurde Moses immer unruhiger. Er wandte sich schließlich selber an Danzas Luftfracht, nur um zu hören, daß kein Frachtflug gebucht werden könne, bis man von Lienhardt die nötigen Gelder bekommen habe. Erst zwei Wochen später bekam er endlich die Flugbestätigung: eine Boeing 707, die am 27. April nach Frankfurt flog.

Am 26. April wurden die 22 überlebenden Delphine auf Tragen aus dem Wasser gehoben und auf offene LKW verladen, um dort auf den Transport zu dem kleinen Flughafen am Rande von Makung zu warten. Mit »vier oder fünf pro Ladung« wurden die Delphine an Bord des kleinen Flugzeugs gebracht, das zum internationalen Flughafen von Taiwan fliegen sollte. Man bezahlte Steve S. Shieh von der China Diving Enterprises für diese Delphine 22 264 Dollar. Doch am Tag darauf, am 27. April, starb ein Delphin im Frachtraum. In sein Notizbuch schrieb Moses, daß »der Delphin sich plötzlich aufbäumte und starb. Offensichtlich aus purer Angst vor dem Lärm des Flugzeugs«. Dokumente belegen, daß das ursprüngliche Ziel, das »basin du dauphin« des Zoo Marines war, ein Vergnügungspark, der von Willy Stone in Perpignan in den französischen Pyrenäen betrieben wurde. Lienhardt war einer der Pachtvertragspartner dieses Parks. Aus rechtlichen und wirtschaftlichen Gründen wurde der Bestimmungsort dann in Heinz Pelzers Safariland in Groß-Gerau umgewandelt. Danzas Luftfracht stellte Bruno Lienhardt 270 000 DM für den Transport der Delphine nach Deutschland in Rechnung. Als wären sie von einer der billigen Fabriken auf den Inseln hergestellt worden, stand in den Zollpapieren für die 22 lebenden Delphine: »Herstellungsort: Taiwan«.

Laut einem Bericht, der *Penghu's Jet Set Dolphins* hieß und in der Zeitung *Vista* erschien, »erwartete Professor R. G. Busnel ihre Ankunft in Frankfurt«. Doch schon bald waren keine lebenden Delphine für den Wissenschaftler mehr übrig, und wahrscheinlich war Bruno Lienhardt, nachdem er von dem Debakel gehört hatte, wieder einmal verschwunden. Bei ihrer Ankunft in Deutschland wurden die 21 übrigen Delphine zum Safariland gebracht, doch am 28. April starb ein noch saugendes Kalb und einen Tag später seine Mutter. Acht der übriggebliebenen Delphine wurden nach Walibi in Belgien geschickt, zum Holiday Park in Hassloch und an zwei andere Delphinarien im Saarland und in Luxemburg. Innerhalb von zwei Tagen nach der Ankunft in Neuenkirchen starben zwei weitere Delphine, von all den Delphinen, die man von Taiwan nach Europa gebracht hatte, so sagte Moses, »hat nicht einer überlebt«. Von dem Desaster in Taiwan schockiert, zog sich Moses aus dem Delphingeschäft zurück.

In einem Telefongespräch stritt Heinz Pelzer, dessen Name als Unterzeichner auf mehreren Taiwan-Dokumenten auftauchte, jede Beteiligung an dem IDS-Fang ab. Er beharrte auch darauf, daß er keine Beziehung mehr zum Safariland habe, daß er im November 1984 an einen Herrn Kinzler verkauft und daraufhin seine Rolle als Leiter abgegeben habe. »Seit 1982, als unser Delphinarium bei einem schweren Sturm zerstört wurde, gab es keine Delphine mehr im Safariland«, sagte Pelzer. Als die Sprache auf Lienhardts Taiwan-Delphinfang kam, beteuerte Pelzer schnell seine Unschuld. »Wir hatten damit nichts zu tun«, erzählte er mir. »Erst hinterher, als die Delphine ankamen, gaben wir Herrn Lienhardt die Möglichkeit, sie bei uns unterzubringen.« Pelzer fuhr fort: »Wir hatten niemals eigene Delphine. Wir haben die ganze Show immer als komplettes Paket von Lienhardt, Walter Moser oder René Duss gemietet.« Auf die Frage, wie viele Delphine aus Taiwan in Safariland ankamen, meinte Pelzer: »Insgesamt sicherlich 20. Meines Wissens ist heute keiner von ihnen mehr am Leben.«

Das Schlupfloch »Wissenschaft«

Nach Moses Aussage wurde die Operation in Taiwan so dargestellt, daß die Behörden annehmen mußten, die Delphine sollten zu rein wissenschaftlichen Forschungszwecken benutzt werden. Auch die EG-Bestimmungen legen fest, daß Delphine nur zu pädagogischen oder wissenschaftlichen Zwecken importiert werden dürfen. Die Taiwan-Operation zeigt, was solche Regelungen wert sind. Eine noch unheilvollere Entwicklung wäre allerdings eine Art Zweckehe zwischen skrupellosen Händlern und Wissenschaftlern, um Delphine zu bekommen.

332

Als ich versuchte, von der IDS weitere Informationen über das Massaker in Taiwan zu bekommen, antwortete Heidi Bader. Sie sagte, daß »die Operation nicht von Herrn Lienhardt durchgeführt wurde, sondern von einem Professor in Paris, der die Delphine für wissenschaftliche Versuche haben wollte«. Bruno Lienhardt selbst war nicht bereit, etwas zu dem Fall zu sagen. Am Telefon war die erste Reaktion von Professor René Guy Busnel, daß er für Lienhardt bei dem Fang nur »beratend tätig« gewesen sei. Auf weitere Fragen gab er jedoch zu, daß er versucht habe, Delphine für wissenschaftliche Forschungen zu bekommen. Er habe aus Taiwan keine Delphine bekommen, »weil alle starben. Ich weiß nicht wie viele.« Ein merkwürdiger Aspekt wissenschaftlicher Logik ist seine Behauptung, daß die Delphine »wegen des verschmutzten Wassers im Hafen von Makung gestorben waren und nicht, weil man sie gefangen hatte«. Er gab zu, daß man die Tiere nach dem Fang in provisorischen Gehegen im Hafen unterbringen mußte; er bestand darauf, daß man »Delphine nicht fangen und dann gleich transportieren kann. Sie müssen zunächst in diese Gehege, um sie zu domestizieren.« Er kam deshalb zu dem Schluß, daß der Tod so vieler Delphine »ganz normal« sei. Als man ihn fragte, ob er wisse, daß Lienhardt seinen Namen offiziell benutze, damit der Export und Import von Delphinen als »wissenschaftlich« eingestuft wird, obwohl die Tiere in Wirklichkeit für eine Reihe von Vergnügungsparks in Europa bestimmt seien, entgegnete Busnel gereizt: »Sie wissen über dieses Thema gar nichts. Überall, in den USA, in Südafrika, in Singapur und Europa sind Delphinarien an wertvollen und wichtigen wissenschaftlichen Forschungsarbeiten beteiligt.«

NATO und die US Marine

Auf die Frage, für welche Art wissenschaftlicher Forschung man die 20 Delphine gebraucht habe, antwortete Busnel: »Für Sonarforschung. Ich arbeite seit 25 Jahren an diesem Thema, sowohl in dem Institut in Paris, als auch im Delphinarium und der Forschungsstation in Antibes. Die NATO finanzierte unsere Experimente im Mittelmeer und im Atlantik, und wir haben auch in den

USA und in Dänemark gearbeitet.« Eher vage erinnerte sich Busnel daran, daß damals »ungefähr zehn Delphine pro Jahr« für wissenschaftliche Forschungen benutzt worden waren. Bei der Frage, ob auch tödliche Vivisektionsexperimente dazugehörten, brach Busnel das Interview abrupt ab.

Ein Sprecher der wissenschaftlichen Abteilung der NATO in Brüssel sagte, daß Professor Busnel »von dem Wissenschaftskomitee der NATO 1979 einen Forschungspreis erhalten hatte«, und »solche Forschungspreise liegen normalerweise in einem Bereich von einer Million Belgischer Franken.« Die Auszeichnung wurde für »hochentwickelte Forschungsarbeit« verliehen, deren Ergebnis ein dicker Wälzer von 1000 Seiten mit dem Titel *Animal Sonar Systems* ist, dessen Mitherausgeber Busnel ist und das als Teil der *NATO Advanced Science Institute*-Reihe von Plenum Press herausgebracht wurde.

Neben seiner Verbindung zur NATO arbeiteten Busnel und seine Kollegen auch eng mit dem »US Navy's Marine Mammal Program« (Meeressäugerprogramm der US-Marine) zusammen, das seinen Sitz im Naval Missile Center und im Naval Ocean Systems Center in San Diego, Kalifornien hat. Das Marine Mammal Program widmet sich der militärischen Anwendung der Delphinforschung und hat sogar Delphine zu »lebenden Torpedos« dressiert, damit sie feindliche Taucher angreifen. Doch angesichts der gestiegenen Sensibilität für den Tierschutz gestattete das Budget des Pentagon von 1987 »den Fang von nicht mehr als 25 Meeressäugern pro Jahr für nationale Verteidigungszwecke«. Aber es ist schwierig herauszufinden, ob sich nicht hinter streng geheimen Militärhaushalten der Fang von mehr als 25 Delphinen, Walen und Robben verbirgt. »Advanced Marine Biological Systems Project« (AMBS), das die Ausbeutung von Meeressäugern in der US-Marine verwaltet, bekam 1986 5,4 Millionen Dollar zugeteilt – und das nur aus dem nicht-geheimen Teil des Budgets.

Tiere ziehen in den Krieg

Das Sprichwort sagt: Was ich nicht weiß, macht mich nicht heiß. Das und die offizielle Zensur sorgen dafür, daß kaum etwas über die militärische Ausbeutung von Tieren gesagt oder geschrieben wird – zweifellos eine der perversesten aller menschlichen Aktivitäten – so schrecklich, daß nicht einmal die besten PR-Fachleute sie beschönigen oder verschleiern können. Für mehr als eine Million Tiere pro Jahr hat der Dritte Weltkrieg schon begonnen. Rhesusaffen werden aus Kernschußweite in den Kopf oder in die Augen geschossen, um die Wirksamkeit von amerikanischen im Vergleich mit russischen Geschossen zu prüfen; anderen werden mit Laserstrahlen Verbrennungen zugefügt, oder sie erblinden in der »Star-Wars«-Forschung. Delphine werden zerlegt, um militärische Sonarsysteme zu perfektionieren. Pferde, Schafe, Hunde, Katzen, Mäuse und Ratten werden mit chemischen und biologischen Kampfstoffen behandelt, um diese nicht nur zu verbessern, sondern auch um Therapien und Gegenmittel zu entwickeln, die sowieso nie mit dem Wettrüsten schritthalten können.

Dann sind da noch die »Affenpiloten« der amerikanischen Luftwaffe – in einem Vierteljahrhundert mußten in einem einzigen Forschungsinstitut 4000 von ihnen in sinnlosen, sich wiederholenden Experimenten sterben. Sie wurden – durch den gezielten Einsatz von Elektroschocks – darauf »dressiert«, Flugsimulatoren beim Start, beim Auftanken in der Luft und bei Bombenabwürfen sowohl im Tiefflug wie aus großen Höhen zu bedienen. Um herauszufinden, ob die Besatzung im Falle eines Krieges beeinträchtigt wird, wenn sie durch Nuklearexplosionen oder durch »Fall-out«-Wolken, die die Atmosphäre vergiften, fliegen muß, wurden die Affen bestrahlt und wieder auf ihre tödliche Bombenmission nach Moskau geschickt.

Bei solchen Experimenten, in denen Tiere mißbraucht werden, die nichts von der Bedeutung des Krieges wissen, sind Wissenschaftler in der ganzen Welt an den kompliziertesten Planungen beteiligt, die man sich für Armageddon – die letzte Schlacht zwischen Gut und Böse – vorstellen kann. Diese Art der Forschung zeigt nicht nur das Ausmaß der Pervertierung des Nützlichkeitsprinzips, sondern auch die Ignoranz der Wissenschaftler für gei-

stige und ethische Werte. Die Ausbeutung von Tieren in Versuchs-
labors fußt immer noch auf den archaischen und mechanistischen
Vorstellungen, die die Vorväter der Vivisektion entwickelt haben –
Männer wie René Descartes, der glaubte, daß Tiere leblose Objekte
seien, die »streng als Maschinen angesehen« werden müßten, oder
Claude Bernard, der französische Physiologe aus dem 19. Jahrhundert, der erklärte, daß er »mit lebendigen Körpern ebenso verfahren (könne) wie mit leblosen Objekten«. Ganz in diesem Geist
werden sogar unsere engsten Verwandten im Tierreich jedes Jahr
zu tödlichen militärischen Diensten »einberufen« und auf bloße
statistische Daten und wissenschaftliche Objekte reduziert. Die
trockenen Statistiken, die von den militärischen Einrichtungen so
widerwillig erstellt werden, verstellen den Blick auf den Leidens-
weg der einzelnen Tiere.

Die üblichen Rechtfertigungen für militärische Versuche mit
Tieren ähneln nicht nur oberflächlich der Welt, die George Orwell
in »1984« beschreibt, wo Heuchelei perfektioniert und »New-
speak« zur neuen Sprachregelung wurde; »Krieg bedeutet Frieden, Freiheit ist Sklaverei, Unwissenheit ist Stärke.« Man rechtfertigt die Vivisektion zu militärischen Zwecken, indem man vorgibt,
sie diene »ausschließlich der Verteidigung« – obwohl auch Tiere
bei der Entwicklung von Waffensystemen getötet werden, die ganz
eindeutig Angriffswaffen sind. Die Geheimhaltung, die bei derartigen Versuchen vorgeschrieben ist, dient dem Schutz der »nationalen Sicherheit« – doch sie soll auch verhindern, daß die Öffentlichkeit »emotional« oder »sentimental« darauf reagiert. Die Tiere
werden gerade wegen ihrer physischen und psychischen Ähnlichkeit mit dem Menschen für diese Versuche ausgesucht, trotzdem
soll vermieden werden, daß sie so »vermenschlicht« werden, daß
man ihnen automatisch Grundrechte oder Würde zuerkennt.

Von den Pferden vor den Triumphwagen der Alten Welt bis zu
Hannibals gnadenloser Ausbeutung der Elefanten, als er mit ihnen
die Alpen überquerte, um das Römische Reich anzugreifen, haben
die Tiere eine wichtige Rolle in der langen und düsteren Geschichte
der Kriegsführung gespielt.

Während des Zweiten Weltkriegs benutzte die amerikanische
Armee Kamikaze-»Panzerhunde«, um deutsche Panzer in die Luft
zu jagen. In ihrem Buch *A Higher Form of Killing* beschreiben Robert

Harris und Jeremy Paxman, wie man die Hunde gleich nach der Entwöhnung von den Müttern trennte und nur unter den Panzern fütterte. Auf dem Schlachtfeld bekamen die Hunde dann so wenig zu fressen, daß sie fast verhungerten. Man brachte dann Sprengstoff und eine hohe Auslöseantenne an ihrem Rücken an. Beim Auftauchen der deutschen Panzer wurden die Hunde losgelassen. Wenn sie dann instinktiv auf der Suche nach Futter unter die feindlichen Panzer liefen, schlug die Antenne gegen die Unterseite des Panzers und löste die Detonation aus. So wurden sowohl Hund als auch Panzer zerstört.

Harris und Paxman berichten, daß der amerikanische OSS, der Vorläufer der heutigen CIA, noch phantastischere Pläne entwarf. Einer davon nutzte die instinktive Angst von Katzen vor Wasser und ihre legendäre Fähigkeit, immer wieder auf den Füßen zu landen, aus. Die OSS-Wissenschaftler schlußfolgerten, daß man eine Bombe an einer Katze anbringen und sie dann unter ein Kampfflugzeug schnallen könne. Bei der Sturzflug-Bombardierung der Nazi-Kriegsschiffe würde man die Katze losschnallen. Das Tier würde verzweifelt versuchen, nicht ins Wasser zu fallen, und so mit großer Sicherheit die Bombe auf die feindlichen Decks befördern. Versuche mit fliegenden Katzen erwiesen sich jedoch als wenig erfolgreich, weil die Tiere lange, bevor ein Schiff weit unter ihnen einen idealen Landeplatz bot, bewußtlos wurden.

In den folgenden Jahren sollten Millionen von Tieren Opfer dieses Dritten Weltkrieges werden. Die Rechtfertigungen dafür waren so einfach wie das ABC, was zynischerweise bei den Militärs für atomare, biologische und chemische Waffen steht.

In den USA, wo auch die erste Kopftransplantation bei einem Affen durchgeführt wurde, wurden die militärischen Versuche am weitesten getrieben. In den frühen sechziger Jahren kamen Versuche mit Walen und Delphinen hinzu, sowohl als Forschungsobjekt als auch als Kriegsmaschine. 1960 startete die US-Marine ihr geheimes Delphinprojekt, um herauszufinden, ob man die geschmeidige Physiologie der Tiere bei der Konstruktion von U-Booten, Unterwasserraketen und Torpedos übertragen könne. Diese Forschungsprogramme wurden dann sehr schnell ausgeweitet. Dazu gehörte auch die Dressur von Delphinen, Sprengstoffe und elektronische Horchgeräte an feindlichen Schiffen und U-Booten anzubringen, und den Marine-Tauchern dabei zu helfen, verlorengegangene, wertvolle Waffen auf dem Meeresboden ausfindig zu machen. 1965 wurde die Konkurrenz zwischen den USA und der UdSSR deutlich, und die CIA brachte das Hirngespinst einer »Delphin-Lücke« auf. Laut Berichten des amerikanischen Geheimdienstes gehörten zu dem sowjetischen Delphinprojekt fünf Forschungsstationen im Schwarzen Meer, einschließlich kleiner Bioakustik-Labors und eines Delphinariums. Die CIA fürchtete, daß das sowjetische Programm »die Sowjets in die Lage versetzen könnte, die möglichen Vorteile der Entwicklung von Störsendern gegen die US-Marine-Delphinprogramme herauszufinden...« In der 1981 erschienenen Ausgabe der *US Naval Institute Proceedings* erörterte Kapitänleutnant Douglas R. Burnett, ein Anwalt der Marine, die Eskalation der Kampf-Delphin-Programme zwischen den Supermächten. »Vielleicht gibt es irgendwann einmal keine andere Möglichkeit, als alle Delphine zu töten«, warnte er, »oder jeden Meeressäuger, der eine ähnliche Bedrohung darstellt.«

Werden die Tiere dressiert oder einer Gehirnwäsche unterzogen, damit sie zu Mördern werden? Es war der Neurophysiologe und »New Age Guru« Dr. John Lilly, der als erster die Technik zur Implantation von Elektroden in das Gehirn von nicht-betäubten Tieren perfektionierte, um die »Schmerz- und Lust-Zonen« des Gehirns zu reizen. Nachdem Lilly im National Institute of Mental Health Dutzende von Affen abgeschlachtet hatte, schlußfolgerte er, daß gezielte Manipulationen dieser Gehirnbereiche den Tieren Freude und Wohlbefinden oder Schmerz, Wut und Angst suggerieren können. Durch die Verwendung von Elektroden, mit denen man den Reiz für Bestrafung und Belohnung auslösen kann, könnte das Tier dem Willen des Menschen völlig unterworfen werden. Dann wandte sich Lilly den Delphinen zu, unter dem Vorwand, er wolle mit ihnen »kommunizieren«. Um Elektroden in die Gehirne der Tiere zu implantieren, die während der Operation bei vollem Bewußtsein sind, wurden mit einem spitzen Werkzeug und einem Hammer Löcher in die Schädeldecke geschlagen. Laut Professor Giorgio Pilleri »wurde der Delphin niedergedrückt, versuchte jedoch, bei jedem Schlag aufzuspringen – nicht wegen des Schmerzes, sondern wegen des unerträglichen Lärms, der durch das Hämmern verursacht wurde.«

Viele von Lillys Delphinen starben einen qualvollen Tod. »Trotz der Enttäuschungen und Trauer«, erklärte er, »mußten wir mit unserer Forschungsarbeit fortfahren; unsere Verantwortung ist es, die Wahrheit herauszufinden.« Doch erst Jahre später stolperte der reumütige Lilly endlich über diese offensichtlich schwer faßbare Wahrheit. Nachdem er Drogenabhängigkeit und einen Nervenzusammenbruch hinter sich hatte, betrachtete er seine Forschungsarbeit in einem ganz anderen Licht: »Ich führte ein Konzentrationslager für meine Freunde.«

Doch erwartungsgemäß gingen die praktischen Anwendungsmöglichkeiten derartiger Forschungen beim amerikanischen Militär und den Geheimdiensten nicht verloren. Sie hatten Lilly sofort angewiesen, alles über seine Arbeit zu berichten. Nicht lange danach stellte die Sandia Corporation, die im Auftrag der Regierung eine kleine und leicht transportierbare Atombombe konstruiert hatte, ihr experimentelles Transportsystem vor: ein Maultier, gelenkt durch einen Sonnenkompaß und ins Gehirn implantierte Elektroden. Obwohl das Maultier durch gebirgige Landschaften und unwegsames Gelände lief, hielt man es ganz genau auf Kurs, indem man ihm mittels der Elektroden in seinem Gehirn Bestrafung oder Belohnung suggerierte.

Nach Angaben von ehemaligen Trainern bei der CIA und der US Marine wurden seit den frühen siebziger Jahren ähnliche, vielleicht weniger einschneidende »Gehirnwäsche«-Techniken bei Walen und Delphinen angewandt. Ein ehemaliger, nun desillusionierter Trainer, der Neurophysiologe Dr. Michael Greenwood berichtete, daß die Schwertwale der US Marine darauf dressiert wurden, Sprengstoffe zu transportieren. Das Beängstigende an der Sache sei, erklärte er, daß das Tier, das ein Gewicht von bis zu sieben Tonnen mehrere Meilen weit schleppen kann, darauf dressiert werde, nukleare Sprengköpfe zum feindlichen Ufer zu transportieren. Einen solchen nuklearen Schwertwal auf einer derartigen Mission aufzuhalten, sei praktisch unmöglich, fügte er hinzu.

1972 hatte die US Marine in Vietnam ein streng geheimes Team von »Kriegstümmlern« aufgestellt, als Teil ihres »Swimmer-Nullification-Program« (Schwimmer-Entfernungsprogramms), eine weitere euphemistische Wortschöpfung für Mord. Mindestens ein Jahr lang wurden diese Versuchsdelphine eingesetzt, um strategisch wichtige vietnamesische Häfen gegen den Einfall von feindlichen Froschmännern zu schützen. Laut Dr. James Fitzgerald, einem Pionier in der Delphinforschung der CIA und US Marine, waren die Tiere darauf dressiert, nach Entdeckung eines eindringenden Tauchers, ihm seine Maske und die Flossen abzureißen, die Luftschläuche herauszuziehen und ihn schließlich »fürs Verhör zu fangen«. Tatsächlich waren die Delphine, die in Vietnam »dienten«, jedoch wohl erheblich weniger freundlich. Die Ausbeutung der Wale und Delphine durch das amerikanische Militär wurde so brutal, daß sie selbst bei den Delphintrainern Abscheu erregte. Einige reichten ihre Kündigung ein und hatten keine Skrupel, einen Teil der Militärgeheimnisse in die Öffentlichkeit zu bringen. Laut Dr. Michael Greenwood wurde den Delphinen bei der Marine auch beigebracht, mit an den Flossen und am Maul angebrachten Messern zu töten. Das Schlimmste kam aber noch. Delphine wurden mit großen subkutanen Spritzen ausgestattet, die mit unter Druck stehender Kohlensäure gefüllt waren. Wenn das Tier einen Taucher mit der Nadel rammte, breitete sich das Gas im Körper schnell aus, so daß das Opfer buchstäblich explodierte. Jahre später entdeckte man, daß die Delphine in Vietnam für den Tod von 40 Vietkong-Tauchern und – versehentlich – von zwei amerikanischen Soldaten verantwortlich waren. Ein ehemaliger Delphintrainer bei der CIA drückte es so aus: »Sie können den Unterschied zwischen Freund und Feind nicht erkennen.« Diese Dualität von Freund und Feind – innerhalb ein und derselben Spezies – ist den Delphinen in der Tat völlig fremd.

Obwohl die Marine einräumte, daß sie in der Lage war, »die Delphine zu programmieren und über Entfernungen von mehreren Meilen unter Kontrolle zu halten«, bestritt sie entschieden alle Vorwürfe der Gehirnwäsche. Das Training blieb ein streng gehütetes Geheimnis, was Dr. Farooq Hussain von der biophysischen Abteilung des King's College zu der Frage veranlaßte: »Wie kann ein Mensch einem Tier, über das man jahrhundertelang nur Berichte von seiner Intelligenz und Freundlichkeit gegenüber Menschen hörte, jetzt beibringen, wie man einen anderen Menschen tötet? Man muß mittels elektrischer Reizimpulse in den Schmerz- und Lust-Zentren des Gehirns aggressives Verhalten hervorrufen und belohnen. Von all den niedrigen und abscheulichen Tätigkeiten, zu denen ein Mensch fähig ist, muß diese ganz oben eingestuft werden.« 1984 behauptete der Kolumnist der *Washington Post,* Jack Anderson, daß die Militärdelphine bald dazu eingesetzt werden würden, heimlich die nicaraguanischen Häfen zu verminen. Ehemalige Trainer bestätigten die unübertroffenen Fähigkeiten der Wale und Delphine in diesem Bereich der Kriegsführung und erklärten, daß Delphine Minen hundertmal schneller aussetzen können als die besten Tauchereinheiten der Marine.

Im Oktober 1987 änderte sich die Aufgabe der Marine-Delphine, als sechs von ihnen im Persischen Golf eingesetzt wurden, um nach iranischen Minen zu suchen. Laut Pentagon sicherten sie das Schiff vor der Insel Farsi, das man als schwimmende Basis für Kampfhubschrauber und mehr als 200 amerikanische Soldaten benutzte. Sie sollten dort potentielle Saboteure stellen. Im Frühling 1989 berichtete Rick Trout, der von 1985 bis 1988 Tiertrainer bei der Marine war, daß man die Militär-Delphine und -Seehunde im Rahmen ihres Trainings im Naval Oceans Systems Center hungern ließ, sie sogar schlug und mit den Füßen trat. Offizielle Dokumente belegen, daß in drei Jahren mindestens 13 Delphine, die im Besitz der Marine waren, verendeten – mehr als die Hälfte von ihnen verhungerte oder hatte Magenprobleme.»An meinem zweiten Arbeitstag sah ich, wie man einen Seelöwen gegen den Kopf trat, weil er nicht fressen wollte«, bezeugte Trout.»Ich habe auch gesehen, wie man ein Tier ins Gesicht boxte.«

Eine »unabhängige« Regierungskommission hat einige von Trouts Behauptungen bestätigt, doch die erwartungsgemäß milde Forderung war, daß die Marine keine Meeressäuger mehr fangen sollte, bis sie mehr Tierärzte eingestellt hat. Zur Zeit besitzt, trainiert und benutzt die Marine mindestens 100 Meeressäuger, wobei ein Team von Delphinen eingesetzt wird, um die Gewässer rund um die atomaren Trident-U-Boot-Basen in Georgia, Connecticut und Washington zu sichern. Es wird berichtet, daß eine erhebliche Anzahl von Delphinen und Seelöwen ihren militärischen Peinigern entkommen konnte. Nach den örtlichen Tierschutzbehörden sind vor einiger Zeit mehrere Seelöwen an den Stränden von San Miguel vor der südkalifornischen Küste aufgetaucht, die noch Marine-Ausrüstungsgegenstände am Körper trugen.

Neben dem aktiven Dienst werden Delphine auch in großem

Umfang als passive »Objekte« für Laborforschung benutzt. Die Wissenschaftler beim Militär sind seit mehr als zwanzig Jahren von den Sonarsystemen der Delphine fasziniert, einfach weil die angeborenen Echolokations-Fähigkeiten dieser Tierart oder ihre Fähigkeit, »mit Geräuschen zu sehen«, selbst die ausgefeiltesten Radaranlagen in den Arsenalen der Großmächte bei weitem übertreffen. Diese Faszination kostete mehrere tausend Delphine das Leben, und hierfür standen – jedenfalls in den USA – jährlich eine Million Dollar zur Verfügung.

Genauso starben unzählige Delphine in den Laboratorien von Prof. René Guy Busnel. Man muß wohl sagen, daß die Delphine, die beim Fang ums Leben kamen, wahrscheinlich glücklicher dran waren, als die, die im Laboratoire d'Acoustique Animale endeten. Prof. Giorgio Pilleri nennt viele der Delphinversuche der französischen Wissenschaftler »schrecklich«. Auf die Frage, warum er einen Arbeitsbesuch bei den französischen Laboratorien abbrach, erklärte Pilleri: »Der Tropfen, der das Faß zum Überlaufen brachte, war, als man mir – offensichtlich voller Stolz – einen Delphin zeigte, der völlig verstümmelt war und in dessen Rücken ein riesiges Schnitzmesser steckte. Der Gipfel war, als das ›Forscherteam‹ eine Grußkarte an einen zur Zeit im Ausland lebenden Kollegen mit dem Blut des Delphins unterschrieb.«

Lienhardt stiehlt seine eigenen Delphine

1984 war die IDS noch in einen anderen Skandal verwickelt, mit dem das schweizerische Boulevardblatt *Blick* aufmachte und dem ohnehin schon angeschlagenen Ruf des Unternehmens weiter schadete. Zwei von Lienhardts Delphinen – Nemo und Leo –, die beide ursprünglich aus Guatemala kamen und später in einem Swimmingpool in einem Hotel in Kairo zurückgelassen wurden, wurden mehrere Jahre lang an das Ocean World Aquarium am Lido Camaiore vermietet. Irgendwann 1984 entbrannte eine hitzige Debatte über vertragliche Verpflichtungen. Lienhardt behauptete, er habe von den 45 Prozent, die ihm von dem Verkauf der Eintrittskarten zuständen, »noch nie einen Pfennig gesehen«. Die Leitung des Aquariums jedoch behauptete, daß sie »noch nie einen Pfennig« für Futter und Pflege der Delphine gesehen habe. »Das Delphinarium selbst war vielleicht eines der besten in Europa«, behauptete Heidi Bader unverfroren, »aber wegen irgendeiner kleinen Unstimmigkeit wurden unsere Delphine in einen kleinen Aufbewahrungstank gesetzt. Als Herr Lienhardt sich darüber beschwerte, sagte ihm die Leitung, daß man die Tiere aus dem Hauptbecken nehmen mußte, weil es repariert werden sollte. Es wurden jedoch keine Reparaturen durchgeführt, und so wurde Herr Lienhardt mißtrauisch und machte sich über das Schicksal seiner Tiere Sorgen.«

Es ist jedoch wahrscheinlicher, daß Lienhardt sich um seine Brieftasche Sorgen machte. Und so wollten der IDS-Präsident und fünf Helfer die Delphine »retten« und drangen am 14. November 1984 in das Aquarium ein. Sie betäubten zwei Wachhunde mit Valium, hoben die Delphine auf Bahren und trugen sie zu einem wartenden Auto. »Sechs Stunden später waren wir in der Schweiz – eine Stunde, bevor die Polizei die Grenze sperrte«, brüstete sich Lienhardt.

»Als ich die Rückgabe der Zollpapiere für die Delphine forderte, weigerten sich die Italiener, sie mir auszuhändigen«, behauptete der IDS-Präsident später. Doch wie kam es, daß die Delphine ohne diese Papiere in die Schweiz kommen konnten? Ganz einfach, weil sie als Zirkustiere angesehen wurden. Dr. Peter Dollinger von der Bundesveterinärbehörde in Bern erklärte: »Die Tiere waren an der schweizerischen Grenze verzollt worden, und wir stellten für sie eine Einfuhrgenehmigung aus. Wir forderten kein italienisches Weiterexport-Dokument, wie es die CITES-Bestimmungen fordern, weil die Konventionen eine Ausnahmeregelung vorsehen, die für den Transport von Zirkustieren gilt. Und die betreffenden Tiere hatten CITES-Dokumente, die allerdings in Belgien ausgestellt worden waren. Aus diesem Grund entschlossen wir uns, sie nicht als italienische Tiere anzusehen.«

Ungefähr zur gleichen Zeit bekam Lienhardt temporäre Einfuhrgenehmigungen für drei weitere Delphine – Girl, Missy und Niki, Veteranen der IDS-Shows in Walibi und im Moulin Rouge. Alle fünf Tiere wurden dann in Conny Gassers neues Delphinarium in Lipperswil gesetzt. Doch es dauerte nicht lange, bis es neue Verwirrung um Verträge und »Gentleman Agreements« gab. Lien-

343

hardt hatte sowohl Gasser als auch den vertrauensvollen Bundesbehörden versprochen, daß die Tiere nicht länger als drei Monate in
der Schweiz bleiben würden. Peter Dollinger sagte:»Lienhardts
Delphine durften nur vorübergehend importiert werden. Sie werden noch dieses Jahr in ein Gemeindedelphinarium in Südfrankreich verlegt, das Lienhardt pachten wird.«
Das war 1985, doch 1988 wurden die vorläufigen Delphine zur
peinlichen ständigen Einrichtung. Das Delphinarium – am Cap
d'Agde – war frei erfunden, und, peinlich für die Bundesveterinärbehörde und sehr ärgerlich für Gasser, die»temporären«Delphine
blieben drei Jahre lang im Connyland. Zwei von ihnen – Niki und
Missy – starben während dieser Zeit. Debbie Steele sagte:»Schon
seit Jahren sprach Lienhardt von diesem Delphinarium in Südfrankreich. Nach seinen Aussagen wird seit 1981 daran gebaut,
und ich glaube, so kommt er um die Hälfte der Gesetze herum. Er
beantragt vorläufige Importgenehmigungen und sagt,›mein neues
Delphinarium ist noch nicht ganz fertig‹.«

Selbstgefällige Bürokraten

In den letzten Jahren hatte eine kritische Berichterstattung in den
Medien die eigenartige Wirkung, daß Regierungsbeamte manchmal den Ruf von Delphinhändlern schützten.
    Während Prof. Giorgio Pilleri als jemand gilt, der »viel Wind
macht« und daher als »sogenannter Delphinexperte« abqualifiziert
wird, glaubt Dr. Peter Dollinger nicht, daß in der Schweiz Delphinhändler leben, »und ich kann mir nicht vorstellen, daß irgendwo in
Europe welche leben«. Auf die Frage, ob Bruno Lienhardt – der
sich selbst als »Geschäftsführer« bezeichnet – in den Handel mit
Delphinen verwickelt sei, entgegnete Dr. Dollinger:»Nein, bestimmt nicht. Er hat ein paar Tiere erworben – offensichtlich legal –, aber er handelt nicht mit ihnen, er tritt mit ihnen auf.« Der
Begriff»offensichtlich legal« kann angesichts der Fakten nur als
Beschönigung betrachtet werden. Nachdem Girl und Nemo in Guatemala gefangen wurden, wurden sie 1981 ohne Genehmigung nach
Belgien eingeführt. Vor 1984, als das Land endlich auch CITES
beitrat, war es als Umschlagplatz für Tierlieferungen bekannt.

1985 unterstützte Dollinger aktiv Gassers Antrag an die US-Behörden zur Genehmigung des Fangs von vier zusätzlichen Delphinen für Connyland. Der Antrag, den Dollinger »überarbeitete und – wo nötig – korrigierte«, enthielt falsche Aussagen und Diagramme in bezug auf die Größe der Ruhebecken. Das Becken hatte laut Beschreibung und Zeichnung »eine Länge und eine Breite von je sechs Metern«. Zu diesen Maßen kommt man, wenn man eine lebhafte Phantasie hat und ein enges L-förmiges Becken zu einem Quadrat ausweitet. Im Antrag wurde auch die wenig aussagefähige Behauptung aufgestellt, daß es im Connyland »keine Todesfälle« gegeben habe – denn die Einrichtung war gerade erst eröffnet worden. Dollinger fand nichts dabei, einen positiven Zeitschriftenartikel beizufügen. Wie ich vom Herausgeberteam der Zeitschrift erfuhr, hatte ein Grafiker die entzündeten Wunden und Verletzungen der Delphine aus »ästhetischen Gründen« wegretuschiert. Darüber hinaus hielten es weder Gasser noch Dollinger für nötig, irgendwelche Informationen über den tragischen Tod von Lienhardts Delphin Niki zu geben, der bis November 1984 im Connyland lebte.

Selbst Mitte 1985 stand in den offiziellen Unterlagen immer noch, daß die IDS in der Schweiz fünf Delphine besitze, und man brauchte drei Tage, um etwas über das Schicksal von Niki herauszufinden. Niki war ein erst fünf Jahre altes Weibchen, dessen Leben sehr traurig verlief, seitdem Bruno Lienhardt es vor der mexikanischen Küste gefangen und in einen Tank im Moulin Rouge gesperrt hatte.

Die Veterinärbehörde im Kanton Thurgau ist für die Durchsetzung von Tierschutzbestimmungen bei Connyland verantwortlich. Doch deren unglaubliche Aussage war: »Wir wissen nicht, wo der fünfte Delphin ist. Sie müssen bei Connyland nachfragen. Das ist alles, was wir an Informationen haben.« Erwartungsgemäß bestritt die IDS die Existenz des Delphins ebenso wie Connyland. Informationen über das Schicksal des fünften Delphins erhielt man schließlich von einer glaubwürdigen Informantin, die aus Angst anonym bleiben möchte. Sie berichtete, daß der Delphin im November 1984 starb, nachdem er eine Lungenentzündung bekommen hatte. Dies war wohl zum Teil darauf zurückzuführen, daß das Weibchen »im Becken bei Connyland von anderen Delphinen gebissen und verwundet worden war – etwas, was bei Delphinen nur sehr selten vorkommt, es sei denn, sie leiden durch ihre Gefangenschaft unter sehr großer Anspannung.«Als man sie schließlich mit den Einzelheiten des Todes dieses Delphins konfrontierte, erklärte Heidi Bader, daß»es immer ein schwacher Delphin gewesen« sei. Doch in Wahrheit ist er nicht eines natürlichen Todes gestorben. Das erklärt vielleicht, warum Bruno Lienhardt die Genehmigung zur Herausgabe des Autopsieberichtes verweigerte. Am 25. November 1984 wurde der ausgemergelte und verstümmelte Kadaver zum Tierspital in Zürich gefahren, deren Pathologen erklärten, daß der Delphin in einem entsetzlichen Gesundheitszustand war und»unter akuter Lungenfibriosis und akuter Dermatitis litt. Er hatte außerdem Wunden von Bissen im Genitalbereich.« Noch mysteriöser sind jedoch die Wunden an den Flossen, dem Schwanz und dem Maul des Delphins, die der Autopsiebericht erwähnt und die»nicht mit einem Angriff durch einen anderen Delphin in Verbindung stehen«. Der Pathologe, mit dem ich sprach,»wollte über die Ursachen dieser Wunden keine Spekulationen anstellen«.

In Kairo und Wien zurückgelassen

Lienhardts drei überlebende Delphine waren im Connyland bald unerwünscht, ganz abgesehen davon, daß die Angelegenheit für die Bundesveterinärbehörden langsam schwierig wurde. Zwei der Tiere, Leo und Nemo, waren in ein winziges Aufbewahrungsbekken gesetzt worden, weil Conny Gasser befürchtete, daß Lienhardt ihm Gebühren für die Vorstellungen abnehmen würde, wenn er es ihnen erlaubte, zusammen mit seinen eigenen Delphinen im Hauptbecken zu schwimmen. Um kein ungesetzliches überfülltes Aufbewahrungsbecken zu haben, hielt Gasser Lienhardts dritten Delphin, Girl, im Hauptbecken, wo er»nach seinem freien Willen« an den Vorstellungen teilnahm. Lienhardt fürchtete, daß man ihn betrog. Nach Ausbruch einer hitzigen Debatte zwischen den beiden Delphinhändlern griff der in Verlegenheit gebrachte Dr. Peter Dollinger wieder einmal ein und arrangierte ein vorläufiges Asyl für Leo und Nemo in Knies Kinderzoo in Rapperswil. Doch das war keine ideale Lösung. Sechs Monate lang teilten sich die Tiere das überfüllte Becken mit Knies drei amerikanischen Delphinen, was zu einer technischen Übertretung der Raumanforderungen, sowohl nach amerikanischem als auch nach schweizerischem Gesetz, führte. »Wir waren froh, sie loszuwerden«, sagte Chris Krenger, der Presse-Chef von Knie. »Unser Becken war für all diese Tiere zu klein. Sie vertrugen sich nicht mit unseren drei Delphinen, und sie störten die ganzen Vorstellungen.«

Im Oktober 1988 machte Lienhardt noch einmal Schlagzeilen, als entdeckt wurde, daß seine seit langem leidenden Delphine Nemo und Leo in dem Swimmingpool des Fünfsterne-Hotels Meridien am Ufer des Nils in Kairo zurückgelassen worden waren. Mehrere Monate lang stand kein erfahrener Trainer zur Verfügung, um die Tiere zu füttern und zu versorgen, und das Hotel wollte die Tiere loswerden. Im Vergleich dazu mußte sich der dritte überlebende Delphin, Girl, sechs Monate lang mit einer völlig heruntergekommenen Unterkunft zufriedengeben – einem unbeheizten Freiluftbecken mit nur 12 Metern Durchmesser im Safari-Park in Gänserndorf bei Wien. Es war Winter, und das Leben des Tieres war durch die kalten Temperaturen bedroht.

Das Elend der drei Delphine zeigt deutlich Habgier, Zynismus und Gefühllosigkeit der Delphinindustrie – diesmal mit brutaler Offenheit. Bruno Lienhardt hatte seine Delphine dort nicht zurückgelassen, weil er plötzlich kein Geld für Futter mehr hatte, sondern weil sie für ihn nichts als Schachfiguren in einer rechtlichen Streitigkeit über Verträge waren. Das Pokern mit der sich verschlechternden Gesundheit der Tiere war einfach ein Teil von Lienhardts systematischem Plan, die beiden Einrichtungen dazu zu zwingen, seine Forderungen zu erfüllen und zu zahlen.

Am 4. November 1987 trafen Nemo und Leo zusammen mit zwei IDS-Seelöwen im Hotel Meridien in Kairo ein, wo sie in den Haupt-Swimmingpool gesetzt wurden, um die Gäste zu unterhalten. Um die Kosten so gering wie möglich zu halten, waren die Tiere einfach in den Gepäckladeraum des Flugzeugs verfrachtet und als »unbegleitete Fracht« deklariert worden. Sie trafen, mit Wunden übersät, die selbst ein Jahr später noch nicht verheilt waren, in Kairo ein. Zu den Eröffnungsfeierlichkeiten für die Show war die *crème de la crème* der ägyptischen Gesellschaft gekommen, einschließlich der Frau des Ministerpräsidenten Mubarak. Doch das Meridien mußte bald erkennen, daß eine erfolgreiche Werbung ein Public-Relations-Alptraum geworden war. »Ursprünglich sollten wir 18 Monate lang eine Delphinshow hier haben«, erzählte mir der Manager des Hotels, Edouard Speck, »aber schon nach sechs Monaten kündigten wir den Vertrag, weil die Delphine nicht dem internationalen Dressurniveau entsprachen.« Während der sechs Monate erschienen nicht weniger als fünf bei IDS angestellte Trainer auf der Bildfläche, um die Show zu leiten. »Keiner von ihnen schien mir besonders kompetent zu sein – weder bei der Dressur, noch bei der Versorgung der Tiere. Einer der Seelöwen starb sogar, weil er ungenügend beaufsichtigt wurde und einen Plastikball verschluckt hatte. Der andere Seelöwe wurde beschlagnahmt und wird jetzt im Zoo von Kairo gehalten.« Auf jeden Fall verschwand Bruno Lienhardt, sobald das Hotel Meridien seine Vereinbarungen mit IDS gekündigt hatte. Er ließ seine Delphine zurück, die dann von einem der Hotelpagen gefüttert und versorgt wurden. Ein Tierarzt aus Kairo besuchte die Tiere einmal in der Woche, doch er hatte keine Erfahrung in der Behandlung von Delphinen. »Von Lienhardt hörten wir vier Monate lang nichts Neues«, sagte Speck. »Hin und wieder tauchte er auf, doch er unternahm niemals etwas wegen der Delphine.« Lienhardt hatte seine Gründe dafür, daß er sich im Hintergrund hielt: Er hatte offenbar eine Rechnung über 3000 englische Pfund für die Luftfracht der beiden Seelöwen von Deutschland nach Kairo noch nicht bezahlt.

Das Management des Hotels Meridien hatte bereits angekündigt, daß es die Delphine durch Gerichtsbeschluß loswerden wollte. Doch man war sich darüber im klaren, daß es wegen des Bürokratismus und des schwerfälligen Rechtssystems »zwischen einem Monat und mehreren Jahren« dauern konnte, bevor der Fall überhaupt vor ein Gericht kam. »Für uns ist es das wichtigste, daß diese Delphine bis zum nächsten Sommer hier verschwunden sind«, erklärte Speck. »Wir haben dieses Jahr eine ganze Sommersaison verloren. Nicht nur, daß wir keine Delphinshow zeigen konnten, sondern unsere Gäste konnten auch nicht im Hauptbecken schwimmen.« Das Hotel Meridien beanspruchte mehr als 22 000 englische Pfund als Entschädigung für entgangene Eintrittsgelder für den Swimmingpool, mehr als tausend Pfund pro Monat für die Fütterung der Delphine und die Begleichung einer Rechnung über

3000 Pfund für Getränke, die Lienhardt offenbar in den sechs Monaten in der Hotelbar konsumiert hatte. Doch Lienhardt tauchte nicht auf und verhinderte, daß die Delphine entfernt oder konfisziert wurden.»Obwohl er keine Möglichkeit hat, sie unterzubringen«, protestierte Speck,»verlangt er von uns immer noch eine große Summe, damit er sie hier wegholt.« Tatsächlich hatte Lienhardt seinerseits das Hotel wegen Vertragsbruchs verklagt und verlangte 56 000 Pfund Schadenersatz für entgangene Gewinne.

Doch diesmal schmiedeten mehrere Tierschutzgruppen einen Plan, wie die Delphine, die als Geiseln in Kairo und Wien gehalten wurden, gerettet werden konnten. Dazu gehörte auch Virginia McKennas *Zoo Check*, Prinz Sadruddin Aga Khans *Bellerive Foundation* und TRAFFIC, eine Organisation, die dem WWF angeschlossen ist und den Handel mit bedrohten Tierarten überwacht. Als man feststellte, daß der Delphin, der im Safari Park in Wien gelandet war, durch Temperaturen von unter Null Grad bedroht war, unterstützten *Bellerive* und TRAFFIC die Regierung darin, den Delphin zu konfiszieren.»Ich bin in einem Dilemma«, stöhnte Edwin Wiesinger, Besitzer des Safari Parks.»Ich habe diesen Delphin hier, und sein Futter und seine Versorgung kosten mich jeden Tag eine Menge Geld. Ich weiß, daß ich das Geld nicht von Lienhardt bekommen werde, doch andererseits: Wenn der Delphin sterben sollte, weil es jetzt kälter wird und wir ihn da draußen lassen, dann wird sich die Öffentlichkeit an mich wenden: ›Warum sorgt er nicht für seine Tiere?‹ – und andererseits wird Lienhardt kommen und sagen, ›dieser Delphin ist 30 000 Dollar wert und Sie lassen ihn sterben‹. Ich weiß nicht, was ich machen soll, und ich weiß nicht, wo ich Lienhardt erreichen kann. Das Tier sollte schon seit Ende September nicht mehr im Becken sein. Jetzt ist es schon fast Ende Oktober und das Tier ist immer noch hier.«

Birgit Schacht von TRAFFIC in Wien blieb jedoch unbeeindruckt von Wiesingers plötzlichen Skrupeln:»Wir haben mit dem Safaripark sehr schlechte Erfahrungen gemacht. Wir wissen, daß Wiesinger mehrere Male Tiere gekauft hat und dann nicht genug Geld hatte, sie zu füttern. Dann startete er große Anzeigenkampagnen, setzte auf das Mitleid in der Öffentlichkeit und sammelte Spenden. Er sorgt nicht gut für seine Tiere – sie werden unter sehr schlechten Bedingungen gehalten.« Anscheinend wollte Wiesinger das Becken deshalb nicht heizen, weil er die Kosten dafür scheute. Schon wenige Tage nachdem TRAFFIC interveniert hatte, konnte man unter der fachkundigen Leitung von Dr. Daniel Slama Wiesinger dazu zwingen, etwas für den verlassenen Delphin zu tun. »Safaripark beheizt das Becken jetzt«, erklärte Dr. Slama. »Wenn sie das nicht tun, dann werden sie sofort wegen Übertretung der österreichischen Tierschutzgesetze angeklagt.« Doch an diesem Punkt erkannte noch niemand genau, wie komplex und verworren das Problem noch werden sollte. Es stellte sich heraus, daß *beide*, Edwin Wiesinger und Conny Gasser, mit einem bevorstehenden Prozeß gegen die IDS rechneten. Die Gründe für diese rechtlichen Auseinandersetzungen sind bemerkenswert.

Der Safari Park hatte sich geweigert, Lienhardt für seine Delphinshow zu bezahlen, weil Girl, der von IDS als »einer der am besten dressierten Delphine in Europa, der 30 verschiedene Kunststücke kann«, bezeichnet wurde, sich beständig weigerte, diese Kunststücke zu zeigen. »Am Anfang hat es überhaupt nicht funktioniert«, beschwerte sich Wiesinger. »Er wollte nicht einmal fressen. Das war ganz klar das Verhalten eines Delphins, der nicht dressiert worden war.« Für Lienhardt gab es dafür nur eine Erklärung: Conny Gasser hatte offensichtlich »Delphine vertauscht«, und ersetzte eines seiner Tiere von minderer Qualität durch Girl, den Star seiner fahrenden Show. Erwartungsgemäß bestritt Gasser alle Beschuldigungen, er hätte Lienhardts Girl gestohlen. Und wer hätte gedacht, daß Gasser – auch bei aller Aufregung – die Argumente von Pilleri benutzen würde, um seine Unschuld zu untermauern? »Ein geselliges Tier wie dieses kann man nicht alleine in ein Becken setzen. Das funktioniert nicht, weil das mehr oder weniger wie Einzelhaft ist.« Gasser erklärte außerdem, daß er seinerseits Lienhardt auf die Kosten verklagen würde, die mit der Haltung der drei Delphine im Connyland verbunden waren, trotz der Vereinbarung, daß sie dort nur drei Monate bleiben sollten, bis sie in das erfundene Delphinarium am Cap d'Agde gebracht werden sollten. Unverfroren fügte Gasser hinzu, daß Lienhardt »in der ganzen Welt dafür bekannt ist, daß er seine Tiere zur Durchsetzung seiner eigenen Interessen benutzt. Er weiß, daß die meisten Menschen mit dem Delphin Mitleid haben und seinen Delphin während seiner Abwesenheit füttern werden.«

Auf diese Flut von Anschuldigungen kamen weder von Lienhardt noch von seinen Direktorenkollegen bei IDS, noch von seinen Anwälten in Zürich, trotz zahlreicher Versuche, irgendwelche Reaktionen. Auch wußte keiner von ihnen Lienhardts derzeitige Adresse oder Telefonnummer. Als erstes versuchte ich es bei Dr. Horst Marxers Briefkastenfirma in Vaduz, wo die IDS als Firma offiziell registriert ist und Steuervorteile sowie die gewünschte Anonymität genießt. Marxer und Heidi Bader teilten sich das dubiose Vorrecht, im Verwaltungsrat der IDS zu sitzen, was, wie sie aus bitterer Erfahrung lernen mußten, zu einer Bürde werden kann, wenn ihr Chef wieder einmal Opfer eines neuen Rechtsstreits oder einer Medienkampagne wird. Auf die Frage nach Lienhardts Gründen für das Verlassen seiner Delphine, entgegnete der auffällig nervöse Dr. Marxer: »Ich weiß von diesen Problemen nichts. Ich hatte schon seit mehreren Wochen keinen Kontakt mehr zu Herrn Lienhardt. Obwohl ich ein Mitglied des Verwaltungsrates bin, ist es nicht meine Schuld, was mit diesen Delphinen passiert. Ich liebe die Tiere auch, und ich bin nicht daran interessiert, in den Zeitungen als Bösewicht dazustehen.« Marxer gab als Begründung den rechtlichen und moralischen Rahmen an, der die Aktivitäten jeder in Liechtenstein registrierten Briefkastenfirma bestimmt, und beteuerte weiter, daß er »mit den Delphinen nichts zu tun (habe), sondern nur die Firma IDS leitete. Die IDS ist eine Liechtensteiner Firma – sie ist hier registriert –, und das Gesetz sagt, daß im Verwaltungsausschuß ein Mitglied aus Liechtenstein sitzen muß.«

Von Lienhardts Anwälten in Zürich, Prof. Giger & Dr. Simmen kam die knappe Stellungnahme, daß sie »nicht befugt sind, telefonische Auskünfte zu geben. Lienhardt setzt sich alle paar Wochen einmal mit uns in Verbindung, aber wir wissen über seinen genauen Aufenthaltsort nichts.« Der sogenannte »Korrespondenz-Sekretär« von IDS, Hugo Kälin, der in Lienhardts Haus in Einsiedeln bestürmt wurde, bestritt, daß sein Chef »verschwunden« sei. Obwohl sonst zurückhaltend und verschwiegen, bestätigte er, daß die IDS plane, rechtlich gegen Conny Gasser vorzugehen, und gab an, daß der wegen seiner Vivisektionen bekannte französische Delphin-Professor Guy Busnel Beweise dafür geliefert habe, daß der Delphin im Safari Park nicht Girl sei. »Das ist ganz bestimmt nicht Bruno Lienhardts Delphin«, beharrte Kälin. »Gasser hat ihm mit

Absicht den falschen Delphin übergeben. Bruno schickte Professor Busnel Fotos von den Flossen der beiden Delphine – von Girl und dem, der jetzt in Wien ist –, und der Professor hat geantwortet, daß es sich hierbei eindeutig um zwei verschiedene Delphine handele. Ich kenne Herrn Lienhardt sehr gut, und ich kann Ihnen versichern, daß er in dieser Sache mit offenen Karten spielt – keine schmutzigen Geschäfte oder so etwas.« Auf die Frage, warum Lienhardt nicht eingriff, um den Delphin vor den eisigen Temperaturen in Wien zu schützen, erwiderte Kälin kurz: »Das ist Gassers Problem, weil es Gassers Delphin ist. Er muß zurück ins Connyland gebracht werden. Dann gibt es für das Tier auch kein Risiko mehr. Gasser soll den richtigen Delphin – Girl – an Herrn Lienhardt schicken.«

Conny Gasser weigerte sich jedoch beharrlich, den Wiener Delphin zu akzeptieren, und sowohl die Schweizer als auch die deutschen Behörden gaben Anfang November bekannt, daß sie eine Einfuhr von in Lienhardts Besitz befindlichen Delphinen in ihre Länder nicht genehmigen würden. Dr. Slama von TRAFFIC sagte: »Die österreichischen Behörden werden Lienhardt wahrscheinlich für die Lösung des Problems eine Frist von zwei Wochen setzen. Wenn der Delphin dann immer noch hier ist, wird er beschlagnahmt und dem Zoo in Nürnberg übergeben.« Kurz bevor die Frist abgelaufen war, gab Conny Gasser, trotz seiner vorangegangenen Weigerungen, bekannt, daß er Lienhardts Delphin nun doch akzeptieren würde. Diese Wendung der Dinge war verblüffend, man muß wohl davon ausgehen, daß sie durch eine von den angesehenen Anwälten im Hinterzimmer zurechtgezimmerte Lösung zustande kam. Der Wiener Delphin – was immer auch seine wahre Identität war – wurde mit einem Lastwagen von Safariland im November abgeholt und auf seine lange Reise zurück ins Connyland gebracht.

In der Zwischenzeit erreichten die Entwicklungen in Ägypten ihren Höhepunkt, als die Medien für die Delphine im Hotel Meridien fast eine größere Publicity machten als für die Erklärung der PLO in Algier über die Bildung eines unabhängigen palästinensischen Staates. Das zur Air France gehörende Meridien Hotel sorgte vorsorglich für diesen Medienrummel, nicht nur um die Delphine, sondern auch um sich selbst als die unschuldigen Opfer von Lienhardts neuesten Eskapaden darzustellen. Aus pragmatischen Gründen und weil es immer nur einen Schurken pro Meldung geben darf, wurde fast nichts über die Ignoranz und die Profitgier des Hotelmanagements berichtet, das eine derartige Delphinshow überhaupt eingekauft hatte.

Am 5. November, gerade als die Presse die neuesten Nachrichten über diese Geschichte auf den letzten Seiten veröffentlichte, flog Doug Cartlidge in einer Rettungsmission im Auftrag von *Zoo Check* nach Ägypten. Die Medien reagierten schnell, und es kamen sogar Fernsehteams aus Amerika und Japan. »Jemand muß die Verantwortung übernehmen«, erklärte Cartlidge. »Diese Tiere sollten im Meer schwimmen, wo sie hingehören, nicht in einem trostlosen Betonbecken.« Das Ziel von *Zoo Check* – was alle Mitglieder der Industrie aufhorchen ließ – war, die Tiere langsam wieder an die gewohnte Umgebung anzupassen und schließlich im Roten Meer freizulassen. Der Plan mußte jedoch zurückgestellt werden, weil es zunächst einmal darum ging, die kränkelnden Tiere überhaupt am Leben zu erhalten. Cartlidge fand Leo und Nemo ziellos im Becken kreisend, krank und lustlos, gefüttert mit einer eintönigen Kost aus gefrorenen Nil-Sardinen. Das Wasser im Pool, der für Badegäste gedacht war, die normalerweise nicht beim Schwimmen essen und Verdautes ausscheiden, wurde wegen der schlechten Filterung ganz faulig. Diese Fäulnis verschlimmerte die Wunden der Delphine, die sie sich beim Transport zugezogen hatten; bei beiden fand man Hornhautgeschwüre. Nach Angaben einiger Reporter bekamen die Tiere nur drei Kilo Fisch pro Tag, obwohl der Durchschnittsbedarf bei acht Kilo liegt. Vielleicht wollte das Hotel jetzt, wo die Tiere nichts mehr einbrachten, die Kosten reduzieren?

Lienhardt war nirgendwo zu finden, doch er hielt sich wohl kaum in Kairo auf, wie zwei Telegramme aus Saudi Arabien beweisen. Eines dieser Telegramme, das aus Dschidda stammte und mit *Imad al Aboud* unterzeichnet war, lautete: Z. Hd. Herrn Bruno. Bitte wenden Sie sich an Herrn Omar Bararman, Saudisches Konsulat, und Herr Omar wird Ihnen die Visa für Saudi Arabien ausstellen.« Ein zweites Telegramm lautete: »Becken und Einrichtungen fast fertig.« Die Spannung stieg, und es stellte sich heraus, daß ein »Vertrag« existierte, in dem Cartlidges Leben bedroht wurde, falls er versuchen sollte, die Delphine vom Hotel Meridien wegzubringen. Abdul Nasser, der Page, der zum Delphintrainer avanciert war, bemerkte, daß Cartlidge ständig von einer zwielichtigen Gestalt beschattet wurde, von dem nur der Name Mohammed bekannt war. Nach weiteren Nachforschungen fand er heraus, daß man ihm 1000 ägyptische Pfund gezahlt hatte, damit er über Cartlidges Aktivitäten Bericht erstattete. Sollte Mohammed den Eindruck haben, daß der Beauftragte von *Zoo Check* die Delphine wegzubringen versuchte, dann sollte er in einem Kairoer Zirkus zwei »Schläger« alarmieren, die sich dann um diesen Beauftragten kümmern sollten – ein für allemal. Als diese Informationen bekannt wurden, wurde Mohammed sofort vom Sicherheitspersonal des Hotels festgenommen und später von der Polizei inhaftiert. Cartlidge sagte: »Die Polizei erklärte mir, daß ich in Ägypten ein sehr wichtiger Mann sei. Sie sagten, gewöhnlich koste es 400 oder 500 Pfund, hier umgebracht zu werden.«

Inzwischen sorgte das starke Medieninteresse dafür, daß auch die schlimmsten Heuchler der Delphinindustrie in die Öffentlichkeit treten mußten. Während Gasser, Wiesinger und Lienhardt um den Titel des verkanntesten Tierliebhabers des Jahres stritten, saßen die Gründerväter der Industrie in mitternächtlichen Sitzungen zusammen, um dringende und öffentlichkeitswirksame Maßnahmen zur Schadensbegrenzung zu planen. Sie hatten kaum Skrupel, einen der ihren fallen zu lassen. Aber Lienhardts Vorgehen mußte von der Industrie teuer bezahlt werden, nicht nur wegen der schlechten Publicity und den härteren Gesetzen, die nach der Schließung der Moulin Rouge Revue in Frankreich eingeführt worden waren, sondern auch wegen der schamlosen Art des IDS-Präsidenten, die eigenen Geschäftspartner zu betrügen. Der Skandal in Kairo, der durch die Weltpresse ging, wurde als ernsthafte Bedrohung für die gesamte Delphinindustrie angesehen. Das gipfelte für sie darin, daß ein ehemaliger Wal- und Delphintrainer mit Rückendeckung einer Organisation, die an sentimentale Gefühle appellierte, die Delphine in der Wildnis aussetzen wollte.

Eine ähnliche Aktion wurde 1987 von der amerikanischen Organisation ORCA durchgeführt, ein Delphinpärchen wurde nach sieben Jahren Gefangenschaft erfolgreich wieder in die Wildnis ausgesetzt. Die Berichterstattung der Medien ging dahin, daß es negative Auswirkungen für die Industrie hätte, wenn man Leo und

Nemo die Freiheit gäbe. Das würde der Öffentlichkeit beweisen, daß man Delphine in Gefangenschaft wieder in die Wildnis zurückbringen kann und daß sie dort überleben können, auch wenn die Industrie dies immer wieder abstreitet.

Man forderte also eine große Rettungsaktion – sowohl für das angeschlagene Image der Delphinindustrie als auch für die Delphine selber –, die von Mike Riddell vom Antibes Marineland und dem bekannten Zoo-Tierarzt David Taylor geleitet werden sollte. Lienhardt wäre dann das schwarze Schaf, die unehrenvolle Ausnahme, die die einwandfreie Regel bestätigt. Und so kam es, daß Mike Riddell als Vorsitzender von EAAM nach siebzehn Jahren Schweigen der Presse erklärte, daß»die meisten angesehenen Delphinarien es gerne sähen, wenn Lienhardt aus dem Geschäft getrieben würde... Wir haben hart dafür gearbeitet, daß wir ihn aus unserem Berufsstand losgeworden sind.«

Darüber hinaus bot Riddell mit einer Geste scheinbaren Mitleids Unterkunft für die Delphine: Marinelands»eigens für derartige Zwecke eingerichtetes Spital-Becken« würde fertiggestellt werden, um die Tiere aufzunehmen, dort könnte man sie gesundpflegen. Der dortige Tierarzt – kein anderer als der EAAM-Präsident David Taylor, würde sofort nach Kairo geschickt werden, um die kränkelnden Delphine zu behandeln. Die Idee von Riddell und Taylor war sicher geeignet, die Delphinindustrie aus den Schlagzeilen zu bekommen. Doch für *Zoo Check* gab es keine andere Möglichkeit, als dieses»edelmütige« Angebot anzunehmen.

Die tierärztlichen Untersuchungen, die David Taylor dann durchführte, ergaben, daß Nemo fast an einer Entzündung des linken Lungenflügels gestorben wäre und eine Darminfektion hatte, die vom Verzehr verfaulten Fisches herrührte. Beide Delphine hatten Narben, die von unvorsichtigen Transporten stammten, und Hautprobleme, die auf die schlechte Wasserqualität zurückzuführen waren. Touristen hatten außerdem lebensgefährliche Gegenstände in das Becken geworfen, wie Flaschen, Messer, Gabeln, Münzen und sogar Batterien. Taylor erklärte, daß die Tiere zum ersten Mal seit sieben Jahren von einem Tierarzt für Meeressäuger untersucht worden seien. Warum sie nicht bei Connyland untersucht worden waren, wo Taylor sogar beratender Tierarzt ist, wurde allerdings nicht erklärt.

Wegen des bevorstehenden Abtransports seiner Delphine hatte Bruno Lienhardt einen seiner kurzen Auftritte im Hotel Meridien, wo er gegenüber der versammelten Presse seine Unschuld beteuerte. In einem Interview mit einem Reporter der *Sunday Times* wies er ärgerlich Meridiens Beschuldigungen zurück, nach denen Leo und Nemo nicht auf internationalem Dressurniveau gewesen seien, und er gab an, daß »das Publikum die Vorstellung liebte«. Er bestritt auch, daß er die Tiere verlassen habe. »Ich war 50 Prozent der gesamten Zeit hier«, behauptete er. »Jetzt komme ich jeden zweiten Tag, um von der Terrasse aus meine Delphine zu betrachten, doch ich würde mich dem Becken niemals nähern, weil man mir die Schuld geben würde, wenn den Delphinen etwas passiert.« Der absurde Wettbewerb der Delphinhändler, wer der »größte Tierliebhaber« sei, hatte immer noch kein Ende gefunden. Lienhardt sagte weiter, daß er sich ursprünglich entschieden habe, mit Delphinen zu arbeiten, nachdem er den Film *Flipper* gesehen habe. Der habe ihn fasziniert. »Mein größtes Vergnügen ist es«, erklärte er feierlich, »den Ausdruck auf den Gesichtern der Kinder zu sehen, wenn sie den Delphinen bei ihren Kunststücken zuschauen.«

Nach einer großen Anzahl internationaler Appelle an die ägyptische Regierung wurde Doug Cartlidge am 17. November vom Vizepräsidenten darüber informiert, daß die Tiere das Land nun verlassen könnten. Diese Entscheidung sei nicht durch eine Beschlagnahme erreicht worden, die zeitaufwendige rechtliche Prozesse zur Folge gehabt hätte, sondern durch eine Anweisung zur »Sicherheitsverwahrung«, ausgelöst durch die Sorge um Leos und Nemos sich verschlechternde Gesundheit. Die Delphine gehörten immer noch Lienhardt, doch er würde sich durch die Gerichte kämpfen müssen, um sie zurückzubekommen. Ein Frachtflugzeug der Air France aus Ruanda würde extra dafür eingesetzt, die Tiere nach Marseille zu fliegen. Diesmal war das Becken abgesperrt worden, weil die Delphine neuerdings nach neugierigen Zuschauern schnappten – selbst nach Presseleuten. Sie hatten offenbar die Nase voll von ihren Brüdern und Schwestern an Land.

Leo und Nemo wurden am 24. November aus Ägypten ausgeflogen. Wenige Stunden danach erließ ein Gericht in Kairo eine einstweilige Verfügung, nach der die Delphine ägyptischen Boden nicht verlassen dürften; doch das war für Lienhardt zu spät – auch wenn er wütend protestierte, daß man die Delphine »entführt« habe. Die Geschichte bekam dann doch noch ein Happy-End, auf das die Presse so sehnlich wartete. Nach der Ankunft in Marseille wurden die Delphine in zwei wartenden Ambulanzfahrzeugen, von einer motorisierten Polizeieskorte begleitet, rasch zum Antibes Marineland gebracht, was etwa eine Autostunde entfernt liegt. Nach ihrer Genesung im »Spitalbecken« sollten sie – nach Aussage von Riddell – die Bekanntschaft der bereits in Marineland lebenden Delphine machen – fünf Männchen und ein Weibchen.

Es ist nicht das erste Mal, daß Bruno »Houdini« Lienhardt Behauptungen über seinen bevorstehenden Untergang im Delphingeschäft Lügen strafte. So beteuerte sein loyaler Kamerad Hugo Kälin auf dem Höhepunkt des Debakels um Kairo und Wien: »Ich weiß, daß Herr Lienhardt Möglichkeiten hat, die Delphine unterzubringen. Er plant auch die Errichtung eines neuen Delphinariums, aber ich weiß nicht, ob ich mich jetzt schon darüber äußern soll.« Auf jeden Fall tauchten in der Delphinindustrie Gerüchte auf, daß der IDS-Präsident sich bald wieder auf eine Fangexpedition in Indonesien oder Guatemala begeben würde. Selbst David Taylor mußte – vielleicht aus Imagegründen – zugeben: »Leider habe ich das schreckliche Gefühl, daß diese Praxis nicht aufhört, sondern nur in Länder verlegt wird, in denen die Öffentlichkeit nicht so aufmerksam ist.« In den Bars von Kairo, die Lienhardt regelmäßig besuchte, hatte er sich sogar damit gebrüstet, daß er schon wieder andere Delphine besitze, die er für seine neue Vorstellung dressieren lasse.

In Antibes erklärte David Taylor: »Wir erwarten jeden Tag, daß er hier mit seinen Anwälten oder Schlägern auftaucht und sagt, daß er seine Delphine zurückhaben möchte. Doch das Auftauchen Lienhardts bedeutet für die Tiere und für die zoologische Welt immer schlechte Nachrichten. Der Mann ist völlig unverantwortlich.« Es bestand auch immer noch die Möglichkeit, daß Lienhardt mit rechtlichen Mitteln versuchen würde, Nemo und Leo zurückzufordern. Und tatsächlich erfuhr man wenige Monate später, daß Lienhardt in Frankreich gerichtliche Schritte eingeleitet hatte – nicht mit der Absicht, die Tiere in irgendein neues Delphinarium am Persischen Golf zu verfrachten, sondern in ein anderes

Schwimmbecken in Saudi Arabien. Lienhardts Pläne wurden jedoch blockiert. Aufgrund der rechtlichen Verfahren in Ägypten wurden seine Delphine in gerichtlichen Gewahrsam genommen.

Im April 1989 verklagte der IDS-Präsident Marineland auf 300 000 englische Pfund Schadenersatz und auf Herausgabe der Delphine. Mike Ridell erklärte:»Er versucht, die Delphine zurückzubekommen, und beansprucht auch einen Anteil an den Gewinnen, die wir dadurch machten, daß wir die Delphine hier hatten.«

Das Marineland wies diese Ansprüche zurück und verschaffte sich dadurch auch für zukünftige rechtliche Ansprüche an den Tieren eine günstige Ausgangsposition. Bill Travers, der Mitbegründer von *Zoo Check* sagte, daß die Organisation das Engagement von Marineland begrüße, daß der Aufenthalt von Leo und Nemo in Antibes jedoch als vorübergehend betrachtet werde.»Leo und Nemo haben genug gelitten«, sagte er.»Wir sollten ihnen einen letzten guten Dienst erweisen und ihnen die Freiheit geben.« Man suchte nach dem passenden Ort für ihre Freilassung und fand, daß die nordwestliche Atlantikküste von Spanien am besten geeignet sei.»Wir sind gegen Delphinarien«, fuhr Travers fort.»Wir meinen, daß es keine Rechtfertigung für Delphinarien gibt, wie sie heute existieren. Wir sähen es gerne, wenn man sie in so was wie Rettungszentren umwandeln würde, um – so wie Marineland das in diesem Fall getan hat – die Tiere gesundzupflegen.« Kein Wunder also, daß die Industrie bei der Aussicht auf eine erfolgreiche Freilassung in Alarmbereitschaft versetzt wurde. Und es verwundert auch nicht, daß Mike Riddell erklären ließ, daß er mit aller Kraft jeden Versuch bekämpfen werde, die Delphine der Kontrolle durch Marineland zu entziehen. Plötzlich gab es Gerüchte, daß der Marine Zoo sehr daran interessiert gewesen sei, einen männlichen Delphin zu erwerben, um Roland de la Poypes jahrhundertealten Traum von der Zucht von Delphinen zu realisieren, und daß man sich so einen Glücksfall – zwei Delphine umsonst zu bekommen, die mehr als 60 000 Dollar wert sind – natürlich nicht entgehen lassen wollte.

Tatsächlich wurden Leo und Nemo nie in die Wildnis zurückgebracht. Statt dessen mußten die armen Delphine mehr als ein Jahr in ihrem »Spitalbecken« in Antibes verbringen, das nur halb so groß war wie das Hotelschwimmbecken, aus dem sie ursprünglich gerettet worden waren. Doug Cartlidge beschwerte sich: »Die Chlorzugabe wurde noch von Hand gemacht. Ich beobachtete, wie Mitarbeiter am Becken entlanggingen und das Chlor aus einer Gießkanne direkt ins Wasser gossen. Das widerspricht allen Empfehlungen, die in den derzeitigen Regelungen zur Haltung von Meeressäugern zu finden sind... Während meines Besuchs stellte ich mit Besorgnis das lustlose Verhalten fest, das Nemo entwickelte, und drückte meine Besorgnis auch gegenüber dem Marineland aus. Das Tier lag einfach bewegungslos im Wasser. Lange Bewegungslosigkeit ist ein Zeichen von Depressionen und Langeweile. In dieser Grabstätte aus Beton waren sie schlechter dran als in Kairo. Wenn ich gewußt hätte, daß sie ein ganzes Jahr in einem 15 × 10 Meter großen Becken verbringen müßten, dann hätte ich niemals zugestimmt, sie ins Marineland zu bringen.« Obwohl Cartlidge Vorbereitungen dafür getroffen hatte, daß die Tiere an einem Freilassungsprogramm in den USA teilnehmen sollten, bestanden sowohl Taylor als auch Riddell darauf, daß sie immer noch zu krank wären, um sie zu transportieren, und daß ihr Aufenthalt im »Spitalbecken« notwendig wäre, um die ständige medizinische Betreuung zu erleichtern. Sie lehnten außerdem eine weitere Untersuchung durch einen unabhängigen Tierarzt ab. Eine lange Reise wäre »gleichbedeutend mit Mord«, wird Riddell zitiert.

Der letzte Vorhang

Das höchste Wissen hat nur eine Wissenschaft – die
Wissenschaft vom Ganzen – die Wissenschaft, die die
ganze Schöpfung erklärt und den Platz, den der Mensch
in ihr einnimmt.
Leo Tolstoi, Krieg und Frieden

Im September 1988 wurden vier Tierschutzanhänger von einem
Gericht in Lancaster für ein »völlig unverantwortliches Vorgehen«
schuldig gesprochen. Sie hatten versucht, den Delphin Rocky, der
im Morecambe Marineland isoliert untergebracht war, zu befreien.
Die vier, die Rocky in einem »Akt der Gnade« im Meer freilassen
wollten, wurden beobachtet, als sie mitten in der Nacht von dem
Delphinarium wegliefen. Sie wurden später von der Polizei festgenommen, und man fand bei ihnen ein großes Netz, Taue und eine
selbstgemachte Trage. Die beiden offensichtlichen Anführer der
Aktion wurden zu sechs Monaten Freiheitsstrafe, die auf zwei Jahre
Bewährung ausgesetzt wurde, verurteilt und zu einer Geldstrafe
von jeweils 500 Pfund. Die Richterin sagte abschließend, daß Rocky
unzähligen Menschen Freude bereitet habe, ohne selbst sichtbare
Schäden davonzutragen, und daß er ganz offensichtlich mit Zuwendung und Freundlichkeit behandelt und trainiert worden sei.
Doch ungeachtet der zweifelhaften Moralpredigt durch die Richterin und der Tatsache, daß die verhängten Strafen strenger waren
als die, die Händler wildlebender Tiere auferlegt bekamen, war der
Plan, einen Delphin zu befreien, zweifellos schlecht vorbereitet und
durchgeführt.

Im Laufe der Jahre hat es mehrere Versuche gegeben, Delphine
in die Wildnis zurückzubringen – manche spontan, andere geplant,
doch nur wenige waren professionell organisiert. Diese Aktionen
haben der Delphinindustrie Argumente an die Hand gegeben, die
Rehabilitation von Meeressäugern in Gefangenschaft als unmög-

lich und kaum mehr als ein naives Hirngespinst von »Idealisten« und »mitfühlenden Seelen« zu disqualifizieren. »Hin und wieder«, erklärte Professor Paul Schauenberger, »machen sich sensible, sentimentale Individuen und Gruppen über das Schicksal von Delphinen in Gefangenschaft Sorgen und äußern den Wunsch, diesen intelligenten Säugetieren die Freiheit zurückzugeben. Das ist leichter gesagt als getan. Man sollte sich der Tatsache bewußt sein, daß es unter bestimmten Umständen ein Verbrechen sein kann, einen Delphin zurück ins offene Meer zu schicken. Es ist außergewöhnlich schwierig und manchmal ganz unmöglich, einen dressierten Großen Tümmler wieder an das Leben in Freiheit zu gewöhnen ... Delphine, die sich bei Übungen mit der US-Marine verirrt hatten, oder Delphine, die illegal befreit worden waren, von Menschen mit gutem Willen, aber ohne das nötige Fachwissen, fanden einen schrecklichen Tod im Meer – in völliger Freiheit.«

Für diese Behauptung lieferte Schauenberger keine Beweise, doch es stimmt wohl, daß einige Delphine, die in schlecht durchdachten Aktionen freigelassen wurden, in der Wildnis verendet sind. Doch Doug Cartlidge erklärte im Zusammenhang mit seiner geplanten Freilassung von Bruno Lienhardts Delphinen Leo und Nemo: »Es geht nicht nur darum, sie ins Meer zu setzen. Sie müssen zunächst einmal ihre Kräfte sammeln, um Infektionen bekämpfen zu können, und sie müssen lernen, sich selbst zu versorgen. Es soll ein langsamer, vorsichtiger und geplanter Prozeß sein.« Auch würde es sich hierbei nicht um einen Präzedenzfall handeln, beteuerte Cartlidge. »Erfolgreiche Rehabilitationsmaßnahmen mit Delphinen hat es schon häufiger gegeben: 1987 wurden Joe und Rosie von ORCA, der *Oceanic Research and Communication Alliance,* freigelassen.«

Sie waren die ersten Delphine, die mit Genehmigung und Zustimmung der amerikanischen Regierung freigelassen wurden. Und ihre erfolgreiche Wiedereingliederung in die Wildnis war um so bemerkenswerter, da sie schon sieben Jahre lang in Gefangenschaft dahinvegetiert hatten. Sie waren 1980 von keinem anderen als Dr. John Lilly und seiner Human Dolphin Foundation für »Kommunikationsforschung« gefangen worden. Der langjährige Delphinspezialist Ric O'Barry – der Flipper, den Star der Fernsehsendung aus den sechziger Jahren, fing und trainierte und sich

361

1969 nach Flippers Tod aus der Delphinindustrie zurückzog –
wurde angestellt, um die Tiere zu »entdressieren«. Er fütterte sie
mit lebenden Fischen, und anstatt sie bei einer guten Leistung zu
belohnen, drehte er ihnen den Rücken zu: Er kehrte so das normale
Trainingsprogramm ins Gegenteil um. Zur gleichen Zeit wurde ein
Netzwerk zur Beobachtung der Delphine eingerichtet. Man wollte
die beiden Delphine nicht aus den Augen verlieren und ihr Verhalten nach ihrer Freilassung in den dort lebenden Delphinschulen
überwachen.

Im Juni 1987 wurden Joe und Rosie in das Wassaw National
Wildlife Refuge an der Küste von Georgia gesetzt. Ein besonderes
freischwimmendes, tragbares Gehege wurde konstruiert, um die
Tiere langsam an ihren natürlichen Lebensraum zu gewöhnen. In
der Sicherheit des Geheges konnten die beiden Delphine lernen,
Fische zu fangen, mit wilden Delphinen Kontakt aufzunehmen und
sich an die unzähligen Einflüsse, Geräusche und Rhythmen des
Ozeans zu gewöhnen. Als Joe und Rosie mit einem Stück Sumpf-
gras spielten, das in ihr Gehege getrieben wurde, wußte das ORCA-
Team, daß es Zeit war, die Delphine freizulassen.

»Das war ein gutes Zeichen«, erklärte die Leiterin des Projekts
Virginia Coyle später, »und zeigte, daß sie glücklich waren und sich
wohlfühlten« in ihrem neuen Lebensraum. Und so wurde am
13. Juli 1987 das Tor geöffnet, und Joe und Rosie hatten zum
ersten Mal die Möglichkeit, in die Freiheit zurückzukehren. Nach
drei kurzen Ausflügen aus dem Gehege und zurück ins Gehege, so
berichtete ORCA, schwamm das Pärchen zu einer Flußmündung,
ungefähr drei Kilometer vom Ort ihrer Freilassung entfernt, was
die Vorhersagen der Industrie, daß die Delphine nur widerstrebend die Bequemlichkeit und Sicherheit der Gefangenschaft verlassen würden, widerlegte. Während der folgenden Wochen und
Monate beobachtete man sie bei verschiedenen Gelegenheiten,
denn sie waren von ihren Artgenossen leicht durch die Frostzei-
chen an ihren Rückenflossen zu unterscheiden. Rosie wurde zweimal beobachtet, wie sie mit einer wilden Delphinschule in der Nähe
eines Krabbenfischers jagte; Joe wurde beim Schwimmen vor einem in der Nähe gelegenenen Strand beobachtet, und später sah
man das Pärchen zusammen in der Nähe von Fischerbooten. Die
stolze Virginia Coyle sagte: »Das Ergebnis derartiger Bemühungen

könnte sowohl auf den Menschen als auch auf den Delphin weitreichende Auswirkungen haben... ein Katalysator für andere Menschen und Delphine, die die Vorzüge einer freiwilligen Beziehung suchen.«

Keiner weiß, warum, doch seit mehr als zwanzig Jahren kommt am Korallenstrand in Westaustralien, der als Monkey Mia bekannt ist, fast täglich eine Schule von Delphinen an den Strand und sucht Kontakt zu den Menschen. Es sei, so sagte die australische Organisation zum Schutz der Wale und Delphine *Project Jonah* »ein Paradies für Delphinliebhaber – es gibt keine Regeln, außer den selbstauferlegten Beschränkungen, die notwendig sind, um die Freundschaft zu erhalten«. Es gibt dort außerdem keine Technik, keine Futterkosten, Medikamente oder Vitamine, keine Eintrittsgelder, keine sinnlosen Wettspiele, keinen raffgierigen Impresario und vor allem keine Wände. Wenn der Druck der Öffentlichkeit auf die Delphinindustrie weiter steigt, dann ist es vielleicht vorstellbar, daß Monkey Mia eines Tages als der Prototyp des »Delphinariums« der Zukunft angesehen wird: offene Schutzgebiete, wo wilde Wale und Delphine freiwillig mit menschlichen Wesen Kontakt aufnehmen und so wirklich die Rufe nach Bildung und Wissenschaft erfüllen. Prof. Giorgio Pilleri erklärte: »Die einzige Lösung« für das derzeitige Problem »ist es, Reservate oder riesige Freiluftparks für die Delphine einzurichten. Obwohl dies die Forschungsarbeit erschweren würde, wären die Ergebnisse solcher Forschungsarbeit jedoch sehr viel wertvoller.«

Die letzte Show auf Erden

Man meinte, daß die Zukunft der Zirkustierschau durch strengere Gesetze und den ständigen Mangel an einigen exotischen Tierarten bedroht sei. Doch Dr. Fred Kurt meint, daß es gerade diese Knappheit sei, die dazu führe, daß ihre derzeitigen Tiere leiden müßten. Aus Angst davor, einmal keinen Nachschub mehr zu bekommen, sagt er, arbeiteten manche Zirkusse buchstäblich bis zum letzten Tag mit den Tieren. »Einige Zirkusse in Deutschland haben jetzt nur noch alte Asiatische Elefanten, und vermutlich leiden sie an offener Tuberkulose. Das liegt daran, daß, wenn die Zirkusse in großen Städten wie Brüssel oder Berlin auftreten oder im Winterquartier stehen, die Ställe oft in kleinen, feuchten Kellerräumen untergebracht sind, wo die Luft schlecht ist, der Boden kalt, und wo es kaum natürliches Licht gibt.« Unter solchen Bedingungen kann es auch zu einer Lähmung der Rüssel kommen.»Wegen der Kälte in den Ställen und den ständigen Schlägen«, erklärt Kurt, »können viele Elefanten in Italien mit ihren Rüsseln nicht einmal mehr trinken oder fressen, oder sie auch nur anheben – sie müssen sich niederknien und wie eine Kuh fressen. Und doch werden diese Tiere immer noch bei Vorstellungen eingesetzt.«

Paradoxerweise stellt dieser so entschieden betriebene Mißbrauch auch den Todeskampf der Zirkustierschau und der »Tradition« des wilden Tieres unter dem großen Zirkuszelt dar. Als Institution steht der Zirkus bereits vor schwierigen Zeiten. Da er für die Verteidigung der Tierschau soviel von seinem Zauber und seiner Kreativität zur Täuschung der Öffentlichkeit einsetzen mußte, ist jetzt nicht mehr viel übriggeblieben, um den unerbittlich bevorstehenden Untergang der Tierschau abzuwenden. Kurt sagte:»Fast jeder Zirkus in der Welt – sogar renommierte – kämpft ums Überleben. Doch sie haben keine neuen Ideen und keine Eingebungen, nur Reklametricks und ärmliche Variationen der traditionellen Tierdressuren. Sie erkennen immer noch nicht, daß das Ende für das dressierte wilde Tier im Zirkus bereits in Sicht ist. Nur mit Hilfe des Fernsehens beginnen die Menschen zu verstehen, wie sich diese Tiere in der Wildnis verhalten, und innerhalb von zehn oder zwanzig Jahren wird die Öffentlichkeit es nicht mehr tolerieren, daß man diese Tiere dressiert und sie dazu bringt, in der Manege unnatürliche Kunststücke zu zeigen.« David Hancocks, der Direktor des Arizona-Sonora Desert Museum stimmt ihm zu:»Das tatsächliche Bild von der Wildnis wird im Zirkus absichtlich erheblich verzerrt. Es ist unvermeidlich, daß dies letztlich zu seinem Untergang führen wird, wenn das Wissen über Ökologie und Verhaltensforschung in der Öffentlichkeit steigt und die wirklichen Lebensumstände der Tiere im Zirkus den Menschen immer mehr bekannt werden. Ein neues Zeitalter von Verständnis und Zuwendung zeichnet sich am Horizont ab. Die Mißbräuche aus der Vergangenheit werden nicht länger toleriert werden.«

Unter dem Druck extrem hoher Steuern, der Konkurrenz durch

das Fernsehen und der Veränderung von ethischen Vorstellungen klammert sich die entmutigte Zirkusgemeinschaft immer noch an ihre zweifelhafte Tradition und wiederholt die schon rituelle Aussage: »Ein Zirkus ohne Tiere ist kein Zirkus.« Aus naheliegenden Gründen geben sie vor, diesen Anfechtungen standzuhalten, indem sie der Öffentlichkeit ein scheinbar optimistisches Bild vermitteln. Im Januar 1989 erklärte Malcolm Clay, der Geschäftsführer der Association of Circus Proprietors in der *Sunday Times* hoffnungsvoll: »Es gibt in Großbritannien mehr große Zirkusse als zu irgendeiner anderen Zeit seit dem Krieg. Es gibt zehn große fahrende Kompanien mit der ganzen Bandbreite von Tierarten, und die Geschäfte gehen gut. Das Publikum besinnt sich wieder auf das traditionelle Leben und die traditionelle Familienunterhaltung, und es will Tiere.«

Zuschauerzahlen scheinen solche rosigen Prognosen allerdings nicht zu bestätigen. Und sogar Chris Krenger vom Zirkus Knie gab zu, daß wegen der harten Konkurrenz in der Unterhaltungsindustrie und den enormen Kosten »viele Zirkusse schon um das finanzielle Überleben kämpfen«. Im Hinblick auf die unvermeidlich strengeren gesetzlichen Bestimmungen, die man den Tierschauen in der Zukunft auferlegen wird, fügte er hinzu: »In zwanzig Jahren wird der Zirkus wahrscheinlich nur noch ein paar Pferde und Ponys haben, und vielleicht ein Kamel oder Lama.« Der Zirkus wird solchen Reformen natürlich so lange wie möglich widerstehen. Der Verhaltensforscher Robert Keller erklärte, daß es Institutionen, die so stark mit ihren Traditionen verbunden sind, schwerfallen wird, etwas zu verändern. Die alte Garde bei Knie, zum Beispiel, hat sich, wie viele ehrwürdige Zirkusfamilien, geweigert, auf alle exotischen Tiere ihrer Tierschau zu verzichten, trotz des Drucks, den Verhaltensforscher und die Öffentlichkeit auf sie ausüben.

Im November 1988 nahm ich auf Einladung von Fredy Knie sen. an einer Matineevorstellung des Schweizer Nationalzirkus in Locarno teil. Obwohl in dem großen Zirkuszelt sehr viele lärmende, aufgeregte Kinder waren, gab es zu meiner Überraschung den meisten Applaus, die meisten Bravo-Rufe und Pfiffe nicht für die Elefanten von Louis Knie oder die Tiger von John Campolongo, sondern für die gewagte Luftakrobatik der Ayak Brüder aus Südafrika und die ungewöhnlichen Possen der Gruppe Mummenschanz, die ihre knetbaren Gummimasken in viele verschiedene Formen und Geschöpfe verwandelten – einschließlich einem Elefanten und einem Nashorn. Ich denke, daß wir alle die Kinder der heutigen Zeit unterschätzen. Sie haben sich verändert, während die Manager der Zirkusse stehengeblieben sind. Ironischerweise könnte gerade die Angst davor, sich zu verändern und seine Kreativität zu gebrauchen – einst das Herzstück der Zirkustradition –, das Todesurteil für den Zirkus als Institution der Unterhaltung und als Kunstform, wo Menschen unterschiedliche Talente kennenlernen und zeigen können, bedeuten.

Abgesehen von dem derzeitigen Streit um die Rechte der Tiere, wäre ein derartiges Ergebnis mehr als bedauerlich. Doch es gibt vielleicht eine Lösung. Die Zirkusimpresarios in Großbritannien bemängeln immer wieder, daß sie keine staatliche Unterstützung erhalten und verweisen zum Beispiel auf Frankreich, wo jährlich ungefähr 18 Millionen Francs zur Förderung der Zirkuskunst ausgegeben werden, auf Italien, wo die städtischen Gemeinden gesetzlich dazu verpflichtet sind, fahrenden Zirkussen Plätze und Versorgungseinrichtungen zur Verfügung zu stellen. Solche staatlichen Zuschüsse werden zur Zeit auch Zirkussen mit dressierten wilden Tieren gewährt, doch es ist höchste Zeit, daß sich das ändert. Anstatt sich auf Gesetze zu verlassen, die eher pragmatischer Politik als moralischen Prinzipien folgen und so das Wohlergehen der Tiere nur halbherzig sichern, sollten die Regierungen besser der Einstellung der Öffentlichkeit, die sich immer mehr gegen einen derartigen institutionalisierten Mißbrauch wendet, Rechnung tragen. Und sie sollten dem Beispiel Finnlands folgen, wo man ein umfangreiches Verbot für Zirkustierschauen und dressierte wilde Tiere ausgesprochen hat. Um den Zirkussen den Weg zu erleichtern und einen Keil zwischen die hartnäckigen Tiertrainer und diejenigen zu treiben, die die echte Zirkuskunst praktizieren, sollten mit einer angemessenen staatlichen Unterstützung Zirkusschulen eingerichtet werden, in denen ehemalige Wildtierdompteure andere Disziplinen erlernen können. Wo nötig, sollten Steuererleichterungen und Zuschüsse den Zirkussen die Möglichkeit geben, ihre innere Struktur und ihre Einrichtungen zu modernisieren. Besondere Zuschüsse sollten für die Ausbildung von reisenden Zirkuskindern gewährt werden.

Ein Zirkus ohne Tiere wäre keinesfalls ein Präzedenzfall. Eine Einheit des Moskauer Staatszirkus zum Beispiel hatte großen Erfolg, als sie 1985 in Großbritannien ohne Tiere auftrat. Im Sommer 1988 wurde Jubilee Gardens der Londoner South Bank ein »Zirkusdorf«. Hier waren viele der neuen, ohne Tiere auftretenden Gruppen zu Gast: Truppen aus China, den USA, Spanien, Frankreich und Großbritannien. Das Ereignis wurde als »Zirkus der Imagination, zum Mitmachen und Zuschauen: Zirkus neu erfunden und neu belebt – moderner Zirkus ohne dressierte Tiere« bezeichnet. In seinem kürzlich erschienenen Buch *New Circus* beschreibt Reg Bolton dieses Phänomen, das langsam aber sicher das Gesicht einer der ältesten Formen der Unterhaltungskunst verändert: »Neue Trends im Zirkus, die Tiere in Frieden zu lassen und sich auf die Clownerie und die körperlichen Fähigkeiten des Menschen zu konzentrieren... Alle traditionellen Aspekte sind vorhanden – Akrobatik, Drahtseilakte, Jonglieren, Kunstradfahren, Trapeznummern, Stelzenlaufen und andere Darstellungen von Kraft, Balance und Koordination... Der Zirkus stirbt also nicht, der Zirkus lebt und verändert sich.« Ironischerweise wird der »Neue Zirkus« auch als »The Latest Show On Earth« (Die letzte Show auf Erden) bezeichnet.

Doch für ein völliges Verbot von fahrenden Tierschauen und dressierten Zirkustieren braucht es Zeit – nicht nur für die Zirkusse, die sich an die neuen Bestimmungen anpassen müssen, sondern auch um die Zukunft der jetzt lebenden Zirkustiere zu sichern. In dieser Hinsicht wären sorgsam formulierte Bestimmungen nötig, um zu vermeiden, daß die Tiere mit Absicht getötet oder an skrupellose Händler verkauft werden. In diesem Bereich könnten Tierschutzorganisationen eine wichtige Rolle bei der Überwachung der Übergangsphase spielen. Und sie müßten für die Tiere ein Zuhause oder Schutzstätten finden, wo diese in einer möglichst natürlichen Umgebung ihre letzten Tage verbringen können. In vielen Fällen müßte man leider auch an Geburtenkontrolle denken. In anderen Fällen könnte man eine teilweise Wiedereingliederung versuchen und dem Beispiel von *Zoo Checks* erfolgreichem Projekt von 1987 folgen. Hier wurden sechs Tiger, die man aus dem verwahrlosten Cross Brother's Circus in Kent rettete, in einem Gehege von sechs Hektar im Bannerghatta Wildlife Park in Bangalore,

Indien, ein neues Zuhause gegeben. Die Gründerin von *Zoo Check*, Virginia McKenna, gab zu, daß die Tiger nach so vielen Jahren der Gefangenschaft in einer nicht artgerechten Umgebung niemals wirklich ganz frei sein würden, doch in jedem Fall biete ihnen ihr neuer Lebensraum zum ersten Mal die Möglichkeit, zu laufen und zu schwimmen.

Doch obwohl die Zirkusse harten Zeiten entgegensehen, wäre es verfrüht, anzunehmen, daß das Ende für den vergitterten Käfigwagen und das dressierte Wildtier in der Manege in Sicht ist. Obwohl der öffentliche Druck immer mehr zunimmt, scheint man jetzt im Zirkus, ebenso wie im Delphinarium, aus dem »Schutz«- und »Bildungs«-Argument das letzte herausholen zu wollen. Und so hört man heute die Behauptungen, ein dressiertes Tier zeige nichts als »natürliche Verhaltensmuster« und eine bedrohte Tierart, die ihr Leben lang in einen Käfigwagen eingesperrt ist, werde vor der unvermeidlichen Ausrottung in der Wildnis bewahrt, öfter als je zuvor. Solche Argumente sind nachweislich falsch und haben mehr mit der Zirkusmentalität zu tun als mit der Realität. Doch eine Lüge, die oft genug erzählt wird, soll ja schließlich bei einem leichtgläubigen Publikum irgendwann eine gewisse Glaubwürdigkeit erlangen. Leider muß man befürchten, daß einige Verhaltensforscher, die während ihrer Ausbildung und für ihre Karriere das Verhalten von Tieren in ihrem künstlichen Lebensraum im Versuchslabor oder auf Modellfarmen erforscht haben, den Zirkus in seiner falschen Argumentation unterstützen. Sollte dieser Trend so weitergehen, könnte es sein, daß manche Verhaltensforscher – eine Blamage für ihre Wissenschaft – dem Zirkus vielleicht eine neue Rechtfertigung liefern.

Ein vor kurzem veröffentlichter Bericht der Verhaltensforscherin Marthe Kiley-Worthington, *Animals in Circuses*, ist ein typischer Fall. Die Auswirkungen dieser Untersuchung sind möglicherweise weitreichend, besonders weil sie von der RSPCA in Auftrag gegeben wurde – angeblich für einen Betrag von 10 000 Pfund –, einer Organisation, die sich viele Jahre lang entschieden gegen die Ausbeutung von Wildtieren in Zirkussen eingesetzt hat. Der Bericht zeigt, daß Löwen und Tiger in englischen Käfigwagen 90 Prozent ihres Lebens dort verbringen, wobei jedes Tier 0,17 bis 0,45 Kubikmeter Raum zur Verfügung hat. Es heißt außerdem, daß Elefanten

60 Prozent der Zeit angekettet sind und sich nur unter Schwierigkeiten hinlegen können; daß 40 Prozent der Großkatzen dazu
gezwungen werden müssen, in die Manege zu gehen, indem man
»mit einem Besenstiel in dem Käfigwagen herumstochert«; daß
Bären mehr als ein Drittel ihrer Zeit mit unnormalem Verhalten
verbringen, und zum Beispiel immer wieder hin und her laufen;
daß »Tiere, die eine andauernde Abneigung dagegen haben, in die
Manege zu gehen, die nicht den Beifall der Zuschauer finden oder
sich nicht daran gewöhnen können, unter Lärm, Lichtern, etc.
aufzutreten, getötet werden.« Dr. Kiley-Worthingtons Ergebnisse
scheinen jedoch wenig Einfluß auf ihre letztlich gezogenen
Schlüsse gehabt zu haben, die eher *für* den Zirkus sprechen. Sowohl
Zirkussen als auch Delphinarien wurde praktisch bescheinigt, daß
ihre Tiere alle gesund seien, und die Verhaltensforscherin führt an
– wohl eher ihrer Meinung als den Tatsachen folgend –, daß die
Zirkustiere davon profitieren, Kunststücke zu lernen, daß Tiere
bedrohter Arten in Käfigwagen eine wichtige Rolle bei der Arterhaltung spielen und daß die glitzernden Shows einen Bildungswert
haben. Erwartungsgemäß löste dieser Bericht eine Flut von Kontroversen aus, wobei Kiley-Worthington damit drohte, RSPCA zu
verklagen, wenn diese es wagen sollte, etwas aus ihrem Bericht zu
zitieren, ohne dafür vorher eine Genehmigung eingeholt zu haben;
und die gemeinnützige Einrichtung beschuldigte die Wissenschaftlerin, sie habe ihre Forschungsergebnisse mit ihrer eigenen positiven Meinung über den Zirkus vermischt.

In den folgenden Monaten erschienen mehrere ganzseitige Artikel in den britischen Zeitungen, die zwar ausführlich über Dr.
Kiley-Worthingtons Ansichten zum Zirkus berichteten, aber die
tatsächlichen Ergebnisse ihrer Untersuchung oder die Annahmen,
unter denen diese durchgeführt wurde, fast gar nicht erwähnten.
Die Ausgangsbasis ihrer Forschung ist aus ökologischer Sicht zweifelhaft, denn sie verglich das Verhalten von Zirkustieren nicht – wie
es logisch wäre – mit ihren Artgenossen in freier Wildbahn, sondern nur mit denen in Zoos und Safari Parks. Solche wichtigen
Feinheiten entgingen der Presse. Dicke Überschriften lauteten:
»Warum Tierliebhaber trotzdem noch Zirkusfans sein können.«;
»Wer sagt, es sei Tierquälerei?« und »Zirkustieren nützt es, Kunststücke zu lernen, von denen wir alle dachten, sie seien erniedri-

gend«. Erwartungsgemäß begrüßte die Circus Proprietors Association (ACP) sowohl den Bericht als auch den damit zusammenhängenden Presserummel und stellte Dr. Kiley-Worthington sofort weitere finanzielle Mittel zur Verfügung, damit sie ihre Forschungsarbeit fortführen konnte.

Natürlich brüsteten sich auch die Zirkusse selbst mit diesem Bericht – auf Plakaten und mit Zirkusdirektoren, die dem Publikum stolz ihr wissenschaftlich bestätigtes Unbedenklichkeitszeugnis vorstellten. Am Kassenwagen von Gerry Cottle's Circus war zum Beispiel ein handgeschriebenes Plakat angebracht, auf dem in fetten Buchstaben stand: »Neuester RSPCA-Bericht bestätigt: Keine Tierquälerei in britischen Zirkussen. Das Training nützt den Zirkustieren, sagt Dr. Marthe Kiley-Worthington.« Unter Zuhilfenahme der schmeichelhaftesten Ergebnisse der Verhaltensforscherin bat die ACP die Besitzer des berüchtigten Blackpool Tower Circus und seiner unterirdischen Tierschau dringend, gegen das zu erwartende Verbot von Tierdressuren vorzugehen. Aber stimmt es, daß Dr. Kiley-Worthington tatsächlich die Bedingungen billigt, unter denen die Zirkustiere von Tower – unterirdisch und in künstlichem Licht – gehalten werden? »Ich sagte, ich würde keine Zirkusse beim Namen nennen«, sagte sie mir. »Ich wollte nicht für die RSPCA spionieren, ich bin Wissenschaftlerin. Die Zirkusse meinen, man müßte ihnen dafür auf die Schultern klopfen, daß sie mich hereingelassen haben, weil sie wußten, wie der Leitsatz der RSPCA lautet. Ich sagte, ich würde keine einzelnen Zirkusnamen bekanntgeben und würde die Schwierigkeiten, Probleme oder Schandtaten einzelner Zirkusse nicht weiter untersuchen... Ich habe im Blackpool Tower gearbeitet, und ich glaube nicht, daß er schlechter als die anderen Zirkusse ist... Es gibt in vielen Zoos Plätze, wo die Tiere ohne natürliches Licht gehalten werden... Ich glaube nicht, daß man gegenüber dem Blackpool Zirkus ein Verbot aussprechen sollte, wenn man nicht auch ein Verbot über eine Menge anderer Zoos und ähnlicher Einrichtungen verhängt... Ich glaube nicht, daß man etwas erreicht, indem man solche Dinge verbietet, und das werden Sie auch gar nicht tun können, denn die Meinung der Öffentlichkeit hat sich hier jetzt geändert, und es wird im Parlament nicht durchkommen – weder mit mir noch ohne mich. Es ist eine Beschränkung der Freiheit des einzelnen.«

Und tatsächlich gibt es in dem Bericht – abgesehen von den Ergebnissen, die die Entbehrungen der Zirkustiere belegen – eine Reihe von Abschnitten, mit denen sich die Zirkuswelt brüsten kann. Sie behauptet, wenn auch völlig ohne Beweise: »Kunststücke können das natürliche Verhalten und die Schönheit der Tiere steigern, ebenso wie die Achtung und Bewunderung für sie als Mitglieder einer Tierart und als Individuen ... Mit angemessener Musik, Requisiten und der richtigen Präsentation kann die Nummer pädagogisch wertvoll, unterhaltend und spannend sein.« Auf die Kritik, daß Zirkustiere vermenschlicht werden, in Kleider gesteckt und oft als »Clowns« dargestellt werden, behauptete Kiley-Worthington, daß dies in Wirklichkeit die Achtung vor den Tieren steigern könne. Sie erklärte: »... man kann anführen, daß die Präsentation der Tiere als ›dumme‹ Menschen sie in einer Weise zeigt, die unser Mitgefühl und unser Verantwortungsbewußtsein für sie weckt – so, wie wir auch auf Kinder oder Behinderte reagieren. Es ist die Frage, ob in den Augen der Menschen eher das Mitleid für den unterwürfigen Hund oder die Achtung vor einem hochintelligenten anderen Wesen gefördert werden sollte, und welche Einstellung langfristig für die Tiere am nützlichsten ist.«

Doch bei dem Versuch, »natürliches Verhalten« zu definieren, mußte sogar Dr. Kiley-Worthington offenbar zugeben, daß zumindest einige Zirkuskunststücke überhaupt nichts mit den Instinkten der Tiere zu tun haben. Ist natürliches Verhalten etwas, was Tiere nur in Freiheit tun? fragt sie. Wenn das so ist, »dann müssen wir auch alle Hunde dazurechnen, die an der Leine gehen, alle Pferde, auf denen geritten wird oder die etwas ziehen müssen, Kühe, die gemolken werden und so weiter, weil keiner dieser Verhaltensaspekte in dem natürlichen Repertoire der Tiere enthalten ist.« Weiter fragt sie, ob Verhalten, das nicht in die Kategorie »natürlich« fällt, überhaupt notwendigerweise schlecht sei. Sie führt den Elefanten an, der auf einer rollenden Tonne balanciert, und erklärt, daß es beim Training vielleicht »Einschränkungen und Angst« gebe, doch es gehörten auch ein beachtliches Vertrauen zwischen Mensch und Elefant dazu und großartige Fähigkeiten. Es ist daher »fragwürdig, ob nur natürliches Verhalten von Tieren im Zirkus gezeigt werden sollte, wenn das, worauf wir aus sind, menschliche Achtung, Verständnis und ein Bewußtsein für Tiere als intelligente, fühlende und bewundernswerte Geschöpfe ist.« Sie sagt abschließend:»Die Würde des Tieres und ob es falsch ist, daß Haustiere oder Wildtiere in Zoos oder Zirkussen unnatürliche Kunststücke zeigen, sind Fragen, die schwer zu entscheiden sind.«

Kiley-Worthington erklärte deutlich ihre Unzufriedenheit mit den Bedingungen, unter denen manche Wildtiere in Zirkussen gehalten werden, betonte aber, daß kaum etwas einer grundsätzlichen Verbesserung im Wege stehe:»Die Umgebung muß so gebaut sein, daß sie wenigstens der Umgebung ähnelt, für die die Tiere geschaffen sind – sowohl in physischer als auch in sozialer Hinsicht«, erklärte sie und fügte hinzu:»Mit ein wenig innovativem Denken« könne dies oft erreicht werden. Doch sie bot keine Lösung dafür an, wie man es anstellt, daß ein Löwenkäfig der endlosen Ausdehnung der Savanne ähnelt oder der Käfig für den Schneeleoparden der reinen und beruhigenden Wildnis des Himalayas. Die Wissenschaftlerin scheint sogar zu glauben, daß Zirkustiere sich mit der Zeit an Streß und Entbehrungen gewöhnen können:»Aufgrund ihrer Erfahrungen aus der Vergangenheit, ihrer Lebensart und ihrem Training«, erklärte sie,»haben sich Zirkustiere an viele Dinge gewöhnt, die unerfahrene Tiere als Belastung empfinden würden. Das gleiche Phänomen findet man bei Menschen. Auch wenn zum Beispiel Ureinwohner oder Buschmänner, die niemals in einer großen Stadt waren, den Verkehr, den Lärm und die Hektik zunächst schrecklich finden, gewöhnen sie sich mit der Zeit daran, und irgendwann mögen sie es vielleicht sogar gerne und werden Stadtmenschen. Dies wurde hervorragend durch den kürzlich in den Kinos laufenden Film ›Crocodile Dundee‹ illustriert.«

In einem anderen Abschnitt ihres Berichts meint Dr. Kiley-Worthington, daß bedrohte Tierarten in der Zirkustierschau dem ökologischen Zustand des Planeten sogar helfen könnten. Sie behauptet:»Es ist Unsinn zu sagen, daß Zirkustiere bei der Arterhaltung keine Rolle spielen können.« Sie behauptet nicht nur, daß die Zucht im Käfigwagen zur Erhaltung bedrohter Tierarten beitragen könnte, sondern auch, daß dressierte Tiere bereits dazu beigetragen haben, ihre Artgenossen in der Wildnis zu schützen. Sie schreibt:»Delphine und andere Meeressäuger haben dadurch, daß sie ihre Wahrnehmungsfähigkeiten demonstrierten, weltweit Aufmerksamkeit für ihre Erhaltung erregt. Wie kann man das bei diesen und anderen Tieren besser tun, als dadurch, daß man zeigt, wie schlau und intelligent sie sind? Wo sonst kann dies für die Mehrheit der Menschen sichtbar gemacht werden, wenn nicht im Zirkus?« Dr. Kiley-Worthingtons glühende Lobrede über die Delphine ausbeutende Industrie stand unter einer Photographie von Knies Delphinarium – dem Delphinarium, das sogar die amerikanischen Behörden 1987 wegen seiner Todesfälle aufgrund von »sozialen Verhaltensstörungen« kritisierten.

Doch das Schlimmste ist, daß Kiley-Worthington den Status des Zirkustieres neu definiert. Sie ist der Auffassung – wieder einmal liefert sie dafür kaum Beweise –, daß Wildtiere in Gefangenschaft gar nicht länger als wild angesehen werden sollten, sondern als domestiziert wie jedes landwirtschaftliche Nutztier oder jedes Haustier. So würde man ihren »besonderen Status« aufheben können, besonders die Forderung, daß ihre Umgebung so »natürlich« wie möglich sein sollte. »Es bleibt jedoch das Argument bestehen, daß Wildtiere eng mit der Natur verbunden sind und daß alles um sie herum ›naturgemäß‹ sein muß«, schreibt sie. »Für einen Löwen ist es unnatürlich, in einem Übungskäfig oder in der Manege zu sein, und daher ist es nach der Definition falsch. Doch das hängt natürlich davon ab, wie man die Begriffe ›Natur‹ und ›natürlich‹ definiert.«

Erkenntnisse über Instinkte der Tiere, ihren genetischen Aufbau, ihre Intelligenz, ihr Verhalten in Freiheit und ihre sozialen Gewohnheiten blieben völlig unberücksichtigt und hatten daher auch keinen Einfluß auf die offensichtlich willkürliche Empfehlung, »wilde« Tiere in Gefangenschaft als »domestiziert« zu betrachten. Es ist besonders rätselhaft, warum diese Bemühungen, den »besonderen Status« von Wildtieren in Gefangenschaft neu zu definieren, zu einem Zeitpunkt kommen, in dem Zoos zumindest gesetzlich dazu verpflichtet sind, für ihre Tiere artgerechte Unterkünfte bereitzustellen. Schon der gesunde Menschenverstand spricht gegen die Hypothese von Dr. Kiley-Worthington. Hunde zum Beispiel, wurden schon in der Steinzeit gezähmt, und die Domestikation der meisten landwirtschaftlichen Nutztiere ist ebenfalls Tausende von Jahren her. Die Wildheit des Löwen, des Schimpansen, Elefanten, Bären und Nashorn jedoch – die typischen Stars der Zirkusmanege und Tierschau – bleibt intakt, und man kann wohl annehmen, daß selbst Dr. Kiley-Worthington, vor die Wahl gestellt, entweder mit einer Hauskatze oder mit einem Zirkusleopard in einen Käfig zu steigen, nicht lange überlegen würde. Dr. Kiley-Worthington vertritt eine besondere Art des Anthropozentrismus, wenn sie meint, daß die Zivilisation dem wilden – plötzlich domestizierten – Tier sogar einen Sinn für Moral beibringen soll. Sie behauptet:»Wie Haustiere müssen auch gefangene Tiere emotionale Bindungen herstellen, sie müssen belohnt werden, und man muß ihnen sogar ›Moral‹ beibringen, damit sie unterscheiden können, was richtig und was falsch ist.«

Der Kern eines derartigen Anthropozentrismus ist ein grundlegender Trugschluß der modernen Wissenschaft – die Idee, daß das Leben in seiner ganzen Vielfalt einfach dadurch verständlich wird, daß man es in einzelne Komponenten zerlegt, so wie ein Automechaniker-Lehrling sein erstes Auto zerlegt. Dieses mechanistische und zerstückelte Bild der Schöpfung zeigt sich besonders in der Methodik der Verhaltensforschung. Dieser Wissenschaftszweig wird häufig mit Artenschutz in Zusammenhang gebracht. Um so fataler ist es, daß die mechanistische Kategorisierung der Natur ökologischem Denken diametral entgegensteht. Der Kiley-Worthington-Bericht ist da keine Ausnahme. Die Tiere werden nicht nur von ihrem natürlichen Lebensraum losgelöst – indem man sie als domestiziert betrachtet – und von den sozialen Gewohnheiten, die ihre Existenz als Art und Individuen geformt haben, sondern ihre Verhaltensmuster in Gefangenschaft werden auch in bequeme, aber stark vereinfachte Kategorien gezwängt. Ein Dozent für Tiermedizin und ehemaliger Kollege von Marthe Kiley-Worthington sagt:»Diese Form der Zerstückelung in der Verhaltensforschung wird sogar noch schlimmer. Wir reißen Witze über die molekularbiologische Tierzucht – doch an diesen Punkt werden wir kommen. Wenn Sie heutzutage in eine Vorlesung für Verhaltensforschung gehen, dann ist das reine Mathematik – die Tafeln sind vollgeschrieben mit Formeln. Bei dem Versuch, Gefühle und Vermenschlichung zu vermeiden, verfällt man in das andere Extrem des Anthropozentrismus, und das Ergebnis ist nur wieder eine neue Art von Vorurteil.«

Viele angesehene Verhaltensforscher sind sich dieser Gefahr inzwischen bewußt und meinen, daß die Zirkustierschau und das

Delphinarium in einer Zeit, die durch ein größeres ökologisches Bewußtsein geprägt ist, keinen Platz mehr haben. Der anerkannte Verhaltensforscher Dr. Desmond Morris erklärte kürzlich: »Ich finde Zirkusse widerwärtig. Wir fangen gerade erst an zu erkennen, daß Tiere an sich wichtig sind. Die Zirkusse werfen uns in das Mittelalter zurück.«

Es wird sich wohl auch nur um eine PR-Kampagne handeln, wenn einige Zoos heute von den verheerenden Folgen des Denkens in Art-Kategorien, nach dem der Mensch die Krone der Schöpfung ist, sprechen. Inmitten endloser Reihen von Käfigen mit Tierarten aus aller Welt, von denen viele am Rande der Ausrottung stehen, stoßen die Besucher vielleicht auf ein vergittertes Gehege, in dem nichts als ein großer Spiegel ist und ein Schild, auf dem steht: *»Das gefährlichste Tier der Erde«*. Man kann noch hinzufügen, daß der nackte Affe trotz seiner vielgepriesenen Freiheit in Wirklichkeit viel unfreier ist als die meisten Tiere in Gefangenschaft. Gefangen in überkommenen Vorstellungen und Traditionen, in der Einbildung seiner Überlegenheit, doch dahinter findet man eine bemitleidenswerte Bedeutungslosigkeit im Vergleich zur Unendlichkeit des Universums. Trotz aller technologischen Erfolge, trotz all der Künste und Kultur, die diese Zivilisation hervorgebracht hat, muß der Mensch noch lernen, eine einfache und doch wichtige und unveränderliche ökologische Wahrheit zu praktizieren. Albert Schweizer drückte es so aus: Der Mensch kann nicht länger für sich allein leben. Wir müssen erkennen, daß jedes Leben wertvoll ist und daß wir mit allem Leben verbunden sind. Aus diesem Wissen kommt unsere geistige Verwandtschaft mit dem Universum.

Ökologie ist weit mehr als eine Wissenschaft, mehr als der Schutz einzelner Arten und Lebensräume. Im Kern bedeutet sie die Anerkennung und das Verstehen der Beziehungen, Verknüpfungen und der Vielfalt der gegenseitigen Abhängigkeiten der Gesamtheit des Lebens. Ohne diese Gesamtheit, ohne diese Vielfalt, die die Menschen merkwürdigerweise mit Anarchie und Chaos gleichsetzen, sind wir alle verloren. Die Arche »Erde« ist nicht bloß ein Schiff, das das Leben durch die Gezeiten des Universums steuert, sondern es ist selbst Leben. Mit jedem abgeholzten Wald, mit jedem Tier, das wir in die Vergessenheit stoßen, neigt sich die Arche einige Grade, sinkt ein wenig tiefer.

Die vergitterte Tierschau und das Delphinarium, genau wie der industrielle Viehstall und das Versuchslabor, stellen einen Mikrokosmos unserer auf Nützlichkeit ausgerichteten Beziehungen zu den Wesen dar, die unseren Planeten prägen. Wenn wir die Abschaffung der Käfigwagen und der Beton-Delphinbecken beschleunigen, beschleunigen wir auch unsere Rückkehr zu Mutter Erde; wenn wir die Käfige aufbrechen, finden wir vielleicht zu uns selbst; wenn wir der Versuchung widerstehen, mit Hilfe der Molekularbiologie Gott zu spielen, entdecken wir vielleicht in uns den Wunsch, statt dessen die Wildnis zu erhalten und die verlorengegangene Identität des Menschen wiederzuentdecken – die alten, mystischen Bande mit dem Geiste des Planeten, der uns geboren hat.

Vorworte der englischen Originalausgabe

Als Zoologe wird mir immer unbehaglicher, wenn ich daran denke, wie der Mensch die anderen Lebewesen, mit denen wir diesen kleinen Planeten teilen, behandelt hat und immer noch behandelt. Obwohl wir immer mehr von dem Verhalten und den Bedürfnissen der Tiere verstehen, hat man in vielen Bereichen erschreckend wenig gegen ihre Ausbeutung und Verfolgung getan. Dazu gehört auch das Thema »dressierte Tiere«. Und dieses Thema hat William Johnson mit großer Sorgfalt bis ins Detail untersucht. Jeder, dem das Wohlergehen der Tiere am Herzen liegt, sollte seinen Bericht über die moderne Tierschau lesen.

Vor einiger Zeit fand ich es notwendig, Grundrechte für Tiere zu entwerfen. Ich formulierte zehn Gebote, die wir achten müssen, wenn wir andere Arten wirklich respektieren wollen. Zwei dieser Gebote sind hier von Bedeutung: Erstens, daß »kein Tier beherrscht oder unterworfen werden soll, um uns zu unterhalten«, und zweitens, daß »kein Tier in Gefangenschaft gehalten werden darf, es sei denn, man kann ihm eine angemessene physische und soziale Umgebung bieten«.

Man kann sich kaum eine Tierdressur vorstellen, die nicht wenigstens eines dieser Gebote verletzt, und es ist höchste Zeit, daß wir dieses Thema einmal mit kritischerem Blick untersuchen.

Für diese kritische Untersuchung kann es keine bessere Anleitung geben als die von William Johnson. Wenn Sie sein Buch gelesen haben, wird Sie dieses Thema nicht mehr loslassen, bis erhebliche Verbesserungen durchgesetzt worden sind.

Ich vertrete schon lange den Standpunkt, daß, wenn Wildtiere in Gefangenschaft gehalten werden, damit der Mensch in enger Verbindung mit der Natur bleiben kann, die Bedingungen, unter denen das geschieht, so natürlich wie möglich sein sollten. Wenn die Tiere nicht ihren natürlichen Verhaltensmustern gemäß leben können, dann sehen wir ja nur ein verzerrtes Bild von ihnen – und das würde kaum irgend jemandem nutzen. Dieses Bild zeigt uns nichts über die Natur, denn es ist ein vollkommen künstliches. Und nichts ist künstlicher als ein dressiertes Tier, das in der Manege, auf der Bühne oder im Delphinarium alberne Kunststücke zeigt.

Über die Brutalität bei der Arbeit mit dressierten Tieren wurde eine Menge geschrieben. Doch meiner Meinung nach ist der Kern der Sache nicht die Tierquälerei. Natürlich ist sie, wenn sie vorkommt, abscheulich. Aber selbst wenn belegt werden kann, daß bei der Vorbereitung einer Nummer die reinste Freundlichkeit herrscht, ist das immer noch keine Entschuldigung, wenn das Ergebnis eine lächerlich unnatürliche Übung für das jeweilige Tier ist.

Zu sehen, wie ein wunderbares Wildtier einen komischen Hut trägt und menschenähnlich handelt, ist für das Tier entwürdigend, selbst wenn man nachweisen kann, daß ihm die Übung Spaß macht. Solche Übungen sind entwürdigend, weil sie aus dem Tier etwas machen, was es nicht ist. Das Tier wird auf eine Karikatur des Menschen reduziert.

Ich habe schon viele Zirkusleute getroffen, und einige von ihnen haben mich durch ihre Sorge um ihre Tiere beeindruckt. Keineswegs sind alle brutal. Aber letzten Endes sind alle daran beteiligt, ein Spektakel zu zeigen, das in seinem Kern völlig überholt ist. Die Vorstellung, daß es lustig ist, zu sehen, wie Wildtiere dazu gezwungen werden, sich wie tolpatschige Menschen zu benehmen, oder aufregend, wie majestätische Tiere von einem Peitsche schwingenden Dompteur zu kriecherischen Feiglingen gemacht werden, ist primitiv und mittelalterlich. Hinter dieser Vorstellung steckt noch die alte Idee, daß wir den anderen Arten überlegen sind und das Recht haben, sie zu beherrschen. Das zeigte sich erstmals bei den Gemetzeln in den Arenen des alten Rom und setzte sich durch eine Religionslehre fort, nach der die Menschheit über dem Rest der Schöpfung steht.

Wir müssen uns von dieser Arroganz befreien und erkennen, daß auch wir ein Teil der Natur sind und sie in jeder Form respektieren müssen. Wenn uns das nicht gelingt, dann steht unsere eigene Zukunft auf diesem Planeten auf dem Spiel. Man muß einen Anfang machen, und zwar, indem man die Art, wie Menschen Tiere sehen, verändert, und sie überzeugt, jede andere Art aus deren jeweiliger Perspektive zu betrachten. Einer der ersten Schritte auf dem Weg dorthin sollte es sein, die Pervertierung der Natur – die Dressur von Tieren – abzuschaffen. Die Zukunft sollte dem menschlichen Zirkus mit all seinem Kitzel, seiner Spannung, seiner Aufregung und seiner farbenfrohen Tradition gehören. Aber der Zirkus mit Tieren gehört wie die Hundehatz auf angekettete Bären und Stiere oder der Hahnenkampf in den Abfalleimer der antiken Tierquälerei, und sollte uns nicht länger unterhalten.

Desmond Morris
Oxford, 1990

Diejenigen, die schon immer eine instinktive Abneigung gegen die fahrende Tierschau hatten, wird es vielleicht nicht überraschen, daß sich hinter all dem Rummel und all dem Glitter des Zirkus Brutalität und Entbehrungen verbergen. Ich freue mich, daß dieses Buch das Leiden, das diese Tiere für einen kurzen Nervenkitzel des Publikums erdulden müssen, nicht nur theoretisch abhandelt. Die Tiere werden als Individuen dargestellt, und wir erfahren anschauliche Details über zwielichtige Unternehmen, Händler und Showleute, die aus der Ausbeutung von Tieren Profite schlagen.

Zwei Elefantenbabys zerren fieberhaft an den schweren Ketten, mit denen sie in einem Zirkuszelt an den Boden gefesselt sind; Schlittschuh laufende Eisbären, die den größten Teil ihres Lebens in Kisten verbringen müssen, die nicht größer als einen Quadratmeter sind; ein Großer Panda – die bekannteste bedrohte Tierart –, der darauf dressiert wurde, Trompete zu spielen und Motorrad zu fahren. Es gibt eine Fülle von solchen Bildern in William Johnsons Buch »The Rose-Tinted Menagerie«.

Er belegt überzeugend, daß die wahre Natur dieser unglückseligen Tiere, die böse knurren, tanzen oder ihren Dompteur nachahmen müssen, heute noch genauso verspottet wird wie zur Zeit des alten Roms, als die Geschichte des Zirkus begann.

Hinter dem clownähnlichen Lächeln der in Gefangenschaft gehaltenen Delphine verbirgt sich eine endlose Geschichte des Unglücks, und wir sehen an diesem Beispiel, wie bedacht die Illusion dazu benutzt wurde, das Publikum davon zu überzeugen, das dressierte Zirkustier sei in seiner entbehrungsreichen Umgebung glücklich und zufrieden. Diese Entbehrungen gehen noch viel weiter, als es die nackten, engen und schmutzigen Becken und Käfige vermuten lassen, die man in praktisch jeder Tierschau und jedem Ozeanarium findet. Die Tiere werden der vielen Einflüsse beraubt, die ihre Natur und ihr Leben in der Wildnis geprägt haben.

»The Rose-Tinted Menagerie« stellt die Ausbeutung von Tieren in Zirkussen und Ozeanarien in den viel größeren Zusammenhang der globalen Umweltzerstörung und der gestörten Beziehung des Menschen zu diesem Planeten. Dieser philosophische Ansatz sollte in der Naturschutzbewegung eine noch wichtigere Rolle spielen.

Auf einer Reise durch die Geschichte können wir die Entwicklung dieses angsterfüllten Anthropozentrismus nachvollziehen, der den Menschen in seinem sinnlosen Versuch, die Erde zu beherrschen, verfolgt. William Johnson vermutet, daß die offensichtliche Fragmentierung der menschlichen Gesellschaft eine direkte Folge unserer Absonderung von Mutter Natur ist. Tatsächlich ist zu vermuten, daß das Denken in Artkategorien im Zusammenhang mit der Weigerung, die lebenswichtigen Beziehungen des globalen Ökosystems zu erhalten, der Umwelt mehr Schaden zugefügt hat als jeder andere Faktor. Aus diesem Grund muß eine ganzheitliche Sicht der lebendigen Erde gefördert werden, sie muß im Zentrum des erwachenden ökologischen Bewußtseins der Menschen liegen. Wir müssen die veralteten Vorstellungen und Institutionen, die uns an eine umweltzerstörende Vergangenheit binden, überwinden. Daß bedrohte Tierarten immer noch in den Käfigwagen der fahrenden Tierschauen leben – Delphine und Wale immer noch gefangen und rund um die Welt ausgestellt werden –, ist nicht nur skrupellos, sondern konserviert auch eine niederträchtige und nur auf Nützlichkeit ausgerichtete Einstellung zur Schöpfung.

»The Rose-Tinted Menagerie« ist ein beeindruckender Beitrag für das Anliegen der Tier- und Naturschutzbewegung. Ich hoffe sehr, daß es eine wichtige Rolle bei der Schaffung eines neuen ökologischen Bewußtseins spielen wird. Das Buch hat es verdient.

Prinz Sadruddin Aga Khan

Literatur

Adams, John L. Dolphinaria in Britain. *Animals,* Januar 1972, S. 10–13.

Anderson, Jack. A Fish Story in the Making Off Nicaragua. *The Washington Post,* 8. Juni 1984.

Anderson, Jack. Intrigue Deep Beneath the Briny Deep. *The Washington Post,* 7. Mai 1981.

Arden-Clarke, Charlie. A review of Cetaceans in Captivity. *Greenpeace,* März 1984.

Atkinson, Rick. Scientists, in Pentagon's ›Sleaziest Job‹, Rehearse World War III to Test Effects. *International Herald Tribune,* 13. Juni 1984.

Bookland, John; Hora, Cheryl; Carter, Nick. Injury, Damage to Health and Cruel Treatment – Present Conditions in the Shipment of Live Fauna. Environmental Investigation Agency, 1985. Pub. *Animal Welfare Institute,* Washington; *Humane Society of the United States,* Washington. BUAV, *British Union for the Abolition of Vivisection.* The Military Abuse of Animals, BUAV, London, 1987.

Burton, John A; Sitwell, Nigel. The First Dolphin Pantomime. *Animals.* Januar 1972, S. 13–14.

Busnel, René Guy; Fish, James R, Editors. Animal Sonar Systems. NATO ASI (Advanced Science Institute), Plenum Press 1980.

Butcher, Lee. The Navy's Underwater Allies. *Oceans,* November 1981.

Canogar, Susi. Report on the Import of Eight Dolphins to Spain. August 1984. *Greenpeace* Spain.

Captive Animals Protection Society. Annual Report 1986–87.

Captive Animals Protection Society. Annual Report 1987–88.

Carter, Nick. The Adam Syndrome: Some Behavioural Observations on Homo Sapiens in Relation to Captive Animals for Display, in Particular Cetaceans. Investigations on Cetacea Vol. XVII 1985. Ed. G. Pilleri.

Cartlidge, Doug. A Survey of UK Dolphinaria 1988. *Zoo Check;* The Whale and Dolphin Conservation Society.

Collet, A. Review of the Live Capture Fisheries for Europe. LWC SC/35/SM 29. 1983.

Deimer, Petra. Das Buch der Wale. Wilhelm Heyne Verlag, München, 1988.

Dinner, Jeff. Military Madness. National Anti-Vivisection Society, USA, 1986.

Erni, Franz Xaver. Rolf Knie – Elefanten und Artisten. Benteli, Bern, 1987.

FAO. Cornell, L. H.; Asper, E. D. A Census of Captive Marine Mammals in North America. 1981. Mammals in the Seas, 3 : 137–50.

Greenpeace. Endangering Wildlife: How the European Community Encourages Trafficking in Endangered Species. 1987.

Greenpeace. Official Greenpeace Captive Cetacean Policy. Februar 1985.

Greenpeace. Outlaw Whalers. 1982.

Greenpeace. Small Cetacean Kills Around the World. Unregulated Whaling, 1983.

Greenpeace. Submission to government reviewers M. Klinowska and S. Brown, 1985.

Griffin, Donald R. Animal Thinking. Harvard University Press, 1984.

Grove, Noel. Wild Cargo: the Business of Smuggling Animals. National Geographic, März 1981.

Guirand, F.; Pierre, A. V. Roman Mythology, Larousse Encyclopedia of Mythology. Paul Hamlyn. 1965.

Hancocks, David. Animals in Circuses. RSPCA. 1979.

Harris, Robert; Paxman, Jeremy. A Higher Form of Killing. Triad, 1983.

Hediger, Heini. Dressurversuche mit Delphinen. Zeitschrift für Tierpsychologie. Bd. 9, Heft 2 1952.

Hediger, Heini. Skizzen zu einer Tierpsychologie in Zoo und Zirkus. 1954.

Hughes, J. Donald, Early Greek and Roman Environmentalists. The Ecologist Nr. 1. Jan.–Feb. 1981.

Hughes, J. Donald; Thirgood, J. V. Deforestation in Ancient Greece and Rome: A Cause for Collapse. The Ecologist Vol. 12, 5/1982.

Hume, C. W. The Status of Animals in the Christian Religion. Universities Federation for Animal Welfare.

Ings, Raymond. Circuses With Performing Animals – A Teacher's Perspective. RSPCA Today. 1987.

Jackson, Peter. Finding Out About Elephants, Swissair Gazette 9/1987.

Johnson, William. Wenn Tiere denken (When Animals Think). Leben und Glauben, Bern, 28. Oktober 1988.

Johnson, William. Tiere als Kanonenfutter (Animals As Cannon Fodder). Leben und Glauben, Bern, 22. April 1988.

Johnson, William. Die Zirkusmenagerie: Welt der Illusionen. Leben und Glauben, Bern, 20. Mai 1988.

Johnson, William. Die Delphin-Mafia. Schweizer Illustrierte, Zürich, 10. Juni 1985.

Johnson, William. Die Erde beherrschen? (Religion and Ecology). Leben und Glauben, Bern, 27. Januar 1989.

Johnson, William. The Monk Seal Conspiracy, Heretic Books, März 1988.

Jordan, Bill; Ormrod, Stefan. The Last Great Wild Beast Show. Constable, 1978.

Klinowska, Margaret; Brown, Susan. A Review of Dolphinaria. Department of the Environment, London, 1986.

383

Kurt, Fred. Arbeitselefanten – Helfer des Menschen. *Swissair Gazette* 9/1987.

Kurt, Fred. Das Elefantenbuch. Wie Asiens letzte Riesen leben. Rasch & Röhring, Hamburg 1986.

Kurt, Fred. Les Eléphants et l'environnement. *Swissair Gazette* 9/1987.

Kurt, Fred. The Elephant in the China Shop. *Swissair Gazette* 9/1987.

Lilly, John C. The Scientist. Bantam Books, 1981.

Linehan, Edward J. The Trouble With Dolphins. *National Geographic,* April 1979.

Lovelock, J. E. Gaia – A New Look at Life on Earth. Oxford University Press, 1979.

Lubow, Robert E. The War Animals. Doubleday, New York, 1977.

Manser, Rodney N. Circus. Richford Enterprises, 1987.

May, John. The Zoo at Sunset. *BBC Wildlife Magazine.* März 1984.

McGreal, Shirley. Monkeys Go To War. *Mainstream*/Winter 1981.

McKenna, Virginia; Travers, Will; Wray, Jonathan. Ed. Beyond the Bars – The Zoo Dilemma. Thorsons Publishing Group, 1987.

Morris, Desmond. Must We Have Zoos? *Life Atlantic Magazine,* 9. Dezember 1968.

Morris, Desmond. The Response of Animals to a Restricted Environment. Symp – Zool. Soc. Lond. Nr. 13 S. 99–118. August 1964.

Mullan, Bob; Marvin, Garry. Zoo Culture. Weidenfeld & Nicolson, 1987.

Mulvaney, Kieran. Dolphinaria – Education or Exploitation? *Sonar* Nr. 1, 1989. Journal of the *Whale and Dolphin Conservation Society.*

Mulvaney, Kieran. Dolphinaria in Britain – the Story of Nemo. *Mainstream*/ Frühjahr 1987, S. 1.

Mulvaney, Kieran. Will Dolphinaria Take a Bow? *New Scientist* 7, August 1986, S. 1.

Murray, Marian. Circus! From Rome to Ringling. Appleton-Century-Crofts, Inc. New York. 1956; Greenwood Press, Connecticut, 1973.

Oettermann, Stephan. Decline and Fall of an Imperishable Idea – The Elephant's Trail Through the Western World. *Swissair Gazette* 9/1987.

Ortiz, Roxanne Dunbar. Sitting Bull 1830–1890. Refugees. Number 44, August 1987. UNHCR.

Owen, Susan-Jane. Submission on the Issuing of a Permit to Napier Marineland for the Capture of Four Common Dolphins for »Breeding and Display«. *Greenpeace* New Zealand Inc. October 1984.

Palmer, Martin; Nash, Ann; Hattingh, Ivan (Editors). Faith and Nature. Century Hutchinson/WWF.

Pilleri, Giorgio. »Animals on Display – Educational and Scientific Impact« – Comments on a Workshop Held at the John G. Shedd Aquarium, Chicago, Illinois. Investigations on Cetacea Vol XVI, 1984.

Pilleri, Giorgio. Cetaceans In Captivity. Brain Anatomy Institute, University of Berne, Switzerland. Investigations On Cetacea. G. Pilleri (Ed.) Vol. XV 1983.

Pilleri, Giorgio. Down With the Dolphin Zoos! Brain Anatomy Institute, University of Berne, Switzerland. Investigations On Cetacea. G. Pilleri (Ed.) Vol. XX 1987.

Robbins, Chris. Death Trail to the Pet Shop. *Observer Colour Magazine.* 24. November 1974.

RSPCA. Animals in Circuses.

RSPCA. Submission of the Royal Society for the Prevention of Cruelty to Animals; To Dr Margaret Klinowska, Appointed Reviewer of the Case for the Import and Display of Live Cetaceans. 1985.

Ruesch, Hans. Slaughter of the Innocent. Bantam Books, 1978; Civitas Publications, 1983.

Sagan, Carl. The Dragons of Eden. Ballantine Books, New York, 1977.

Sarokin, David. Working Together to Mend This Wounded Planet. *International Herald Tribune.* 30. September 1988.

Schauenberger, Paul. Delphine und Schwertwale. *Animan* (Lausanne). Nr. 2, 1984.

Schul, Bill. The Psychic Power of Animals, Coronet Books, 1977.

Scullard, H. H. From the Gracchi To Nero. 1970. Methuen & Co Ltd.

Sharpe, Robert. The Horror of Room 101. *Animals' Defender.* Januar/Febr. 1981.

SIPRI. Warfare in a Fragile World. Taylor & Francis, London, 1980.

Smith, G. Entertaining Us To Death. *Observer Colour Magazine,* 23. September 1984, S. 5.

Taylor, David. Zoo Vet. George Allen & Unwin, 1976.

Tomilin, A. G. Wundertier Wal. 1974. MIR Moskau, Urania, Leipzig, Jena, Berlin.

Tschimmel, Udo. Flippern bis zum Todeskampf. GEO, Nr. 10/Okt. 1985.

Tschimmel, Udo. Leiden für die Show. *Natur.* Nr. 10/Okt. 1984.

Tudge, Colin. Breeding by Numbers. *New Scientist.* 1. September 1988.

Wallace, Bruce. Conscription at Sea. *Saturday Review of Sciences,* 1973 1 (2) 44–45.

Wildlife Link Cetacean Group. Comments on ›A Review of Dolphinaria‹ by M. Klinowska and S. Brown, 1986, S. 17.

Williams, Heathcote. Whale Nation. Jonathan Cape, 1987.

Winfrey, Laurie Platt. The Unforgetable Elephant. Walker and Company, New York. 1980.

Woodford, M; Jordan, W. Report on a Visit to Tower Circus, Blackpool on 18th July 1986. *Captive Animals Protection Society,* 1986.

Ziesler, Günter. Tigers – The Silent Hunter. *World Magazine.* August 1987.

Zoo Check Newsletter. Various Issues. Being a Big »Fish« in a Little Pond. *Mainstream.* Vol. 18, No. 2, 1987.

Dolphinaria. Report of the Steering Group. Department of the Environment, 1988.

King Pole. Circus Fans' Association of Great Britain. Various Issues.

Les dauphins du Moulin Rouge jouent les filles de l'air. *Libération,* 20. Oktober 1984.

Newsletter – International Primate Protection League. Various Issues.

Report of a Workshop – »Animals on Display: Educational and Scientific Impact«. American Association of Zoological Parks and Aquariums, 1984.

Danksagungen

Der Autor bedankt sich für die finanzielle Unterstützung durch die *Bellerive Foundation* und die Gesellschaft *Care for the Wild,* die es ihm ermöglicht haben, Forschung zu betreiben und dieses Buch zu schreiben.

Die *Bellerive Foundation* wurde 1977 von Prinz Sadruddin Aga Khan gegründet. Sie führt eine Reihe von Programmen durch, die sich mit einer breiten Palette von Problemen beschäftigt. In Entwicklungsländern führt die *Bellerive Rural Technology* vor Ort Grundlagenforschungsprogramme zur Erhaltung der Brennholzbestände durch. Sie fördert sparsame Kochtechniken und unterstützt die Forstwirtschaft. Der Schwerpunkt liegt auf Hilfestellungen, die die örtlichen Verwaltungen aktiv in den Entscheidungsprozeß über ihre eigene Zukunft mit einbeziehen.

Die *Groupe de Bellerive* ist ein unabhängiges Gremium von Experten, das sich zur Aufgabe gemacht hat, die sachliche öffentliche Diskussion über verschiedene wissenschaftliche und gesellschaftliche Probleme zu fördern. Besondere Aufmerksamkeit widmet man den tatsächlichen oder möglichen Auswirkungen technologischer Neuheiten auf den Frieden und die Umwelt.

Alp Action ist eine neue internationale Initiative, die praktische Lösungen gegen die Gefährdung der Bergwelt, besonders in den Alpen, unterstützt und die Erhaltung von Bergregionen fördert. Sie wird von der *Bellerive Foundation* koordiniert und verbindet Industrie, Gewerbe, Finanzwesen und Wissenschaft mit Naturschutzbemühungen.

Die *Bellerive Foundation* hat sich nicht nur dem Umweltschutz verschrieben, sondern auch dem Erhalt von Flora und Fauna. Die *Bellerive Conservation and Animal Welfare* fördert das öffentliche Bewußtsein für diese Probleme und beteiligt sich an internationalen Bemühungen, um bedrohte Arten zu schützen und zu erhalten. Zu den letzten Aktionen gehören zum Beispiel weitreichende Kampagnen mit Hilfe von berühmten Persönlichkeiten und den Medien, um den Afrikanischen Elefanten vorm Aussterben zu bewahren und um die gesamte Problematik der pelzverarbeitenden Industrie deutlich zu machen.

In Anerkennung ihrer Arbeit wurde die *Bellerive Foundation* in die »Global 500 Honour Roll of the United Nations Environment Programme« für »außerordentliche praktische Erfolge zum Schutz und zur Verbesserung der Umwelt« aufgenommen.

Die *Bellerive Foundation* kann unter folgender Adresse erreicht werden: P. O. Box 6, 1211 Genf 3, Schweiz. Tel.: (022) 46 88 66.

Care for the Wild: 1984 kam eine kleine Gruppe von Männern und Frauen zusammen, die viele Jahre für die Erhaltung natürlicher Lebensräume gearbeitet hatten, und gründeten eine neue gemeinnützige Organisation – eine, deren einziger Zweck der Schutz von Wildtieren und ihres Lebensraumes ist. Die Gründer von *Care of the Wild* wußten, daß viele Tierschutzorganisationen auch Probleme wildlebender Tiere in ihre Arbeit einbezogen, aber keine dieser Gruppen arbeitete ausschließlich an der dringend notwendigen Aufgabe, alle wildlebenden Tiere davor zu schützen, aus Profitgier, sportlichen Gründen, durch Quälerei oder aufgrund der Zerstörung ihres Lebensraums getötet zu werden. Heute ist *Care for the Wild* eine der ganz wenigen Organisationen, die auch daran arbeiten, jede Gewaltanwendung zu verhindern, die auf die Zerstörung des lebensnotwendigen Lebensraums abzielt. In den letzten Jahren hat *Care for the Wild* Mittel für die Auswilderung des Britischen Otters zur Verfügung gestellt und für ein Zentrum, das sich um verletzte Eulen und Habichte kümmert, mit dem Ziel, den Tieren wieder die Freiheit zu geben. Sie finanzierten Anti-Wilderer-Trupps in den Nationalparks von Ruanda und Schutzgebiete für das Spitzmaulnashorn in Afrika. Außerdem führt *Care for the Wild* Kampagnen gegen die kommerzielle Tötung von Känguruhs in Australien, den Handel mit wilden Katzenarten aus Südamerika für die Pelz-Industrie und gegen die immer noch andauernde Jagd auf Robbenbabys in Kanada durch.

Care for the Wild kann unter folgender Adresse erreicht werden: 1 Ashfords, Horsham Road, Rusper, West Sussex RH12 40X, England, Telefon (0293) 87 15 96.

Register

388

390

Fotonachweis:
Archiv Johnson: 1–5, 8, 9, 10, 13, 15, 21, 26, 28, 29, 30, 32
Matthias Schnellmann: 6, 7, 11, 17, 19, 20, 22, 24, 27, 31, 33
Holger Vogt: 12, 14, 16, 18, 23, 25

150 Seiten, durchgehend farbig
illustriert
geb. mit Schutzumschlag

350 Seiten
geb. mit Schutzumschlag

200 Seiten, durchgehend farbig
illustriert
geb. mit Schutzumschlag

350 Seiten, s/w illustriert
geb. mit Schutzumschlag

RASCH UND RÖHRING VERLAG

RRV ▶ DIE WELT DER TIERE

STANDARDWERKE FÜR NATURFREUNDE

184 Seiten, durchgehend
farbig und s/w illustriert
geb. mit Schutzumschlag

144 Seiten, davon 16 Seiten
farbig illustriert
geb. mit Schutzumschlag

152 Seiten, teilw. s/w und
40 Seiten farbig illustriert
geb. mit Schutzumschlag

184 Seiten, durchgehend
farbig und s/w illustriert
Klappenbroschur

RASCH UND RÖHRING VERLAG